本书为国家社科基金一般项目"非洲多民族国家族际政治的冲突与整合研究"（项目批准号：13BMZ069）最终成果，本书的出版获得浙江师范大学学术著作出版基金资助

《浙江师范大学非洲研究文库》编纂委员会

编委会主任　　刘鸿武

编委会委员（以姓氏拼音为序）

曹忠明	陈明昆	冯绍雷	顾建新	郭宪纲	贺　萌	贺文萍
蒋国俊	金灿荣	李绍先	李新烽	李智彪	林松添	刘贵今
刘鸿武	楼世洲	罗建波	梅新林	秦亚青	舒运国	舒　展
王　珩	王缉思	王逸舟	万秀兰	徐　步	徐　辉	徐丽华
徐　薇	徐伟忠	许镜湖	杨　光	杨洁勉	杨立华	张宏明
张建珍	张　明	张忠祥	郑孟状	钟伟云	朱威烈	

浙江师范大学非洲研究文库

非洲研究新视野系列
总主编　刘鸿武

非洲族群政治研究

RESEARCH ON ETHNIC POLITICS IN AFRICA

蒋　俊　著

社会科学文献出版社
SOCIAL SCIENCES ACADEMIC PRESS (CHINA)

总 序
非洲学是一门行走的学问

刘鸿武[*]

学术研究是一种思想性的探索活动，我们做学问，以学术为志业。不会无缘无故，也不能漫无目标，总该有一番意义与价值的思考和追求在里面。[①]做非洲研究，可能尤其如此，非洲大陆距我们很遥远，地域极为广袤，国家林立，文化多样，从事研究的条件亦比较艰苦。在过往年代，非洲研究一直为清远冷僻之所，少有人问津，近年来随着中非关系快速升温，非洲研究逐渐为人所重视。然而，在非洲研究这样一个相对遥远陌生、复杂多样的学术领域要长期坚守，做出真学问，成一家言，并不是一件容易的事。

中国古人治学，讲求"博学之，审问之，慎思之，明辨之，笃行之"（《礼记·中庸》），在我看来，若我们立志以非洲研究为人生的事业，则在开始之时，必得先有一番关于此项事业之价值与意义的深入思考，仔细思量一下，非洲研究有何意义？我们为什么要选择做非洲研究？它里面是否有某种不一样的精神追求？我们又该如何做才可以更好地认识非洲、把握非洲，并进而为国家、民族做出贡献？[②] 对这些"本体性"问题，若我们在一开始时有所思考，有所明了，能寻得一个安身立命于此的信念置于心头并努力践行之，那我们或许就能在非洲研究这个相对特殊而艰苦的领域走得远，走得坚定，并最终走出一条自己的路来。

一 非洲学何以名

非洲研究，也可将其称为非洲学，是对有关非洲这片自然与人文区域的各种

---

[*] 刘鸿武，教育部"长江学者"特聘教授、国务院政府特殊津贴专家、浙江省特级专家、钱江学者特聘教授、浙江师范大学非洲研究院创始院长。
[①] 钱穆：《中国历史研究法》，生活·读书·新知三联书店，2005，第1页。
[②] 刘鸿武：《国际关系史学科的学术旨趣与思想维度》，《世界经济与政治》2006年第7期。

知识、概念、思想、方法的研究活动及其所累积成果的总和性统称,"这是一门专以非洲大陆的自然与人文现象为研究对象,探究非洲文明历史进程及其当代政治、经济与社会发展问题的综合性交叉学科"。① 换句话说,"非洲学是一门在特定时空维度上将研究目光聚集于非洲大陆这一空间区域,对这块大陆的自然与人文现象进行综合性、专门化研究的新兴学科"。② 其内容既包括人们所进行的对非洲大陆方方面面的自然和人文事象做认知研究的探索活动与探索过程,也包括由这些探索活动所积累而成的系统化的关于非洲的概念与方法、知识与思想。③

非洲地域辽阔,国家众多,文化多样,所涉及的领域与问题也很广泛和复杂,为此,我们可以对"非洲学"做广义与狭义两种理解。广义的"非洲学",包括以非洲这块"地域""大陆"为研究对象的所有知识与思想领域,诸如在人文科学、社会科学、自然科学、工程技术等各学科领域所做的各种研究活动和成果。狭义的"非洲学",则主要是指以"非洲大陆的文明进程及当代政治、经济与社会发展问题"为研究的核心内容的一门综合性学科,主要包括从人文科学、社会科学层面开展的非洲研究。

从实际的情况来看,今天人们开展的"非洲学"活动,主要还是狭义方面的,且大体上集中于两大领域:一是侧重于研究非洲大陆以往历史进程的"非洲文明研究";二是侧重于研究非洲大陆现实问题的"非洲发展研究"。④ 总体上来说,"非洲文明研究"重在历史,重在非洲传统;"非洲发展研究"重在当代,重在非洲现实。前者为背景研究、基础研究,后者为实践研究、运用研究。当然,这两部分其实也是一体之两面,是互为基础的。

一般来说,"非洲学"与"非洲研究"两个概念可以互换使用,但表达的意义有所不同。"非洲研究"这一概念的内涵很清楚,无须特别解释就能明白,一切与非洲有关的研究活动、研究领域、研究内容,但凡与非洲有关的各类研究活动都可统其门下。而"非洲学"这一概念的指向则有所提升,突出了非洲研究的学科主体性、学理建构性、知识系统性和理论专业性。当我们使用"非洲学"一词时,便更多地关注了非洲研究的理论旨趣、学科路径、体系建构、方法创新

---

① 刘鸿武:《非洲学发凡:实践与思考六十问》,人民出版社,2019,第2页。
② 刘鸿武:《初论建构有特色之"中国非洲学"》,《西亚非洲》2010年第1期。
③ 刘鸿武:《"非洲学"的演进形态及其中国路径》,《国际政治研究》2016年第6期。
④ 刘鸿武:《非洲研究的"中国学派":如何可能》,《西亚非洲》2016年第5期。

等问题，侧重于讨论它关于学科建设过程与学科表现形态的某些问题，并且期待它能成为一门相对独立的新兴学科。①

二 非洲学何以立

那么，"非洲学"能够成立吗？有必要建立这样一门学科吗？以我自己多年的实践经历与感受，及目前中非关系面临的客观需求与知识期待，我的基本看法，一是有可能但不容易，二是有必要但需勤为之。总体上说，这门学科的建立与发展，是客观情势所迫，对拓展中国域外知识以完善当代中国学术体系，对积累中非共享知识以助中非命运共同体建设，都是一项意义重大但又必须付出更多努力才有可能向前推进的事业。②

第一，"非洲学"之所以成立，一方面，是因为非洲这块大陆无论是作为一个自然区域还是一个人文区域，无论是在历史上还是在当代，其内部差异很大而且呈现高度多样性与多元性；另一方面，是因为整个大陆在自然、地理、历史、社会与文化诸多方面，一直有一些共同的内在联系与普遍特征，这一切使我们可以对这块大陆做出整体性、联系性、宏观性的认识与把握。而事实上，在过去百年，许多现代非洲的历史学家、知识精英和思想者、政治领袖，普遍地主张将非洲大陆作为一个有整体性联系的区域来看待，他们一直强调要特别重视把握非洲大陆各文明各地区间的"具有悠久历史的社会和民族纽带"。③ 正是因为这些联系和纽带的历史与现实存在，要求我们必须以一种"整体与联系的眼光"来看待非洲，形成"专门化的"有关非洲的知识与学术体系。

第二，在今日世界体系中，这块大陆又面临一些共同的发展任务与发展目标，它不仅有共同的历史遭遇，更有共同的现实命运，而这些共同的问题、共同的目标，是可以作为共同的学术问题与现实问题来进行研究的。现代非洲的思想家、政治家们都清楚地知道"非洲大陆乃是一历史文化与现实命运的共同体"，

---

① 刘鸿武：《国际思想竞争与非洲研究的中国学派》，《国际政治研究》2011年第12期。
② 刘鸿武：《创造人类共享知识 助推人类命运共同体》，中国社会科学网，http://www.cssn.cn/zx/bwyc/201807/t20180728_4512627.shtml。
③ 〔布基纳法索〕J. 基-泽博主编《非洲通史：编史方法及非洲史前史》（第1卷），"序言"（〔塞内加尔〕阿马杜-马赫塔尔·姆博），计建民等译，中国对外翻译出版公司，1984，第xxiii页。

如非洲统一组织创始人之一的加纳首任总统恩克鲁玛所说,非洲"要么统一,要么死亡"。因而过去百年,非洲泛大陆的一体化努力持续不断,前有20世纪初叶民族解放运动时期声势浩大的"泛非主义运动",继之为20世纪中期的非洲统一组织的建立与发展,进入21世纪非洲联盟的地位和作用日显重要,而今天,一个统一的非洲自由贸易区也在推动建设之中,非洲许多政治家依然在追求建立"非洲合众国"的终极理想。也就是说,"非洲学"之所以存在,是因为存在"非洲问题",对"非洲问题"研究的探索、思考及积累的知识与思想,就自然构成了"非洲学"形成与发展的现实基础。①

第三,相对于世界其他地区,有关非洲的知识与思考,本身也已经形成悠久的传统,今天则面临更大的现实需要。作为一个具有历史命运共同体的大陆,如要对非洲大陆各国各地区的复杂问题有整体而宏观的把握,则必须对非洲大陆"作为一个具有共同历史属性与联系性的"自然区域与文明区域的根本问题,即所谓的"非洲性"或"泛非性"问题,有一整体认知,有一整体理解。比如,我们时常说非洲大陆是世界上发展中国家最集中的大陆,非洲54个国家全部是发展中国家,发展问题是非洲问题的核心,是非洲面临的一切问题的关键,因而需要建立一门面向发展的、发展导向的学科来专门研究非洲的发展问题,等等。所谓把握大局,挈其大纲,则如登临高峰而小天下,举其大纲而通览四野,求得对非洲大陆普遍性、共同性问题的全景式通览。②

第四,对非洲的研究需要整体与局部、大陆与国别、领域与地域相结合的综合视野。也就是说,在对非洲大陆做整体把握的同时,我们必须对非洲大陆各国别、各地区、各专题之多样性问题、差异性问题,有更进一步具体而细致的研究与把握,分门别类地开展非洲东西南北中各区域与次区域、54个国家各自所在区域研究与国别研究,以及一些跨区域、跨国别的重大专题的深入研究,从而得以有"既见森林也见树木"的认知成效。③ 因而,非洲学是一门将领域学、区域学、国别学、专题学融为一体的学问。④

---

① 刘鸿武:《非洲学发凡:实践与思考六十问》,人民出版社,2019,第4页。
② 刘鸿武:《新时期中非合作关系研究》,经济科学出版社,2016,第57页。
③ 刘鸿武:《非洲文化与当代发展》,人民出版社,2014,第9页。
④ 刘鸿武:《非洲国别史研究的意义》,《非洲研究》第1卷,中国社会科学出版社,2016,第250页。

第五，在世界范围内，今天一个相对有聚合性的、联系性的非洲研究学术群体在逐渐形成，有关非洲研究的学术机构、智库团体、合作机制日渐增多，非洲研究的相对独立地位也在政府管理部门得到某种程度的认可，如2013年本人当选为教育部"长江学者"特聘教授，就是以"非洲研究"的岗位名称入选的。[1] 在国家人才奖励计划中专门设置"非洲研究"特聘教授岗位，说明非洲研究日益得到国家的重视。又如在"中国社会科学网"的"跨学科频道"栏目中，专门设立的学科栏目有"非洲学""边疆学""敦煌学""藏学""江南学""徽学"等。[2] 可见，学术界已经逐渐对"非洲学"作为一个专门化的知识领域，给予了相应的重视和认可。[3]

第六，一门学科能否成立，大体看是否具备如下特征：一是有自己的研究目标与研究对象，二是有独特的研究价值与研究意义，三是有基本的研究方法与技术手段，四是有突出的社会需求与应用空间。[4] 总体来说，今日非洲大陆发展问题的紧迫性、中非发展合作的丰富实践与现实需要，都在日渐完备地提供这些必要的基础与条件，使得我们可以通过持久的努力，逐渐地形成专门化的认识非洲、理解非洲、言说非洲的知识体系、研究路径、研究方法，从而为我们建构一门相对统一的"非洲学"开辟前进的道路。

三 非洲学何以行

对人类知识与思想活动进行类型化标注或体系化整合，从而形成各种各样门类化的"学科"或"专业"，是服务于人类认识世界、把握世界、开展学术研究的工具与手段。[5] 考察人类的知识形态演进过程，一方面，由于知识丰富、庞杂，因而得归类、分科、整理，成专业化领域，才可挈纲统领、把握异同，学术

---

[1] 《教育部关于公布2013、2014年度长江学者特聘教授名单的通知》，教育部门户网站，http://old.moe.gov.cn/publicfiles/business/htmlfiles/moe/s8132/201502/xxgk_183693.html，最后登录日期：2018年1月20日。

[2] 中国社会科学网—跨学科频道，http://indi.cssn.cn/kxk/，最后登录日期：2018年3月30日。

[3] 刘鸿武：《非洲研究的"中国学派"：如何可能？》，中国社会科学网，http://indi.cssn.cn/kxk/fzx/201709/t20170918_3644181.shtml，最后登录日期：2015年2月12日。

[4] 刘鸿武：《人文科学引论》，中国社会科学出版社，2002，第148页。

[5] 刘鸿武：《故乡回归之路——大学人文科学教程》，清华大学出版社，2004，第208页。

之发展需要"分科而治""分科而立",科学科学,即"分科而学",大致就是对"科学"的最一般性理解。另一方面,因为知识本有内在联系性,为一整体、一系统,故而在分化、分科、分治之后,又要特别注重各学科间的统一及其综合与联系,学术之发展又需要"整体而治",需要"综合而立",多学科融合成鼎立之势。① 就比如我们今天经常用的政治学、经济学、物理学、生物学等概念,也并非自古就有,未来也会有变化,有发展。事实上,科学与学术,往往是在边缘领域、交叉领域、跨学科领域获得突破而向前推进的。作为以地域为研究对象的、具有综合性和交叉性学科特质的"非洲学",其成长也一样要走这种"综合—分化—综合"的螺旋式上升道路。②

"非洲学"是一门以聚焦地域为特征的"区域学"学科,它重视学科知识的地域适应性和时空关联性,特别重视从非洲这块大陆的特定地域与时空结构上来开展自己的适宜性研究,建构自己的适地性知识体系,形成可以系统说明、阐释、引领非洲问题的"地域学"学科群落。从目前我们国家的学科建构与体制来看,"非洲学"这样一种新兴学科、交叉学科的建设与发展,正可以对目前我国以"领域学"为特征的区域国别研究和国际问题研究的学科建设起到平衡与补充作用,从而让我们更好地把握和理解世界的多样性与复杂性。

中国也有知识划分的传统,如传统学术与思想可分为"领域学"与"地域学"。在"领域学"方面,可分为传统意义上的"经、史、子、集"或"诗、书、礼、乐、易"等。到唐代,杜佑撰《通典》将天下之事分为"食货""选举""官职""礼""乐""兵""刑"等领域,大体上如今日之经济学、政治学、行政管理学、社会学、艺术学、军事学、法学等。宋元之际马端临撰《文献通考》对学科领域的划分更细,有"二十四门"之说,略当今日之"二十四科"或二十四门领域学。

不过,中国传统学术,在重视对社会事物做分门别类的领域划分的同时,始终十分重视对人类事象与国家治理的时空关系的综合把握,重视对人类文化在地域和时空方面的整体性、差异性和多样性的综合理解,"重视文明发生发展的地

---

① 刘鸿武:《人文科学引论》,中国社会科学出版社,2002,第20页。
② 刘鸿武:《打破现有学科分界是人文学科的发展之路》,中国社会科学网,http://www.cssn.cn/gd/gd_rwhd/gd_mzgz_1653/201406/t20140624_1225205.shtml,最后登录日期:2016年8月22日。

域制约性和时间影响力的观察认知思维"。① 因为人类的文化与制度，都是在一定的地理空间与生态环境中，于历史进程中生成和演变的。各不相同的地域空间，中原与边疆、内陆与沿海、北方与南方、西域与南洋，如形态各异的历史大舞台，在什么样的舞台上就唱什么样的戏，这一直是文明研究的核心问题。也就是说，我们要特别重视历史和文明的环境因素、时间关系、发展基础与演变动力，不能离开这些具体的环境与条件而侈谈空洞抽象的普适主义。以这样的眼光和理念来研究非洲，我们就不能舍弃热带非洲大陆这片土地的基本属性，不能不关注它的具体的历史背景与社会环境因素，来做抽象的概念演绎，从书本到书本，而必须沉入非洲这块大陆的时间与空间环境中，站在非洲的大地上做非洲的学问，这就是非洲学这样的"区域学""国别学"的基本特点。

区域研究并非舶来品，作为一个特别具有"文明发展的时空意识"的民族，中华学术传统中一直就有区域学的历史精神与丰富实践。从学术传统上看，中国人看待世界，特别倡导要有一种"文明发展的时间与空间意识"的认识眼光与思维模式。大体可以这样说，所谓"文明发展的时间意识"，指中国人传统上十分重视事物发生发展演变的历史进程与时间关系，凡物换星移，川流不息，而时过境迁，当与时推移，也就是说，要重视历史的时间背景、基础与动力。每个国家，每个区域，每个民族，其历史不同，传统相异，我们认识它、把握它也得有所不同。而"文明发展的空间意识"，则指中国学术重视事物生存空间环境的差异多元，每个国家、每个区域，环境不同，生态相异，因而需要"入乡随俗"，因地制宜，分类施治。如此，方可得天时地利之便，求国泰民安人和之策。

从学术史的角度看，2000多年前孔子整理的《诗经》一书体现出了认识世界的理性觉悟与思想智慧，该书大致可以看成中国最早的一部"区域研究"著作。② 我们知道，《诗经》凡三百篇，大体可分为"风、雅、颂"三部分，其中"风"有"十五国风"，如《秦风》《郑风》《魏风》《卫风》《齐风》《唐风》《豳风》等，此即时人对于周王朝域内外之15个区域（"国"）的民风民情（"区域文明"）的诗性文字表述。在当时之人看来，采集这15个地方的民风歌

---

① 刘鸿武：《中国特色区域国别学的建设目标与推进路径》，《大学与学科》2022年第3期。
② 刘鸿武：《从中国边疆到非洲大陆——跨文化区域研究行与思》，世界知识出版社，2017，第52页。

谣，可观风气、听民意，从而美教化、移风俗、施良策、治天下。《诗经》的这种精神传统，深刻影响了后来中国学术对区域、地域、文明等"时空概念"的独特理解。

尔后延及汉代，中国知识思想体系渐趋成熟，汉代大学者班固撰《汉书》，专门设《地理志》之部，承继了《诗经》写十五国风的传统，分别推论自远古夏商以来的国家疆域沿革变迁、政区设置、治理特点，详细记述疆域内外各地区的历史传统与文化特点，以及广阔疆域及其周边世界的经济物产、民风民情，以求为治理天下提供知识依托。《汉书·地理志》这一传统后世连绵传承，形成了发达的具有资政治国意义的"疆域地理学"或"政区地理学"，历朝历代治国精英与天下学人皆毕一生心力，深入分析国家政区内外的各种自然地理和人文地理现象的相互关系，从国家治理与经济发展的角度编写历史著述，从而使得在中华学术框架下，各类区域的、国别的政区治理学著述不断面世，流传久远。

受这一传统的影响，中国历史上一向高度重视把握特定时空环境下各地区不同的气候、江河、物产、生产、交通、边民情况，详细描述各民族不同的精神状态、心理特征及政治制度的演进与相互关系，从而形成了中国古代成熟发达的国家治理思想与知识体系。如东汉山阴人赵晔著《吴越春秋》以纪年体的形式和丰富、翔实的史料记载了春秋末期吴越两国争霸天下而兴亡存废之事。北宋苏洵著《六国论》纵论天下治乱得失之道，"气雄笔健，识更远到"，一时洛阳纸贵，名动天下。所有这一切，与今日中国建立区域国别研究学科、共建"一带一路"国家研究学科的宗旨，可谓"古今一理"，本质相通。就如我们今天要理解非洲、研究非洲，当注重对非洲民风民情的调研考察，掌握真实的非洲大陆及各次区域、数十个国家之具体情况，关注非洲发展之大趋势，做深入扎实的研究，而不拿抽象的标签来贴非洲丰富的生活世界，只有这样才可以真正认识非洲，懂得非洲。

中华民族是一个崇尚务实精神的民族，尊奉实事求是、理论来自实践的认识原则，由此形成了中华学术区域研究中"由史出论、史地结合"的治学传统及"天时、地利、人和"三者必统筹考虑的思维模式。历史上中国人就有比较突出的时空交错、统筹把握的文化自觉，因而管理社会、治理天下，历来主张既要通盘考虑天下基本大势，把握人性之普遍特点，此为"天时"；又要把握各国各地国情民状之不同，需因地制宜，一国一策，一地一策，此为"地利"；由此因材施治,将普遍性与特殊性有机结合,方可政通人和,国泰民安,此为"人和"。

历史上,中国发达的方志学、郡国志、地理志,皆可视为中国的"区域研究"知识传统。在中国文化的思想传统中,所谓国有国史、郡有郡志、族有族谱,州、府、县、乡亦有治理传统与本土知识。故而说到国家治理、社会协调、区域管理,中国人都明白"入乡随俗"的道理,因为"一方水土养一方人","一山有四季,十里不同天"。在中国人看来,人处于不同区域,风土人情、制度文化各有差异,因而无论是认知他人、理解他人还是与他人相处,都应该"因地制宜"。好的治国理念原则、有效的社会治理模式,必然注重人类文明的地域结构与环境生态的差异性和历史多样性,动用时空结构层面上开阔整体的"会通"眼光,依据对象的真实情况,即所谓的区情、国情、社情、民情、乡情,实事求是地努力去了解、理解、适应、建构生活在特定时空环境中的"这一方水土与一方人"的观念、文化、情感与制度。①

这一传统也为中国共产党人所创新性地继承,当年毛泽东同志撰写的《湖南农民运动考察报告》,体现了中国共产党人反对本本主义和教条主义,重视调查研究、实事求是的工作作风,影响深远。毛泽东在延安时期写的《改造我们的学习》一文中,更明确地提出了开展深入的区域调查研究的重要性,他说,"像我党这样一个大政党,虽则对于国内和国际的现状的研究有了某些成绩,但是对于国内和国际的各方面,对于国内和国际的政治、军事、经济、文化的任何一方面,我们所收集的材料还是零碎的,我们的研究工作还是没有系统的。二十年来,一般地说,我们并没有对于上述各方面作过系统的周密的收集材料加以研究的工作,缺乏调查研究客观实际状况的浓厚空气"。他还一针见血地指出,"几十年来,很多留学生都犯过这种毛病。他们从欧美日本回来,只知生吞活剥地谈外国。他们起了留声机的作用,忘记了自己认识新鲜事物和创造新鲜事物的责任。这种毛病,也传染给了共产党"。针对这些问题,毛泽东同志明确指出,中国革命要成功,就"要从国内外、省内外、县内外、区内外的实际情况出发,从其中引出其固有的而不是臆造的规律性,即找出周围事变的内部联系,作为我们行动的向导"。②

---

① 刘鸿武等:《中国少数民族文化简史》,云南人民出版社,1996,第12页。
② 《毛泽东选集》第3卷,人民出版社,1991,第796~801页。

这一传统在中国共产党的几代领导人那里得到了很好的传承与发扬。邓小平同志一生的最大思想智慧就是根据实际情况治理国家，准确把握世情、国情、区情、社情来处理内政外交，他的思想都是很务实、很接地气的。"地区研究"的最大特点就是倡导思想与政策要"接地气""通民情"。习近平同志早年在河北正定县工作，通过深入调查正定县的基本情况，提出一个区域发展理念，即"投其所好，供其所需，取其所长，补其所短，应其所变"。[①] 这"二十字方针"，就是一个根据中国的实际情况发展自我的方针，很有理论意义。当时，著名经济学家于光远在正定农村考察后，建议创办"农村研究所"，研究中国特色社会主义新农村建设问题，解决中国自己的发展问题，这些也是中国区域研究传统的现代发扬。

中华人民共和国成立后，中国在与广大的亚非拉国家和民族接触过程中，也形成了基于自身民族传统智慧与精神的对外交往原则。早在中华人民共和国成立之初，中国政府就提出"求同存异"的原则，提出亚非合作"五项原则"、万隆会议"十项原则"和后来对非援助的"八项原则"，这些原则都基于中国人对自我、对他人、对世界文明与人类文化多样性的理解能力与对传统的尊重。这正是中非合作关系走到世界前列、成为中国外交特色领域的根本原因。从这个意义上说，今日的中国要与非洲友好相处，让中非合作关系可持续发展，也自然先要在观念上、文化上懂得非洲，理解非洲，多从非洲的特定区域的时空结构上理解非洲人的过去、现在与未来。

这些优良的知识传统，这些积累的思想智慧，在今日我们认识中国以外的其他地区和民族，认识复杂的非洲大陆的区情、国情、社情、民情时，是可以继承和发扬的。所以我们一直强调，要把学问做在非洲的大地上，做在非洲各国各地区真实的环境里，而不是仅停留在书本和文献中做文字推演和概念分析。遵循这样一种历史时空意识开展的"区域国别研究"，要求研究者深入该特定区域、地域、国别的真实环境里去做长期的调研，也就是"深入实际"地通过调查而开展研究，而不是只待在象牙塔中、静坐在书斋里。它要求研究者"换位思考"，在对象国有"一线体验、一流资料、一流人脉"，把自己努力融入研究对象之中，在"主位与客位"之间穿梭往来，内外观察，多元思维，多角度理解。

---

① 参见赵德润《正定翻身记》，《人民日报》1984年6月17日，第4版。

这种深入实际的、实事求是的实地研究，有助于研究者超越僵化刻板地套用某种"普适主义"绝对教条，来理解生生不息、千姿百态的天下万物。在中国人看来，认识世界、治理国家，唯有"因时因事因地而变"，方可穷变通久，长治久安，若滞凝于某种僵化刻板的"绝对理念"，从教条的概念来推演丰富的现实，或用"这一方水土这一方人"的观念来强求"那一方水土那一方人"，一把尺子量天下万物，必然是削足适履，缘木求鱼，得不到真理。

中国传统学术特别强调学术与思想的实践性与参与性。如果说西方的学术传统强调学以致知，追求真理，比如古代希腊的柏拉图是纯粹的思想家，那么中国的学术传统则强调学以致用，追求尽心济世。总体上看，中国历史上没有像柏拉图、卢梭、孟德斯鸠那样的单纯的政治思想家，他们是通过自己的著书立说来实现对现实政治加以影响的理想与抱负，而中国古代的政治学家首先是政治家，他先是登上了政治的舞台，参与了实际的国家治理，如果他的政治抱负与政治理想因其参与了实际政治而有所发挥、有所实现了，则是否还要著书立说似乎已不重要。如钱穆所言："当知中国历代所制定所实行的一切制度，其背后都隐伏着一套思想理论之存在。既已见之行事，即不再托之空言。中国自秦以下历代伟大学人，多半是亲身登上了政治舞台，表现为一实际的政治家。因此其思想与理论，多已见诸当时的实际行动实际措施中，自不必把他们的理论来另自写作一书。因此在中国学术思想史上，乃似没有专门性的有关政治思想的著作，乃似没有专门的政论家。但我们的一部政治制度史，却是极好的一部政治思想史的具体材料，此事值得我们注意。"① 这正如王阳明所倡导的那样，知行合于一，知行本一体，两者自不可分离，"知是行之始，行是知之成"，因为"知已自有行在，行已自有知在"，行中必已有知，知则必当行，唯有知行合一，知行合成，方能显真诚，致良知，致中和，最终求得古今道理，成得天下大事。②

四 非洲学何以成

中国古代学术历来是与国家民族的发展、国计民生的改善结合在一起的，立

---

① 钱穆：《中国历史研究法》，生活·读书·新知三联书店，2001，第29页。
② 王阳明：《传习录》，叶圣陶点校，北京时代华文书局，2014，第8页。

足实践，实事求是，学以致用，经国济世。这些精神品格与文化传统，与今天建设非洲研究学科、推进中国海外国别与区域学科建设有对接的历史基础，是值得今日挖掘的学术精神源泉。虽然今天的时代与古代已大不一样，但一些基本的道理还是相通的、一致的。我们今天从事非洲研究，从事非洲政治学的研究，要做得好，做得有益，学者们还是一样要深入中非合作的实践，深入非洲的社会生活，努力了解国家对非战略与政策的制定与实施过程，观察中国在非企业和公司的实际运作情况，将田野考察与理论思考真正结合起来，由史出论，因事求理，理论与实践紧密结合，才可获得对非洲和中非关系的正确把握，我们的著书立说，我们的资政建言，也才会有自己的特色、风格、思想，才可能是管用、可用、能用的。

"区域研究"（也可以叫作"地区研究""地域研究"）的基本特点是"区域性"、"专题性"、"综合性"和"实践性"的综合性运用，它要求有纵横开阔的学术视野与灵活多维的治学方法，有服务于现实的实践可操作性，从目前的趋势来看，这一学科的发展有可能成为我国哲学社会科学研究创新发展的一个重要突破点。

"区域性"是指以某个特定自然地理空间为范畴的研究，这"区域"之空间范围可根据对象与需要之不同而有所不同，可以很大，也可以较小，诸如非洲、拉美、亚洲等。或做更进一步的划分，比如，非洲研究就可划分为东非、西非、北非、中非、南非的研究，或撒哈拉以南非洲、非洲之角、非洲大湖地区、非洲萨赫勒等各特定区域的研究；也有按照非洲语言文化、宗教传统与种族集团而开展的专门化研究，如"班图文化研究""斯瓦希里文化研究""豪萨文化研究"等。

"区域化"研究，其实也是"国别化"研究，即按照"国家"这一政治疆域开展专门化的国别研究，比如非洲区域研究中就可对非洲54个国家进行专门化研究，可以形成某种意义上的"国别研究"，诸如"埃及学""尼日利亚学""埃塞学""南非学"等。历史上有关非洲文明的研究中，早已有类似的知识积累与学术形态，国际上也有关于"埃及学""埃塞学"的学会、机构与组织。甚至在一国之内，也可进一步细化，像尼日利亚这样相对国土面积比较大，内部经济、宗教、文化差异突出的国家，则可将尼日利亚细分为北部、东南部、西南部，并对其进行研究；正如对古代埃及的研究，从来就有上埃及与下埃及之分野一样。

在此类"区域化"研究活动中，人们总是将某一特定的或大或小的、自然的或文化的或历史的"区域"，作为一个有内部统一性、联系性、相似性的"单位"进行"整体性研究"，探究这一区域上的一般性、共同性的政治、经济、社会、文化的结构与关系、机制与功能、动力与障碍、稳定与冲突等问题。而在"区域与国别"研究之下，则可做进一步的"专题性"研究。"专题性"则是指对特定区域和国别的问题做专门化研究，比如，对非洲大陆这一区域的政治、经济、环境、语言、安全等问题的专题研究等，即"非洲+学科"的研究，如非洲政治学、非洲经济学、非洲历史学、非洲语言学、非洲民族学、非洲教育学等。

"综合性"则是指这类区域研究又往往具有跨学科、跨领域的综合交叉特点，需要从历史与现实、政治与经济、军事与外交、文化与科技等不同角度，对这一区域的某个专门问题进行综合交叉性研究。比如，研究非洲的安全问题，不能就安全谈安全，因为非洲的安全问题总是与其经济、环境、民族、资源、宗教等问题联系在一起的。非洲某个国家的安全问题，其实又是与其周边国家、所在区域的整体安全问题纠缠在一起的。事实上，非洲的许多问题具有跨国境、综合联动的特点，因而非得有学科会通与知识关联的眼光，非得有跨学科综合研究的能力不可。[①] 非洲问题往往很复杂，比如，非洲的政治问题、经济问题，其实是与非洲的文化、宗教、种族、生态搅在一起的，是一个整体问题、相互关联的问题，要回答这些问题，就需要从不同领域、不同学科对它开展研究。因而我们说，"非洲学"应该是"领域学""地域学""国别学"的综合，既吸收经济学、政治学等"领域学"的一般性理论与方法，但又特别重视它的地域属性，以区域研究的视野，开展东非、西非、南非、北非的研究，同时，它还是"国别学"，要对非洲一个一个的国家开展研究，最后它也是"问题研究"，要切入一个一个的重大问题来综合研究。

这些年，在学科建设方面，我一直在带领学术团队做综合性的实践探索。比如我们非洲研究院在过去十多年中所聘的20多位科研人员，其专业背景来自多

---

① 刘鸿武：《发展研究与文化人类学：会通及综合——关于黑非洲发展问题研究的一种新探索》，《思想战线》1998年第1期。

个一级学科，如社会学、历史学、宗教学、民族学、法学、教育学、政治学，甚至还有影视学、传播学。这些有不同学科背景的人，进入非洲研究领域后，围绕非洲研究院的学科规划与核心主题，开展聚焦于非洲问题的研究，形成了"非洲+"的交叉学科态势。这些年，每当年轻博士入职，我们尽量派其前往非洲国家做一段时间的留学调研，获得非洲体验，掌握一线知识，然后从不同学科视角来研究非洲这块大陆各地域各国别的若干共同问题。

为此，非洲研究院建院之初，我提出要聚焦于两个重大问题，一个是"非洲发展问题研究"，另一个是"中非发展合作研究"。这两个重大问题的研究，可以把全院20多位科研人员聚合在一起，可以从人类学、语言学、经济学、政治学等不同学科角度研究非洲的发展问题，因而学科虽然散，但是问题很聚焦，形散而神聚。经过十多年的发展，我们逐渐提炼出关于非洲发展研究的话语体系，这就是专门化的"非洲学"知识形成的过程。

这些年来，随着中国当代社会发展进程的深入及所面临的问题日趋复杂，我国现行的"一级学科"设置与建设模式不适应现实发展的问题日趋突出，其阻碍新兴学科、交叉学科、特殊学科成长的弊端及解决出路的讨论逐渐引起人们的重视，对此，学术界提出了许多建议与构想，在国家管理层面也陆续出台了一些积极的措施。2016年5月17日，习近平总书记在哲学社会科学工作座谈会上指出，"现在，我国哲学社会科学学科体系已基本确立，但还存在一些亟待解决的问题"。他把这些问题归纳为三个方面：一是一些学科设置同社会发展联系不够紧密，二是学科体系不够健全，三是新兴学科、交叉学科建设比较薄弱。针对这些问题，他提出了解决办法：一是要突出优势，二是要拓展领域，三是要补齐短板，四是要完善体系。他进一步提出，"要加快发展具有重要现实意义的新兴学科和交叉学科，使这些学科研究成为我国哲学社会科学的重要突破点"。[①]

习近平同志所述中国哲学社会科学学科建设与发展的情形，在中国的非洲研究领域有着更突出的表现。因为非洲学正是一个新兴学科、交叉学科，它既是目前我国学科建设中的"短板"，应该努力补齐，同时它也可能是中国哲学社会科学尤其是国际问题研究实现创新发展的"重要突破点"。从根本上说，要促进中

---

① 习近平：《在哲学社会科学工作座谈会上的讲话》，人民网，2016年5月18日，http://politics.people.com.cn/n1/2016/0518/c1024-28361421.html，最后登录日期：2016年5月25日。

国非洲学的成长，就要克服长期以来中国高校在哲学社会科学学科建设与划分方面的"这些短板"，需要在认识方面、体制方面、政策方面有一些创新变通的切实举措，设立"非洲学"这样的新兴学科与交叉学科，并赋予其相对独立的学科地位与身份，同时，在国家的学科建设、学科评估、学科投入方面，给予相应的关注与重视，这些学科短板才能逐渐补齐。①

非洲研究在当代中国出现和发展的一个基本特点，就是它是伴随着当代中国对非交往合作关系的推进，随着当代中国对非洲认知领域的拓展，而逐渐成长成熟起来的。因而，这一学科一开始就带有两个最基本的特点：一是它具有十分鲜明的面向当代中国发展需要或者说面向中非合作关系需要的时代特征与实践特点，具有突出的服务当代中非发展需求的问题导向特征与经世致用精神；二是它体现着当代中国人认识外部世界的努力，它不可能只是一个简单引进移植他人的舶来品，虽然在此过程中也包含着借鉴移植他人尤其是西方成果的持久努力，但它从一开始就必须是扎根在中华学术古老传统的深厚土壤上的中国人自己的精神创造，是中国传统学术走向外部世界、认识外部世界的一种表现形式与产物，因而它必然会带上中国学术的某些基本的精神与品格。②

时代性和中国性，决定了当代中国的非洲研究必须面对中非合作中的中非双方自己的问题，建构自己的根基，塑造自己的品格，拓展自己的视角，提炼自己的话语，而这一切，又离不开当代中国学人自己扎根非洲、行走非洲、观察非洲、研究非洲的长期努力。③ 概而言之，中国立场与非洲情怀，再加上全球视野，是中国非洲学的基本品格。

与其他传统学科相比，目前中国的非洲认识和研究，总体上还处于材料积累与经验探索的早期阶段，在基础性的学理问题、体系问题、方法问题研究方面，尚没有深入而专门的成果问世，这是这门学科现在的基本情况。④ 然而，过去60年中非交往合作的丰富实践，过去60年中非双方在知识与思想领域的交往合作，

---

① 刘鸿武：《中非发展合作：身份转型与体系重构》，《上海师范大学学报》2011年第6期。
② 刘鸿武：《从中国边疆到非洲大陆——跨文化区域研究行与思》，世界知识出版社，2017，第9页。
③ 《外交部副部长张明对中方研究机构加强对非洲原创性研究提出新要求》，中华人民共和国外交部，2017年9月14日，http://www.fmprc.gov.cn/web/wjbxw_673019/t1492905.shtml。
④ 张宏明：《中国的非洲研究发展述要》，《西亚非洲》2011年第5期。

已经为这门具有中国特色的新兴学科的成长提供了充沛的思想温床与知识土壤，因而使得中国的非洲学极有可能成为一门最具当代中国创新品质的新兴学科、特色学科。

十多年前，我在一篇纪念中国改革开放30周年的文章中就明确提出，"自1978年中国实行改革开放政策以来，中国社会及中国与外部世界的关系都已发生重大变革，其中中非新型合作关系构建及中国发展经验在非洲影响的扩大具有时代转换的象征意义。30年来，中非关系的实践内容在促进中非双方发展进步方面所累积的丰富经验与感受，已为相关理论及知识的创新提供了基础条件。中国的学术理论界需要对30年来中非关系丰富经历做出理论上的回应，以为新世纪中国外交实践和中非关系新发展提供更具解释力和前瞻性的思想智慧与知识工具"。[1] 那么，中国的非洲学建设之路应该怎么走？我想，正如当代中非发展合作和中国对非政策本身是实践的产物，在实践中逐渐完善，中国的非洲学也只能在建设的实践中来发展完善，这需要许多人的创造性参与、探索与实践。

五　非洲学何以远

学术是人的一种主体性追求与创造，依赖人的实践与探索，并无一定之规，没有什么普适主义的理论或主义让我们照着去做，当代中国参与到这一进程中来的每一个人，都可以去探索一条基于自己实践的道路，积累自己的成果，形成自己的思想。人们常说条条道路通长安，学术在于百花齐放、百家争鸣。这几年，由于国家的重视与时代的需要，国内涌现出了不少研究非洲的机构，仅在教育部备案的非洲研究机构就有二十来家，这是一个可喜的现象，但这些机构能否坚持下去，成长起来，还有一些不确定的因素。这些年时常有一些研究机构负责人来我们非洲研究院交流调研，我也到其中的一些机构讲学，交流学科建设与人才培养的感受体会。

在我看来，作为一个探索中的学科，一个新的非洲研究机构，若要走得远，走得高，走出一条自己的路来，在刚开始的时候还是要遵循一些基本的理念与原则。第一，有一番慎思明辨、举高慕远之战略思考与规划构想，遵循古人所说

---

[1] 刘鸿武：《论中非关系三十年的经验积累与理论回应》，《西亚非洲》2008年第11期。

"博学之，审问之，慎思之，明辨之，笃行之"的精神传统，在努力设定好自己的建设宗旨、发展目标与前行路径的基础上，严谨勤奋，躬身力行，在实践中一步一步地探索、完善、提升。第二，要有一种与众不同、开阔包容之治学理念与精神追求，形成一种独特的学术文化与研究品格，并将其体现在事业发展的方方面面。第三，要有高屋建瓴之建设规划、切实可行之实施路径，并在具体的工作中精益求精，做好每个细节、每个环节，积少成多，聚沙成塔，切忌只说不做、纸上谈兵。第四，要逐渐搭建起开阔坚实的学科建设与发展平台，积累丰富多样的学术资源，汇集方方面面的资源与条件为创新发展提供空间。第五，要扎实严谨、亲力亲为地勤奋工作，敏于行而讷于言，在实践中探索，由实践来检验，并在实践中完善提升。第六，要培养出一批才情志意不同凡响的优秀人才，这些志向不俗的志同道合者应该是真正热爱非洲、扎根非洲的人，有高远志向，有学术担当，能长期坚守于此份事业。

记得2007年我到浙江金华筹建非洲研究院，每年非洲研究院招聘人才时，会给前来应聘者出一道必答题，一道看似有些不着边际的、与非洲无关的题目："试论学问与人生的关系。"由应聘者自由作答，各抒己见。为什么要考这个题呢？我们知道，在中国文化的传统世界里，学问从来不是自外而生的，学术本是人生的一种方式，有什么样的人生追求，就会有什么样的学术理想，从而影响其做事、做人、做学问。孔子当年讲"三十而立"，"立"并不仅仅是讲"成家立业"，找到一份工作，买到一套房子，有一个家，可能更多的是"精神之立""信念之立""人格之立"。中国传统学术讲求"正心诚意、格物致知"，而后"修身、齐家"，最后"治国、平天下"。学问虽广博无边，但无外乎"心性之学"与"治平之学"，学者唯有先确立内在人格理想，然后推己及人，担当天下，服务国家。只有内在的人生信念与志向"立"起来了，在精神人格上才能做到"足乎内而无待于外"，那么无论外部环境怎么变化，条件是好是差，自己都能执着坚定地走下去。如果这方面"立"不起来或"立"得不稳，终难免患得患失，朝秦暮楚，行不高，走不远，即便有再好的科研与生活条件，也难成大事业。过去非洲研究条件艰苦，国家能提供的支持和资助很少，往往不易吸引优秀人才，这些年，国家日益发展，开始重视非洲研究，条件也日益改善，非洲研究的吸引力明显提升了。但是，学术研究和真理追求，更多是一种精神世界里的事业，它的真正动力与基础还是来自人的精神追求，学术创新的内在支撑力量也来自研究者对这份事业的精神认同，因而一个人如果只是为稻粱谋，只看重名利，其实是很难在非洲研究领域长期坚持下来，很难长期扎根于非洲大陆做艰苦而深入的田野调研的。

非洲研究院成立后，我着力最多也最操心的，就是招聘人才、组建团队、培养人才。那么，招聘什么样的人才、培育什么样的团队呢？当然应该是愿意从事和有能力从事非洲研究的人才和团队。中国古人讲，知之不如好之，好之不如乐之，乐之不如行之，行之不如成之，正所谓"知行合一"，是为真诚。学问之事，总是不易的，聪明、勤奋自不待言，才、学、识，行动与实践，缺一不可。但做非洲研究，还有一些特殊之处，它面临许多做学问的挑战，诸如研究对象国气候炎热、疾病流行、政治动荡、文化差异较大、语言障碍较多等，这使得做非洲研究不仅相对辛苦，也不易坚持，因而必得有一种精神的追求与心灵的爱好，有一种源自心底的情感牵念，你若爱上非洲，爱上远方，便能苦中作乐，视苦为乐，如此，方可坚持前行，行远而登高。我常说，非洲研究既难也易，说难，是因为有许多艰苦的地方，它也挑战人对学术的理解是否单纯本真；说易，是说在此领域，毕竟中国人做得还不多，有许多空白领域，门槛不高。所以，在非洲研究这个新兴的世界里，在这个中国学术的"新边疆"里，你只要有一真心，扎根于非洲，用你的双脚去做学术，用你的真诚去做学问，坚持不懈，就迟早会有所成就。

"浙江师范大学非洲研究文库"是我院成立之初启动的一项中长期的学术建设工程，历12年之久，已经出版各系列著作80多部，汇集了我国非洲研究领域的众多老中青学者，所涉及的内容也很广泛，大体上反映了这些年来我国非洲研究的前沿领域与最新成果，2008年丛书首批出版时我写了一篇序言《非洲研究——中国学术的新边疆》，对中国非洲研究之发展提出若干思考。[①] 十多年来，中非关系快速发展，随着研究进程的深入，本次推出的"非洲研究新视野"系列，聚焦于非洲研究的一些基础性、学术性成果，多是我院或我院协同机构科研人员承担的国家社科基金项目或教育部项目的成果。这一系列著作的推出也反映了我在建院之初提出的建设理念，即"学术追求与现实应用并重、学科建设与社会需求兼顾"，既考虑研究院自身的学科建设与学术追求，又密切关注国家战略与

[①] 参见刘鸿武、沈蓓莉主编《非洲非政府组织与中非关系》，世界知识出版社，2009，第11页。

社会需要，努力实现两方面的动态平衡，以及"学科建设为本体，智库服务为功用，媒体传播为手段，扎根非洲为前提，中非合作为路径"的发展思路。[①] 希望本系列著作的出版与交流，对我国非洲研究基础性领域的拓展提升起到积极的作用，有不当之处，也请同行方家批评指正。

---

① 刘鸿武：《中国非洲研究使命光荣任重道远》，《中国社会科学报》2019年4月16日，第1版。

目 录
CONTENTS

绪 论 …………………………………………………………… 1
 一 非洲族群政治研究学术史回顾 …………………………… 1
 二 本书的研究思路和主要内容 ……………………………… 17

第一章 族群与族群政治的概念界定与理论分析 …………… 21
 第一节 与族群相关的概念界定 ……………………………… 21
 第二节 族群政治的理论分析 ………………………………… 41

第二章 非洲现代多族群国家的形成 ………………………… 62
 第一节 非洲及其社会结构的多元性 ………………………… 62
 第二节 殖民统治与非洲社会的重构 ………………………… 76
 第三节 民族主义浪潮与非洲多族群国家的形成 …………… 91

第三章 非洲多族群国家的族群冲突 ………………………… 105
 第一节 非洲族群冲突的回顾与趋势 ………………………… 106
 第二节 非洲族群冲突的类型 ………………………………… 115
 第三节 解释非洲族群冲突 …………………………………… 141

第四章 非洲多族群国家的族群整合 ………………………… 153
 第一节 宏观视野下政治框架中的族群整合 ………………… 154
 第二节 中观视野下族群整合的政治实践 …………………… 172
 第三节 微观视野下的本土方案与传统实践 ………………… 188

第五章 卢旺达族群冲突与整合 ········· 200
第一节 卢旺达族群冲突 ········· 201
第二节 卢旺达族群整合 ········· 222

第六章 尼日利亚族群冲突与整合 ········· 246
第一节 尼日利亚族群冲突 ········· 248
第二节 尼日利亚族群整合 ········· 269

结 语 ········· 295
一 作为一种建构性单位的族群 ········· 295
二 族群冲突与整合：族群政治的具象化 ········· 300

参考文献 ········· 306

后 记 ········· 345

绪　论

肯尼亚独立（1963年）后，国内政局因部落之间的紧张而陷入纷扰，掌权的基库尤族（Kikuyu）召集族人举行宣誓仪式，誓约："誓死固守姆庇之家（House of Muumbi）。""姆庇"是基库尤人共同的母亲，姆庇之家即孕育基库尤人的子宫与养育基库尤人的家园。族人以此宣誓效忠族群，并以此为最大的责任。[1]

——哈罗德·伊罗生

族群政治是现代多族群国家普遍存在的一种政治现象，以族裔多样性著称的非洲国家尤其如此。20世纪60年代以来，非洲国家陆续独立，其新兴政权大都缺乏成熟市民社会"公平与正义"的历史基础，但与本土社会结构之间具有某种"亲亲性"。于是族群作为"建构性"的"文化—政治"单位被动员起来，争夺与维护"共有"资源。这种基于利益的族际互动，一旦诉诸政治权力，就表现为族群政治的形态，该形态下的族群冲突往往带有极大的暴力性和危害性。大部分非洲国家曾经或正陷入族群冲突的旋涡，从国家分崩离析的民族分离主义运动、惨无人道的种族灭绝，到因选举导致的暴力、因资源引发的冲突等，其成为影响非洲经济发展、社会稳定的根本性原因。脱胎于殖民主义的非洲国家，其局势诡谲多变，总体上虽具有脆弱性和专制性特点，但在不同的政治环境下，这些国家亦展现了族群整合的弹性与张力，以各种方式影响着非洲历史的进程。就学术角度而言，非洲的族群冲突与族群整合是重大的现实与理论问题，因而获取了广泛的关注，形成极具特色的研究领域。

一　非洲族群政治研究学术史回顾

（一）国内研究

基于学术史维度，国内非洲族群[2]研究存在一条延续至今的重要主线，即关

---

[1] 〔美〕哈罗德·伊罗生：《群氓之族：群体认同与政治变迁》，邓伯宸译，广西师范大学出版社，2008，第16页。

[2] 对于非洲国家的基本构成群体，如尼日利亚的约鲁巴人、肯尼亚的基库尤人等，（转下页注）

注二战后非洲的民族解放、民族独立和民族主义等宏观性议题，多立足于"反殖、反帝"的视角，目前，非洲民族主义还是重要的研究方向和内容。20世纪90年代后，特别是21世纪以来，随着社会科学的发展，学者学术视野的开阔，非洲国家内部结构性的族群问题被置于各种研究透镜之下，探讨的议题日趋多元化，相关论著大量涌现。

1. 著作

吴秉真、高晋元主编的《非洲民族独立简史》介绍了非洲各国独立的历史进程；① 陆庭恩、刘静的《非洲民族主义政党和政党制度》探讨了非洲的族群政党及其政党制度，涉及族群政治研究的核心话题；② 李安山的《非洲民族主义研究》是当前较为重要的专著，详尽梳理了非洲近代以来民族主义的演变和发展，许多思考具有理论探讨价值；③ 张宏明的《多维视野中的非洲政治发展》中部分内容通过政治学视角阐释了非洲政治中的族裔民族主义；④ 张湘东的《埃塞俄比亚联邦制：1950-2010》对埃塞俄比亚国家政体从单一制转向族群联邦制的历史进程进行了详细的阐述；⑤ 裴圣愚的《非洲萨赫勒地带民族问题研究》探讨了萨赫勒地带族群问题的根源、表现与族群整合的路径；⑥ 刘辉的《民族国家建构视角下的苏丹内战研究》试图说明南北苏丹内战是苏丹民族国家建构失败的产物；⑦ 徐薇的《博茨瓦纳族群生活与社会变迁》是一部建立在田野调查基础上的人类学民族志，其另一部著作《南非种族与族群关系变迁研究》探讨了南非种族与族群的形成、隔离、融合与发展。⑧ 总体上看，国内相关著作即便从数量上看，似乎也远无法覆盖整个非洲大陆。相对而言，论文要更为丰富，下文先梳理非洲整体情况的相关论文，随后梳理数个重点国家的相关论文。

（接上页注②）国内既有民族（nation）也有族群（ethnic group）以及部族等称谓，笔者如今赞同使用族群一词（后文将详细阐述原因），故除了"民族国家""民族主义"等专有概念，其他原文献中的"民族""部族"在本书中都被替换成了"族群"。

① 吴秉真、高晋元主编《非洲民族独立简史》，世界知识出版社，1993。
② 陆庭恩、刘静：《非洲民族主义政党和政党制度》，华东师范大学出版社，1997。
③ 李安山：《非洲民族主义研究》，中国国际广播出版社，2004。
④ 张宏明：《多维视野中的非洲政治发展》，社会科学文献出版社，1999。
⑤ 张湘东：《埃塞俄比亚联邦制：1950-2010》，中国经济出版社，2012。
⑥ 裴圣愚：《非洲萨赫勒地带民族问题研究》，中央民族大学出版社，2018。
⑦ 刘辉：《民族国家建构视角下的苏丹内战研究》，中国社会科学出版社，2011。
⑧ 徐薇：《博茨瓦纳族群生活与社会变迁》，浙江人民出版社，2014；《南非种族与族群关系变迁研究》，社会科学文献出版社，2020。

2. 论文

（1）非洲

20世纪50年代，学界已经出现有关"非洲独立运动"的文章，这些文章侧重于介绍，大多刊登在《世界知识》杂志上。① 20世纪60年代，除了主流的介绍性论文外（《世界知识》依然为主要的发表平台），研究性论文也开始出现。② 20世纪70年代则为学术"真空期"，不仅研究陷入停滞，介绍性文章也非常罕见。20世纪80年代后，相关研究逐渐活跃起来，呈现"百花齐放、百家争鸣"的局面，形成多个延展纵深的主题。

民族独立。1980~1990年，民族独立、民族解放运动是最重要的研究领域，遵循传统的"革命史观"，许多文章围绕非洲国家民族独立的兴起、特点、道路选择以及知识分子的作用等展开具体论述。③

民族主义。从民族解放运动到民族主义，是国内学界一个相当大的范式和视野的转换，符合现代学术的审美需求。相关研究对非洲民族主义的本土性、民族主义的发展、地方民族主义、知识分子与民族主义等有深入探讨，但遗憾的是，较少与西方民族主义理论流派对话。④

---

① 参见上官嵩《战后殖民地和附属国的民族解放运动（四）非洲国家的民族解放运动》，《世界知识》1955年第5期；朱ée莲《非洲民族解放运动新形势》，《世界知识》1959年第8期；申立《非洲巨人站起来了讲话连载——第四讲：为自由而战斗》，《世界知识》1959年第20期。

② 雅菲：《发展中的非洲民族独立运动》，《国际问题研究》1960年第1期；顾章义：《第二次世界大战与非洲的觉醒》，《历史研究》1963年第5期。

③ 胡有萼：《二次大战后蓬勃发展的非洲民族独立运动》，《西亚非洲》1980年第3期；王存华：《两次世界大战间撒哈拉以南非洲的民族解放运动及其特点》，《史学月刊》1981年第2期；蜀岗：《关于非洲民族民主革命进程的探讨》，《西亚非洲》1981年第3期；杨兴华：《战后非洲民族独立运动简论》，《江西大学学报》1982年第3期；张忠民：《关于非洲现代民族解放运动道路的问题》，《徐州师范学院学报》1984年第3期；李安山：《论西非知识分子的特点及其在民族独立运动中的作用》，《世界历史》1986年第3期；高晋元：《论战后非洲的民族独立战争》，《西亚非洲》1986年第5期；顾章义：《论二战与非洲民族独立运动的崛起》，《史学集刊》1990年第4期。

④ 张蓥：《略谈非洲民族主义的特殊性》，《西亚非洲》1985年第5期；葛公尚：《非洲的民族主义与部族主义探析》，《西亚非洲》1994年第5期；张忠民：《泛非主义、非洲民族主义、部族主义关系浅析》，《徐州师范学院学报》1996年第4期；唐大盾：《非洲民族主义的历史由来和发展》，《西亚非洲》1998年第5期；马瑞映：《在历史与现实之间：非洲与拉美民族主义比较》，《西亚非洲》2000年第2期；李安山：《试析非洲地方民族主义的演变》，《世界经济与政治》2001年第5期；唐大盾：《西托莱的"非洲民族主义"著作与思想》，《西亚非洲》2007年第7期；张宏明：《非洲民族主义先驱阿弗里卡纳斯·霍顿》，《西亚非洲》2008年第5期。

族群政党。在殖民时期，非洲的政党引领各国走向独立；在后殖民时期，政党是现代国家运转的核心，深刻影响族群政治。相关研究包括非洲族群政党的形成与发展、政党制度的结构及其政党制度的转换（一党制、多党制）、政党与民族主义等问题。①

跨境族群。由于历史上的人口流动和迁移、殖民领土分割，非洲诞生了大量跨境族群，对非洲各国的政治、经济、文化和国家安全等方面产生了重大影响，国内学者对此有所认识和阐述。② 胡洋、拉希德·奥拉吉德从国际关系维度探讨非洲跨境族群的安全议题。③ 施琳的《何以为邻？——"跨境民族"之关键概念辨析与研究范式深化》一文对于研究非洲跨境族群具有方法论上的价值。④

族群冲突。自20世纪90年代开始，国内学界已关注到非洲族群冲突。⑤ 最近几年，对于非洲族群冲突上升到宏观性、学理性和规律性的研究取得进展。张春、蔺陆洲在《输家政治：非洲选举与族群冲突研究》一文中运用定性与定量相结合的方法，考察了1960～2012年非洲大选中的输家政治所造成的族群冲突现象，有一定新意。⑥ 吴纪远、黄振乾提出一个解释前殖民地国家族群冲突差异的分析框架，即非对称族群政经结构模型，颇具理论深度。⑦ 笔者对非洲形形色

---

① 陆庭恩：《非洲国家一党制原因剖析》，《西亚非洲》1988年第5期；汤平山：《非洲国家实行多党制和一党制的经验及其改革初探》，《西亚非洲》1989年第3期；胡克红：《非洲国家政党权力结构研究》，《西亚非洲》1989年第3期；陆庭恩：《二次大战前的非洲民族主义政党和组织》，《西亚非洲》1992年第3期；陆庭恩：《非洲国家政党制度多样性浅析》，《西亚非洲》1995年第1期；陈明明：《泡沫政治：战后早期非洲国家多党民主制思考》，《西亚非洲》1997年第3期；魏翊：《国家建构策略与政党政治动员——当代非洲政党制度化的政治起源》，《世界经济与政治》2021年第3期。

② 顾章义：《非洲国家边界问题初探》，《西亚非洲》1984年第5期；葛公尚：《非洲跨界民族之管见》，《西亚非洲》1985年第5期；张宝增：《南部非洲的跨界民族与移民问题》，《西亚非洲》1999年第3期。

③ 胡洋、〔尼日利亚〕拉希德·奥拉吉德：《行为体视角下非洲跨界族群的安全问题初探》，《世界民族》2021年第4期。

④ 施琳：《何以为邻？——"跨境民族"之关键概念辨析与研究范式深化》，《西亚非洲》2019年第3期。

⑤ 徐济明：《冷战结束以后非洲地区性冲突的前景》，《西亚非洲》1991年第3期；包茂宏：《论非洲的族际冲突》，《世界历史》1999年第1期；车效梅：《非洲部族冲突问题探析》，《山西师范大学学报》2002年第2期；赵磊：《非洲族群冲突的最新进展及冲突管理》，《当代世界与社会主义》2011年第3期。

⑥ 张春、蔺陆洲：《输家政治：非洲选举与族群冲突研究》，《国际安全研究》2016年第1期。

⑦ 吴纪远、黄振乾：《非对称政经结构与族群冲突——对四个非洲前殖民地国家的考察》，《世界经济与政治》2021年第4期。

色的族群冲突做了类型学分析。①

民族国家建构。国内学界关注非洲国家的族群政策、民族国家建构的路径与实践，但缺乏建立在比较研究上的综合思考。② 艾俊树、黄德凯反思了西方民族国家建构理论，认为非洲民族国家建构还须从其自身历史中寻求理论依据。③ 张长东、刘瑾揭示了非洲国家建构的影响因素，并尝试通过建立一个较为完整的分析框架来阐明其背后的多重因果机制。④

综上所述，国内学界对于非洲族群问题怀有深切的"理解之同情"，所展开的研究无不与国家之前途与族群之命运息息相关。除此之外，非洲国家的族群问题研究内容更宽泛，具有相当的参考价值。由于非洲大陆国家众多，限于篇幅，本书选取几个典型的多族群国家逐一分析。

（2）卢旺达

卢旺达在非洲属于"袖珍国家"，20世纪90年代之前国人对其知之甚少，更谈不上深入研究，但在1994年卢旺达种族灭绝事件发生后，人们产生了强烈视觉和心理冲击，关注力度有所加大。研究主题多为卢旺达种族灭绝的过程及原因、种族灭绝后的和解与反思。

种族灭绝及原因。研究者对于种族灭绝的过程有较为翔实的描述；⑤ 关于种族灭绝的原因，学界认为与比利时殖民者有直接的关联，尤其是他们所创造的"含米特假说"（Hamitic Hypothesis），为种族灭绝提供了种族主义理论基础。⑥ 赵

---

① 蒋俊：《非洲族群冲突的类型分析》，《世界民族》2021年第3期。
② 高晋元：《联邦制在非洲：经验教训与前景》，《西亚非洲》1997年第5期；葛公尚：《对当代黑非洲国家民族政策的几点思考》，《世界民族》1998年第3期；李安山：《非洲民主化与国家民族建构的悖论》，《世界民族》2003年第5期；昌健：《本土社会与外来国家：非洲国家构建的社会逻辑》，《马克思主义与现实》2017年第4期。
③ 艾俊树、黄德凯：《非洲本土视域下的民族国家建构——模式、特征和路径》，《国际关系研究》2019年第1期。
④ 张长东、刘瑾：《非洲的国家建构历史与"失败国家"》，《比较政治学研究》2021年第1辑。
⑤ 徐济明：《卢旺达内战的由来与前景》，《西亚非洲》1994年第5期；萧复荣：《卢旺达和布隆迪的部族冲突初析——兼涉黑非洲国家的部族问题》，《西亚非洲》1994年第5期；葛公尚：《卢旺达—布隆迪部族冲突透视》，《世界民族》1995年第1期；庄晨燕：《民族冲突的建构与激化——以卢旺达1994年种族屠杀为例》，《西北民族研究》2017年第2期。
⑥ 刘海方：《十周年后再析卢旺达"种族"大屠杀》，《西亚非洲》2004年第3期；马雪峰：《大屠杀、含米特理论、族群身份以及其他——由"卢旺达饭店"（Hotel Rwanda）所想到的》，《西北民族研究》2006年第1期；刘海方、刘海东：《"含米特论"与非洲的种族与文明》，《内蒙古民族大学学报》2006年第3期。

俊认为，在卢旺达族群历史变迁中，政治势力的操控深刻影响了图西人（Tutsi）和胡图人（Hutu）族群边界的形成、维系与消解。卢旺达的族群政治则遵循"权力—制度—权力"的逻辑变迁。[1] 笔者主张多维度或多层次的解读视野，且认为被赋予"族群名义"的种族灭绝，在某种意义上是卢旺达族群政治演变的产物。[2]

种族灭绝反思与族群和解。反思的角度建立在卢旺达人身份政治的演变及与国际社会的互动之上；[3] 族群和解实际上就是族群整合，在这一过程中国家发挥主导性作用，其策略和方案决定了和解的成败，从目前来看，卢旺达政府的措施取得一定效果，社会保持总体安定的状态。[4]

（3）尼日利亚

尼日利亚是非洲大国，人口规模最大、经济实力领先，更因为其多元的族群结构、错综复杂的族际关系以及变幻莫测的族群政治形势而获得大量学者的关注，研究成果颇为丰硕，可根据以下议题大致归类。

族群冲突。尼日利亚独立后，族群冲突是持续存在的族群政治现象，从民族分离主义的比夫拉内战，到尼日尔三角洲族群冲突、农牧民族群冲突所产生的暴力，让这个国家苦不堪言。国内研究以20世纪90年代以来最突出的尼日尔三角洲族群冲突为重点。[5]

民族国家建构。由于缺乏统一政治共同体所需要的内在凝聚力，尼日利亚民

---

[1] 赵俊：《族群边界、权力介入与制度化——卢旺达族群关系的历史变迁及其政治逻辑》，《西亚非洲》2019年第3期。

[2] 蒋俊：《族群政治与卢旺达大屠杀：基于历史维度的考察》，《史学集刊》2020年第6期。

[3] 王莺莺：《卢旺达悲剧的回顾与反思》，《国际问题研究》1994年第4期；李安山：《论民族、国家与国际政治的互动——对卢旺达大屠杀的反思》，《世界经济与政治》2005年第12期；侯发兵：《卢旺达的民族身份解构：反思与启示》，《西亚非洲》2017年第1期。

[4] 庄晨燕：《民族冲突后的和解与重建——以卢旺达1994年大屠杀后的国族建构实践为例》，《中央民族大学学报》2014年第3期；舒展：《卢旺达民族和解探究与思考》，《西亚非洲》2015年第4期；蒋俊：《"去族群化"：大屠杀后卢旺达身份政治的重建》，《世界民族》2019年第1期。

[5] 李文刚：《浅析尼日利亚少数民族问题——以尼日尔河三角洲地区为中心》，《西亚非洲》2007年第7期；李文刚：《尼日利亚地方民族组织的缘起与演化——兼评尼日利亚地方民族组织对民主化的影响》，《西亚非洲》2009年第9期；史静、周海金：《尼日利亚乔斯地区宗教与族群冲突探析》，《国际论坛》2014年第4期；王磊：《尼日利亚尼日尔河三角洲解放运动源起与演变》，《国际研究参考》2016年第4期；王涛：《尼日利亚"油气寄生型"反政府武装探析》，《西亚非洲》2017年第3期。

族国家建构充满艰辛和不确定性，但其却是这个国家能否存续的关键。学界在本领域的研究包括国家建构的进程、族群认同与民族（国族）认同、族群策略与族群政策以及宗教因素与国家建构等。①

语言与族群问题。尼日利亚是一个多语国家，国内学界关注各族群争夺国语地位的博弈，以及语言问题对民族国家建构产生的影响。②

其他还有关于尼日利亚民族主义③、族群政党④等相关议题的研究，从不同侧面分析了尼日利亚族群问题。

（4）苏丹

1956年，苏丹共和国成立，是二战后非洲大陆继利比亚之后独立的国家。国内很早就关注到这件大事，通过《世界知识》《国际问题译丛》等刊物介绍当时苏丹民族解放运动的情况。20世纪80年代后学术研究成果逐渐增多，聚焦于民族国家建构、南北分离、内战与冲突、达尔富尔问题以及南苏丹独立等议题。

民族国家建构。从当前的情况来看，苏丹已经一分为二，民族国家建构无疑是失败的，研究者认为独立后的苏丹尚不具备民族国家发展的一些基本条件，如有效的国家制度、统一的国民经济体系、各族经过长期共同生活与交流而形成的具有现代意义的国族，缺乏对国家的忠诚、对新国家合法性的认同等等，只能吞

---

① 李起陵：《尼日利亚民族国家形成初探》，《西亚非洲》1994年第3期；张佳梅、亢升：《政府主导型的尼日利亚民族一体化进程》，《西亚非洲》2002年第2期；朱和双、李金莲：《尼日利亚独立以后的民族问题与民族政策》，《商丘师范学院学报》2005年第4期；李文刚：《尼日利亚宗教问题对国家民族建构的不利影响》，《西亚非洲》2007年第11期；蒋俊：《论尼日利亚的族群问题与国家建构》，《西南民族大学学报》2010年第5期；庆学先：《军人执政与民族国家构建——尼日利亚民族国家构建研究》，《学海》2011年第4期；蒋俊：《尼日利亚国家建构进程中的少数族群问题》，《浙江社会科学》2011年第6期；李文刚：《"联邦特征"原则与尼日利亚民族国家构建》，《西亚非洲》2012年第1期；蒋俊：《尼日利亚建国以来的族群政策述评》，《世界民族》2013年第3期。

② 李文刚：《试析尼日利亚国家民族建构中的语言问题》，《西亚非洲》2008年第6期；孙晓萌：《围绕尼日利亚国语问题的政治博弈》，《国际论坛》2009年第5期；张荣建：《尼日利亚语言政策的多因分析》，《重庆师范大学学报》2017年第1期；李丹：《尼日利亚民族分化式语言教育探析》，《民族教育研究》2017年第3期。

③ 秦晓鹰：《尼日利亚现代民族主义的兴起和特点》，《世界历史》1981年第2期；张晓华：《尼日利亚民族主义运动的兴起》，《世界历史》1984年第3期。

④ 钟伟云：《尼日利亚政党制度的新试验》，《世界经济与政治》1993年第5期；杜小林：《尼日利亚政党政治的发展》，《西亚非洲》2008年第6期。

下分裂的苦果。①

南北分离与内战。研究者认为，苏丹南北分离问题出现的一个客观基础是族群与宗教的分野，北部主要是信奉伊斯兰教的阿拉伯人，而南部多为信奉基督教和传统宗教的黑人，两者在人种、文化、宗教、语言以及社会经济等方面具有极大差异，加之国家失衡的民族宗教政策、外部势力的干预等导致苏丹南北分离，相关文章数量甚多。② 周光俊认为，断裂型的制度安排、强力政党的组织推动和伊斯兰文明与非洲文明的冲突，导致南方问题愈演愈烈，最终南苏丹脱离苏丹独立。③ 闫健认为，后殖民时期非洲的分离主义运动同时面临组织化、军事斗争与外部孤立三个层面的障碍。南苏丹之所以能最终赢得主权，是因为它们相对成功地克服了这三个"遏制性因素"。④ 苏丹内战反反复复持续数十年之久，导致200余万人丧命，几百万人流离失所，产生严重的后果。⑤

南苏丹独立及其内部冲突。2011年7月9日，南苏丹共和国举行开国庆典，正式宣告脱离苏丹独立，成为当前世界上最年轻的国家。研究者较多回顾其举步维艰的独立之路，分析独立的背景，展望独立的前途与命运。⑥ 但南苏丹独立后依然乌云密布，无法带给人民和平与稳定的环境，相反还陷入内部冲突的"怪圈"，这样的状况引起研究者的高度关注。⑦

达尔富尔问题。学者认为达尔富尔危机是苏丹内战的延续，主要表现为政府

---

① 刘辉：《苏丹民族国家构建初探》，《世界民族》2010年第3期；王猛：《苏丹民族国家建构失败的原因解析》，《西亚非洲》2012年第1期；朱晓黎：《苏丹战后和平重建政治机会论分析》，《阿拉伯世界研究》2012年第6期。

② 余建华：《南苏丹问题的来龙去脉》，《阿拉伯世界研究》1990年第1期；唐同明：《苏丹的南方问题》，《贵州师范大学学报》1992年第4期；王彤：《论苏丹南方问题的成因》，《世界历史》1993年第6期；余建华：《南苏丹问题的缘由》，《世界历史》1994年第2期；王猛：《苏丹南北分立原因探析》，《西北大学学报》2014年第1期。

③ 周光俊：《南苏丹分离运动的逻辑分析：1972～2011》，《阿拉伯世界研究》2020年第1期。

④ 闫健：《非洲的分离主义运动何以能成功？——对厄立特里亚和南苏丹的比较分析》，《世界政治研究》2020年第3期。

⑤ 刘辉：《民族主义视角下的苏丹南北内战》，《世界民族》2005年第6期。

⑥ 余文胜：《苏丹南方公投前景及其影响》，《现代国际关系》2010年第12期；余文胜：《公投后苏丹南部的主要任务及政策走向》，《现代国际关系》2011年第2期；杨勉：《南苏丹独立的背景与前景》，《学术探索》2011年第10期；于红：《南苏丹荆棘丛生的独立之路》，《中国民族》2012年第5期。

⑦ 曾爱平：《南苏丹冲突的内部根源》，《亚非纵横》2014年第4期；刘辉：《南苏丹共和国部族冲突探析》，《世界民族》2015年第3期；闫健：《政治—军队—族群的危险联结：南苏丹内战原因分析》，《国外理论动态》2017年第3期。

支持的阿拉伯民兵武装与反政府武装"正义与公平运动""苏丹解放军"之间的战斗,造成大量人员伤亡和财产损失。① 研究者对于达尔富尔问题的缘由、过程、政治解决方案及影响都有多角度的分析。②

（5）肯尼亚

肯尼亚有数十个族群,但国家命脉长期把持在基库尤族、卢奥族（Luo）和卡伦金族（Kalenjin）等少数几个族群手中,权力结构严重失衡,族群冲突问题比较突出。20世纪90年代实行多党选举政治后,肯尼亚选举冲突大量爆发。鉴于此,研究者重点关注肯尼亚总统大选中呈现的族群暴力、政党制度中的族群政治。此外,基库尤人曾发动反殖民主义的"茅茅运动",且在独立后占据主导地位,因此对该族的研究较多。

选举冲突。研究者认为在多党选举制度下,政党代表各族的利益,导致国家与社会的分裂,并演变成严重的暴力冲突。③

政党制度。肯尼亚从一党制向多党制的转换被认为是这个国家族群政治化、族群冲突愈演愈烈的"罪魁祸首",研究者对一党制进行历史审视,对多党制进行现实解读与未来研判。④

基库尤族及"茅茅运动"。基库尤族是肯尼亚第一大族群,其人口占全国总人口的17%,开国总统、被誉为"民族主义之父"的乔莫·肯雅塔（Jomo Kenyatta）便来自该族,研究者对其评价颇高。⑤ 有学者梳理了近百年来基库尤族社

---

① 刘辉:《达尔富尔危机:苏丹内战的继续》,《世界民族》2011年第2期。
② 涂龙德:《达尔富尔危机之透视》,《阿拉伯世界》2005年第4期;姜恒昆、刘鸿武:《种族认同,还是资源争夺——苏丹达尔富尔地区冲突根源探析》,《西亚非洲》2005年第5期;姜恒昆:《达尔富尔问题的历史溯源——再论达尔富尔冲突的原因、阶段及性质》,《西亚非洲》2008年第9期;马燕坤、杨伟敏:《二元维度中的达尔富尔问题》,《世界民族》2012年第1期。
③ 张永蓬:《地方民族主义与肯尼亚多党大选——以1992年和1997年肯尼亚多党大选为例》,《世界民族》2002年第6期;高晋元:《肯尼亚多党制和三次大选初析》,《西亚非洲》2004年第2期;高秋福:《肯尼亚大选何以引发社会动乱》,《亚非纵横》2008年第2期;高晋元:《2008年初肯尼亚政治危机反思》,《西亚非洲》2008年第12期;张永蓬、曹雪梅:《肯尼亚政党的地方民族主义背景》,《西亚非洲》2002年第2期。
④ 高晋元:《对肯尼亚一党政治的管见》,《西亚非洲》1991年第5期;艾平:《肯尼亚多党风潮剖析》,《西亚非洲》1992年第3期;渊洱:《肯尼亚多党大选摭谈》,《西亚非洲》1993年第3期;高晋元:《肯尼亚多党政治能走多远》,《西亚非洲》2000年第1期;曾爱平:《肯尼亚政党政治演变及特点》,《当代世界》2018年第4期。
⑤ 唐大盾:《从基库尤民族主义到泛非民族主义——肯雅塔早期政治思想述评》,《西亚非洲》2006年第5期。

会、经济和政治地位的演变,及其对肯尼亚的影响。①研究者认为"茅茅运动"的内核是民族解放运动,且产生了深远影响。②

根据笔者的了解,国内学界对上述非洲国家的研究更为重视,成果相对丰硕。事实上另有一些国家的族群政治问题也非常突出,引起学者的关注。比如埃塞俄比亚,其国内族群结构、族际关系错综复杂,研究者注意到奥罗莫族问题、③索马里族问题(跨境族群);④该国独树一帜的族群整合政策最能激发学者的兴趣,尤其是20世纪90年代后推行的"族群联邦制"。⑤

再如坦桑尼亚,族群数量居东非之最,族群结构也很复杂。但相对而言,这个国家一直较为稳定,没有爆发过大规模的族群冲突,在周边国家中显得"鹤立鸡群",研究者探讨其民族国家一体化的进程与实施的政策;⑥李安山认为"乌贾马运动"(Ujamaa)的作用不容忽视。⑦

总体而言,国内学界的成果点面结合,已达到一定深度和广度,具有重要的借鉴和参考价值,但表述相对零散,缺乏专题性、整体性和系统性研究;研究方法上跨学科意识不足,缺少田野调查的实证材料;当下主流的族群政治相关概念和理论未得到重视,更谈不上有效的应用和推广,学理性和规律性的总结比较欠缺;此外,较少有横向和纵向的比较研究。较之非洲庞大的国别数量、族群政治问题的多元性和复杂性,尤其是涉及整个非洲的成果尚显单薄,亟待泛化与深化研究。

(二) 国外研究

国外研究主要围绕三大主题展开分析,即"族群政治"、"族群冲突"与

---

① 高晋元:《吉库尤族的社会政治演变》,《西亚非洲》1981年第4期。
② 陆庭恩:《肯尼亚"茅茅"起义的原因》,《史学月刊》1981年第2期;高晋元:《"茅茅"运动的兴起和失败》,《西亚非洲》1984年第4期;丁邦英:《"茅茅"运动》,《西亚非洲》1988年第5期。
③ 罗圣荣:《埃塞俄比亚奥罗莫人问题的由来与现状》,《世界民族》2015年第1期。
④ 张湘东:《埃塞俄比亚境内的索马里族问题》,《西亚非洲》2008年第1期。
⑤ 张湘东:《浅析埃塞俄比亚联邦制宪法对民族分离权的规定》,《非洲研究》2011年第1期;施琳、牛忠光:《埃塞俄比亚民族关系与民族治理研究》,《西亚非洲》2013年第4期;施琳:《应对民族多样性的"非洲思路"——"多维度"视域下的埃塞俄比亚民族治理模式》,《黑龙江民族丛刊》2016年第3期。
⑥ 葛公尚:《初析坦桑尼亚的民族过程一体化》,《民族研究》1991年第2期;周泓:《坦桑尼亚民族过程及其民族政策》,《民族论坛》1997年第4期。
⑦ 李安山:《非洲国家民族建构的理论与实践研究——兼论乌贾马运动对坦桑尼亚民族建构的作用》,《西亚非洲》2002年第4期。

"族群整合";步骤上亦按地域层级先从总体上梳理整个非洲的相关成果,再呈现国别案例,本书以尼日利亚和卢旺达为代表(前者族群结构极为复杂,后者族群结构十分简单,共同点是两国都爆发过最惨烈的族群冲突)介绍相关研究成果。[①]

1. 非洲专题著作

(1) 族群政治

族群政治研究主要有两种路径:一是解决一些基础性的概念和理论问题,其关键词是族群、族性、部落和民族主义等;二是揭示族群政治的形成与表现,其关键词是政党、制度、政策与民主等。就前者来说,《非洲的族性与民族主义:建构主义反思与当代政治》就是这样一部理论性专著,该书基于建构主义维度探讨了非洲的族性和民族主义研究的各种议题、概念和方法,有助于梳理族群政治研究的脉络;[②]《撒哈拉以南非洲的族性与部落:揭开旧伤口》的意义在于对概念体系的打破与重建,作者颠覆性地认为非洲国家的构成单位应该为部落(tribe),而非族群,并重新诠释了非洲的部落概念。[③] 对于后一路径,同样有两部著作堪称经典。《制度与非洲族群政治》试图解决族群政治的"合理性"问题。非洲人与世界各地的人一样,拥有多重且分化的群体身份,即种族、族群、宗族、地域、语言和宗教等身份,但为何非洲政治更多时候会围绕族群这条轴线运转?作者认为制度变迁是导致这种运转的根本性动力。[④]《非洲的政党:族性与政党形成》通过政党与族性结合的程度来说明族群政治在不同国家存在差异性的原因:在一些国家,如肯尼亚,政党组织主要沿着族群边界建构,这是因为该国不存在绝对多数的主体族群,族群规模大体均势,都渴望本族夺取政权;而有的国家,如加纳,主体族群的人口比例很大,不仅减少了族群诉求,也削弱了建构族群政党的动机。[⑤] 而《超越非洲族群政治》一书确实"超越"了传统族群

[①] 由于国外研究文献过于庞杂(尤其是论文),本书就部分有代表性的英文著作予以简单介绍,更多的论著可参阅本书的参考文献。

[②] Paris Yeros, ed., *Ethnicity and Nationalism in Africa: Constructivist Reflections and Contemporary Politics*, New York: Palgrave Macmillan, 1999.

[③] S. N. Sangmpam, *Ethnicities and Tribes in Sub-Saharan Africa: Opening Old Wounds*, London: Palgrave Macmillian, 2017.

[④] Daniel N. Posner, *Institutions and Ethnic Politics in Africa*, Cambridge: Cambridge University Press, 2005.

[⑤] Sebastian Elischer, *Political Parties in Africa: Ethnicity and Party Formation*, Cambridge: Cambridge University Press, 2013.

政治研究的视野，将重点放在非洲本土社会结构之上，试图回答"族群政治为何只在非洲一些多族群社会中凸显"这一问题。作者认为这由各国社会结构的多态性所致，即基层领袖强大的国家有可能避免族群政治，反之族群政治就会盛行。①

族群政治是当前民族学与政治学关注的重点和热点，关于非洲的相关成果，既在理论层面展示了更多的研究可能性，又在实践上提供鲜活和丰富的素材与案例，实质性地推动了该项研究的发展。当然，族群政治现象主要表现为族群冲突与族群整合，国外学界对于这两个议题尤为重视。

(2) 族群冲突

在很长一段时间里，非洲的冲突研究一度"难以为继"，因为非洲各国政府恐惧冲突研究并对此持怀疑态度，一般都不鼓励这种研究，更甚者，该领域研究人员会被贴上颠覆分子及帝国主义代理人的标签。紧张的国内局势也阻碍了非洲本土研究专家的产生和发展，后来主导了这一领域的外国学者遭到严厉的批评，他们被扣上"新殖民主义"的帽子。直到20世纪80年代末，族群冲突研究才得以蓬勃发展。

由于大部分非洲国家独立后都爆发过族群冲突，并造成惨烈的后果，所以首先是要寻求这一现象的原因和动机。《族群杀戮？撒哈拉以南非洲的战争、和平与族群政治》将族群冲突与非洲后殖民国家的社会背景结合起来，人们置身其中希望在族群中寻求庇护，政治精英们则动员他们为"己群"斗争，导致冲突越来越呈现族裔化。②《非洲族群冲突的根源：从怨恨到暴力》一书的观点是，族群政治动员是人们深切感受到不满或威胁时的一种能动性，但这种动员是否会导致暴力，取决于现任政权对被动员群体诉求的回应。③ 其次是要展现族群冲突的具体现象，《非洲族群冲突》共列举了15个国别案例，包括非洲族群冲突最频繁和突出的几个国家，如尼日利亚、卢旺达、布隆迪、肯尼亚、刚果（金）等，有助于人们了解和比较非洲族群冲突。④ 再次是要进行宏观性和概述性研

---

① Dominika Koter, *Beyond Ethnic Politics in Africa*, Cambridge: Cambridge University Press, 2016.

② Einar Braathen et al., eds., *Ethnicity Kills? The Politics of War, Peace and Ethnicity in Sub-Saharan Africa*, New York: Macmillan Press, 2000.

③ Wanjala S. Nasong'o, *The Roots of Ethnic Conflict in Africa: From Grievance to Violence*, New York: Palgrave Macmillan, 2015.

④ Okwudiba Nnoli, ed., *Ethnic Conflicts in Africa*, CODESRIA, 1998.

究,如《非洲冲突的走向(1946~2004):宏观比较的视角》,该书勾勒了1946~2004年非洲冲突的大致趋势,总结了这些冲突的区域性(即中部、东部、西部和南部非洲)特征,并整理了各国主要冲突的起止时间、量级、性质、死亡人数等,具有极为重要的参考价值。① 最后还有关于"冲突研究"的研究,《非洲冲突研究:视野与经验》对非洲冲突研究中的研究者、研究理论、方法、进程等都有介绍和反思。②

总的来说,非洲族群冲突研究已取得较多成果,从现象到理论、从整体到个案,研究内容丰富和立体。但遗憾的是,上述研究大都为论文集,尚缺少有分量的专著。

(3) 族群整合

《非洲从部落到国家:整合过程的研究》是一部人类学论文集,作者批评了部落/族群研究的非历史化倾向,以及主流政治学家将部落忠诚与国家一体化完全对立的观点;同时也批评了人类学者在"比较分析和建构学科理论"的名义下将部落作为孤立的分析单位,过分强调其边界的稳定性和内部文化的同质性。前殖民时期的部落地域和文化边界极为模糊和灵活,地方社会被整合到更大的政治、经济或宗教网络古已有之。③《国家与族群诉求:非洲的政策困境》是一部由15位作者共同完成的论文集,特别讨论了减少非洲国家族群冲突、改善族际关系的政策选择。该书重点关注4个核心问题:国家对族群的影响;族群诉求;族群竞争性诉求的调控;自治与调控的辩证关系。④《在非洲寻求和平:冲突预防和治理概述》也是众多学者合作的结果,系统展示了非洲大陆致力于预防和治理社会冲突的各种机制。⑤《非洲族群冲突治理:合作的压力和动机》指出,不同的政体会形成不同的族群整合模式,作者对非洲国家的政体和族群整合模式

---

① Monty G. Marshall, *Conflict Trends in Africa, 1946 – 2004: A Macro-Comparative Perspective*, London: Panos Pictures, 2006.

② Elisabeth Porter et al., eds., *Researching Conflict in Africa: Insights and Experiences*, Tokyo: United Nations University Press, 2005.

③ Ronald Cohen and John Middleton, eds., *From Tribe to Nation in Africa: Studies in Incorporation Processes*, San Francisco: Chandler Publishing Co., 1970.

④ Donald Rothchild and Victor A. Olorunsola, eds., *State Versus Ethnic Claims: African Policy Dilemmas*, Boulder: Westview Press, 1983.

⑤ Monique Mekenkamp et al., eds., *Searching for Peace in Africa: An Overview of Conflict Prevention and Management Activities*, European Platform for Conflict Prevention and Transformation, 1999.

的关系进行了深入分析。①

2. 卢旺达专题著作

(1) 种族灭绝

《卢旺达危机：大屠杀史》将1994年卢旺达种族灭绝视为"一个进程的结果"，通过历史维度对此进程加以分析、研究和解释，各种细节的描写令人叹服。②《种族灭绝秩序：卢旺达的种族、权力和战争》试图解释"是什么驱使成千上万的卢旺达平民拿起屠刀？"作者提供了一个新的视角，即聚焦于种族灭绝的"地方动力"，其资料来自广泛的实地调查，包括对已经认罪和定罪的种族灭绝犯人进行深度访谈，以及对5个种族灭绝点的微观比较研究。③《种族灭绝前的卢旺达：殖民后期的天主教政治与族群话语》考察了殖民后期比利时天主教会如何影响卢旺达族群政治的演变。当时，卢旺达天主教会的领导权开始移交给本土人士，逐渐由无条件扶持图西统治者，转而支持受压迫的胡图族，对于不断恶化的图西—胡图族际关系起到推波助澜的作用。④《当受害者变成凶手：卢旺达的殖民主义、本土主义与种族灭绝》指出，若要理解卢旺达种族灭绝需要将之置于殖民主义的逻辑。在德国和比利时殖民统治期间，胡图族被定义为土著居民，图西族被界定为迁居移民，这为后来的种族灭绝提供了口实。胡图族之所以发动种族灭绝，是因为他们自视为"大地之子"，需要清除有威胁的"外来者"（图西人）。⑤

(2) 族群和解

《解释恐惧：卢旺达种族灭绝后的辩论》记录了卢旺达种族灭绝后关于这场悲剧的辩论。全书列举和分析了六项辩论（每种辩论各分一章），作者认为这些

---

① Donald Rothchild, *Managing Ethnic Conflict in Africa: Pressures and Incentives for Cooperation*, Washington: Brookings Institution Press, 1997.

② Gèrard Prunier, *The Rwanda Crisis: History of a Genocide*, New York: Columbia University Press, 1997. （中译本参见〔法〕热拉尔·普吕尼耶《卢旺达危机：大屠杀史》，赵俊译，中国社会科学出版社，2017。）

③ Scott Straus, *The Order of Genocide: Race, Power, and War in Rwanda*, New York: Cornell University Press, 2006.

④ J. J. Carney, *Rwanda before the Genocide: Catholic Politics and Ethnic Discourse in the Late Colonial Era*, Oxford: Oxford University Press, 2014.

⑤ Mahmood Mamdani, *When Victims Become Killers: Colonialism, Nativism, and the Genocide in Rwanda*, Princeton: Princeton University Press, 2001.

辩论对于理解卢旺达种族灭绝以及种族灭绝后的和解至关重要。[①] 卡恰恰（Gacaca）法庭是卢旺达种族灭绝后族群和解的重要举措，相关研究甚多。《卡恰恰法庭，卢旺达大屠杀后的司法与和解：没有律师的审判》之所以引人注目，是因为它突破了许多具有争议性和缺乏事实依据的观点。作者在卢旺达进行的田野调查长达 7 年，对卡恰恰法庭参与者的访谈就有 500 余次。因此，该书能较客观地评估卡恰恰法庭的作用与局限，同时将这种分析置于更广泛的学术文献，以及卢旺达当局与国际社会不同的政治立场之中。[②]《模范公民培训：卢旺达公民教育和国家建设的民族志》探讨种族灭绝后卢旺达培育"模范公民"的情况，聚焦于伊特雷罗（Itorero）项目。作者从三个方面搜集民族志数据：对 11 次伊特雷罗培训的参与观察，对 25 名参与培训的人的深度访谈，以及在基加利基层社区的参与观察。[③]

3. 尼日利亚专题著作

（1）族群政治

《尼日利亚政治中的少数族群问题（1960~1965）》一书的作者是一位历史学家，对文献资料有天然敏感性，他利用报纸、议会辩论和一些采访的纪实性材料，重现尼日利亚独立初期少数族群问题的诞生与发展，此外还展示了主要政党在少数族群问题上的立场，以及少数族群问题对第一共和国的影响。[④]《尼日利亚族群政治》一书基于族群政治视角来剖析这个国家长期存在的问题，这在 20 世纪 70 年代末是极富创新性的尝试。该书是一项综合性研究，对于发展政治学、政治社会学、国家建构和国家一体化研究都有所助益。[⑤]《20 世纪建构属于伊博人的共同体和尼日利亚国家》在建构主义的框架内讨论伊博人族群身份的形成问题。这是一项详尽的研究，几乎涵盖了大部分伊博人民族志和在该族群发展中具有重要意义的内容。作者坚持认为，身份建构是由外部力量制约和塑造的，在

---

① Nigel Eltringham, *Accounting for Horror: Post-Genocide Debates in Rwanda*, London: Pluto Press, 2004.
② Phil Clark, *The Gacaca Courts, Post-Genocide Justice and Reconciliation in Rwanda: Justice without Lawyers*, Cambridge: Cambridge University Press, 2010.
③ Molly Sundberg, *Training for Model Citizenship: Ethnography of Civic Education and State-Making in Rwanda*, New York: Palgrave Macmillan, 2016.
④ Ugbana Okpu, *Ethnic Minority Problems in Nigerian Politics, 1960-1965*, Stockholm: Almqvist & Wiksell International, 1977.
⑤ Okwudiba Nnoli, *Ethnic Politics in Nigeria*, Enugu: Fourth Dimension Publishers, 1978.

伊博族案例中,这些力量包括殖民主义、联邦制、城市化和全球化等。①

(2) 族群冲突

尼日利亚内战(1967~1970),也被称为"比夫拉战争",是20世纪60年代末非洲大陆上最具创伤性的事件。《比夫拉战争:为现代尼日利亚而斗争》的作者是当时军政权领导人雅库布·戈翁(Yakubu Gowon)的朋友,他还对领导比夫拉内战的伊博族领袖楚库埃梅卡·奥杜梅格伍·奥朱古(Chukwuemeka Odumegwu Ojukwu)的生平和性格了如指掌。这本书的特别之处在于作者充分挖掘和利用英国与尼日利亚的档案资料,以及他对内战中一些重要政治人物的深度访谈资料。②《尼日利亚暴力模式和趋势》通过信息和通信技术对冲突事件的相关数据进行定量分析,揭示尼日利亚地方政府、州和国家等层级的安全局势。该书是了解2009~2013年尼日利亚包括族群冲突在内的暴力活动的指南。③世界上存在大量暴力冲突,很多人将之笼统地归因于族群因素,而《作为冲突资源的族性政治化:尼日利亚现状》一书的作者明确反对这一观点,他开宗明义,"族群不会导致冲突,或不是冲突的原因,除非族群被政治化"。作者试图通过尼日利亚案例解答族群政治化是在什么基础上发生的、谁主导族群政治化、为何以及如何将族群政治化、族群政治化的后果是什么等重要问题。④

(3) 族群整合

《尼日利亚市民社会与族群冲突治理》这本论文集的价值主要体现在三个方面:首先,探讨建立族群整合理论框架的可能性;其次,它提供了几个来自尼日利亚不同地区的族群冲突具体事例,并将之与更广泛的族群问题联系起来;最后,它将注意力集中在"市民社会",希望借助那些非正式组织、特殊利益共同体,对冲突进行预防、调解和补救。⑤《多族群联邦国家的整合机制:尼日利亚的经验》回顾和剖析了联邦制实施过程,并指出良好愿望与联邦制现实之间的

---

① Axel Harneit-Sievers, *Constructions of Belonging: Igbo Communities and the Nigerian State in the Twentieth Century*, New York: University of Rochester Press, 2006.
② Michael Gould, *The Biafran War: The Struggle for Modern Nigeria*, New York: I. B. Tauris, 2012.
③ Patricia Taft and Nate Haken, *Violence in Nigeria Patterns and Trends*, Switzerland: Springer International Publishing, 2015.
④ Ademola Adediji, *The Politicization of Ethnicity as Source of Conflict: The Nigerian Situation*, Wiesbaden: Springer Fachmedien Wiesbaden, 2016.
⑤ Thomas A. Imobighe, ed., *Civil Society and Ethnic Conflict Management in Nigeria*, Ibadan: Spectrum Books, 2003.

巨大鸿沟。①《尼日利亚的联邦制与族群冲突》的研究颇具洞察力，该书认为尼日利亚的联邦制在非洲具有独特性和实用性，如果进行某些关键的改革，可以在缓和族群冲突方面发挥重要作用。但尼日利亚联邦制的功能严重失调：首先，联邦制被过度集权所破坏；其次，联邦内部的关注点在于如何分配中央的财富，争夺"国家蛋糕"的族群冲突不可避免。②

综上，国外学界高度重视非洲多族群国家的族群政治问题，专题性成果众多，这从专著的数量上就可见一斑。在理论和方法上，这些成果多采用民族政治学、民族社会学、政治人类学等交叉视角；在资料获取上，人类学的田野调查发挥了关键作用。很多成果的视域开阔，从不同角度揭示了非洲族群政治的复杂性以及与现代民族国家多向度的社会、文化和历史联系。但稍显遗憾的是，在总揽非洲大陆的宏观性作品中，对于族群政治概念还缺乏理论认知方面的研究以及逻辑性和系统性分析，尤其是族群冲突方面的研究，很多冠以"非洲"之名的著作大都只是论文集。有鉴于此，笔者在汲取前人成果的基础上，设计了可操作的研究思路。

二 本书的研究思路和主要内容

非洲族群政治研究关注非洲各国的族群冲突、族群整合与民族国家建构等问题，需要以"民族政治学"为研究指向，应用民族学、人类学与政治学的一些理论和观点，深层次揭示非洲族群政治的本质特征。具体的研究思路以及核心的操作点可以归纳为如下几点。

第一，概念界定，搭建理论分析框架。非洲族群政治研究涉及多学科的交叉，对于各种理论和概念的梳理与界定极为重要，首先要根据非洲的实际情况考虑概念和理论选择的适用性问题；其次要以这些概念和理论为导向建构非洲族群政治研究的合理分析框架，使研究内容具有整体性和系统性。

第二，整体分析与个案选择。非洲有50多个国家，大都处于相似的政治场域，即民族国家建构中面临族群冲突的威胁与族群整合的困境。既要综合考察非洲大陆族群政治的进程与特点，还应挑选有一定代表性的国家重点剖析，由点及

---

① Emmanuel O. Ojo, *Mechanisms of National Integration in a Multi-Ethnic Federal State: The Nigerian Experience*, Ibadan: John Archers, 2009.
② Rotimi T. Sutieru, *Federalism and Ethnic Conflict in Nigeria*, Washington: United States Institute of Peace Press, 2002.

面，进而上升到对非洲大陆的整体审思。

第三，在研究非洲国家族群冲突时，聚焦于族群这一"建构性"单位，需要探讨族群建构、族群动员的机制和动力；依托类型学理论范式，把握冲突的内在逻辑与外在表征；从宏观上考察冲突的历史与现实根源，如国家历史成长环境、殖民统治的影响、独立后的政治进程等。

第四，在研究非洲国家族群整合时，需要认识整合路径的多样性及其在非洲具体的实践；也需深入不同国家社会与文化的内部肌理，探寻更具本土化的整合方式；此外，还需从社会化和生活化的角度，捕捉渗透于非洲族群政治运行过程中容易被"忽略"的细节。

第五，人类群居的本质如出一辙，族群政治关系必定存在共通性。非洲国家族群冲突的特点、族群整合的经验和教训也会存在差异，因此需要在理论和学术上厘清其同一性和特殊性。

族群政治关系的演变取决于不尽相同的主导因素和各种变量，只有在大量整体与个案研究的基础上，族群政治研究的一般性理论才可能被建构和完善起来。因而在研究视角上，本书既有宏观的综合研究，也注重对微观案例的解剖，理论探讨与个案分析相结合，研究的步骤大体是综合—个案—综合，形成有序的逻辑链条，更真实生动地展现非洲多族群国家族群政治的立体图像。

本书的主要内容如下。

绪论部分梳理了国内外有关非洲族群问题/族群政治研究的学术史，简要介绍一些重要著述，重点展示了其理论观点，本书正是站在这些"巨人的肩膀"之上写就的。此部分也阐述了本书的研究思路与内容。

第一章，族群与族群政治的概念界定与理论分析。非洲族群政治研究涉及诸多学术概念和理论。在学界，这些概念与理论尽管广泛运用，但仍存在较多争议，需要厘定，而且非洲属于特定的研究对象，概念与理论的自洽性极为关键。因此，本章立足非洲语境，界定了部落、部族、族群、族性、民族与民族主义等概念，梳理了族群政治、族群冲突与族群整合等主题所涉理论。

第二章，非洲现代多族群国家的形成。从地理、文化、宗教、语言以及族群上看，多元性是整个大陆的本质属性。西方列强在大航海时代与非洲深入接触之后，不断以各种方式影响这一大陆，如奴隶贸易、宗教宣扬、政治理念与社会思潮的传播，尤其是殖民统治，留下了影响深远的"殖民遗产"，导致非洲多元社会发生翻天覆地的变化。就非洲的族裔群体而言，它们经历了深刻的身份与认同重构，彻底改变了人们互动与交往的模式。在民族主义浪潮的席卷下，殖民体系崩溃，大量非洲国家独立，这些族裔群体被充塞其中，非洲多族群民族国家的基本格局形成。

第三章，非洲多族群国家的族群冲突。族群冲突与非洲民族国家建构相伴相生，到20世纪90年代中期为止，呈愈演愈烈之势，其冲突的规模、量级和次数等在全世界无出其右；20世纪90年代之后，族群冲突数量虽有下降，但也出现诸多新特征和新趋势，让非洲各国疲于应付。从冲突的类型上看，主要包括：民族分离主义运动，有厄立特里亚和南苏丹成功的分离，也有尼日利亚比夫拉、塞内加尔卡萨芒斯等未成功的分离，以及像索马里兰这样"悬置"的分离；种族灭绝，意为系统性灭绝某个群体，其特点是极端的暴力性和杀戮性，以1994年卢旺达种族灭绝最为典型；选举冲突，作为一种"输家政治"长期困扰非洲，在20世纪90年代民主化后集中爆发；资源冲突，既有石油、矿产等"资源诅咒"导致的冲突，也有限于地方层面的冲突，多起因于土地、水源的争夺，有农牧冲突以及土著与移民冲突等亚类型。在解释非洲族群冲突时，学界的视野极具多维性，强调内生原因或强调外生因素，也有将两者结合的"折中主义"，更不乏另辟蹊径的思考，强调制度因素或非洲本土社会结构因素等。

第四章，非洲多族群国家的族群整合。族群整合的方式、路径及相应的后果与非洲国家的政体相关。霸权政体国家通常实行一党制、无党制，甚至个人独裁，依赖各种不同的高压和强制性措施来维持表面上的社会稳定，公众的政治参与度极低，族际关系、族群与国家的关系高度紧张。精英分权政体借助有限民主来实现多元族群社会中的政治稳定，中央政府和一些族群基于共同认可的程序、规则或潜规则进行分权，保证各族群在内阁和行政部门的"平衡"。20世纪90年代之前，非洲运行多头政体的国家极少；20世纪90年代之后，多头政体已经逐步普遍化，是大多数国家的"不二选择"。然而，作为解决族群冲突的多头政体在民主不成熟的情况下释放了被压抑的族群政治力量，悖论性地制造了更多冲突，展现了"民主的阴暗面"。在政治实践层面，本书介绍了两种显著的整合方式，分别是接受族群政治化的"联邦制"和拒绝族群政治化的"禁止族群政党"，同时提出了"渗透式"整合概念。在微观视野下的地方层面，本书关注本土性、传统性的整合方案。

第五章，卢旺达族群冲突与整合。卢旺达的种族灭绝是族群冲突的一种极端表现，是殖民后期以来，图西族与胡图族争夺国家控制权的一系列升级行为。卢旺达独立后，无论是卡伊班达政权还是哈比亚利马纳政权，都强化对立的族群政治立场，建立以族群为界限的排他性统治，保持民主多数的优势，从而形成所谓"多数人暴政"，最终以种族灭绝的惨剧收场。卢旺达的族群整合是一项庞大复杂的社会工程，卢爱阵政府展示了极其显著的主动性与能动性，通过多层次、多维度、全方位的努力，力求实现民族团结与民族和解的目标。在观念层面、象征层面、制度层面以及本土性层面皆有重要举措，本书逐一进行了分析。

第六章，尼日利亚族群冲突与整合。尼日利亚的族群成分多元，结构松散，呈现彼此分离的状态，社会的整合度极低，再加上政局动荡，独裁盛行，很容易导致失序的状态，族群冲突难以避免。冲突的类型多种多样，包括民族分离主义、资源竞争与政治权力争夺等。尼日利亚的族群整合策略相对模糊，没有明确的指导纲领，很难被纳入清晰的理论类别范畴，因而在行动上不具系统性。然而，尼日利亚政府对于国内族群多样性、族际关系的复杂性有充分认识，落实到具体的策略上，尽量避免族群议题的政治化与制度化，同时在观念层面通过渗透式的教育培养人们的民族身份意识与认同意识。

结语部分从两个方面对全书进行总结。其一，族群的建构性。分析殖民时期以来非洲族群建构并形成"利益共同体"的脉络，在一定意义上是西方人与本土精英共同参与建构的结果，论证了族群是在"互动过程中产生边界，据此激发我群意识（族性）而成的群体"。其二，族群政治的具象化。表现为族群冲突与族群整合两种形态，是非洲现代多族群国家普遍存在的政治现象。一方面，不合理的资源和权力分配格局导致激烈的族群冲突；另一方面，族群整合是民族国家建构的历史使命，在不同背景下产生了差异化的路径选择。

第一章
族群与族群政治的概念界定与理论分析

非洲族群政治问题所涉及的概念和术语极为丰富,在实际使用过程中的混用与误用现象十分普遍。在一些翻译的著作和文章中尤其如此,如果不对照原文很可能就会导致理解上的误差。这是由于西文文献本身对这些概念也常常模棱两可,转换为中文时更牵涉到翻译问题,翻译不只是词语上的对译,还涉及词语意义的内涵与外延等关系的对应,如果不进行细致的界定分析就难以准确转述和传达。同样,国内外族群与族群政治相关理论也十分繁杂,若不从学理脉络上加以分析和比较,就可能会陷入各种理论相互牵扯的"角力"中,无法建立自洽的理论逻辑框架。

第一节 与族群相关的概念界定

在国际非洲研究界,"tribe"(部落)曾经是表达非洲人群的首选概念,现今已"风光不再",最近几十年讨论和争议最多的"ethnic group"(族群)与"nation"(民族)两词。[①] 这种现象渐次传导至我国,只是目前非洲学界还未完全"消化"。另外,曾对译俄语"Народность"的"部族"一词,亦广泛运用于我国非洲研究。这些概念皆有特定语境下的特定含义,然而在转换为中文应用时,由于认识上的惯势、滞后性或偏差,加之缺乏必要的辨析和定位,常常出现混用、误用、乱用的情况,产生学术上的困惑与障碍。此种现象在国内非洲学界十分普遍,但尚未引起足够的重视。除顾章义与李安山等对此(特别是针对"部族"一词)曾做

---

① 参见潘蛟《"族群"及其相关概念在西方的流变》,《广西民族学院学报》2003年第5期;潘蛟《"族群"与民族概念的互补还是颠覆》,《云南民族大学学报》2009年第1期;纳日碧力戈《人类学谱系中的"民族"与"族群"》,《文化遗产研究》2014年第1期;麻国庆《明确的民族与暧昧的族群——以中国大陆民族学、人类学的研究实践为例》,《清华大学学报》2017年第3期。上述文章不仅梳理了族群与民族概念的内涵,也探讨了两个概念在中国的定位与适用性问题。

出较有深度的回应外，① 还有待更全面与系统的分析。基于此，本书尝试从学理上探讨这些概念运用在非洲研究中的有效性与规范性。

诚如费孝通所言，"要避免因中西文翻译而引起理论上不必要的混乱"，② 因此笔者尽量不纠缠于这几个概念的中文翻译，直接采用主流的译法分别对应，将重点放在它们的内涵以及在西文文献演变的脉络之上。同时，还将考虑这些概念在非洲语境下的定位与应用情况，换言之，笔者充分尊重非洲人对这些概念接纳与使用的客观事实。此外，本书也关注中文的特殊语境，因为"部族"一词在我国非洲研究中占据了重要的表述位置，需要详加辨析。

一 部落

部落的英文对应词为 tribe，法文对应词为 tribu，两者同出一源，拥有古老的词源记忆——拉丁语的 tribu、翁布里亚语（Umbrian）的 trifú 以及希腊语的 phule，属于最远古印欧语系的词语。据现在所掌握的材料，"部落"概念最早出现在《荷马史诗》中的《伊利亚特》，③ 诗中描述涅斯托尔（Nestor）劝告阿伽门农（Agamemnon）国王说，"把你的将士按部落（tribe）和氏族联盟（clanships）分开，让氏族联盟帮助氏族联盟，部落帮助部落"。④ 其后，希罗多德（Herodotus）的《历史》、亚里士多德（Athenaion）的《雅典政制》中都有对部落的记录。这说明古希腊时代已经存在被称为部落的群体。事实上它们是城邦出现之前最广泛的社会与政治组织，由一些规模较小的社会单位构成，即希腊语中的 génos 和 phratra、拉丁语中的 gens 和 curia 所表示的群体。所有这些术语同时亦是亲属词语和政治词语，意味部落兼具亲属性与政治性内涵。不过这种内涵却随着古代印欧体系的衰落而被遮蔽，部落的含义也变得模糊与晦涩起来。⑤

---

① 顾章义：《"部族"还是"民族"？——评人们共同体的"部族"说》，《世界民族》1997 年第 2 期；李安山：《论中国非洲学研究中的"部族"问题》，《西亚非洲》1998 年第 4 期。
② 费孝通：《民族与社会》，人民出版社，1981，第 6 页。
③ 彭英明：《部落及其产生浅探——兼评"前氏族部落"》，《中南民族学院学报》1988 年第 5 期。
④ 《荷马史诗》应该是使用古希腊语创作而成的，后来的英文版将诗中提到的这个群体称为"tribe"。本书引用诗句出自 1867 年英文版《伊利亚特》："Separate, king Agamemnon, the men into tribes, into clanships, even that each may his own tribe succour, and kindred their kindred。"详见 Homer, *Homer's Iliad*, translated into English hexameters by James Inglis Cochrane, Edinburgh: Printed for Private Circulation, 1867, p. 34。
⑤ Maurice Godelier, "The Concept of Tribe: Crisis of a Concept or Crisis of the Empirical Foundations of Anthropology?" *Diogenes*, Vol. 21, No. 81, 1973.

第一章 族群与族群政治的概念界定与理论分析

自15世纪地理大发现开始，欧洲人在全球探索与扩张的行动中，与非西方世界不可避免地持续接触并产生联系。他们面对这些社会中多元复杂的人类群体，利用术语"部落"进行指称和分类。但由于部落概念的内涵不是很清晰，人们的应用甚是随意，几乎达到滥用的程度。美国人类学家路易斯·亨利·摩尔根（Lewis Henry Morgan）发现，"部落一词已经被传教士、行政官员、地理学者和旅行家们不加区别地乱用了很长时间，导致了混乱的局面"。鉴于这种情况，摩尔根通过对美洲印第安人的参与观察来了解部落，认为它是一种"组织完备的社会"，处在人类野蛮阶段，即人类已不再原始蒙昧，但却又尚未文明开化，整个社会没有政治，也没有国家。① 摩尔根也尝试厘清部落概念的内涵，他在《人类家庭的血亲和姻亲制度》（1871）中做了分析，并在1877年出版的《古代社会》中再次重申："每一个部落都自有其名称，自有其不同的方言，自有其最高政府，自有其所占据所保卫的领土，因此它便各自具有特色。有多少种方言，就有多少个部落。"② 摩尔根的观点产生了较大影响，比如得到马克思和恩格斯的高度重视，成为其理论体系的重要来源。

人类学以探寻"他者世界"的社会与文化为旨趣（正如摩尔根对印第安人的研究），其发展进一步推动"部落"一词的广泛使用。尤其是在欧洲殖民扩张与殖民统治时期，人类学家将亚非拉本土社会化约为"部落"进行研究。人类学由于研究部落中人们的体质特征、亲属称谓、语言、宗教信仰、行为模式和风俗习惯而兴盛。非洲是"滋养"人类学的沃土，大量人类学者投身于此，他们对部落的认识可归纳为三个方面：首先，人类社会可以分为部落人（非洲人）和非部落人（现代国家的国民）两类，分别处于人类发展的低级与高级阶段；其次，对部落的界定没有完全的标准，"作为政治单位"是常见的观点，同时也可以依据"文化、语言、领土，甚至种族"等属性进行区分；最后，部落身份被认为是原生而根深蒂固的，不易改变，因此每当和其他部落成员接触时，容易产生紧张和仇恨情绪。③

---

① Maurice Godelier, "The Concept of Tribe: Crisis of a Concept or Crisis of the Empirical Foundations of Anthropology?" *Diogenes*, Vol. 21, No. 81, 1973.
② 〔美〕路易斯·亨利·摩尔根：《古代社会》，杨东莼等译，中央编译出版社，2007，第73页。
③ Ronald R. Atkinson, "The (Re) Construction of Ethnicity in Africa: Extending the Chronology, Conceptualisation and Discourse," in Paris Yeros, ed., *Ethnicity and Nationalism in Africa: Constructivist Reflections and Contemporary Politics*, New York: Palgrave Macmillan, 1999, p. 17.

在非洲，部落不仅是人类学家的研究对象，更是殖民地统治的核心，比如坦噶尼喀（Tanganyika）的殖民官员相信"每一个非洲人都属于一个部落，就像每一个欧洲人都属于一个民族一样"。① 殖民者希望所面对的非洲由"内部同质化、外部界限分明"的部落构成，但非洲社会的多元性何其复杂，他们只能在人类学家、传教士的帮助下，不断"识别、简化与合理化"部落单位，使非洲社会呈现"部落化"（tribalisation）的图景。② 于是部落"构成殖民地行政边界的实际基础"，③ 并成为殖民地国家对人群的划分单位。

欧洲人的认识和做法对非洲社会产生了重要影响。第一，殖民者界定"部落"时没有形成普遍适用的标准，更多强调行政管理的便利性和实用性，使得有些部落由数个群体"合并"而成，④ 有些群体被"分割"为多个部落，⑤ 有些部落则被"制造"出来，在某种程度上改变了非洲传统社会运行的轨迹（参见本书第二章第二节）。第二，部落暗示了非洲和欧洲"野蛮"与"文明"的分野，后来衍生出"部落主义"（tribalism）一词，同样带有贬义，意指破坏国家统一、民族团结的落后意识。⑥ 非洲国家独立后，其内部群体冲突也常被认为由部落的"古老仇恨"所致。⑦ 因此，很多非洲人积极参与对"部落"的批评，特别是那些接受了西式教育的民族主义者或知识精英对部落和部落主义怀有深深的厌憎感。如非洲著名历史学家 J. 基－泽博（J. Ki-Zerbo）毫不客气地指出，"部落"一词"含有污蔑和许多错误的思想内容"，因此在他担任主编之一的联合国

---

① John Iliffe, *A Modern History of Tanganyika*, Cambridge: Cambridge University Press, 1979, p. 323.
② Alex Thomson, *An Introduction to African Politics*, London: Routledge, 2010, pp. 63 - 64.
③ Carola Lentz, "'Tribalism' and Ethnicity in Africa: A Review of Four Decades of Anglophone Research," *Cahiers Des Sciences Humaines*, Vol. 31, No. 2, 1995.
④ 一些发展成规模庞大的群体，如尼日利亚的约鲁巴人、伊博人群体被称为"超级部落"（supertribe）。详见 S. N. Sangmpam, *Ethnicities and Tribes in Sub-Saharan Africa: Opening Old Wounds*, London: Palgrave Macmillan, 2017, p. 45。
⑤ 西方列强对殖民地划界产生巨大影响，很多群体被分割到不同国家，在非洲这是极其普遍的现象，如今大量跨境族群存在就是最有力的证据。
⑥ S. N. Sangmpam, *Ethnicities and Tribes in Sub-Saharan Africa: Opening Old Wounds*, London: Palgrave Macmillan, 2017, p. 8.
⑦ 很多人认为："只有非洲人形成民族（nation）意识，享受现代文明的成果（就像西方民族国家那样），部落才会退出历史舞台。若非这样，部落间的冲突都是正常现象。"详见 Alex Thomson, *An Introduction to African Politics*, London: Routledge, 2010, p. 62。

版八卷本《非洲通史》中，仅对北非某些特定地区使用了"部落"一词。①

非洲国家独立后，本土学者和政治家对人类学家在殖民时期"不光彩"的使命持批评态度。人类学家对包括"部落"在内的一些概念进行重新审视，其中不少人同意放弃使用或慎用"部落"。马克·斯沃茨（Marc Swartz）、维克多·特纳（Victor Turner）和亚瑟·图登（Arthur Tuden）对部落采取了回避态度，尽管它是政治人类学的核心概念；马歇尔·萨林斯（Marshall Sahlins）、埃尔曼·塞维斯（Elman Service）和其他一些新进化论者则试图采取小心谨慎的态度重新为"部落"赋予新定义；朱利安·斯图尔德（Julian Steward）呼吁要慎重地对待"部落"一词。② 人类学立场的转换，是这个曾盛极一时的人群概念逐渐退出历史舞台中央位置的重要因素。正是由于人类学者有意避免使用"部落"，有非洲学者认为，这样的人类学修辞才变得更加高雅，减少了冒犯和失礼。③

从上述分析来看，"部落"一词的使用需慎重考虑非洲人的情感问题以及学术发展问题。当然，部落毕竟是一个影响至深的概念，若有条件和限度地使用未尝不可，因为在某些殖民语境下，绕开这个概念所描述的历史或许就会产生"失真"与"虚无"的缺憾。似乎特殊敏感性因素只存在于非洲，"部落"一词在美洲和亚洲的争议和排斥要相对温和得多，有些国家甚至丝毫不以为忤。比如在印度，部落概念不仅通行于当代学术和公共话语，还是一个获得宪法承认的人群分类范畴，亦即一个国家治理范畴。根据 2011 年的人口普查数据，印度有约 1.04 亿人属于"表列部落"（Scheduled Tribes），即于政府公布的部落列表中的部落。④

英文"tribe"早在 20 世纪 20 年代便被引进我国，当时由于受到日文译法的影响，引进者将"tribe"译为"部族"，但到了 1941 年，中华民国国民政府教育部公布《社会学名词》时，又将"tribe"正式译为"部落"，从此以后，部落这一译名便在我国流行开来。⑤ 新中国成立后，延续了 1941 年的这一翻译习惯。在

---

① 〔布基纳法索〕J. 基-泽博主编《非洲通史：编史方法及非洲史前史》（第 1 卷），计建民译，中国对外翻译出版公司，2013，第 47 页。
② Maurice Godelier, "The Concept of Tribe: Crisis of a Concept or Crisis of the Empirical Foundations of Anthropology?" *Diogenes*, Vol. 21, No. 81, 1973.
③ Peter P. Ekeh, "Social Anthropology and Two Contrasting Uses of Tribalism in Africa," *Comparative Studies in Society and History*, Vol. 32, No. 4, 1990.
④ 吴晓黎：《印度的"部落"：作为学术概念和治理范畴》，《世界民族》2014 年第 5 期。
⑤ 杨堃：《论民族概念和民族分类的几个问题》，《中国社会科学》1984 年第 1 期。

马克思主义关于"人们共同体"历史演进理论中,部落概念不可或缺,在很长时间里仍具有相当重要的地位。然而,部落虽是英文 tribe 的"正宗"对译词,但它的地位却不断遭到中华民国时期被弃用的"部族"的有力挑战。20 世纪 50 年代部族曾短暂地再次被正式使用,其后便焕发了强大的"学术生命力",不仅与部落纠缠不清,甚至搅乱了整个人群概念体系,使之在一定程度上陷入混杂和失序的状态。

二 部族

据顾章义追溯,1950 年斯大林的《马克思主义与语言学问题》一书在我国翻译出版,该书用于表达"前资本主义时期民族"的 Народностъ 一词被国内学者翻译为"部族"。① 在此书中,斯大林通过语言演变的脉络透视人们共同体的不同发展阶段,"语言的继续发展,从氏族语言到部落语言,从部落语言到部族语言,从部族语言到民族语言";"随着资本主义的出现,封建割据的消灭,民族市场的形成,于是部族就变成为民族,而部族语言就变成为民族语言"。② 简言之,在斯大林理论框架内,人类社会组织发展的逻辑链条可以表述为:氏族—部落—部族—民族。中华民国时期遭到弃用的部族一词被赋予了新含义,这个人们共同体的主要特征为以地域联系为纽带,以私有制为基础,并具有共同的文化和心理素质,较之部落有巨大进步,但又未达到民族的高度。③

因此从学理上说,中文语境的部族与部落或民族都应是完全不同的概念,分别指称历史发展中处于特定阶段的人们共同体。但由于学界的学术规范性不够,对各种概念的使用比较随心所欲,尤其是部落与部族混用的现象十分普遍。在 20 世纪 50 年代的一些翻译著作中,同一本书描述同一人群的"tribe"一词,被交替着译为部落或部族,给研究制造障碍,也给读者带来困惑。针对混乱局面,1962 年春,中国社会科学院哲学社会科学部和中共中央马恩列斯著作编译局根据有关人员的建议,专门召开了有 30 多个单位 40 余人参与的座谈会。会议达成共识:斯大林著作中的"部族"(Народностъ)一词改为"(资本主义以前的)民族";将原著中排在部族后面的"民族"(Нация)一词改为"(资本主义时期

---

① 顾章义:《"部族"还是"民族"?——评人们共同体的"部族"说》,《世界民族》1997 年第 2 期。
② 〔苏〕斯大林:《马克思主义与语言学问题》,人民出版社,1957,第 9~10 页。
③ 金天明:《部族——民族共同体发展的第三个历史类型》,《中央民族学院学报》1983 年第 2 期。

的）民族"。① 若遵照会议精神，部族一词似乎又面临"下岗"之境。

然而，尽管有如此权威会议做了重要的裁定，学界对部族的实际使用却并没有因此而减少，更谈不上消失。到了20世纪80年代，一些学者撰文为部族的使用"辩护"，如金天明、王庆仁指出："根据当前民族学界实际情况，并按照'约定俗成'的原则，我们认为对历史上形成的不同类型人们共同体定名为氏族、部落、部族、民族（资产阶级民族、社会主义民族）为好。"② 杨堃也呼吁重新启用"部族"这一译名，用以指称早期阶级社会（奴隶社会、封建社会）的民族。③ 学者们的大力提倡，推动了该词有效"挤占"各学术领域的表述空间。

具体到非洲研究，部族的使用就极具张力，大大超出了其内涵承载的限度。张蓥总结认为，部族在国内非洲学界有三种用法：其一，介乎于部落和民族之间的过渡性人们共同体；其二，部族被当作民族使用；其三，部族是氏族和部落的简称。④ 张蓥较为全面地概括了部族使用情况，笔者进一步将之简化为两类用法：斯大林理论框架内的应用（部族为部落与民族之间的过渡群体）以及与"民族"或"部落"的混用。

第一类用法，斯大林理论框架内的应用。如宁骚指出，"征诸非洲历史，我们看到十九世纪末西方殖民统治全面确立之前，这种部落联盟、雏形国家和早期国家已经遍及非洲大陆各地。所谓部族，就是在这些部落联盟、雏形国家和早期国家的基础上形成的更高阶段的族体"。⑤ 葛公尚指出，"根据黑非洲国家目前民族过程的实际情况，在黑非洲除了具有部落和现代民族两种形态的人们共同体以外，确实还存在着不少处于部落联盟与现代民族之间的过渡形态的人们共同体，我国非洲学者称其为'部族'"。⑥ 毫无疑问，这些观点的形成，是斯大林的人们共同体理论在我国非洲研究中的"开花结果"。两位学者坚持使用部族一词，虽能有效分辨它与部落或民族的区别，不至于造成概念上的混乱，却有悖于1962年会议精神。此外，在这种用法中，部族定义具有极强的内涵限定性、极高的细

---

① 顾章义：《"部族"还是"民族"？——评人共同体的"部族"说》，《世界民族》1997年第2期。
② 金天明、王庆仁：《"民族"一词在我国的出现及其使用问题》，《社会科学辑刊》1981年第4期。
③ 杨堃：《略论有关民族的几个问题》，《云南社会科学》1982年第3期。
④ 张蓥：《浅谈非洲民族问题——兼涉民族学某些理论问题》，《西亚非洲》1985年第4期。
⑤ 宁骚：《试论当代非洲的部族问题》，《世界历史》1983年第4期。
⑥ 葛公尚：《对当代黑非洲国家民族政策的几点思考》，《世界民族》1998年第3期。

节把握要求，若据此对非洲人群正确分类，需建立在类似中国"民族识别"，甚至更加全面、充分的调查基础之上。但上述研究在当时显然不具备这样的客观条件，也未考察斯大林理论在非洲的可行性与接受度问题。

第二类用法，与"民族"或"部落"的混用，这种情况更为普遍。部族与民族混用的案例："除埃塞外尚未发现有任何国家是以民族（部族）为单位搞联邦制和实行权力下放的。部族（民族）问题是非洲的老大难问题，各国惟恐避之不及，纷纷采取各种措施淡化部族（民族）色彩";① "尼日利亚可说是非洲民族成份最复杂的国家之一，全国共有250多个民族（或部族）"。② 部族与部落混用的案例："黑非洲历史文化传统诸要素中，以对部落或部族的片面政治认同和忠诚为核心的部落政治文化是十分突出的";③ "部族（tribes）代表着氏族体系发展到更高的政治阶段，并通过部族权威形成一个更加集中的权力体系";④ "所谓部族主义（tribalism），主要指在部族里的组织形式或状态，表现为对自身部落或社会集团表达忠诚的行为与态度"。⑤ 但无论部族混同于"民族"还是"部落"，大部分文献所指都是非洲国家多元社会的基本人群构成单位，诸如科特迪瓦的马林凯人（Malinke）、塞努福人（Senoufo），肯尼亚的基库尤人、卢奥人，卢旺达的胡图人与图西人，南非的祖鲁人（Zulu），喀麦隆的杜阿拉人（Douala）、芳人（Fang），南苏丹的丁卡人（Dinka）、努尔人（Nue），等等。事实上，就非洲具体的情况而言，用部族、部落或民族等概念来指称上述群体皆不妥，相关原因后文还将继续阐释。

部族和部落一样，在概念内涵上带有一定程度的消极性和负面性：它们与民族存在着社会进化阶位上的差距，这对于处于低阶位进化阶段上的群体而言，在情感上是难以接受的，在实践中也与马克思主义民族平等观相冲突。⑥ 而且正如阮西湖所言，"世界上绝大多数人类学家在研究非洲时，使用的是'民族'或'部落'，英语中找不到与俄语'部族'（народность）相对应的词。在'部族'

---

① 钟伟云：《埃塞俄比亚的民族问题及民族政策》，《西亚非洲》1998年第3期。
② 朱和双、李金莲：《尼日利亚独立以后的民族问题与民族政策》，《商丘师范学院学报》2005年第4期。
③ 李保平：《传统文化对黑非洲政治发展的制约》，《西亚非洲》1994年第6期。
④ 〔英〕柯林·勒古姆：《八十年代非洲局势展望》，吴期扬译，《西亚非洲》1980年第4期。
⑤ 简军波：《非洲的国际秩序观》，《复旦国际关系评论》2014年第1期。
⑥ 杨须爱：《马克思主义经典作家"民族"概念及其语境考辨——兼论"民族"概念的汉译及中国化》，《民族研究》2017年第5期。

一词的发源地——今俄罗斯联邦,该词现在已停止使用",因此"'部族'是多余的"。[①] 李安山撰文详细论证了部族应用到非洲研究中制造的种种问题与困惑,也呼吁"'部族'一词不应再被用来作为非洲人们共同体的特殊称谓"。[②] 笔者赞同这样的观点,理由如下:首先,部族概念脱离国际学术界的轨道,不能与之形成有效对话;其次,若运用斯大林理论来区分广大非洲国家历史上的人们共同体,现实上几乎无法操作,也难以顾及非洲人的情感问题;再次,在业已存在"各有所指"的专有概念情况下,部族与它们生硬混用有"画蛇添足"之嫌,不仅无益于学术研究,反而导致问题复杂化;最后,随着学术视野的不断开阔,也因为部族所指群体(非洲各国人群组成单位)有了更具"普适性"的替代词语,部族理应被弃用。这个替代词语就是当前使用最广泛的人群概念,即"族群"。

三　族群

据美国学者威廉·彼得森(William Petersen)考证,希腊语 ethnos(民族或种族)的形容词形式为 ethnikos,英文单词 ethnic 便是在 ethnikos 基础上转化而来的。因而在英语中,ethnic 也主要作为形容词使用(有族裔的、民族的及种族的之意),人们为其创造了一些名词形式的配用词,其中最常见的就是 ethnic group。[③] 相关研究显示,1935 年时 ethnic group 已出现在英文文献中。[④] 但及至20 世纪六七十年代前,美国人用于区分人口的概念还是"种族"(race)。不过也是从此时起,"ethnic group"开始逐渐取代"race",成为人们耳熟能详的用语。[⑤] 20 世纪 80 年代,ethnic group 由港台学界传播至内地,主流的译名为"族群"。

族群在内涵上具有"内聚性"与"统一性",[⑥] 这一特性是认识人类社群互动模式的重要切入点,尤其有助于理解当代突出的族群冲突与暴力。人们试图解释族群的这种"内聚性和统一性",虽然观点各异、众说纷纭,但可悉数纳入"原生论"(primordialism)与"建构论"(constructivism)这两种人类学主张。[⑦]

[①] 阮西湖:《关于术语"部族"》,《世界民族》1998 年第 4 期。
[②] 李安山:《论中国非洲学研究中的"部族"问题》,《西亚非洲》1998 年第 4 期。
[③] 〔美〕威廉·彼得森:《民族性的概念》(上),林宗锦译,《民族译丛》1988 年第 5 期。
[④] 郝时远:《Ethnos(民族)和 Ethnic group(族群)的早期含义与应用》,《民族研究》2002 年第 4 期。
[⑤] 范可:《中西文语境的"族群"与"民族"》,《广西民族学院学报》2003 年第 4 期。
[⑥] 〔美〕威廉·彼得森:《民族性的概念》(上),林宗锦译,《民族译丛》1988 年第 5 期。
[⑦] Henry E. Hale, "Explaining Ethnicity," *Comparative Political Studies*, Vol. 37, No. 4, 2004.

1957年美国社会学家爱德华·希尔斯（Edward Shils）首次使用"primordial"（原生的）一词，分析几种社会纽带关系的形成与对它们的区分。1963年美国人类学家克利福德·格尔兹（Clifford Geertz）借用此词，讨论后殖民时期新兴国家政治生活中的本土社会身份认同。[①] 之后，以格尔兹为代表的具有相似观点的学者都被归于原生论的理论流派范畴。这一流派认为，族群是人类的自然单位，具有和人类一样悠久的历史；语言、宗教、种族、土地等"原生纽带"（primordial ties）使这些自然单位获得内聚外斥的力量和根据。[②] 原生论亦被称为客观论，因为这些原生纽带都以某种客观特征的形式表现出来，不同群体据此来区别彼此。如罗伯特·H.温斯洛普（Robert H. Winthrop）认为："既定社会中存在文化相异的不同群体，各自享有传统和可辨识的文化标记（如语言、宗教等），在此基础上主张独特的身份。"[③]

建构论或主观论可以上溯到马克斯·韦伯（Max Weber），他对族群的理解具有方法论上的开创性。在韦伯看来，形成族群的关键条件是人们拥有"共祖"的主观信念，但这种主观信念的内容未必是"原生的"或"客观的"。[④] 20世纪60年代末，弗雷德里克·巴斯（Fredrik Barth）提出"族群边界"理论，进一步推动建构论的发展。与原生论只关注群体"所附带的文化特质"不同，巴斯认为"族群单位和文化的相似性与差异之间不存在简单的一一对应关系"。决定族群身份的是其相互之间的"边界"，这种边界"虽表现为文化特质，但它们"不是'客观'差异的总和，而只是当事人自己认为这些特质有意义"，"一些文化特质被当事人用作差异的标志与象征，而其他的文化特质则被忽略了"。[⑤] 从这一意义上看，边界的形成取决于两个条件：群体的互动以及人们对文化特质的主

---

① Michael Hechter, "The Political Economy of Ethnic Change," *American Journal of Sociology*, Vol. 79, No. 5, 1974.

② 纳日碧力戈：《现代背景下的族群建构》，云南教育出版社，2000，第45页。

③ Robert H. Winthrop, *Dictionary of Concepts in Cultural Anthropology*, Westport: Greenwood Press, 1991, p. 94.

④ Max Weber, *Economy and Society* (Vol. 1), California: University of California Press, 1978, p. 389. 韦伯生活的时代应该还没有出现ethnic group一词，但这本《经济与社会》以1956年和1964年德文第四版为基础翻译成英文出版，韦伯所述的人群共同体被译者翻译为"ethnic group"。最近的中译本则将之对译为"种族群体"，详见〔德〕马克斯·韦伯《经济与社会》，阎克文译，上海人民出版社，2010，第512页。

⑤ 〔挪〕弗雷德里克·巴斯主编《族群与边界——文化差异下的社会组织》，李丽琴译，商务印书馆，2014，第5~7页。

观选择。

原生论与建构论的产生似乎造就了当代族群研究存在二元（原生与建构、客观与主观）对立，但实际上并不尽然。如果按照建构论的观点，族群在一定程度上似乎是一种"想象的共同体"。然而，这种共同体也需要依赖某些"社会事实"与"文化特质"形成区分"你我"的边界。因此，用一种综合的角度看待族群可能更恰当，即原生论与建构论的结合。尽管巴斯反对将族群视为文化的承载体，但以一项或多项文化特质形态呈现的"边界"却是其理论的基础。

与部落或部族相比，族群概念跳出了"社会达尔文主义"的理论框架，各概念之争也摆脱了意识形态的束缚，界定于较为"单一"的学理范畴中，更体现中性色彩，且极具弹性和延展性。所以该词诞生后包括了多层社会群体，其中一种主流用法指世界各国的人群构成单位。相应的组合概念，诸如族群身份、族群冲突、族群竞争、族群政治、族群分层、族群整合、族群认同等大量涌现，并成为延续至今的研究焦点。

族群概念在非洲的应用和发展，是非洲人类学学术转向的结果，也与20世纪中期后非洲的政治变局息息相关。殖民时期英国人一直占据非洲人类学的主导地位，来自牛津大学和剑桥大学的著名人类学家，如埃文斯－普里查德（Evans-Pritchard）、迈耶·福特斯（Meyer Fortes）等，潜心于研究非洲传统的"部落"社会，出版了大量论著，造就了诸多人类学经典。1938年，罗德斯－利文斯顿研究院（Rhodes-Livingston Institute）在北罗得西亚（今赞比亚）成立，迅速发展成研究非洲的重镇。该学院的一批人类学家与英国曼彻斯特大学人类学系学者合作形成了闻名遐迩的"曼彻斯特学派"（Manchester School），为非洲人类学吹来了新风。其中有人关注非洲社会的转型问题，将视野投向非洲殖民时期工业化和城市化带来的变化和影响。他们观察到在城镇化的过程中，一个新群体的认同意识正在诞生，并用时新的术语"族群"为之命名，[1] 这是非洲族群概念运用的开端。二战后，非洲反殖、反帝的民族解放运动兴起，助推了学术转换："部落"作为研究对象的合理性遭到质疑，在殖民当局的官方话语中也削弱下来，族群研究却越来越得到重视。

1960年，伊曼纽尔·沃勒斯坦（Immanuel Wallerstein）发表文章将非洲农村中的共同体称为"部落"，有共同祖先或文化的城市群体被称作"族群"。据他

---

[1] Marcus Banks, *Ethnicity: Anthropological Constructions*, New York: Routledge, 1996, pp. 24–25.

预测，随着城市化的推进，这些新族群的忠诚将逐渐与部落共同体和政府的忠诚相重叠，因而成为建构现代民族国家的纽带。① 此时部落与族群还被表述为一种具有比对意义的概念，但逐渐的，族群取代部落（正如美国的"族群"取代"种族"一样），用以指称非洲各国构成单位的人群。借用维克托·T. 勒·维内（Victor T. Le Vine）的话来说就是："族群作为学术上政治正确的术语胜出。"② 更重要的是，族群身份在现实世界越发被赋予"规范意义"（normative significance）和"情感力量"（emotive power），③ 超越所有其他类型的身份概念与认同。

从部落到族群，虽内核相同，但也体现了一种身份重构。卡罗拉·伦茨（Carola Lentz）将非洲族群这种新的群体身份建构称为"群体的自我过程"（we-group processes），通过日常实践，如劳工迁徙、都市化、群体互动、族群精英的动员以及政府的话语表述不断复制和加强，以至于后来这种身份变成了对国家政治要求的依据。④ 最突出的表现就是大量族群政党的涌现，这些政党以族群"代言人"自居，动员和组织族众争夺与维护族群"共有"资源。殖民时期出于管理便利强化了非洲人的部落标识，但到了后殖民时期，非洲各国则已经以族群身份来争夺资源配置了。⑤ 沃勒斯坦的预测没有实现：族群忠诚不仅没有与政府忠诚融合，反而不断增强，所产生的族群问题成为非洲后殖民时期最为显著的政治问题之一。

四　民族

民族一词在西方世界同样源远流长，最早可以追溯到拉丁语 nasci 和 nationem，前者意为出生（to be born），后者意为"种"（breed）或"种族"（race）。⑥ 后来出

---

① Wallerstein Immanuel, "Ethnicity and National Integration in West Africa," *Cahiers d'étudesafricaines*, Vol. 1, No. 3, 1960.

② Victor T. Le Vine, "Conceptualizing 'Ethnicity' and 'Ethnic Conflict': A Controversy Revisited," *Studies in Comparative International Development*, Vol. 32, No. 2, 1997.

③ Bruce J. Berman, "Ethnicity, Patronage and the African State: The Politics of Uncivil Nationalism," *African Affairs*, Vol. 97, No. 388, 1998.

④ Carola Lentz, "'Tribalism' and Ethnicity in Africa: A Review of Four Decades of Anglophone Research," *Cahiers Des Sciences Humaines*, Vol. 31, No. 2, 1995.

⑤ Alan Barnard and Jonathan Spencer, eds., *Encyclopedia of Social and Cultural Anthropology*, London: Routledge, 2002, p. 27.

⑥ Walker Connor, "An Nation Is an Nation, Is a State, Is an Ethnic Group Is a …," *Ethnic and Racial Studies*, Vol. 1, No. 4, 1978.

现的另一拉丁词 natio 是 nation 的前身，在古罗马，natio 被理解为一个由于出身相似而在某种程度上聚集在一起的群体，其规模比较有限：它比家庭（family）要大，比氏族（clan）要小。[①] 这种群体最初被赋予社会与文化属性，不具政治色彩。但随着历史发展，语言和文字不断更新，natio 逐渐演变为 nation（民族），并衍生出 nationalism（民族主义）、nation-state（民族国家）等政治化浓厚的概念。

15 世纪晚期，民族一词走上了政治化道路：人们将由共同血统联系起来的，居住在同一地域、讲同一种语言、分享同一种文化和忠诚的群体称为民族；更重要的是它被用来把普通人局部的、宗教的或基于亲族关系的忠诚转变为对国家的爱国忠诚。[②] 16～17 世纪，该词内涵再次发生重大变化，不管其种族而把一国之内的人民统称为民族，后来又作为国家（country、state）的同义词。[③] 民族的政治性在 1789 年法国大革命的《人权宣言》中得到明确宣示："整个主权的本原主要寄托于民族（nation）。任何团体、任何个人都不得行使主权所未明白授予的权力。"[④] 当时德国著名哲学家约翰·戈特利布·费希特（Johann Gottlieb Fichte）留下了有名的言论，"一个操有同一种语言的群体可以被视为一个民族，一个民族应该组成一个国家"，"这种作为一个民族的群体如果不构成一个国家的话，便不称其为民族"。[⑤] 到了 20 世纪初托马斯·伍德罗·威尔逊（Thomas Woodrow Wilson，1913～1921 年在位）任美国总统时期，人们普遍认为国家就是民族的体现与象征，每一个国家的人民将构成一个民族，最终当民族自决的黄金时代到来时，每个民族都将拥有一个自决的国家。[⑥] 在这种氛围下，世界经历一战后、二战后和冷战后三次民族主义浪潮，造就了大批民族国家，"民族"也成为近代以来最耀眼的学术与政治词语之一。

由上观之，"民族"的词形和词意都历经了历史变迁：从蕴含生物性和文化性的术语，演变到带有"神圣感"和"使命感"的政治性表述，越来越与现实世界产生盘根错节的复杂利害关系。因此，厘清其概念内涵，就显得异常必要和

[①] Guido Zernatto, "Nation: The History of a Word," *The Review of Politics*, Vol. 6, No. 3, 1944.
[②] 〔美〕郝瑞：《论一些人类学专门术语的历史和翻译》，杨志明译，《世界民族》2001 年第 4 期。
[③] 李宏图：《民族与民族主义概论》，《欧洲》1994 年第 1 期。
[④] 法国《人权宣言》（1789），英文全文参见耶鲁大学法学院网站，http://avalon.law.yale.edu/18th_century/rightsof.asp。
[⑤] 〔英〕埃里·凯杜里：《民族主义》，张明明译，中央编译出版社，2002，第 61 页。
[⑥] 〔英〕休·希顿·沃森：《民族与国家——对民族起源与民族主义政治的探讨》，吴洪英等译，中央民族大学出版社，2009，第 2 页。

重要。纵览文献，民族的定义与族群一样亦可大致通过客观论与主观论的理论框架加以认识。如安东尼·D. 史密斯（Anthony D. Smith）眼中的民族具有很强的客观性，指的是"共享历史领土和历史记忆；拥有共同称呼、共同神话、共同文化、共同经济和共同法律权利与义务的人群"；[1] 而厄恩斯特·B. 哈斯（Ernst B. Haas）界定的民族强调主观性："民族是被社会动员的个体集合，他们团结起来是因为确信自己拥有与他者不同的特征，为建构和维持自己的国家而奋斗。"[2]

恰如埃里克·霍布斯鲍姆（Eric Hobsbawm）的观点："主观认定或客观标准，都不尽令人满意。"[3] 主观意识与客观标准固然是观察民族的重要变量因素，不过却并非民族的本质属性，否则就没有与族群区分的必要了。在上文历时性的追溯中，我们发现民族政治化的路径指向"国家"，最终定格于"民族国家"的政治架构。反观当下，更不能忽视一种无可辩驳的政治现实："民族国家出现以后，由于其自身的优势和近代世界历史发展的特点，这种国家形态逐步获得了世界性意义，进而成为通用的政治组织形式，成为世界国家体系的基本单元和国际关系的基本主体。"[4] 因而从某种意义上说，民族与国家的内在联系才是民族的本质属性，它与族群的最大区别尽显于此。

据此笔者认为，民族概念应充分重视民族与国家这种无法割裂的纽带关系，同时摆脱客观标准难以捉摸的多样性，突破主观认同与选择的必然性。因为当前大部分"民族国家"不仅不是"单一民族国家"，[5] 而且基本上是历史上数次民族主义浪潮的产物，这种浪潮具有强烈的"席卷性"，众多并无共同地域、历史文化与认同的人类群体被强行纳入民族国家建构进程，客观论与主观论都无法解释这样的"民族"。按照郝时远的理解，"民族"指的是主权独立、领土完整的国家内所有人民的公民身份，他们是以国徽、国歌、国旗为象征的国家的公民，由全体公民组成的国家层面上的民族是"政治民族"。[6]

---

[1] Anthony D. Smith, *National Identity*, London: Penguin Books, 1991, p. 14.
[2] Ernst B. Haas, "What Is Nationalism and Why Should We Study It?" *International Organization*, Vol. 40, No. 3, 1986.
[3] 〔英〕埃里克·霍布斯鲍姆：《民族与民族主义》，李金梅译，上海世纪出版集团，2000，第9页。
[4] 周平：《对民族国家的再认识》，《政治学研究》2009年第4期。
[5] 世界上仅有10%左右的国家可以称为单一民族国家。详见 Anthony D. Smith, *National Identity*, London: Penguin Books, 1991, p. 15.
[6] 郝时远：《民族分裂主义与恐怖主义》，《民族研究》2002年第1期。

二战后民族主义浪潮席卷全球，大量亚非国家实现独立，非洲尤其是"主角"，单1960年就有17个殖民地获得"新生"，之后不断有国家独立，形成目前54个国家的格局。这些国家无一例外，至少在名义上基本上都是"民族国家"。那么，如何理解非洲民族国家中的"民族"呢？

联合国版《非洲通史》将民族归纳为三类"人类集团"：第一类，指"一个稳定的、根据历史逐渐发展形成的社群，其有共同的领土、经济生活、特有的文化和语言"；第二类，指"统一在一个政府、国土或国家的领土之上的人民"；第三类，指"同一群体或者部落"。按照第一个或第三个定义的标准，"一个民族可能指尼日利亚的伊博人、约鲁巴人或豪萨-富拉尼人；肯尼亚的基库尤人或卢奥人；布隆迪的胡图人；或者博茨瓦纳的茨瓦纳人"；根据第二个定义，"我们应该把尼日利亚、肯尼亚、布隆迪和博茨瓦纳作为民族来看，而不是单一民族国家或者国家民族范围内的各个人群共同体"。① 该书作者对民族的定义倾向于后者，因为他们对非洲的状况有非常清醒的认识，这里的新兴国家大都以殖民地松散的多族群结构为政治起点，没有凝聚力和认同感，只有国家垄断民族主义话语，才能最大程度削弱各族群的分离力量。

非洲各国的民族主义者大致作如是观。1963年，乌干达总理阿波罗·米尔顿·奥博特（Apollo Milton Obote）在一次讲话中指出，"部落在过去作为基本的政治单位曾很好地服务于人民。但是如今，我们必须面对人们将部落置于民族意识之上的问题，这是我们必须加以解决的问题"。② 南北苏丹分裂前南部反叛军首领约翰·加朗（John Garang）于20世纪80年代末也提出了一种他称为"苏丹主义"（Sudanism）的新民族主义主张，即在承认该国族裔、文化和宗教多样性的基础上，建构"独一的苏丹人身份"（uniquely Sudanese identity）。③

有些国家甚至出现用民族身份完全取代部落/族群身份的主张。1994年卢旺达大屠杀结束后，"卢旺达爱国阵线"（Rwandan Patriotic Front）建立的新政府，取缔了族群身份，全力培育"卢旺达民族"的意识和认同。2020年6月18日，

---

① 〔肯尼亚〕A. A. 马兹鲁伊、〔肯尼亚〕C. 旺济主编《非洲通史：一九三五年以后的非洲》（第8卷），屠尔康等译，中国对外翻译出版公司，2013，第364~365页。
② 转引自 Holger Bernt Hansen, "Ethnicity and Military Rule in Uganda," *The Scandinavian Institute of African Studies Research Report*, No. 43, 1977, p. 63。
③ John Garang, "Seminar with John Garang de Mabior at the Brokings Institution（Washington, D. C., 9 June, 1989）," in Mansour Khalid, ed., *The Call for Democracy in Sudan*, London: Kegan Paul International, 1992, p. 213.

埃瓦里斯特·恩达伊施米耶（Evariste Ndayishimiye）宣誓就任布隆迪总统,在第一次全国讲话中号召布隆迪人团结,并呼吁人们抛弃"殖民者强加于布隆迪人的族群身份"。恩达伊施米耶指出:"我们需要停止互相称呼胡图人或图西人,这些身份是殖民者带来的,应称自己为布隆迪人。"① 所以非洲的普遍情况是"先有国家,再建构民族",这大概也体现了一战后或二战后才独立的新兴民族国家的基本特征。

在中国,现代意义上的"民族"概念直到19世纪末期才出现,而且转译自日文,在当时的政治和社会背景下并没有得到重视。到了20世纪初期,随着西方思想的东渐,"民族"一词在危机四伏的中国得到极大的传播,成为人们救亡图存的手段和利器,当时根据国内实际情况"民族"被赋予多个定义。新中国成立后,民族问题是国家最关心的问题之一,学术界有关"民族"的探讨达到前所未有的深度和广度。但由于受到意识形态的影响,这些讨论有着苏联理论界的深深烙印。斯大林的民族定义耳熟能详,即学界研究采用的标准范式:"民族是人们在历史上形成的一个有共同语言、共同地域、共同经济生活以及表现在共同文化上的共同心理素质的稳定的共同体。"② 尽管今天斯大林民族理论的影响犹存,但相关的讨论和争议已远远超出他的框架限定,中国学界与更广泛的国际社会积极接触与接轨,"ethnic group"概念的引进证明了这样的努力。此外,与上述概念相关的族性、民族主义等亦需简单分析。

五 族性

Ethnicity（族性）作为 ethnic 的另一个派生词,其出现要晚于族群。1975年出版的《族性:理论与经验》一书的作者当时认为族性还是一个新词语。1933年版的《牛津英语词典》尚未收录 ethnicity 一词,1972年版的"增补"部分收录了该词,并记录了该词在1953年被美国学者戴维·里斯曼（David Riesman）首次使用的情况。1961年,ethnicity 被编入《韦伯斯特新国际词典》（*Webster's Third New International*）中。③ 20世纪70年代末,正如罗纳德·科恩（Ronald

---

① "Ndayishimiye Promises to Unite Country, Urges Burundians to Shun Ethnicity," *The East African*, 20 June, 2020.
② 中国社会科学院民族研究所编《斯大林论民族问题》,民族出版社,1990,第28~29页。
③ Nathan Glazer and Daniel P. Moynihan, eds., *Ethnicity: Theory and Experience*, Cambridge: Harvard University Press, 1975, p. 1.

Cohen）所言，"突然之间，几乎没有任何'欢迎仪式'，'ethnicity'就已无处不在"。只要稍微浏览一下当时几年相关书籍的标题就可知道"ethnicity"和"ethnic"抢尽了"文化"（culture）和"部落"（tribe）等传统社会人文科学核心词语的风头。① 如今历经了半个世纪的再生产过程，族性已经成为英语世界社会科学有关族裔研究最为重要的概念、理论工具与研究范式之一。20 世纪 80 年代以来，相关的英文著作和论文呈现"爆炸式"的增长态势。②

较之族群，族性的定义要更为复杂，至少族群作为一个实体在学界是达成共识的，但对族性的争议还需厘清一点，即它到底是一种实体还是一种抽象或者既是实体又是抽象？众多学者都试图寻找答案。

日本学者绫部恒雄认为，族性是指"国民国家的结构中，在相互间行为联系的状况下，根据出身和文化的共同性质所组成的人们的集团及其意识"。他还指出，20 世纪 60 年代初美国学者格拉泽和莫尼汉出版的《熔炉之外》（Beyond the Melting Pot）一书将 ethnicity 定义为"民族集团的性质和特点"；但在 1975 年出版的《族性：理论与经验》一书中，则把 ethnicity 归为"实体与意识"两种意义范畴。③ 1973 年出版的《美国传统词典》收录该词条，并将其定义为：属于某一特别族群的状况；族群自尊心。前者表示一种客观状况；后者指的是主观心态。④

美国人类学家琼·纳什（June Nash）在一篇文章中声称，"笔者将抛弃通常将族性作为社会集团看待的论述，而把它作为意识同一性来考虑"，⑤ 这说明之前纳什教授将之视为实体，与族群等同或类似。《族群社会学》（The Sociology of Ethnicity）的作者认为，ethnicity 起源于希腊语中用来描述异教徒的 ethnikos，后来在北美作为"少数群体"、在欧洲作为"用血统或领土定义的国家地位"的同义词，在某些情况下与种族（race）一词可以交换使用。⑥ 毫无疑问，这里的 ethnicity 指的是实体。国内学者阮西湖将 ethnicity 与 ethnic group 并列，认为等同

---

① Ronald Cohen, "Ethnicity: Problem and Focus in Anthropology," *Annual Review of Anthropology*, Vol. 7, 1978.
② 马腾嶽：《ethnicity（族属）：概念界说、理论脉络与中文译名》，《民族研究》2013 年第 4 期。
③ 〔日〕绫部恒雄：《Ethnicity 的主观和客观要素》，洪时荣译，《民族译丛》1988 年第 5 期。
④ Nathan Glazer and Daniel P. Moynihan, eds., *Ethnicity: Theory and Experience*, Cambridge: Harvard University Press, 1975, p. 1.
⑤ 〔美〕J. 纳什：《八十年代拉美人类学研究》，涂光楠译，《民族译丛》1983 年第 1 期。
⑥ Siniša Malešević, *The Sociology of Ethnicity*, California: SAGE Publications, 2004, p. 1.

于我国的"民族"。①

英国学者理查德·詹金斯（Richard Jenkins）总结了人类学视角中族性的四个要素：族性强调的重点是文化差异；族性基于意义共享的"文化"之上，但在互动过程中不断生产和再生产；族性是不稳定和流变的，取决于背景和情境，在某种程度上是可变和可操控的；族性作为一种认同，既是集体的又是个体的、既是外显的又是内化的。②荷兰学者尼科·基尔斯特拉（Nico Kielstra）认为族性拥有三种概念：其一，作为国家意识形态基础的族性；其二，作为区域范围内占主导地位的人群的真实的或想象的文化同质性基础的族性；其三，作为某一分散了的人类群体的成员们相互认同和建立其潜在文化模式的、假设的或作为起因之基础的族性。③英国学者斯蒂夫·芬顿（Steve Fenton）强调："族性是指血统与文化的社会建构、血统与文化的社会动员以及围绕它们建立起来的分类系统的逻辑内涵与含义。"④《种族和族群研究百科全书》指出，"族性界定了一个群体的显著特征，这个群体认为自己在某种意义上（通常是很多意义上）是不同的。一旦作为一个族群的意识被创造出来，它就具有了自我延续的性质，并代代相传"。⑤至于国内学界，已有学者进行过专门的梳理和总结，关注点既有族性概念的实体性与抽象性之别，更聚焦于解答"族性作为一种抽象，到底体现族群的要素、特点还是其意识与认同"。⑥

总的来说，随着研究的深入，多学科的交叉，族性的定义可能会趋于更富张力的表述。比如许多受后现代理论影响的"解构性"研究者发出疑问：族性在本质上是人类学家的建构（Construction）⑦抑或是一种"发明"（Invention）？⑧又比如有学者寻找族性与民族主义实质性的关联：它们是一回事吗，或者族性是民族主义的一种变异？⑨学者们激烈的交锋与辩论，正是推动学科发展的动力。笔

---

① 阮西湖：《Ethnicity：民族抑或族群？》，《华侨华人历史研究》2008年第2期。
② Richard Jenkins, *Rethinking Ethnicity*, California: SAGE Publications, 2008, p.41.
③ 〔荷〕尼科·基尔斯特拉：《关于族群性的三种概念》，高原译，《世界民族》1996年第4期。
④ 〔英〕斯蒂夫·芬顿：《族性》，劳焕强等译，中央民族大学出版社，2009，第4页。
⑤ Ellis Cashmore, ed., *Encyclopedia of Race and Ethnic Studies*, London: Routledge, 2004, p.143.
⑥ 丁瑶：《"族性"一词在中国的运用》，《民族论坛》2013年第9期。
⑦ Marcus Banks, *Ethnicity: Anthropological Constructions*, London: Routledge, 1996.
⑧ Werner Sollors, ed., *The Invention of Ethnicity*, Oxford: Oxford University Press, 1989.
⑨ John Markakis, "Nationalism and Ethnicity, in the Horn of Africa," in Paris Yeros, ed., *Ethnicity and Nationalism in Africa: Constructivist Reflections and Contemporary Politics*, New York: Palgrave Macmillan, 1999, p.77.

者认为，因为已经存在 ethnic group（族群）这样一个群体，ethnicity（族性）不应再被定义为实体单位，否则只是无意义地重复；至于其含义，应为"族群的思想、意识、观念与认同"。

六 民族主义

在国际关系研究范畴内，民族国家代表的是一种最基本和主流的国家形态。而在民族国家范畴内，民族主义代表的是群体运动或身份政治的最高形态。[1] 关于民族主义，英国著名思想家以赛亚·柏林（Isaiah Berlin）曾这样感慨："也许可以毫不夸张地说，在当今世界上，它是最强大的运动之一，在某些地区甚至是惟一最强大的运动；有些没有预见到这样发展的人，为此付出了他们的自由甚至生命。这就是民族主义运动。"[2] 面对民族主义的蓬勃发展，各种理论也随之不断衍生，形成"你方唱罢我登台"的局面。英国著名学者安东尼·D.史密斯总结和归纳出西方民族主义数个理论流派，即"原生主义"、"现代主义"、"永存主义"和"族群—象征主义"，揭示了民族主义的丰富性。[3] 换个角度从民族主义具体内容来看，其大致包括四层含义：第一，作为一种历史进程，即民族成为政治单位，从部落或帝国走向现代民族国家；第二，作为隐含在历史进程中的思想理论和原则，是民族国家的政治哲学；第三，作为结合了历史进程和思想的特定政治行动，如党派行动；第四，作为一种精神和情感，民族成员对于本民族国家有超越其他的忠诚。[4] 实际上，上述含义可简化为两种，其一为形而上的"观念形态"，其二为形而下的"行动实践"，只有观念与行动相结合才是"民族主义"的完整形态。

立足于历史的维度，民族主义的发展反映了人类社会组织结构的重大转型，世界各地的帝国、王国，甚至松散的无集权社会也被裹挟其中未能避免，纷纷向民族国家过渡，今昔世界格局的形成正是民族主义在全球范围内扩散的结果。民族主义最初是作为一种统一性的、建构性的力量登上历史舞台的，但在现代国家

---

[1] 如果时间拉长，空间放大，民族主义运动谈不上是人类群体主义的最高形态，还有欧洲一体化、泛非主义、世界主义等等。
[2] 〔英〕以赛亚·柏林：《反潮流：观念史论文集》，冯克利译，译林出版社，2002，第401~402页。
[3] 〔英〕安东尼·D.史密斯：《民族主义：理论，意识形态，历史》，叶江译，上海人民出版社，2006，第48~62页。
[4] CarLton J. H. Hayes, *Essays on Nationalism*, New York: Macmillan Company, 1926, pp. 5-6.

奋力打造强大稳固的"现代政治民族"的今天，民族主义却几乎蜕化为分离主义的同义语，以至于有研究者这样评价，"根据最基本的比较分析，民族主义同时是病态的和健康的、进步的和倒退的"。[①] 二战后，在世界民族主义第三波浪潮的激荡下，非洲国家纷纷摆脱殖民统治，建立了一大批新兴的民族国家，推动历史的跳跃性发展，具有重大的进步意义。但民族主义也是一柄双刃剑，它的非理性给非洲人民带来了灾难和痛苦。

长期以来，国内非洲学界对非洲人群概念的内涵关注不够，对非洲在历史及当下的概念使用情况亦有一定程度的忽视，加上中文语境下部族概念"野蛮生长"的干扰，从而导致概念应用的各种混乱。鉴于此，上述阐释的目的也具有针对性：在西文语境下梳理部落、族群与民族之内涵；在中文语境下剖析部族概念的来龙去脉；在非洲语境下呈现非洲接受和使用几个概念的具体情状。通过这种多角度分析，各概念呈现大致自洽的属性与意义：部落是20世纪60年代前人群的主流概念，因其"过时"而慎用；中文语境中的部族因难以对应非洲具体情况而被弃用；从20世纪60年代开始，族群逐渐取代部落，被用来指称非洲国家基本的人群构成单位，如南非的祖鲁人、刚果（金）的刚果人、卢旺达的图西人等；民族指非洲各国的国族，如南非人、刚果（金）人、卢旺达人等；而民族主义则是指自二战后民族解放运动以来，非洲民族国家建构的原动力和继动力；民族主义的下位是"族性"，它基于族群意识和认同而形成，是非洲国家产生族际矛盾和冲突的内生动因，倘若这种意识和认同上升到主权要求，预示着族性质变为民族主义；民族国家指非洲多族群结构的主权国家，处于磨合与一体化的复杂历史建构进程中。

总的来说，概念是开展学术研究的先导，是建构理论体系的支点，对一些具有多变性和争议性概念的辨析与定位，其意义自不待言。在揭示和比较同一概念各种内涵的基础上，再联系非洲实际展开分析所得出的上述结论，其价值在于：首先，着重强调了非洲人群专有概念或术语的指向性与严肃性；其次，定位清晰的概念有助于正确揭示和认识非洲社会人群的结构与层次，避免产生误解；再次，与国外学者，特别是非洲学者对话时，消除沟通上的障碍；最后，更重要的是，希望它能丰富和深化非洲研究的理论，规范概念的运用，也希望能引起更激

---

① Tom Nairn, *The Break-up of Britain: Crisis and Neo-nationalism*, London: New Left Book, 1977, p. 347.

烈的辩论与争鸣，从而推动学科的发展。

第二节 族群政治的理论分析

本书中的"族群政治"，其英文表述为"ethnic politics"，与中文表述中的"民族政治"大致相当。下文除对族群政治的国内外理论进行分析和解读之外，还将对族群政治构成的两种主要形态，即族群冲突与族群整合重点剖析。

一 族群政治

为了深入了解和把握族群政治的定义和内涵及其发展的脉络与趋势，有必要将之与国内高度相关的"民族政治"以及国外对应的"ethnic politics"置于同一阐述架构中，使之产生互促互动的"化学反应"。

（一）民族政治

基于国内的学术背景，"民族"作为国家最基本的人群构成单位，自然是关注的焦点，当然也早就存在其与政治相关的研究，或者它本身就是政治的一部分，但长期以来没有形成"民族政治"的概念。一直到了20世纪80年代末才有学者提议设立"民族政治学"这门学科，[①] 进而20世纪90年代后陆续出版了《民族政治学》《民族政治学概论》等教材，"民族政治"研究才"脱颖而出"，学界开始探索它的内涵和外延、研究方法与路径，试图建构它的理论体系。

周星的《民族政治学》一书聚焦于民族的政治属性，围绕这一属性从不同角度剖析了民族的政治生活与民族政治问题。他认为民族政治属性充分体现了以下几层内容：民族现象与政治现象的各种本质的内在联系；民族本身也是一种政治现象；民族政治属性与民族其他特征或其他构成要素之间，有着密不可分的互补关系。[②] 从某种意义上来说，这本专著具有开创性意义，是建构中国式民族政治研究理论体系的初步尝试。

周平的《民族政治学》分析了民族与政治的深度关联性，两者结合形成"民族政治"这种特殊的社会政治现象，周平将之定义为"民族共同体或民族的代表围绕公共权力形成的各种关系和开展的各种政治活动"。民族政治的基本内

[①] 周星：《试论民族政治学》，《天府新论》1988年第5期。
[②] 周星：《民族政治学》，中国社会科学出版社，1993，第32页。

涵包括：构建民族的公共权力系统；运用民族的公共权力；调整族际关系；建立民族的政治组织；开展民主的政治活动；等等。① 该书被评为"普通高等教育'十五'国家级规划教材"，在学界有较大的影响力。

高永久等编著的《民族政治学概论》一书对民族政治体系、民族政治行为、民族政治意识、民族政治制度等专题进行了较为系统的研究。该书具有开阔的国际视野，比如在导论部分引用美国麻省理工学院对"民族政治学"课程的描述："从民族作为因变量的角度，研究影响和激发民众认同得以形成与发展的各种力量或因素；从民族作为自变量的角度，研究民族群体如何进行运作并影响重要的政治经济议程和结果。"这对于引导学界认识"什么是民族政治"具有启发意义。②

其他关于分析民族政治概念内涵的文献，基本上没有脱离周平所作定义的框架。例如陈纪在《"民族政治"涵义的探讨》一文中指出，民族政治是多民族国家政治生活的重要组成部分，是民族群体及其成员开展和参与政治生活的一种集中反映。因而民族政治指"在多民族国家政治生活中，民族群体及其成员围绕一定的公共权力而从事各种社会活动的总称"。③ 孙振玉在《论民族政治》一文中认为，政治的两个基本问题是如何取得社会权力以及如何行使社会权力。而民族政治，也应围绕如何取得并行使社会权力来思考，只是要加上民族这一变量。因此"所谓民族政治是指与民族有关的人们取得并行使社会权力的活动"。④ 随着学科的发展，对民族政治的研究不断完善，但相关的概念界定还不够充分，似乎未引起广泛争鸣。

关于民族政治的研究路径，严庆、周涵总结出两种模式：一种是学科化研究，从政治学的视角切入，运用政治学的基本理论展开研究，这是民族政治学学科化研究的基本路径，运用成熟的政治学学科范式研究民族的政治生活和政治生活中的民族因素；另一种是对象化研究，将涉及民族政治因素的热点问题、焦点问题作为研究对象，运用政治学以及与政治学密切相关的多学科知识和理论展开研究。⑤ 两种

---

① 周平：《民族政治学》，高等教育出版社，2003，第32~33页。
② 高永久等编著《民族政治学概论》，南开大学出版社，2008，第1页。
③ 陈纪：《"民族政治"涵义的探讨》，《西北民族大学学报》2012年第6期。
④ 孙振玉：《论民族政治》，《实事求是》2016年第5期。
⑤ 严庆、周涵：《学科化、对象化范式下的中国民族政治研究管窥——国内民族政治研究述评》，《黑龙江民族丛刊》2013年第5期。

模式互有优劣，前者可能造成过度关注民族的政治化问题，后者则会陷入细碎化的泥潭。另外值得注意的是，若以"民族"为切入点，将之视为一个具有能动性的主体，研究其政治行为或许会产生更多可能性。

在追寻民族政治研究的理论来源时，朱伦指出："从学科来源上说，我们现在所谈的民族政治学，是从国外引进的，叫'ethnic politics'，它最初主要是欧美学界对外来国际移民问题研究的产物。"① 事实上"ethnic politics"更对应下文要阐释的"族群政治"。

（二）族群政治

在国内，"族群政治"一词最早出现在21世纪头十年中期（根据CNKI的检索），最初主要受到台湾学术的影响，研究对象也基本上以台湾为主，像郝时远的《台湾的"族群"与"族群政治"》② 一文。后来研究视域渐次扩张到东南亚国家以及更广阔的世界，出版了一些著作和发表了一些论文，相关研究与"民族政治"竞相"争夺"表述空间。

关凯的《族群政治》一书应该是目前为止最具专题性的理论著作，香港学者沙伯力（Barry Sautman）在序言中称赞其为"族群政治理论本土化的一个起点"。③ 关凯认为，"作为社会科学术语的'族群政治'，有着比较宽泛的含义，泛指所有和族群有关的政治现象，"他提炼了四个方面的内容：族群关系的政治规范，人类社会在处理族群关系时所遵循的普遍价值及规范性原则是什么；涉及族群的权力现象，关注族性与权力的关系；族群冲突的政治解决，即如何通过制度性安排解决族群冲突；涉及族群的国家公共政策，重点是理解政策的行为主体——主权国家政府的行动逻辑。④

另外还有少量文章从理论上认识族群政治。叶麒麟在《族群政治、民族政治与国家整合——泰国南部动乱问题的解析》一文中指出："族群政治，是指将自然形成的族群进行'政治化'，将其视为政治群体。在族群政治思维的指引下，国家往往首先通过血缘、宗教和文化等自然、社会因素对族群进行识别，然后要么强制将其进行同化，要么通过给予经济、政治以及文化等特殊权利和待

---

① 朱伦：《民族共治——民族政治学的新命题》，中国社会科学出版社，2012，第2页。
② 郝时远：《台湾的"族群"与"族群政治"》，《中国社会科学》2004年第2期。
③ 关凯：《族群政治》，中央民族大学出版社，2007，"序言"，第15页。
④ 关凯：《族群政治》，中央民族大学出版社，2007，第10~11页。

遇，使得地方性的族群成员去认同民族（国族）。"① 杨社平等在《民族与族群及其相关概念的分形解释》中对民族政治与族群政治进行了比较："无论族群政治还是民族政治，无论族群问题还是民族问题，都起源于相关族群或民族的自身发展及其在族际关系乃至与社会其他范畴的关系上的利益保护与权力诉求。不同之处既在于各自涉及族性群体、族际关系乃至相关社会范畴的具体尺度，也在于相关学科的研究范式以及关切角度。"②

总体而言，以"族群政治"为题的文章和著作不少，但对这一领域进行系统化研究的理论成果远比不上"民族政治"，相关理论也可相互借鉴，毕竟研究的对象是同一人群共同体，而且两者都视西文的"ethnic politics"为重要的理论来源。

在国外，族群政治研究是当前学术界的重点和热点，包刚升在《21世纪的族群政治：议题、理论与制度》一文中指出，族群政治拥有两个不同层次的含义：第一指以族群的视角来理解政治；第二指不同族群集团之间的政治关系，特别是不同族群之间究竟是合作还是冲突关系。其中族群冲突是族群政治研究的核心议题，关于这一点主要关注引起冲突的解释变量，族群结构往往被视为一个关键变量，这里既涉及族群集团之间的物理空间结构，又涉及族群集团历史上的政治关系。至于如何减少族群冲突的研究，侧重多族群国家的政治制度因素，因为制度因素是一种规制政治行为者的激励结构，能够鼓励或约束特定的政治行为。这样的理论路径把制定合理的宪法或设计政治制度模式视为避免与控制族群冲突的主要方法。③包刚升提到族群政治的两层含义虽有不同，但本质上是一致的，指同一种结构或状态。因而可以将其定义为"政治关系的族群化和族群关系的政治化，主要表现为族群冲突与族群整合"。

在西方社会，族群政治研究的理论是传承的，更是动态和发展的，为了呈现这种继承及跳跃性的变化，下面将以1980年的一篇文章和2012年的一篇文章为例，列举两文各具时代风格的族群政治理论视野。

李·E. 达特（Lee E. Dutter）在《北爱尔兰与族群政治理论》④ 一文中列举

---

① 叶麒麟：《族群政治、民族政治与国家整合——泰国南部动乱问题的解析》，《武汉大学学报》2013年第4期。
② 杨社平、郭亮、龚永辉：《民族与族群及其相关概念的分形解释》，《中南民族大学学报》2015年第3期。
③ 包刚升：《21世纪的族群政治：议题、理论与制度》，《世界民族》2017年第5期。
④ Lee E. Dutter, "Northern Ireland and Theories of Ethnic Politics," *Journal of Conflict Resolution*, Vol. 24, No. 4, 1980.

了当时流行的四种理论："RS"理论、"多元主义"理论、"协和民主"（consociational democracy）理论、"动员"理论。

1972年，拉布什卡（Rabushka）和谢普塞尔（Shepsle）提出新的族群政治理论，根据学者的名字首字母简称为"RS"理论。该理论认为差异性的文化单位构成多元社会，这些单位又被组织化为具有凝聚力的政治单位，它们就是族群。族群共同体的成员对政治选择的理解和表达偏好是一致的；各族群在集体面临的所有问题上存在分歧；社会若接受某个族群偏好的政策，就排除了采用其他族群最在意的政策，集体选择通过选举机制表达，选举人/政党为竞争选票必须考虑选民的喜好；投票人也需要候选人当选后实施他们理想中的政策。族群在内部的"同一性"、在外部与其他族群的矛盾性大抵上成为族群政治的基础。

该文讨论的多元主义理论有一个重要"命题"，即多元社会对民主政府存续构成严重障碍。该命题在大部分情况下成立，当时多元社会确实经历了太多民主失败和暴力泛滥。但也有例外，荷兰、比利时、奥地利和瑞士等国的"协和民主"在一定程度上解决了多元社会的民主适应性问题。因为族群冲突取决于政治精英的行为模式：他们可能是推动族群冲突的力量，但若实行协和民主也有可能消除或调解多元群体间的分歧。

动员理论包含族群政治出现所必需的一系列先决条件：（1）认同，即族群政治活跃度与社会中族群认同的强度直接相关；（2）议题相关性，即活跃度取决于所涉问题的相关性；（3）经济分层，即处于不利地位的族裔群体必须在经济上有所斩获，才会在政治上变得活跃；（4）领导，即族群领导人在"族群动员过程"中至关重要；（5）强化，成员只有尝到一些"甜头"，才能保持对族群的忠诚；（6）防御，群体会不遗余力地维系他们所拥有的权力和地位；（7）需求，如果族群间的差异持续存在，族群政治动员的可能性就会提高，族群诉求多样化，极端主义领导人就更有可能出现。

埃文·S. 利伯曼（Evan S. Lieberman）与普雷纳·辛格（Prerna Singh）在《族群政治的概念化和评判：对人口学、行为学和认知方法的制度补充》[1]一文中描述了四种系统化的概念方法作为预测族群政治竞争的理论机制：人口统计学

---

[1] Evan S. Lieberman and Prerna Singh, "Conceptualizing and Measuring Ethnic Politics: An Institutional Complement to Demographic, Behavioral, and Cognitive Approaches," *Studies in Comparative International Development*, Vol. 47, No. 3, 2012.

(Demographic)，关注族群相对规模，在比较族群政治的研究中占主导地位；认知（Cognitive）和态度（Attitudinal），关注个体对族群身份的依恋度；行为（Behavioral）与事件驱动（Event-Based），聚焦于行为，比如投票、暴力或者沿着族群边界的群体动员等，还延伸到观察族群组织和政党的行动；制度（Institution），着眼于规则和程序。几种方法各有优劣，详见表1-1。

表1-1 族群政治竞争研究方法之比较

方法	相关理论	资料来源	优势	劣势
人口统计学	群体越多、多元化程度越高，意味着族群政治竞争更加紧张	人口普查；人口统计；其他估算；数据汇总	容易标准化到单位（通过赫芬达尔指数等）；能迅速了解相关行动者；与民主理论兼容（重要）	需要解释是谁或用什么去统计；统计可能有偏差；可能与建构主义理论不一致
认知和态度	对族群依附程度越高，意味着更激烈的族群政治竞争	态度调查；实验设计；话语分析	接近建构主义模式，因为族群依恋带有严重的主观性	各国的标准和口径极难统一；非族群性因素造成偏差；比较数据非常有限
行为与事件驱动	族群事件和组织的参与度越高，意味着族群政治竞争更激烈	观察；访谈；媒体报道；对组织中成员资格的调查；总体调查	利益情况能具体呈现；跨单位的汇总与比较不成问题	跨国调查和校准极困难；可能会将某些特殊行为也理解为与"族群"有关
制度	族群相关规则反复强调，意味着更激烈的族群政治竞争	官方文献；访谈；二手资料	接近建构主义理论；非反应式调查，不会受到受访者的影响；制度同构	并不总是很清楚哪些制度对行为者重要，比如非正式制度可能胜过国家的正式制度；制度变迁的意义不明确；数据收集的成本较大

资料来源：Evan S. Lieberman and Prerna Singh, "Conceptualizing and Measuring Ethnic Politics: An Institutional Complement to Demographic, Behavioral, and Cognitive Approaches," *Studies in Comparative International Development*, Vol. 47, No. 3, 2012。

从上述两篇文章展示的相关理论来看，一个显著特征是多学科的交叉性强，这在埃文·利伯曼与普雷纳·辛格的这篇文章中更为突出，人类学、政治学、社会学、心理学、统计学、管理学等"交替上阵"。从某种程度上来说，族群政治的研究为各学科理论的碰撞提供了最佳场所，这是由族群这个"复合型"（牵涉到政治、文化、社会、心理等各种因素）人群单位的复杂性所致。此外，理论视野的差距并不意味着早些年的理论已经失去价值，像李·E.达特引用的那些理论，很多如今依然有巨大的生命力，比如说"协和民主""多元主义"等等。从研究的内容来看，上述理论都与族群政治的两大核心议题族群冲突与族群整合有关。

二 族群冲突

关于世界上族群冲突的广泛性和长期性，已多有文献介绍说明。詹姆斯·D.费伦（James D. Fearon）和大卫·D.莱廷（David D. Laitin）指出，二战后超过半数的内战属于族群战争。① 安东尼·奥伯肖尔（Anthony Oberschall）认为在世界范围内有700~800个具备一定规模的少数族群，"处于危险中的少数族群"（Minorities at Risk）项目确认自20世纪50年代以来有285个族群在政治上很活跃。这285个族群中约有一半追求自决目标，比如集体权、政治自治或独立国家等；其中有70余个采取了武装斗争。② 吉东·戈特利布（Gidon Gottlieb）在20世纪90年代中期指出，"世界上有将近200个主权国家、3000个语族和5000个少数民族，表现出惊人的多样性和分离模式，堪称现代通天塔。据说，目前有233个不安分的民族和族群正在要求自决"。③ 2002年，大卫·卡拉汉（David Callahan）预测："在下个几十年，世界范围内的族群冲突与自决诉求可能是最重要的因素。这一现象不应与其他全球性问题（如恐怖主义、失败的国家、大国之间的竞争、获取自然资源的途径、现代与传统之间的冲突、富人与穷人之间的冲突）分开。"④ 从某种程度上看，卡拉汉的预测是正确的，至少到目前为止，族群冲突依然在全球肆掠。

面对这一现象，学界的研究到20世纪80年代才开始繁荣。1985年，唐纳德·L.霍洛维茨（Donald L. Horowitz）出版《冲突中的族群》⑤，这是一部开创性的著作，也是族群冲突研究的奠基之作，从概念、定义到对那些族群力量产生深刻

---

① James D. Fearon and David D. Laitin, "Sons of the Soil, Migrants, and Civil War, World Development," Vol. 39, No. 1, 2011.

② Anthony Oberschall, *Conflict and Peace Building in Divided Societies Responses to Ethnic Violence*, London: Routledge, 2007, p. 2.

③ 〔英〕爱德华·莫迪默、〔英〕罗伯特·法恩：《人民·民族·国家——族性与民族主义的含义》，刘泓、黄海慧译，中央民族大学出版社，2009，第146页。

④ David Callahan, *The Enduring Challenge: Self Determination and Ethnic Conflict in the Twenty-First Century*, Carnegie Corporation, 2002, p. 2.

⑤ Donald L. Horowitz, *Ethnic Groups in Conflict*, California: University of California Press, 1985.

影响的制度化的政治领域（如政党政治、军事政治、肯定性行动等），该书系统涵盖了族群冲突的几乎全部论题。① 以此为基点，唐世平、王凯认为，族群冲突大致经历过四波研究：第一波（1990年以前），没有系统性证据的范式；第二波（1990~2000年），中层理论和统计分析的兴起；第三波（2000~2005年），取得有限理论进展的定量研究大爆发；第四波（2005~2012年），族群权力关系数据库、地理信息系统和次国家研究。② 目前属于第四波研究阶段，搜集和处理信息资料的技术性手段更加先进。总之，40年来，学界对族群冲突的概念、类型、理论及其应用开展了广泛而富有成效的研究。

（一）概念

唐纳德·霍洛维茨指出，族群冲突理论中难以捉摸的因素之一是冲突的定义，不过"大多数定义都包含了斗争、冲突或碰撞的因素，并以此区分冲突和竞争"。③ 他提出了"族群致命暴力"（The Deadly Ethnic Riot）的概念，这种冲突是"一个群体对另一个群体相对自发的身体攻击"，因为人们表现出强烈的愤怒，在暴乱过程中犯下暴行，因此它的直接目的是造成人身伤害和死亡，有时是破坏目标群体成员或夺取与目标群体成员有关的财产。④

关于族群冲突定义中的行动主体，学界大致有两种不同的看法。有的学者认为族群冲突仅指发生在族群之间的冲突。如迈克尔·E. 布朗（Michael E. Brown）认为，族群冲突是指两个或多个族群之间基于政治、经济、社会、文化或领土问题的争端。⑤ 换言之，族群冲突是一种群体间的冲突，没有涉及国家。

另一种看法是族群与族群、族群与国家的冲突都可以被纳入族群冲突的范畴。丹尼尔·拜曼（Daniel Byman）就认为，族群冲突是发生在族群间或族群与政府间的冲突，所以这里有两种模式：其一是族群间冲突时，政府作为第三方（比如印度的印度教徒与穆斯林间的暴力）；其二是政府作为参与方代表某个族

---

① 〔美〕阿舒托什·瓦什尼：《族群与族群冲突》，载〔美〕罗伯特·E. 戈定主编《牛津比较政治学手册》（上），唐士其等译，人民出版社，2016，第273页。
② 详参唐世平、王凯《族群冲突研究：历程、现状与趋势》，《欧洲研究》2018年第1期。
③ Donald L. Horowitz, *Ethnic Groups in Conflict*, California: University of California Press, 1985, p. 95.
④ Donald L. Horowitz, *The Deadly Ethnic Riot*, California: University of California Press, 2001, pp. 17-18.
⑤ Michael E. Brown, "Causes and Implications of Ethnic Conflict," in Montserrat Guibernau and John Rex, eds., *The Ethnicity Reader: Nationalism, Multiculturalism and Migration*, Cambridge: Polity Press, 1997, p. 82.

群（比如斯里兰卡泰米尔人反抗僧伽罗人控制的中央政府）。拜曼认为只有当每年死亡人数低于100人，且持续至少20年，才意味着一场族群冲突的终结。[1]

1996年，由波兰科学院考古与民族研究所编辑的"民族研究"丛书第一卷——《民族冲突》问世，在《作为社会冲突类型的民族冲突》一文中，作者就民族冲突的定义、范畴、特点等有深入的思考，"民族冲突往往以冲突的双方所反映的民族特征为标志。在现代社会的经济与政治利益分配斗争中，民族往往是被利用和加以动员的力量"，"民族冲突所争夺的是集团利益而非个人利益"，"国家常常是民族冲突的主要参与者，即使国家以一种'中立'的姿态出现，它也无法避免卷入其中"。[2] 在该定义中"国家"是族群冲突的行为主体。持相似看法的是吕克·范·德·古尔（Luc van de Goor）等学者，他们列举了界定冲突的几条标准：第一，冲突的根源是价值观、利益、目标的明确意见分歧；第二，冲突的结果必然被各方认为极为重要；第三，冲突方既可以是国家，也可以是国内"由人口组成的重要部分"。[3] 黎刹·苏克马（Rizal Sukma）将族群冲突区分为"水平冲突"（horizontal conflict）和"垂直冲突"（vertical conflict）两种：前者发生在至少两个文化或宗教分化的族群之间；后者是发生在国家/政府与该国特定群体间的冲突。[4]

换个角度来看，上述界定族群冲突的方法虽有可取之处，但从根本上忽略了冲突的性质，即冲突所表现出来的"族性"，就有些舍本逐末了。所以卡尔·科德尔（Karl Cordell）和斯蒂芬·沃尔夫（Stefan Wolff）的解释很有说服力，他们认为族群冲突是冲突的一种特殊形式：无论导致冲突爆发的具体问题是什么，冲突的断层线主要基于族群差异或边界，至少有一个冲突当事方从族群的角度解释其不满。也就是说，冲突一方认为由于其族群身份而无法满足其诉求，得不到相应的权益，从而围绕族群身份组织对抗。[5] 受此启发，笔者将族群冲突定义为：

---

[1] Daniel Byman, *Keeping Peace: Lasting Solutions to Ethnic Conflicts*, Baltimore: Johns Hopkins University Press, 2002, p. 6.

[2] 王丽芝：《波兰〈民族研究〉丛书第一卷——〈民族冲突〉简介》，《世界民族》1997年第3期。

[3] Luc van de Goor et al., eds., *Between Development and Destruction: An Enquiry into the Causes of Conflict in Post-Colonial States*, New York: Palgrave Macmillan, 1996, p. 1.

[4] Rizal Sukma, "Ethnic Conflict in Indonesia: Causes and the Quest for Solution," in Kusuma Snitwongse and W. Scotte Thompson, eds., *Ethnic Conflicts in SEA*, ISEAS, 2005, p. 3.

[5] Karl Cordell and Stefan Wolff, eds., *Routledge Handbook of Ethnic Conflict*, London and New York: Routledge, 2011, p. 4.

"在一定意义上族性作为一种外显或内在因素的冲突。"

(二) 类型

类型学 (typology) 一词出现于19世纪中期,用来指称基于类型 (types) 的研究,总结各种现象的形态特征,从而划分为不同类型进行比较分析。如在神学领域,阐释各类经文的象征符号意义;在古民族学,指的是对文化类型进行识别的研究;在心理学和医学中,侧重于探讨心理和体质的类型;在社会学,类型学被作为多种形式的、具体的社会文化组织的分类原则。至20世纪中期,类型学已成为一种广泛应用的基本思维方式和分析工具。[①] 通过该方法不仅对一些杂乱的现象归纳总结,合理抽象为具有共通性的类别,起到化繁为简的作用,更重要的是它有助于系统揭示这些现象的内在特性。因而在现代学术中,"类型学"绝非简单的"分类" (classification),而是指一种较为特殊的过程,从经验上得到可检验的单位——类型,以此奠定未来研究的基础。[②] 循着这一思路,本书尝试将形形色色的非洲族群冲突进行类型学分析,使纷繁复杂的冲突现象有序化与结构化,以便探求冲突的机制与趋势。为了实现这一目标,笔者认为首先要确立此类型学建构的原则与标准。

族群冲突是当代世界突出的政治现象,不少学者已有相关类型学表述。美国学者唐纳德·霍洛维茨界定的族群冲突类型特别丰富,有暴力抵抗 (Violent Protests)、世仇 (Feuds)、私刑 (lynching)、种族灭绝 (Genocides)、恐怖袭击 (Terrorist Attacks)、帮派攻击 (Gang Assaults)、分离主义 (Separatism)、内战 (Civil War) 等。[③] 美国学者米尔顿·J. 伊斯曼 (Milton J. Esman) 将族群冲突分为三类:其一,非暴力方式(宣传、协商、选举、诉讼等和平手段);其二,大型暴力冲突,规模大、持久、破坏性强;其三,族群暴动,地方性、短期性、极其残酷。[④] 国内学者严庆认为族群冲突的类型通过两种方式界定:第一,按照冲突主体划分为族际冲突及族类群体与国家之间的冲突;第二,按照冲突规模与强度,参与冲突的人数低于500人的称为小规模冲突,参与人数为500~2000人的

[①] Yasemin I. Güney, "Type and Typology in Architectural Discourse," *BAÜ FBE Dergisi*, Cilt 9, Sayi 1, 2007.

[②] 〔美〕帕蒂·乔·沃森等:《分类与类型学》,陈淳译,《南方文物》2012年第4期。

[③] Donald L. Horowitz, *The Deadly Ethnic Riot*, California: University of California Press, 2001, pp. 17-28.

[④] Milton J. Esman, *An Introduction to Ethnic Conflict*, Cambridge: Polity Press, 2004, p. 70.

称为中规模冲突，参与人数在 2000 人以上的称为大规模冲突；死伤人数在 20 人以下的称为低程度暴力冲突，死伤人数为 20～100 人的称为中强度暴力冲突，死亡人数在 100 人以上的称为高强度暴力冲突。[①] 曹兴则将族群冲突分为整体性族群冲突和局部性族群冲突两类，[②] 也立足于冲突规模的角度。

上述所提及的族群冲突类型，作为各学者开展研究的基础项，都存在自身的解释逻辑和理论路径，有其称道的学术意义。但它们导致的困惑亦不容忽视：要么过于细碎，标准模糊，如霍洛维茨；要么过于宏观与空泛，伊斯曼与严庆等皆是如此；更大的困境在于，这些类型没能明确反映族群冲突的本质特征。族群冲突成为社会冲突范畴内的一种典型类型，核心特质并非暴力的强度、规模或形式，而是它体现的"族性"（ethnicity）。在具体研究中，只有把握族群冲突中"族性"这一本质内涵，才能避免与其他类型的社会冲突相混淆。基于此，本书认为族群冲突的类型学应建立在两个层次的原则之上。

首先，它必须是反映族性的冲突。根据族性的强度（这种强度无法量化，唯一标准是主权诉求，即族性是否达到民族主义层级，以建立民族国家为目标）可分为民族分离运动（有主权诉求）和一般性族群冲突（无主权诉求）。其次，为一般性族群冲突定性的原则包括辨识性、概括性与学术性：所谓辨识性，指每种类型的冲突要严密贴合与凸显冲突行为的特征，蕴含独树一帜的指向性，与其他类型有效区分；所谓概括性，指该类型的冲突容纳的同质性样本应足够多；所谓学术性，指在杂乱现象中建构类型学，经验思维固然起到主要作用，亦需理论思维的指导，依托已相对成熟的相关学术框架。较之前人的成果，这些原则的价值在于：第一，强化了以"族性"为冲突的本质属性；第二，围绕冲突行为的特征归纳的冲突类型摆脱了空泛感，更易于具象化；第三，在经验思维与理论思维的互动中，这些类型兼具理论可溯性与实践可验证性；第四，全球区域性族群冲突各有特点，据此原则可构建差异化的类型模式。

（三）理论

在族群（也包括民族）的相关研究中，族群认同、族群建构、族性、族群冲突等都与著名的三大理论范式，即原生论、工具论（instrumentalism）和建构论有密切的关联。从一定程度上来说，这三种理论是认识族群冲突的基础。

[①] 严庆：《冲突与整合——民族政治关系模式研究》，社会科学文献出版社，2011，第 35～40 页。
[②] 曹兴：《从民族冲突类型看巴以冲突的根源》，《西亚非洲》2008 年第 1 期。

原生论。对于原生论者来说，族群的原生情感是"天赐"的，"关于故土、语言、血统、外貌以及生活方式，塑造了他们在骨子里是谁及其和谁的关系水乳交融的观念，其力量来源于非理性的人格基础。只要一经确立，这种自在的集体我群感就一定会在某种程度上卷入民族国家的逐渐扩展的这种过程"。① 从理论上说，印度的穆斯林可以皈依印度教并成为印度教教徒，伊拉克的逊尼派教徒也可以成为什叶派教徒，但实际上很少有人这么做。相反，人们常常通过文身或割礼在自己的身上留下印记来凸显族群身份。② 对原生论者来说，族群冲突来源于"古老的仇恨"（ancient hatreds），这种仇恨带有遗传性，且不可能根除，也几乎不可能被治理，因此才造成当代的族群冲突。于是族群身份成为族群冲突的决定性变量。

然而，事情远远要复杂得多，就普通人而言，大都拥有多个身份，要么是"镶嵌构织"的，要么是"重叠交错"的。比如古巴裔美国人同时也是美国的西班牙裔或拉丁裔、美国的天主教徒、美国人以及世界天主教会的成员。哪一种身份对他更重要可能取决于当时的情况：他可能会以天主教徒的身份聆听教皇布道；他也会以美国人的身份为美国总统大选投下选票；他又可能代表古巴裔美国人思考美国对古巴的政策。面对这种情况，很多学者用"工具论"来解释。

工具论。工具论通常将族群视为一种政治、经济或社会现象，以对政治与经济资源的竞争与分配来解释族群的形成、维持与变迁。"它强调的是族群认同的多重性、可变性以及随情势变化的特质。它的基本假设是：政治、经济结构等族群面临的外部环境引起和决定了族群认同的出现，促成了成员的共同立场、利益意识、制度建设和文化建构。"③ 族群身份并非"原生的"，而仅仅是一种"工具"。

从这个角度来看，当符合人们的利益时，他们就会追随族群精英；同样，族群精英也借助族群成员凝聚起来的力量满足自己的私欲。一般来说，在族群冲突的发动、激化、高潮以及结束中族群精英都起着主导性的作用。因此"精英操

---

① 〔美〕克利福德·格尔兹：《文化的解释》，纳日碧力戈等译，上海人民出版社，1999，第312页。
② Stuart J. Kaufman, *Modern Hatreds: The Symbolic Politics of Ethnic War*, Ithaca: Cornell University Press, 2001, p. 23.
③ 焦兵：《族群冲突理论：一种批判性考察》，《青海社会科学》2013年第3期。

控论"（Elite-Manipulation Theory）在工具论中有极大影响力。

　　建构论。建构论试图调和与优化前两种观点，因为原生论太僵化，而工具论的目的论色彩太浓。建构论认为族群身份是一种"社会建构"（socially constructed）：它们不像原生论所想的那样"天生"，甚至种族的差异也只是一种建构起来的认知观念。① 族群之间的界限并不是绝对的清晰和固定，相反，在漫长的历史进程中，一些特定的历史事件和环境使人们的认同不断发生变化，族群间的界限也随之重新划分。在族群认同形成的过程中，偶然的、人为的因素起到至关重要的作用。② 杰克·斯奈德（Jack Snyder）指出，历史上塞尔维亚人不存在与生俱来的原生身份，其是19世纪晚期塞尔维亚特殊的政治和教育政策的产物，所以他将这种现象称为"国家制造族群"。③ 当然，族群建构通常借助"传统的发明"，挖掘象征符号，塑造群体可接受的历史，确立区分成员身份的标准，重新定义人们在身份认同上的道德体验。④ 总之，建构论的见解可以被看作平衡原生论和工具论的一种努力。

　　如今学界已经发生了重大变化，不再会有人真的认为族群认同是原生性的，也不再会有人认为它没有任何价值，而仅仅是一种策略性工具。纯粹的原生论或纯粹的工具论都难有说服力。从经验证据来看，它们也不会有重新出现的可能。不过，产生这些理论的学术传统仍然存在，只是理论内部创新已经开始。原生论开始讨论人的本性，尤其是在国家崩溃时人性的变化；工具主义限制其使用范围，探索一些使"贪婪与怨恨"交融在一起的理论模型；建构主义依据其基本假设和原则，考虑冲突中次国家和地方性的差异是否能够得到解释。未来最有创造性的工作很可能是问题导向的，它会在学科的交叉地带，通过结合不同的研究方法而产生。⑤ 但无论如何，大多数理论都是从这三种基础观点中衍生出来的，或多或少受到它们的影响，族群冲突理论详见表1-2。

---

① Karl Cordell and Stefan Wolff, eds., *Routledge Handbook of Ethnic Conflict*, London and New York：Routledge, 2011, p.93.
② 查雯：《族群冲突理论在西方的兴起、发展及局限》，《国外社会科学》2013年第6期。
③ 〔英〕杰克·斯奈德：《从投票到暴力：民主化和民族主义传统》，吴强译，中央编译出版社，2017，第179页。
④ Karl Cordell and Stefan Wolff, eds., *Routledge Handbook of Ethnic Conflict*, London and New York：Routledge, 2011, p.93.
⑤ 〔美〕阿舒托什·瓦什尼：《族群与族群冲突》，载〔美〕罗伯特·E.戈定主编《牛津比较政治学手册》（上），唐士其等译，人民出版社，2016，第290页。

表1-2 族群冲突理论

	基本假设	理论		
原生论	族群拥有固定的特征 族群的分化和紧张是天生的 冲突源于差异 族群身份很重要	族群身份理论	攻击理论	原生忠诚理论
工具论	族群作为一种工具被个体或群体利用 族群在政治过程中兴盛 没有天生的冲突	殖民理论	马克思/ 依附理论	现代化理论
建构论	族群是社会的类型 在一种相对框架内理解族群 族群建构于社会互动网络中 不是个体归属而是社会现象 没有天生的冲突	社会互动理论	反同质性理论	结构模式理论

资料来源：Osita A. Agbu, "Ethnicity and Democratisation in Africa: Challenges for Politics and Development," Discussion Paper, No. 62, Nordiska Afrikainstitutet, 2011。

基于此，目前的重点工作已经不再是获得"批判的武器"，而是促成"武器的整合"，即更好地跨越理论界限，建构一种多方位、多维度、多层次的研究体系。当然，研究体系的建构离不开材料搜集与整理的基础性工作。所以，一方面，族群冲突研究开展得如火如荼；另一方面，一些机构花费巨大精力建设了高质量的数据库，为研究者尤其是定量研究者带来了"福音"。

（四）数据库

"处于危险中的少数族群"是研究族群冲突的学者最常用的一个综合性数据库（网址：http://www.cidcm.umd.edu/mar），但是，随着对族群冲突研究的深入，这个数据库定义变量的方式、搜集数据的方法和变量的种类渐渐不能满足所有研究者的需要，一些新的数据库不断出现，如"族群权力关系"（Ethnic Power Relation）数据库（网址：http://www.epr.ucla.edu/)、关于族群地理分布的数据库（Geo-Referencing of Ethnic Groups）和关于族群间宗教歧视问题的数据库（Religion and State-Minorities）等。[①] 这些数据库是定量研究的重要素材，对于定性研究来说也极具参考价值。

族群冲突是当今世界的顽疾之一，建设数据库，搭建理论框架，分析其原因

---

① 王凯、唐世平：《安全困境与族群冲突——基于"机制+因素"的分析框架》，《国际政治科学》2013年第3期。

并不是最终的结果；摆脱冲突困境，寻求族群整合的方法与策略才是最终目标，所以这方面研究同样重要。

三 族群整合

人们认为族群整合不仅是解决族群冲突的法门，也是建构现代民族国家的关键，但由于各自立场不同，依赖的理论范式和资料取材都存在很大差异，对这一概念的理解和界定可谓"五花八门"。

（一）概念

在中文语境中，"族群整合"相当于"民族整合"，大体指"民族政治整合"①，包含"族际整合"②；而在英文语境中应该对应"ethnic integration"，此外与"nation-building"（民族建构）、"national integration"（民族一体化或民族整合）等③在理论上有紧密的联系，三者虽然在字面意思上不一样，但其目标或目的基本上是一致的，即在民族方向上的建构或一体化，因而在一定意义上可以互换。此外，英文的"ethnic conflict management"（族群冲突治理）、"ethnic conflict regulation"（族群冲突调控）等也可归为族群整合。④

---

① 大多数时候，"民族整合"特指狭义上的"民族政治整合"。民族整合的政治性，或者民族整合的政治属性，是指民族整合的主体、客体、实现机制及目标与国家公共权力及其延伸部分存在极其密切的联系。民族整合的主体通常是国家及其实体组织——政府，政府是公共权力的实际拥有者和执行者，通过社会价值的权威性分配来实现民族整合，因而这种整合具有权威性、强制性和公共性。民族整合的客体是各民族成员单位间及其与国家的关系。这些民族单位要素间及其与整体的关系，由于涉及利益调整和价值分配往往会演变或表现为政治关系，"多民族国家族际关系的核心是政治关系"。参见朱军、高永久《"分"与"合"：多民族国家民族整合的逻辑》，《黑龙江民族丛刊》2009 年第 5 期。
② "族际整合"是指，在多民族国家内，将组成多民族国家的各个民族维持在统一的国家政治共同体中和巩固、强化各个民族的政治结合的过程，也是多民族国家通过协调族际政治关系来维持国家的统一和稳定的过程。参见周平《多民族国家族际政治的整合》，中央编译出版社，2012，第 50 页。族际整合与民族整合的差异在于前者强调"族际"的整合，而民族整合包含民族内部的整合。
③ 这里的 nation、national 在国内也常分别对译为"国家""国家的"，nation-building 与 national integration 则被译为国家建构和国家一体化或整合。民族建构与国家建构既关系紧密，也存在很大差异：前者指加强民族之间的了解与联系，形成一个具有"民族性"的文化共同体，塑造民族心理、培育公民对国家的热爱，进而形成对中央权威的认同，对国家的认同；后者指国家政治结构、制度和法律的建设，包括行政资源的整合和集中，使国家能够对其主权范围内的领土实施统一的行政控制。参见张力、常士闾《国家建构与民族建构：多族群国家政治整合两要务》，《东南学术》2015 年第 6 期。
④ 与中文语境类似，英文诸多概念也多侧重政治意义上的一体化、治理或调控。

在族群整合的概念中，理解"整合"是关键，对此严庆在《解读"整合"与"民族整合"》一文中有非常翔实的考证，他最后指出，对整合的本土化理解和使用是多学科多角度的，整合的含义也是宽泛的。作为对英文 integration 或 integrate 的中文对译，动词的"整合"是聚合或优化功能的发挥，是达到"一体化"的手段，即通过"整合"实现"一体化"；名词的"整合"是指聚合或优化功能达到的结果或状态。① 而民族整合实乃社会整合的一种特殊形式，国内学界有不同的看法，主要有如下几种观点：认为民族整合就是以文化同质为基础的民族一体化；认为民族整合是多民族国家对国家与民族之间关系的调整，强调的是多民族国家的建构；认为民族整合是民族团结，是民族尤其是多民族国家民族精神的内聚，是多民族国家中民族与民族关系的整合；将民族整合理解为民族同化；将民族整合理解为民族融合。②

这些概念阐释从不同侧面突出了整合的标准，或所要实现的目标，比如寻求文化同质的民族一体化、民族团结、民族国家的建构、民族同化或民族融合等。在笔者看来，无论是这里的民族整合，还是本书中的族群整合，概念的核心内容是"身份认同"问题，即国内各族群普遍实现对民族和国家的认同。因此族群整合指的是"多族群国家通过不同政治方式建构民族和国家认同的过程"。值得注意的是，根据经验材料和现实逻辑，学界总结的族群整合的路径和手段多样，有积极整合与消极整合之分。

（二）宏观的整合模式

1993 年，美国学者约翰·麦加里（John McGarry）和布兰登·欧利里（Brendan O'Leary）出版了一部影响深远的专著《族群政治调控：旷日持久的族群冲突案例研究》，在导言部分"族群冲突的宏观政治调控"（The macro-political regulation of ethnic conflict）中总结和归纳了八种模式，这些模式还可以简化成两大类别，即差异消除（eliminating differences）和差异治理（managing differences）：差异消除包括屠杀/种族屠杀（genocide）、强制大规模迁徙（forced mass-population transfers）、隔离和（或）分离（自决）（partition and/or secession）、整合和（或）同化（integration and/or assimilation）；差异治理包括霸权控制（hegemonic control）、仲裁/第三方干预（arbitration/third-party intervention）、协和民主或分权

---

① 严庆：《解读"整合"与"民族整合"》，《民族研究》2006 年第 4 期。
② 严庆：《解读"整合"与"民族整合"》，《民族研究》2006 年第 4 期。

(consociationalism or power-sharing)、联邦化(federalization)。①在这些整合方案中，不乏种族灭绝这样的极端暴力手段。

荷兰学者弗兰克·德·兹瓦特(Frank de Zwart)在《文化多元社会中的定向政策：协调、拒绝与替代》中指出，在社会情况多样化或文化多样化的社会中，群体之间持久的不平等是常见现象，应对这一困难，政府有三种政策可资选择，即协调、拒绝和替代。

所谓协调，亦即文化多元主义，意思是按照业已确立或视为当然的有关群体的成员总数，指定再分配政策的受益者。以美国为例，倾斜政策的受益者为少数种族或族群。其人数是通过人口调查确定的。所谓拒绝，指的是尽管社会群体或文化群体之间确实存在不平等，再分配政策却坚决不予任何特定群体以优待。如法国施行融合政策，不过问公民的族裔身份，不收集这方面的数据。所谓替代，乃是协调和拒绝二者的折中，一方面是政府实施有利于某些种姓或族裔群体的再分配政策，但另一方面，这些社会类别都由政府另行设定，所概括的范围要广泛得多。这样做的目的，是在避免正式承认那些被认为将会导致问题的社会区分的同时，实施有利于弱势群体的再分配政策。兹瓦特认为，无论在社会还是在文化纬度上属于多元的社会，替代政策都行不通。协调诚然难解困难，替代尤其使之恶化。最好的解决办法是拒绝，而若不选择拒绝，协调也比替代强，因为它为群体划定的边界较为牢固。②

加拿大学者威尔·金里卡(Will Kymlicka)认为，当前多族群国家应对(族群)身份政治的策略，大致存在三种取向。第一种选择为彰显主流族群的族群认同并试图同化其他族群，该策略意味着将多族群国家强制变成单一"民族国家"。在第二种选择中，国家试图对所有国内族群的认同(多数族群认同和少数族群认同)给予平等的公开承认，该策略意味着国家在推进多元族群认同。在第三种选择中，国家试图建构一种超越现有族群认同多样性的、新的超族群认同或泛国家认同，旨在最终替代或侵蚀业已存在的各族群认同。③第一种选择"独

---

① "Introduction: The Macro-Political Regulation of Ethnic Conflict," in John McGarry and Brendan O'Leary, eds., *The Politics of Ethnic Regulation: Case Studies of Protracted Ethnic Conflicts*, London: Routlege, 1993, p. 4.
② 〔荷〕弗兰克·德·兹瓦特：《文化多元社会中的定向政策：协调、拒绝与替代》，风兮译，《国际社会科学杂志》2006年第1期。
③ 〔加〕威尔·金里卡：《多民族国家中的认同政治》，刘曙辉译，《马克思主义与现实》2010年第2期。

尊"主导族群,通过冷酷的族际整合,建构"单一身份"的民族国家,以牺牲其他族群利益为代价,是非人道的做法。这种方法只有个案意义(比如法国),很难得到普遍认可。第二种选择无论在人权还是法理上都是最符合"政治和道德"正确的理念,但其缺点也显然易见,承认每一个族群独有的身份认同,就需承担它所带来的离心主义倾向和风险。

第三种选择存在两种情况:其一,在承认各族群身份认同的基础上建构超群身份进行整合;其二,直接用超族群身份替代或消解族群身份。前者反映了各族群的协商与合作,后者的愿景最为美好,令人向往,因为一旦超族群身份培育成功,族群身份遭到摒弃,国内所谓的族群问题就会烟消云散。

德国学者乌尔里希·施内克纳(Ulrich Schneckener)认为,族群冲突调控的基本理念是通过宏观政治战略来引导或解决的。这种政治调控可以归纳为三种模式:消除差异、控制差异和承认差异(见表1-3)。前两种是占主导地位族群的单边政策,通常代表中央政府;后一种是多数族群与少数族群间的双边协商过程。一般来说,消除模式旨在压制和否定国内的文化或族群差异,实现更大的"同质性"。控制策略追求的目标是将少数族群系统性地排除在政治和经济权力之外,以维护多数族群统治集团在社会中的霸权地位。承认模式意味着多数族群与少数族群间的差异在原则上是被"承认"的,而且必须通过适当的制度安排来反映。[1]

表1-3 族群冲突调控模式

消除	控制	承认
种族灭绝、文化灭绝、强迫人口迁徙、强制同化	高压统治、指派统治、限制自治	少数族群权利、权力分享、双边或多边政权

资料来源:Ulrich Schneckener, "Models of Ethnic Conflict Regulation: The Politics of Recognition," in Ulrich Schneckener and Stefan Wolff, eds., *Managing and Settling Ethnic Conflicts: Perspectives on Successes and Failures in Europe, Africa and Asia*, New York: Palgrave Macmillan, 2004, p. 19。

德国学者马蒂亚斯·巴斯图(Matthias Basedau)《治理族群冲突:制度工程目录》一文集"制度工程"(Institutional Engineering)研究理论于一身,从更侧

---

[1] Ulrich Schneckener, "Models of Ethnic Conflict Regulation: The Politics of Recognition," in Ulrich Schneckener and Stefan Wolff, eds., *Managing and Settling Ethnic Conflicts: Perspectives on Successes and Failures in Europe, Africa and Asia*, New York: Palgrave Macmillan, 2004, p. 19.

重政治学的角度构建了一个庞大且严密的系统性族群整合架构。巴斯图认为，在应对族群冲突时，技术层面的根本性差异存在两种基本选项。其一，"排斥"（denying）族性，即融合主义，反对将族性作为政治动员的资源，其目的在于拒绝或至少阻止族群认同成为政治动员的工具，想方设法阻止族群政治化，比如禁止成立族群政党。其二，"接纳"（accommodating）族性，即协和主义，接受族性作为政治动员的资源。其逻辑在于，忽略族群的政治权利和政治表达是危险的，如此将导致族群陷入边缘化，从而刺激它们诉诸暴力及各种逾越法律的反抗。在这一观念下，相应的政治制度就应确保族群公平或使其有适当的代表性，比如族群联邦制或选举的比例代表制等。① 表1-4和表1-5展示了制度工程的这两种选项，以及具体的内容及其实践逻辑。

表1-4 通过制度工程治理族群冲突的选项

技术方法	排斥（融合主义）	接纳（协和主义）
积极/消极	反对将族性作为政治动员的资源（例如禁止成立族群政党）	确保族群公平和使其有充分的代表性（如比例代表制和补偿性选举体系）
综合型/主动型	鼓励/规定多元和非族群结构（如政党在全国的代表性）	鼓励族群间的合作（如权力分享的政府）

资料来源：Matthias Basedau, "Managing Ethnic Conflict: The Menu of Institutional Engineering," German Institute of Global and Area Studies Working Papers, No. 171, 2011。

表1-5 制度工程目录：逻辑和证据

方法	这些方法如何应对族群冲突？其争议和逻辑的主线	经验性证据（大多数的定量研究）
1. 作为整体的政治体系		
民主 vs 专制	有些不明朗，但总体上协和主义更佳：允许族群的公平竞争	民主国家可以更好地应对族群极化；专制政体更擅长分治和支配
2. 国家结构		
联邦制/去集权化 vs 单一制国家	协和主义：允许地区群体自治，从而避免族群边缘化	一些特殊安排可以推进和平，有些促进暴力

---

① Matthias Basedau, "Managing Ethnic Conflict: The Menu of Institutional Engineering," German Institute of Global and Area Studies Working Papers, No. 171, 2011.

续表

3. 选择体系		
比例代表制 vs 多数主义体系	协和主义：比例代表制避免族群边缘化	一些证据显示比例代表制削弱冲突倾向
补偿制度	协和主义：通过"常规"选举制度分配席位后，代表性不足的群体获得补偿性席位	案例很少
选择性选举制	相当于融合主义	案例很少，验证结果是混合的
选民池	融合主义：来自全国各地的选民，候选人的成功必须得到全国各地的支持	未实践
总统选举的分布要求	相当于融合主义：候选人成功必须在全国范围内达到某种比例	很少，几乎没有系统验证过
4. 政党体系		
党禁	融合主义：禁止族群政党或规定国家代表制阻碍族群政治，抑制族群冲突	只在非洲验证；没有证据显示党禁普遍有效；在特别的案例中成为一种操控手段
5. 政府体系		
总统制 vs 议会制	有些模糊，但更像是协和主义：总统制遵循赢家通吃的逻辑，因此有可能排斥族群	没有证据显示总统制对多元社会有害
分权协议	协和主义：包括政府中所有相关族群，确保合作	不确定性，一些特别安排可能会促进和平
6. 综合的方法		
协和民主	协和主义：接受族性存在，并实施代表制与促进合作（大联合、比例代表制、相互否决和部分自治）	只有部分得到验证，协和民主弱化冲突倾向的证据有限

资料来源：Matthias Basedau, "Managing Ethnic Conflict: The Menu of Institutional Engineering," German Institute of Global and Area Studies Working Papers, No. 171, 2011。

在国内学者中，2004 年马戎发表了《理解民族关系的新思路——少数族群问题的"去政治化"》一文，顿时在国内学界引起巨大的反响和争议，这篇文章实际上在更抽象的层面揭示了族群整合的两种路径，即"政治化"路径和"去政治化"路径。前者把族群看作政治集团，强调其整体性、政治权力和"领土"疆域；后者把族群主要视为文化群体，既承认其成员之间有共性，但更愿意从分散个体的角度处理族群关系，在强调少数族群的文化特点的同时淡化其政治利益，在人口自然流动的进程中淡化少数族群与其传统居住地之间的历史联系。① 此外，有若干国内学者对此有各自的理解和分析，如王剑峰的"同化或吸纳、排斥、多元主义"模式；② 于春洋的"集权干预、平等融合和联邦多元"模式；③ 等等。

在一定范围内，本章内容对族群政治及其所包含的族群冲突与族群整合进行了理论陈述和综合分析，大致洞悉了这些理论的内涵和逻辑。上述国内外学者的论述各有侧重，看似纷繁复杂，实则存在某些共性。其一，所有整合方式实际上都可以归纳为马蒂亚斯·巴斯图的"接纳"与"排斥"或马戎的"政治化"与"去政治化"两类，它们是一组二元对立的关系。其二，族群整合更多是一种"自上而下"的行为，国家的政策引导最为关键，选择某种整合路径与该国的政体性质存在较大的关联。基于这些共性原则，笔者在后文将从宏观层面阐述非洲各国政治框架内族群整合的模式，揭示不同政体下的制度安排和政治实践。此外，本书还会关注到非洲国家地方性、自发性的基层的族群整合方式。

---

① 马戎：《理解民族关系的新思路——少数族群问题的"去政治化"》，《北京大学学报》2004年第6期。
② 王剑峰：《比较政治视野中的族群冲突管理——国外主要族群政策比较分析》，《学术界》2013年第12期。
③ 于春洋：《比较视野中的多民族国家族际整合》，复旦大学出版社，2022，第76页。

第二章
非洲现代多族群国家的形成

与世界其他地区一样，在现代非洲国际政治和国际关系格局中，"多族群民族国家"是最基本的政治单位和组织形态。非洲多族群民族国家形成的基础是社会结构的多元性，主要外部动力是西方殖民统治的影响，主要内部动力是由本土知识分子发动和领导的去殖民化民族主义运动。值得注意的是，这种国家形态在相对较短的时间内迅猛形成，并不断崩塌和重建，反映了一种"世界性力量"介入这个大陆所带来的强大动能和惯性，也展现了非洲人民被裹挟其中的无奈、屈辱、抗争、希望与失望的复杂历程。

第一节 非洲及其社会结构的多元性

1859年，英国博物学家查尔斯·达尔文（Charles Darwin）提出进化论思想，在用其分析人类起源时认为，人类的诞生地可能是非洲（《人类的由来》，1871）。达尔文的思想在欧洲引起轩然大波，恰逢当时欧洲强调帝国扩张，宣扬欧洲中心论、种族优越论，许多欧洲人难以接受他们的祖先来自非洲这一观点。但是自20世纪50年代，在非洲南部、东部和北部进行的科学研究，证实了达尔文观点的合理性：非洲确实是"人类祖先的摇篮"。此外，非洲似乎不但是人类本身的起源地，甚至还是早期人类史前史中远古世界的很多技术革新的起源地。[1] 随着基因学的兴起，在大量数据的支撑下，骨检测、血液和DNA分析以及最新的应用分子生物学等，为"人类的非洲起源说"提供了更多的科学量化证据。[2] 事实上，无论是在自然科学界还是在人文、社会科学界，这种观点已经稳稳占得上风，是较为主流的认识。

然而，在过去的几十年里，非洲就像一团"迷雾"困惑世人，大量负面信

---

[1] 〔美〕凯文·希林顿：《非洲史》，赵俊译，东方出版中心，2012，第1页。
[2] 〔美〕斯宾塞·韦尔斯：《出非洲记——人类祖先的迁徙史诗》，杜红译，东方出版社，2004。

第二章 非洲现代多族群国家的形成 63

息传播时被自动膨胀和放大，呈现在人们面前的往往是一个"笼统"而模糊的大陆面貌。虽然近年来有关非洲的知识增长迅猛，但非洲在大多数人的认知中依然是数十年前的景象，"这里是狮子出没之所"，或者"把非洲说成到处贫穷、野蛮成性、很不可靠和混乱不堪"，而且"这种形象一直被无休止地突出，推断说现在和未来都理应如此"。[1]从态度和立场上来说，任何一种研究非洲的社会与人文学科若是无法摆脱固有成见，用求真心战胜猎奇欲，所认识的非洲都将是片面和误导的。同时，在视野上，我们对非洲既要有宏观的整体把握，也要深入其内部错综复杂的多样性。客观立场和多维视野是我们了解非洲多族群国家形成脉络的基础。

一 何谓"非洲"？

在20世纪之前，很少有非洲居民认为自己是"非洲人"（Africans）。然而，这个称呼拥有悠久的历史，其起源可以追溯到古代地中海世界几大古典文明之间的相互影响与渗透。希腊人首先以地中海为原点分三个方向构想了不同的文明形态，其南部海岸为"利比亚"（Libya），对应和区别东部方向的亚洲（Asia）和西北部方向的欧罗巴（Europa）。在利比亚和亚洲之间横亘着"埃及"（Egypt），尼罗河被古地理学家作为分割两个区域的界线。对希腊人来说，利比亚一词似乎隐含着一种模糊的种族含义，因为它被用来区分地中海沿岸人民和其南部方向的深色皮肤的"埃塞俄比亚人"（Ethiopians，这一词语由Aithiops变化而来，意为被"太阳烧焦的脸"）。希腊人将利比亚人分成很多族群，其中一支居住在迦太基的腓尼基前沿地带（位于现今突尼斯），罗马人将其称为阿非尼（Afri），"阿非利加"（Africa）意为"阿非尼人的土地"（the land of the Afri）。后来随着历史的演变，特别是15世纪葡萄牙水手描绘了非洲的地图并带到欧洲后，阿非利加一词逐渐被用来指称整个大陆。[2] 但由于资料来源多依赖神话、传说和旅人的游记，在生产和传播过程中产生了大量变异的说法。

有人认为"阿非利加"一词来源于居住在迦太基南部的柏柏尔人（Berber）

---

[1] 〔布基纳法索〕J. 基-泽博主编《非洲通史：编史方法及非洲史前史》（第1卷），计建民等译，中国对外翻译出版公司，2013，第1~2页。20世纪80年代《非洲通史》编纂者的表述在今天还具有一定程度的现实意义。

[2] John Parker and Richard Rathbone, *African History: A Very Short Introduction*, Oxford: Oxford University Press, 2007, p. 5.

的名称，即阿法利克（Afrarik）或阿乌利加（Aourigha），因而，阿非利加（Africa 或 Ahica）的意思是阿法利克人的土地。阿非利加一词的另一个来源是两个腓尼基词，其中一个词的意思是玉米棒子，这是该地区富饶的象征；另外一个词是法利基亚（Pharikia），意思是水果之乡。也有人提出，这个词可能起源于拉丁语的一个形容词"阿卜利加"（aprica），意为阳光明媚，或来自希腊语"阿卜利克"（aprike），意指没有寒冷。此外，还有多种说辞，甚至包括可能与梵语、印地语和阿拉伯语等存在关联。① 总之，这是一个非常专业且充满挑战的工作，至今仍无定论，且争议颇多。学界的探讨展现了类似爱德华·W. 萨义德（Edward Wadie Said）在《东方学》中所揭示的那种"非洲"的历史建构。②

非洲的建构同步于欧洲"地理大发现"的进程，尤其伴随着跨大西洋奴隶贸易、武力征服、殖民统治及文化传播而趋于成型。这种建构不仅强化了欧洲人对非洲的认知，也推动了非洲人反观自我。就奴隶贸易来说，其是非洲建构的重要节点。奴隶制一直是地中海世界古典时代的显著特征，在中世纪的欧洲以各种形式继续存在；该制度也存在于伊斯兰世界，包括北非和撒哈拉以南非洲地区。但其规模和影响都无法与16～19世纪的大西洋奴隶贸易相比，大西洋奴隶贸易导致约1200多万非洲人被贩卖至美洲；③ 更重要的是，在贸易过程中产生了种族主义思想，将非洲与种族劣等性、被奴役的命运明确联系起来。另外特别需要强调的是，现代非洲观念的许多方面，也正是从大西洋奴隶贸易非人道的残酷考验中产生的。

奴隶贸易炼狱般的经历让非洲人开始接受"非洲"的概念。最早意识到非洲概念的一批人，是受过西方教育的黑人离散者，著名的有反奴隶贸易运动的先驱奥拉达·艾奎亚诺（Olaudah Equiano）、爱德华·W. 布莱登（Edward W. Blyden）等。这些思想家跳出故土思维，站得更高，看得更远，以超前的视野思考这个大陆的过去、现在与未来，他们奠定了后来被称为"泛非主义"（Pan-Africanism）

---

① 〔布基纳法索〕J. 基-泽博主编《非洲通史：编史方法及非洲史前史》（第1卷），计建民等译，中国对外翻译出版公司，2013，第1页。
② 〔美〕爱德华·W. 萨义德：《东方学》，王宇根译，生活·读书·新知三联书店，1999。借用萨义德的说法："一个复杂的非洲被呈现出来：它在学院中被研究，在博物馆中供展览，被殖民当局重建，在有关人类和宇宙的人类学、生物学、语言学、种族、历史的论题中得到理论表述，被用作与发展、进化、文化个性、民族或宗教特征等有关的经济、社会理论的例证。"
③ 〔美〕丽莎·A. 琳赛：《海上囚徒：奴隶贸易四百年》，杨志译，中国人民大学出版社，2014，第4页。

的理论基础。这些人不仅接受非洲概念，而且也借用欧洲人19世纪的种族主义话语和修辞，将"非洲"描述成"黑人种族"的共同家园。直到19世纪末，这种思想回流到非洲本土，首先出现在西非沿海贸易城镇，并逐渐向腹地传播与再生产。恰好此时非洲大陆正处在被欧洲殖民的边缘，这一历史性的条件进一步强化了非洲人"共存亡"的危机意识。此后，经历殖民统治、民族解放运动等重大历史变迁，弘扬非洲整体性的泛非主义成为非洲人立足世界的重要支点，并成立了"非洲统一组织"（2001年更名为"非洲联盟"），关于非洲的建构终于从想象变成了现实。此外，对非洲的界定除了上述因素之外，撒哈拉沙漠是不容忽视的地理标签和边界，由于本书视角所系，也需简要描述。

尽管该地曾经绿油油一片，有湖泊、河流、丰富的动植物和多元人类群体，但大约1万年前，在漫长气候变化的更新世末期，撒哈拉沙漠完成了它的沙化。撒哈拉（Sahara，来自阿拉伯语，意为"沙漠"）是一块巨大的土地，从南部沿尼日尔河向北到阿尔及利亚农耕区有超过1600公里，从沙漠西部的毛里塔尼亚到东边的尼罗河有超过3200公里。撒哈拉沙漠地跨毛里塔尼亚、马里、尼日尔、乍得、阿尔及利亚、利比亚、突尼斯、苏丹、埃及等国，总面积达777万平方公里。

沙漠通常被认为是沙丘的海洋，但是撒哈拉沙漠只有25%的面积由沙子构成，其余的多是砾石、岩石、高原（岩漠）和山脉。撒哈拉地区的最高峰为位于提贝斯提山脉（Tibesti Mountains）的库西山（Koussi），高达3400多米；阿哈加尔（Ahaggar）断层块，面积是德国和法国的总和；穿过摩洛哥南部的阿特拉斯（Atlas）山脉拱卫着大沙漠的北缘。撒哈拉沙漠也有深深的洼地，埃及的卡塔拉（Qattara）位于海平面以下132米。真正的沙漠，是沙海，是巨大的移动沙丘，从北部的利比亚到南部的尼日尔都可以发现这种沙丘，甚至沙漠中的"王者"图阿雷格人（Tuareg）都要避其锋芒。

撒哈拉沙漠点缀着成千上万的绿洲，但大多数过于狭小而不适合居住，只有一些形成规模的绿洲拥有水源和可以灌溉的土地，生产椰枣、柑橘类水果以及蔬菜和谷物。就像热带雨林一样，撒哈拉沙漠一直有人居住，即使在它沙化之后。图布人（Toubou）和图阿雷格人掌握着从一个绿洲到另一个绿洲的准确路线，他们是穿越撒哈拉沙漠商队的"灵魂"。[①] 很难想象，如果没有这些杰出的沙漠

[①] Robert O. Collins and James M. Burns, *A History of Sub-Saharan Africa*, Cambridge: Cambridge University Press, 2014, pp. 19–20.

向导，令人望而生畏的撒哈拉沙漠真正将非洲隔绝成南北两域了。

以撒哈拉沙漠作为非洲的分界线，形成所谓"北部非洲"和"撒哈拉以南非洲"两大区域，这是一种地理空间、人类种群和文化上的区分，也受到地缘政治结构的影响。从地理上看，撒哈拉沙漠确实是人类沟通交流的巨大障碍，《自然》(Nature) 杂志官网发表的法国学者埃莉诺·斯凯利（Eleanor Scerri）的文章表明，在人类"走出非洲"过程中，撒哈拉沙漠在相当程度上阻碍了人类的融合。[1] 从人类种群上看，北部非洲大都为阿拉伯人、柏柏尔人，属于高加索人种（白种人）；而撒哈拉以南非洲基本上是尼格罗黑人的家园。从文化上看，以伊斯兰教为例，北部非洲在7世纪已开始伊斯兰化，如今与中东阿拉伯国家几无二致；而撒哈拉以南非洲尽管有很大一部地区接受和皈依伊斯兰教，但伊斯兰化的进程还未波及更多的国家和地区。从地缘政治上看，北非国家与中东阿拉伯国家有"天然的"亲密性，在战略上具有联动性，撒哈拉以南非洲国家与其大都不存在这一层关系。

在关于非洲的历史类著作中，以整个大陆为研究对象的著作有埃里克·T. 吉尔伯特（Erik T. Gilbert）与乔纳森·T. 雷诺兹（Jonathan T. Reynolds）的《非洲史》[2]、凯文·希林顿（Kevin Shillington）的《非洲史》[3]、约翰·伊利夫（John Iliffe）的《非洲人：一个大陆的历史》[4] 等。以撒哈拉以南非洲为着眼点的论著也不少见，如弗雷德里克·库珀（Frederick Cooper）的《1940年以来的非洲：过去与现在》有意忽略了北非，将其范围局限于撒哈拉以南地区，并暗示后者展现了非洲历史的独特之处；[5] 而罗伯特·O. 柯林斯（Robert O. Collins）和詹姆斯·M. 伯恩斯（James M. Burns）干脆以《撒哈拉沙漠以南非洲史》[6] 为题进行历史编纂工作。国内很多学者将撒哈拉以南非洲简称为"黑非洲"。[7] 有非洲学者对

---

[1] 闫勇编译《撒哈拉沙漠阻碍远古人类融合》，《中国社会科学报》2014年9月17日，第A03版。
[2] 〔美〕埃里克·吉尔伯特、〔美〕乔纳森·T. 雷诺兹：《非洲史》，黄磷译，海南出版社、三环出版社，2007。
[3] 〔美〕凯文·希林顿：《非洲史》，赵俊译，东方出版中心，2012。
[4] John Iliffe, *Africans: The History of a Continent*, Cambridge: Cambridge University Press, 2007.
[5] Frederick Cooper, *Africa since 1940: The Past of the Present*, Cambridge: Cambridge University Press, 2002.
[6] Robert O. Collins and James M. Burns, *A History of Sub-Saharan Africa*, Cambridge: Cambridge University Press, 2014.
[7] 艾周昌、沐涛、汝信：《走进黑非洲》，上海文艺出版社，2001；葛公尚：《对当代黑非洲国家民族政策的几点思考》，《世界民族》1998年第3期。

以撒哈拉沙漠划分南北非洲的做法提出严厉批评：" '撒哈拉以南非洲'的概念是荒谬的，而且极具误导性。它的使用不仅违背了以地理为基础的科学，而且优先考虑了陈腐和刻板的种族主义标签。"① 笔者尊重这一看法，不过更赞同弗雷德里克·库珀的观点，且将研究对象自定义为一个"理想型"的分析单位，这里的"非洲"特指"撒哈拉以南非洲"，或说是对此冗长词语的简称。当然，这种抽离和空洞化的地理空间界定不能掩盖其内部无以复加的多元性。

二 非洲社会的多元结构

所谓非洲社会的多元性，此处主要特指"文化"和"人群"的多样性。② 联合国教科文组织有明确定义："文化多样性"指各群体和社会借以表现其文化的多种不同形式。③ 具体实践中至少在八个方面显示出不同：语言、世界观、宗教、哲学、科学、技术、美学和习俗。④ 根据非洲的实际情况，笔者从语言和宗教两个角度来展现其多样性。人群定义的内涵很宽泛，但为紧扣主题，这里阐述的是非洲国家族群的多元性。

（一）语言

从大的门类来看，非洲的语言主要分为四种语系：尼日尔—刚果语系（Niger-Congo）、尼罗—撒哈拉语系（Nilo-Saharan）、亚非语系（Afroasiatic）和科伊桑语系（Khoisan）。⑤ 其中尼日尔—刚果语系包含非洲大陆2000多种语言的约2/3，不仅是非洲也是世界上最大的语系，覆盖的面积比其他任何语系都要广。所以，该语系是非洲语言系统中最为重要的部分。亚非语系次之，有一部分源自亚洲，但大部分来自非洲。从使用人口和语言数量来看，尼罗—撒哈拉语系居第三位。科伊桑语被单独定义为一种语系有很多争议，因为科伊桑人这个群体虽然有极其古老的历史，但其语言的碎片化现象严重，如今大部分濒临灭

---

① Herbert Ekwe-Ekwe, "What Exactly Does 'Sub-Sahara Africa' Mean?" Pambazuka News, 2012, https://www.pambazuka.org/governance/what-exactly-does-%E2%80%98sub-sahara-africa%E2%80%99-mean.
② 由于非洲历史久远，资料匮乏，本书所谓非洲的多元化结构框定在现当代这个时间跨度之内。
③ 《保护和促进文化表现形式多样性公约》，巴黎，2005年10月20日，联合国教科文组织第33届会议通过。
④ 〔加〕夸西·鲁维杜：《文化多样性的反思》，谢志斌译，《国外社会科学》2006年第6期。
⑤ G. Tucker Childs, An Introduction to African Languages, Amsterdam: John Benjamins Publishing Company, 2003, p. 21.

绝，只是由于其独特性，很多语言学家依然将之列为非洲四大语系之一。非洲各语系都由众多语言构成，它们在规模和数量上有较大差异，具体情况见表2-1和表2-2。

表2-1 非洲主要语言

语系	语言数量（种）	该语系主要语言
尼日尔—刚果语系	1650	斯瓦希里语（Swahili）、班巴拉语（Bambara）、富拉语（Fula）、伊博语（Igbo）、摩尔语（Moore）、约鲁巴语（Yoruba）、祖鲁语（Zulu）
亚非语系	200~300	阿拉伯语（Arabic）、阿姆哈拉语（Amharic）、豪萨语（Hausa）、奥罗莫语（Oromo）、索马里语（Somali）、桑海语（Songhai）、塔奇哈特·柏柏尔语（Tachelhit Berber）
尼罗—撒哈拉语系	80	丁卡语（Dinka）、卡努里语（Kanuri）、卢奥语（Luo）、马赛语（Maasai）、努尔语（Nuer）
科伊桑语系	40~70	纳马语（Nama）、桑达韦语（Sandawe）、昆语（!Kung）、寇语（!Xóõ）

资料来源：G. Tucker Childs, *An Introduction to African Languages*, Amsterdam：John Benjamins Publishing Company, 2003, p. 23.

表2-2 使用最广的非洲语言情况

	所属语系	使用地域	使用人口数量（百万人）
斯瓦希里语（Swahili）	尼日尔—刚果语系	东非和中非	48
豪萨语（Hausa）	亚非语系	西非	38
阿姆哈拉语（Amharic）	亚非语系	埃塞俄比亚	20
约鲁巴语（Yoruba）	尼日尔—刚果语系	尼日利亚	20
伊博语（Igbo）	尼日尔—刚果语系	尼日利亚	17
富拉语（Fula）	尼日尔—刚果语系	西非	13

资料来源：G. Tucker Childs, *An Introduction to African Languages*, Amsterdam：John Benjamins Publishing Company, 2003, p. 24.

（二）宗教

此处介绍的宗教仅限于"非洲传统宗教"①，受伊斯兰教和基督教的影响，

---

① 关于非洲本土传统宗教可参阅〔英〕帕林德《非洲传统宗教》，张治强译，商务印书馆，1992。当然，帕林德认为非洲各地传统宗教的差异性并没有想象得那么大。

非洲传统宗教信众的数量已极大萎缩，但仍有很多非洲人保持着传统生活方式，信仰古老的"上帝"与"神明"。直到21世纪初，非洲传统宗教还有一定市场，其中信仰者超过30%的国家有：贝宁（51.4%）、塞拉利昂（46.4%）、几内亚比绍（45.4%）、莫桑比克（35.1%）、博茨瓦纳（34.4%）、利比里亚（34.1%）、科特迪瓦（33.5%）、布基纳法索（33.5%）。[①] 所以，传统宗教在非洲许多群体中还处于"活性"状态（见表2-3）。

表2-3 非洲各地区部分依然存活的传统宗教

东部非洲	丁卡人宗教（Dinka religion） 努尔人宗教（Nuer religion） 希卢克人宗教（Shilluk religion） 盖拉人宗教（Galla religion） 阿乔利人宗教（Acholi religion） 阿特索人宗教（Ateso religion） 巴干达人宗教（Baganda religion） 巴吉苏人宗教（Bagisu religion） 班杨可人宗教（Banyankore religion） 兰戈人宗教（Langi religion） 班尼奥罗人宗教（Banyoro religion） 卢格巴拉人宗教（Lugbara religion） 坎巴人宗教（Kamba religion） 基库尤人宗教（Kikuyu religion） 马赛人宗教（Maasai religion） 巴哈亚人宗教（Bahaya religion） 巴卡加人宗教（Bachagga religion） 巴非帕人宗教（Bafipa religion） 巴赫赫人宗教（Bahehe religion） 巴马孔达人宗教（Bamakonda religion） 巴苏库马人宗教（Basukuma religion） 班亚姆韦齐人宗教（Banyamwezi religion）

[①] 20世纪初期，非洲传统宗教信仰者占据人口总数90%以上的国家（殖民地）并不少见。详见"Geographical Distribution of Adherents of African Traditional Religion in the Continent of Africa," http://afrikaworld.net/afrel/Statistics.htm。

中部非洲	巴贝姆巴人宗教（Babemba religion） 刚果人宗教（Bacongo religion） 巴卢巴人宗教（Baluba religion） 班登布人宗教（Bandembu religion） 班亚库萨人宗教（Banyakyusa religion） 巴卡人宗教（Baka religion） 班布蒂人宗教（Bambuti religion） 绍纳人宗教（Shona religion）
南部非洲	昆人宗教（!Kung religion） 科伊人宗教（Khoi religion） 洛维杜人宗教（Lovedu religion） 桑人宗教（San religion） 梭托人宗教（Sotho religion） 斯威士人宗教（Swazi religion） 茨瓦纳人宗教（Tswana religion） 科萨人宗教（Xhosa religion） 祖鲁人宗教（Zulu religion）
西部非洲	阿散蒂人宗教（Ashanti religion） 班巴拉人宗教（Bambara religion） 多贡人宗教（Dogon religion） 埃多人宗教（Edo religion） 埃维人宗教（Ewe religion） 芳人宗教（Fang religion） 芳蒂人宗教（Fanti religion） 丰人宗教（Fon religion） 加-阿丹格贝人宗教（Ga-Adangbe religion） 伊博人宗教（Igbo religion） 门迪人宗教（Mende religion） 努佩人宗教（Nupe religion） 蒂夫人宗教（Tiv religion） 约鲁巴人宗教（Yoruba religion）

资料来源：Aloysius M. Lugira, *African Traditional Religion*, New York: Chelsea House Books, 2009, p. 11。

（三）族群

美国学者唐纳德·乔治·莫里森（Donald George Morrison）等人认为，族群多样性指的是"在一个国家内族群文化特征的差异程度"。凭借这一带有原生论意味的定义，他们在20世纪70年代初设置了一种特殊的量化模型和标准，为非洲每个国家（当时列入计算的国家为41个）列举了一份详细的族群及亚群单位清单。庞大的样本数量,为我们充分展示了非洲族群的多样性。[1] 事实上,根据一项关于族群多样性的统计数据,非洲国家族群数量上的标准差比其他任何地区都高35%以上。[2] 以族群—语言分化指数(Ethno-Linguistic Fractionalization index)衡量,四大洲中各国族群多样性的平均值非洲是最大的(见表2-4)。

表2-4 四大洲族群多样性

	观察值	平均值	标准差	最小值	最大值
非洲	46	0.662	0.226	0.000	0.930
亚洲	42	0.425	0.224	0.002	0.769
美洲	35	0.420	0.215	0.095	0.864
欧洲	47	0.311	0.214	0.041	0.809

资料来源:Elliott Green, "Explaining African Ethnic Diversity," *International Political Science Review*, Vol. 34, No. 3, 2013。

另外,从国别来看,根据"族群碎片化"(ethnic fractionalization)这一体现族群多样性的关键指标,有学者统计分析了世界各国的碎片化指数,其中非洲主要国家的碎片化指数大都较高(见表2-5)。非洲大部分国家有较多的族群(见表2-6)。

表2-5 非洲主要国家"族群碎片化"指数

国家	碎片化指数	国家	碎片化指数	国家	碎片化指数
安哥拉	0.805	贝宁	0.868	博茨瓦纳	0.485
布隆迪	0.286	喀麦隆	0.817	中非共和国	0.787
乍得	0.768	佛得角	0.435	科摩罗	0.061
刚果(金)	0.799	刚果(布)	0.721	科特迪瓦	0.874
埃塞俄比亚	0.695	加蓬	0.834	冈比亚	0.728

---

[1] 族群单位分类的要求如下:(1)每个单位由文化特征基本相似的人组成;(2)每个单位的人口规模较大,即占全国人口5%以上,或百万人级别以上;(3)数个单位构成一组,每一组应当有充分包容性,至少占全国人口的80%;(4)每组单位应反映总人口所代表的所有主要文化差异。参见Donald George Morrison et al., eds., *Black Africa: A Comparative Handbook*, London: Macmillan Reference Books, 1989, pp. 297-712。关于非洲主要族群的介绍还可以参考John A. Shoup, *Ethnic Groups of Africa and the Middle East: An Encyclopedia*, ABC-CLIO, LLC, 2011。

[2] James D. Fearon, "Ethnic and Cultural Diversity by Country," *Journal of Economic Growth*, Vol. 8, No. 2, 2003。

续表

国家	碎片化指数	国家	碎片化指数	国家	碎片化指数
加纳	0.731	几内亚	0.649	几内亚比绍	0.829
肯尼亚	0.890	利比里亚	0.890	莱索托	0.185
马达加斯加	0.050	马拉维	0.684	马里	0.862
毛里塔尼亚	0.334	毛里求斯	0.482	莫桑比克	0.838
尼日尔	0.718	尼日利亚	0.885	卢旺达	0.221
塞内加尔	0.809	塞舌尔	0.084	塞拉利昂	0.793
索马里	0.385	南非	0.469	斯威士兰	0.178
坦桑尼亚	0.959	多哥	0.732	乌干达	0.932
赞比亚	0.787	津巴布韦	0.534		

资料来源：Jose' G. Montalvo and Marta Reynal-Querol, "Ethnic Polarization, Potential Conflict, and Civil Wars," *The American Economic Review*, Vol. 95, No. 3, 2005。

表2-6 非洲国家主要族群

国家	主要族群及人口比例
安哥拉	奥文本杜人（37%）、姆本杜人（25%）、刚果人（13%）、欧洲与本地混血人（2%）、欧洲人（1%）、其他（22%）
贝宁	丰人（38.4%）、阿贾人（15.1%）、约鲁巴人（12%）、巴里巴人（9.6%）、富拉尼人（8.6%）、奥图马里人（6.1%）
博茨瓦纳	茨瓦纳人（79%）、卡兰加人（11%）
布基纳法索	莫西人（52%）、富拉尼人（8.4%）、古尔芒人（7%）、博博人（4.9%）、古隆西人（4.6%）、塞努福人（4.5%）
布隆迪	胡图人（85%）、图西人（14%）、特瓦人（1%）
喀麦隆	巴米莱克-巴穆人（34%）、贝蒂/巴萨人（21.6%）、比乌-曼达拉人（14.6%）、阿拉伯-乔阿/豪萨/卡努里人（11%）、阿达马瓦-乌班吉人（9.8%）、俾格米人（3.3%）
佛得角	克里奥尔人（71%）、本土黑人（28%）
中非共和国	巴亚人（33%）、班达人（27%）、曼加人（13%）、萨拉人（10%）
乍得	萨拉人（30.5%）、加涅姆布/博尔努人（9.8%）、阿拉伯人（9.7%）、瓦达伊人（7%）、马萨人（4.9%）、布拉人（3.7%）
科摩罗	安塔罗特人、卡夫人、马高尼人、乌阿马查人、萨卡拉瓦人
刚果（金）	超过200个族群，大部分为班图人，最大的四个族群为蒙戈人、卢巴人、刚果人以及芒贝图-阿赞德人（四个族群占全国人口45%以上）
刚果（布）	刚果人（40.5%）、泰凯人（16.9%）、姆博希人（13.1%）、僧加人（5.6%）

续表

国家	主要族群及人口比例
科特迪瓦	阿肯人（28.8%）、沃尔特/古尔人（16.1%）、北曼德人（14.5%）、克鲁人（8.5%）、南曼德人（6.9%）、外国侨民（42.3%）
吉布提	索马里人（60%）、阿法尔人（35%）
赤道几内亚	芳人（85.7%）、布比人（6.5%）、姆多韦人（3.6%）
厄立特里亚	提格雷尼亚人（55%）、提格雷人（30%）、萨霍人（4%）
埃塞俄比亚	奥罗莫人（34.4%）、阿姆哈拉人（27%）、索马里人（6.2%）、提格雷人（6.1%）
加蓬	芳人（23.2%）、希拉-普努人（18.9%）、恩扎比-杜马人（11.3%）、曼德-泰凯人（6.9%）、米耶内人（5%）
冈比亚	曼丁哥人（34%）、富拉尼人（22.4%）、沃洛夫人（12.6%）、约拉人（10.7%）、塞拉胡里人（6.6%）
加纳	阿肯人（47.5%）、摩尔-达格邦人（16.6%）、埃维人（13.9%）、加-阿丹格贝人（7.4%）
几内亚	富拉尼人（32.1%）、马林凯人（29.8%）、苏苏人（19.8%）
几内亚比绍	富拉尼人（28.5%）、巴兰特人（22.5%）、曼丁哥人（14.7%）、帕佩尔人（9.1%）、曼贾科人（8.3%）
肯尼亚	基库尤人（21.6%）、卢希亚人（15.3%）、卡伦金人（12%）、坎巴人（11.7%）、卢奥人（11%）
莱索托	索托人（99.7%）
利比里亚	克佩列人（20.3%）、巴萨人（13.4%）、格雷博人（10%）、吉奥人（8%）、马诺人（7.9%）、克鲁人（6%）、洛马人（5.1%）
马达加斯加	伊麦利那人（26.1%）、贝希米扎拉卡人（14.1%）、贝希略人（12%）、希米赫特人（7.2%）、萨卡拉瓦人（5.8%）、安坦德罗人（5.3%）、安泰萨卡人（5%）
马拉维	切瓦人（35.1%）、隆韦人（18.9%）、尧人（13.1%）、恩戈尼人（12%）、图姆布卡人（9.4%）
马里	班巴拉人（34.1%）、富拉尼人（14.7%）、萨拉科列人（10.8%）、塞努福人（10.5%）、多贡人（8.9%）、马林凯人（8.7%）
毛里塔尼亚	黑摩尔人（40%）、白摩尔人（30%），其他为黑人族群（图库勒人、颇耳人、索宁克人、沃洛夫人和班巴拉人等）
毛里求斯	印度和巴基斯坦裔（69%）、克里奥尔人（欧洲人和非洲人混血，27%）、华裔（2.3%）、欧洲裔（1.7%）
莫桑比克	马库阿-隆韦人（38.4%）、聪加人（23.7%）、绍纳人（9.8%）、马拉维-马孔德-尧人（6.7%）
纳米比亚	奥万博人（50%）、卡万戈人（9%）、赫雷罗人（7%）、达马拉人（7%）、纳马人（5%）、卡普里维人（4%）

续表

国家	主要族群及人口比例
尼日尔	豪萨人（53.1%）、哲尔马/桑海人（21.2%）、图阿雷格人（11%）、富拉尼人（6.5%）、卡努里人（5.9%）
尼日利亚	豪萨-富拉尼人（29%）、约鲁巴人（21%）、伊博人（18%）、伊乔人（10%）、卡努里人（4%）
卢旺达	胡图人（85%）、图西人（14%）、特瓦人（1%）
塞内加尔	沃洛夫人（37.1%）、普拉尔人（26.2%）、塞雷尔人（17%）、曼丁哥人（5.6%）、约拉人（4.5%）
塞舌尔	班图人、克里奥尔人（欧洲人和非洲人混血）、印巴人后裔、华裔和英法后裔
塞拉利昂	藤内人（35.5%）、门迪人（33.2%）、林姆巴人（6.4%）、科诺人（4.4%）
索马里	主要为索马里人
南非	分黑人、有色人、白人和亚裔四大种族，分别占总人口的80.7%、8.8%、8.0%和2.5%。黑人主要有祖鲁、科萨、斯威士、茨瓦纳、北索托、南索托、聪加、文达、恩德贝莱9个族群
南苏丹	丁卡人（35.8%）、努尔人（15.6%），其他有希卢克人、阿赞德人、巴里人、卡夸人、库库人等
斯威士兰	斯威士兰人、祖鲁人、通加人
坦桑尼亚	有126个族群，人口超过100万人的有苏库马人（17.5%）、尼亚姆维奇人（2.6%）、查加人（3.5%）、赫赫人（2.8%）、马康迪人（3.2%）和哈亚人（3.3%）等
多哥	共41个族群，南部以埃维人和米纳人为主，分别占全国人口的22%和6%；中部阿克波索人、阿凯布人等占33%；北部卡布列人占13%
乌干达	干达人（16.5%）、巴尼安科莱人（9.6%）、巴索加人（8.8%）、巴基加人（7.1%）、伊泰索人（7%）
赞比亚	本巴人（21%）、汤贾人（13.6%）、契瓦人（7.4%）、洛齐人（5.7%）、恩森加人（5.3%）、图姆布卡人（4.4%）
津巴布韦	绍纳人（84.5%）、恩德贝莱人（14.9%）

注：部分国家主要族群暂无相关人口比例数据。
资料来源：笔者根据公开资料整理，见《世界概况》，美国中情局网站，https://www.cia.gov/the-world-factbook/countries/；中国外交部网站，https://www.fmprc.gov.cn/web/gjhdq_676201/gj_676203/fz_677316/。

在很多情况下，语言和宗教差异可能并不一定是区分各族群的"边界"，也不必然会促进族群身份认同，但多语言、宗教的环境导致人们身份认同的复杂化是不争的事实。随着非洲多族群国家的形成和建构，语言和宗教往往成为各族群表达政治、经济权利与诉求的重要工具，在一定意义上语言和宗教问题被内化为族群问题。所以，文化多样性最终指向族群这一由人构成的实体单位。非洲国家族群多样性是理解非洲诸多问题的症结所在，有必要探寻造成这种多样性的各种变量。

（四）解释族群多样性

英国学者埃利奥特·格林（Elliott Green）列举并验证了四种导致非洲国家族群多样性的变量指标：热带地理位置、跨大西洋奴隶贸易、创建大型殖民国家以及低度城市化。[①] 这说明非洲自身的客观条件和外来力量的介入，与其族群多样性格局的形成有紧密联系。

从地理环境[②]上看，非洲属于低纬度地区，温暖的热带环境有益于食物生长，居民们没有四处移民觅食的压力，也没有与其他人群商业交往的动力，这种相对"孤立"的状况使得大量小规模群体在各自生存空间中保持独立性。[③] 另外，非洲的生态环境复杂多样，正如罗伯特·科林斯和詹姆斯·伯恩斯所言，地理环境让非洲留下了不可磨灭的印记——它的沙漠、荒漠草原、稀树大草原、沼泽、热带雨林、高原、山脉、河流和湖泊，塑造了人类在地质历史上的进化，也塑造了非洲社会在过去几千年的历史发展。非洲丰富多样的地质和地理曲线反映在其人民丰富多彩的故事中。[④]

大规模、长时段的奴隶贸易极大地削弱了非洲人之间的关系，阻碍范围更广的族群认同的形成。此外，奴隶输出导致了人口被迫迁移，直接造成族群的分化。许多非洲族群的名称就反映了这种逻辑关系，如西非的迪乌拉人（Dioula），该称谓来自曼丁哥语 gyo-la，即"通过战争获得奴隶之地"，而其邻居吉奥人（Gio）的名称可能来自巴萨语（Bassa）gii-o，即"被奴役的人"。[⑤] 根据1856年关于自由奴隶的资料，如今的莫桑比克西北部至少有21个族群与奴隶贸易存在

[①] Elliott Green, "Explaining African Ethnic Diversity," *International Political Science Review*, Vol. 34, No. 3, 2013.

[②] 地理环境与族群多样性的关系可以参考 Elizabeth Cashdan, "Ethnic Diversity and Its Environmental Determinants: Effects of Climate, Pathogens, and Habitat Diversity," *American Anthropologist*, Vol. 103, No. 4, 2001。

[③] Elliott Green, "Explaining African Ethnic Diversity," *International Political Science Review*, Vol. 34, No. 3, 2013.

[④] Robert O. Collins and James M. Burns, *A History of Sub-Saharan Africa*, Cambridge: Cambridge University Press, 2014, p. 7.

[⑤] Svend E. Holsoe and Joseph J. Lauer, "Who Are the Kran/Guere and the Gio/Yacouba? Ethnic Identification along the Liberia-Ivory Coast Border," *African Studies Review*, Vol. 19, No. 1, 1976.

关联；索马里原本由索马里人聚居，但如今生活在南部的一些少数族群则可能是来自南部非洲的奴隶的后裔。①

从马克思、恩格斯到欧内斯特·盖尔纳的社会理论家都试图证明城市化是从旧的农业部落/族群社会向现代民族国家过渡的关键变量。城市化被视为一种整合机制，因为在城市里，人们尽管来自五湖四海，但都会相聚在同一时空下互动交流，从而认识到他们的共性，有利于形成更具包容性的群体身份，而现代民族国家深入边缘农村地区是困难和缓慢的。从总体上看，非洲城市化程度长期以来都非常低，人们固守"原生"身份，这也是造成族群多样性的原因。

欧洲人在非洲殖民时期，一方面大力发展规模经济，另一方面最小化官僚成本，导致大型殖民地国家的形成。比如，英国在非洲的殖民地中，每位行政长官平均负责的区域面积相当于威尔士；法国在人口稀少的中部和西部非洲创建了更非同寻常的大型殖民地。结果是，欧洲列强在非洲大型殖民地的中位数较拉美殖民地和亚洲殖民地分别高37%和74%。殖民地越大，意味着所包含的族群越多。非洲面积较小国家如布隆迪、卢旺达、吉布提和莱索托较之乍得、刚果（金）或坦桑尼亚等大型国家的多样性程度要低得多。②

综上所述，无论是奴隶贸易、城市化还是建立大型殖民地国家等，都与非洲当下人群的多元结构具有重要关联。而殖民统治更深刻的影响在于，殖民者基于自身利益而推行的各种制度和政策导致非洲传统社会的解构与重构，进而影响和改变了族群多样性的基本形态。这种改变并非多样性进一步泛滥，而是多样性的"结构化"，接下来的一节重点探讨这一问题。另外需要指出的是，族群多样性并非一定导致冲突，但它是冲突的必要条件或客观基础。

第二节 殖民统治与非洲社会的重构

在漫长的历史进程中，撒哈拉沙漠作为一道天然屏障，虽然阻碍了沙漠以南非洲与外部世界的交往，但并不能阻断人员和商品的流动以及文化的交流。最显著的例子是伊斯兰教的传入，自8世纪开始伊斯兰教就已经从北非通过撒哈拉商

---

① Elliott Green, "Explaining African Ethnic Diversity," *International Political Science Review*, Vol. 34, No. 3, 2013.

② Elliott Green, "Explaining African Ethnic Diversity," *International Political Science Review*, Vol. 34, No. 3, 2013.

道逐渐传入和扩散到西苏丹、中苏丹和东苏丹的广大地区,所产生的巨大影响至今不息,更不用说东部非洲通过洋流与外界持久稳固的互动而导致人种和文化上的融合。

15世纪初欧洲人的到来是非洲历史上另一个不可逆的重大转折点。大西洋沿海地带的非洲人与欧洲人的接触改变了西非和中非经济的发展方向,甚至改变了社会演变的性质。对这个地区来说,跨大西洋奴隶贸易的兴起深深影响了它与更广大地区长达数百年的关系。对中部非洲和南部非洲来说,长期与世界其他地区相对隔离的状态得以结束;具有扩张性的欧洲移民群体主要在南部非洲和沿东非裂谷高地一带,改变了当地的人文景观。[①] 同时,基督教传教士的足迹遍及非洲大陆的每个角落,掀起了新的宗教"革命";最初由教会开设的西式学校,不仅在城市立足,也深入乡村地区,培养了大批本土知识精英。在殖民化之前,欧洲人在非洲的活动导致未曾预料的巨大社会变迁。不难想象,19世纪下半叶开始的殖民化定然会给非洲带来"翻天覆地"的变化。

一 殖民遗产

非洲是欧洲所要征服的最后一块大陆。按照1884~1885年柏林会议及之后欧洲国家达成的各种协议,非洲大陆遭到列强们的有效瓜分、征服和占领,仅有埃塞俄比亚和利比里亚幸免于难。

从殖民占领区来看,英法两国占绝对优势。英国拿下西部、东部、中部和南部非洲大片土地;法国占据北部、西部和中部非洲;葡萄牙获得安哥拉、莫桑比克和几内亚比绍;比利时利奥波德国王得到刚果(金);意大利在利比亚、厄立特里亚建立统治;西班牙控制了非洲北部的摩洛哥、西撒哈拉、几内亚;德国获得西南、东部非洲和喀麦隆以及多哥等地(一战后失去这些领土)。在如此广袤的土地上进行统治,殖民者"绞尽脑汁",在统治策略上下足功夫,无论是英国人的"间接统治"还是法国人的"直接统治",都给殖民地留下了"丰厚"的殖民遗产。

欧洲在非洲殖民统治的时间并不算长(大多数从19世纪80年代或90年代开始,到20世纪60年代结束),但对其后非洲国家的政治生态却产生了深远影

---

① 〔美〕埃里克·吉尔伯特、〔美〕乔纳森·T.雷诺兹:《非洲史》,黄磷译,海南出版社、三环出版社,2007,第133页。

响。美国学者阿莱克斯·汤姆森归纳了主要的"殖民遗产":非洲被纳入国际现代国家结构行列;强赋"人造边界";强化非霸权国家;国家与公民社会关系脆弱;培育非洲国家精英群体;发展专业出口的经济;政治体制脆弱。[1] 这些殖民遗产是导致非洲国家独立后产生大量潜在问题、屡屡陷入困境的重要因素。汤姆森对此也进行了着重分析,参见表2-7。

表2-7 殖民遗产导致的潜在问题

"人造边界"	领土单位不符合常理 群体分化 民族统一主义运动 国内族群竞争 不均衡的经济构成(内陆、资源匮乏)
非霸权国家	缺乏"无远弗届"的国家力量 国家权力仅限于战略和有利可图之地
国家与市民社会关系脆弱	国家与社会共享的政治文化缺失 缺乏合法性 国家责任缺失 排斥市民社会 社会与国家隔绝
国家精英的形成	政治职务与个人财富紧密相连 国家控制社会流动管道 腐败 剥削成性的"官僚资产阶级"
经济遗产	在国际经济中处于劣势 人力资源落后 缺乏公共服务 经济过度依赖初级产业 过度依赖出口 过分依靠欧洲,而非本地或区域市场
孱弱的政治体制	缺乏历史基础的脆弱自由民主制度 走上殖民时期独裁和官僚国家的老路

资料来源:Alex Thomson, *An Introduction to African Politics*, London:Routledge, 2010, p. 22。

根据表2-7所示,对于非洲国家族群结构的形成而言,在所有这些殖民遗产中,"人造边界"无疑是最重要的因素之一。"人造边界"不仅划定了殖民地国家间疆域的范围,同时也影响到殖民地内部各族群的边界,导致非洲传统多元

---

[1] Alex Thomson, *An Introduction to African Politics*, London:Routledge, 2010, pp. 12-13。

социsocial的解构与重构，由此诞生新的群体身份与认同。

二 "制造"新族群

关于非洲前殖民社会的人群，到底呈何种状况？学界一直存在争议。原生论者认为，前殖民时期非洲早已存在界限分明的族群单位，殖民时期的族群只不过是一种"进化升级"版本。维克多·阿扎亚（Victor Azarya）指出，前殖民时期非洲社会存在原生性、可明显识别的人群共同体，它们超越家庭，其基础是相信共同起源、血缘纽带或拥有共同文化、语言等。而且前殖民时期非洲已经出现了很多国家，这些国家通常由一些颇具规模的群体主导，比如布干达王国的干达人（Ganda）、埃塞俄比亚的阿姆哈拉人（Amhara）、祖鲁王国的祖鲁人，其群体身份早已具象于所支配的国家。[1] 在原生论者看来，非洲被殖民后形成的族群不过是历史上这些群体的"遗存"，唯有在现代化的力量之下，才能让它们融入民族国家的建构之中，从而最终退出历史舞台。

与原生论者相左，建构论者相信，殖民前非洲社会很少存在边界清晰的族群单位，非洲人可以同时归属于各个社会网络，如核心与扩展家庭、宗族、年龄组织、宗教秘密社会、村落社区、酋邦等。他们的身份认同和忠诚具有弹性，是复杂和流动的，或重叠，或互补。[2] 绝大多数非洲人通常在多种身份认同之间摇摆和转换，有时将自己界定为某一酋长的臣民，有时是某教派的成员，有时属于这一氏族，有时又是那一职业行会的成员。这些相互重叠的联系与交流网络扩展到超乎想象的广大地区之中。[3] 正如英国人类学家福蒂斯在黄金海岸（今加纳）北部地区所观察到的那样："该地区没有一个'部落'可以进行精确的领土、语言、文化或政治的划分。每个'部落'在各方面与邻居混合，居住在两个'部落'过渡地带的社区，同样与双方不仅住宅相连，而且结构相似。"[4] 这种动态形式的多元身份延续到殖民时期，在殖民者的推动下建构起具有明确指向性的新

---

[1] Victor Azarya, "Ethnicity and Conflict Management in Post-Colonial Africa," *Nationalism and Ethnic Politics*, Vol. 9, No. 3, 2003.
[2] Carola Lentz, "'Tribalism' and Ethnicity in Africa: A Review of Four Decades of Anglophone Research," *Cahiers Des Sciences Humaines*, Vol. 31, No. 2, 1995.
[3] 〔英〕霍布斯鲍姆、〔英〕兰格：《传统的发明》，顾杭、庞冠群译，译林出版社，2004，第318页。
[4] 〔英〕M. 福蒂斯：《黄金海岸地区塔伦西人的政治制度》，载〔英〕M. 福蒂斯、〔英〕E. E. 埃文思-普里查德编《非洲的政治制度》，刘真译，商务印书馆，2016，第199页。

型群体身份认同。

笔者认为，上述两种观点都不够充分，实际情况应该是，既存在一些有较为强烈群体意识的族群，否则殖民时期就不会出现为殖民地划界而将群体"分割"的情况；另外还存在大量身份变动不居的群体，他们后来被殖民者归并与整合。但最后，这些群体无论原本是否拥有共同体意识，都将在殖民主义的刺激下陷入"消亡"或"重生"的境地。需要强调的是，殖民主义的影响不只是体现在族群的外在形态和内在构成上，也反映在族群实体在殖民政府中所具备的政治、经济及文化功能上，被赋予了更实质性的意义。

19世纪，大卫·利文斯顿（David Livingstone）和亨利·莫顿·斯坦利（Henry Morton Stanley）等著名的西方探险家经历万千险阻，向欧洲人打开了观察非洲的大门，逐渐窥其全貌。随之而来的是对这片土地开发的热情和期望，从而导致殖民列强间的激烈竞争，直到柏林会议时达到高潮。非洲的情况与南美和亚洲形成鲜明对比，前者远比后两者存在更为复杂的文化、语言和人群的"碎片化"形态，极端丰富的人群单位给殖民地官员留下深刻印象。这种情况，决定了划分殖民地的模式。当时殖民者只有两个选择。其一，在各个确定了疆域的殖民地内，殖民政府有意将繁复多样的群体归并整合。于是，之前一些小型甚至相对大型的自治性质的群体被统合到一起，成为殖民政府管辖下相对"有序"的行政单位。其二，将许多原本具有一体意识的群体人为割裂，让其与新殖民地政权建立联系，无论是哪个西方国家控制了这个殖民地，或殖民地内部的行政划界，都造成了群体的分离。

（一）合并

在非洲大陆建立殖民地后，欧洲人自然需要认识治下的社会结构，以便于其统治。但帝国主义者一贯傲慢自负，从来没有认真去了解已存在的人群共同体的本质，且总是以方便管理为"优先"。在建构其统治霸权时，殖民政府强行对非洲人进行归类。尤其是英国和比利时殖民政府极力追求非洲社会的"部落化"，因而一个重要任务就是将不利于行政管理的群体合理化为部落类表。在殖民政府基于节省行政成本推动族群合并的过程中，传教士也发挥了关键作用。他们热衷于将自认为同一种语言的某种方言"标准化"，并上升到书写语言，推广至操该种语言的所有次级群体的举动亦助推了族群的"同质化"。此外，许多非洲群体主动配合着"合并"，因为在殖民地的政治生态中，只有这样本群体才能"做大做强"，与他群竞争。

第二章 非洲现代多族群国家的形成

在多重因素的激励下，非洲很多群体被聚合成区域性集团，即"部落"，成为殖民当局进行政治控制和经济管理的行政单元。若某些地方不存在"合理"分布的部落集团，殖民当局就尽可能"创造"出来。殖民官员扮演业余人类学家的角色，通常根据一些历史或民族志资料，将他们认为相似的那些群体归置为同一部落。一旦被归类，就会任命合适的酋长充当这种"新族群"（ethnic group）与殖民政府的中介。酋长可能是原有领袖，很多时候殖民政府也会选择更顺从的人担任。

在一些地方，比如乌干达中部，前殖民时期已经存在有超强归属感的群体，殖民政策对于族群身份的影响只能说起到强化作用。但有的地区群体数量不少，每个群体的规模却较小，且从未形成过酋邦或王国等统一的共同体，这些分散的群体就会被动或主动地聚拢起来，形成"部落"。肯尼亚的卢希亚（Luhya）部落和津巴布韦的恩德贝勒（Ndebele）部落就是通过这种方式形成的。刚果人（Bakongo）从殖民统治前"身为奴隶和工具的附属人群的流动"及"分散和同化的过程"，转向"殖民统治时期更为明确与固定的界定共同体和土地权"。[①] 在喀麦隆，基于其北部行政体系建设的要求，富尔贝（Fulbe）部落得以形成。事实上，该部落存在广泛的内部裂痕，数百年来一直被富尔贝人压制的吉尔迪人（Kirdi）位列其中，前者信奉伊斯兰教，后者信仰传统宗教。甚至后者的内部也存在差异明显的群体，如芒当（Mundang）、吉西加（Guisiga）、马萨（Massa）和杜鲁（Duru）等等。不过出于管理目的，所有这些人被并入富尔贝部落。在尼日利亚，族群数量众多，除了约鲁巴人、伊博人等较大型的族群由不同次级群体合并而来，一些小的族群也同样如此。如位于尼日尔三角洲的奥格尼人（Ogoni），人口规模只有区区数十万人，也经由殖民时期的政治变迁，三个次文化群体有意聚拢，才形成泛奥格尼族群身份和认同意识。[②]

在19世纪之前的坦桑尼亚，"尼亚姆韦齐"（Nyamwezi）一词没有特指某一族群身份的含义，它只是东非沿海居民对那些内陆人群（People）的泛称。随着贸易的扩展，掌控贸易的庞大商人群体开始自称为尼亚姆韦齐人，以此为中心逐渐形成一个新的族群身份（ethnic identity），并在殖民统治过程中稳固下来。德

---

① 〔英〕E. 霍布斯鲍姆、〔英〕T. 兰格：《传统的发明》，顾杭、庞冠群译，译林出版社，2004，第322页。

② V. Adefemi Isumonah, "The Making of the Ogoni Ethnic Group," *Journal of the International African Institute*, Vol. 74, No. 3, 2004.

国人为此建立了一个酋长体系,通过它来管理这个巨大的新"部落",英国人在20世纪20年代继承了这个体系。自20世纪早期以来,黄金海岸的阿肯人(Akan)合并成为一个大的群体单位,事实上阿肯人由数个人群构成,如阿吉姆人(Akim)、芳特人(Fante)、阿桑特人(Asante)等,他们都有自己的根基,在几十年前它们是断然不会承认"阿肯人"这个称呼的。[①]

(二) 分割

对非洲族群的分割,最直接粗暴的方式是殖民地划界,这一工作从实施"瓜分非洲"计划即已开始。殖民列强经过激烈的争夺,确定了不同的势力范围,到第一次世界大战前夕,非洲大陆数十个殖民地国家的边界基本上形成了。这些殖民地的边界总长达4.64万公里。其中按经线或纬线划的边界占44%,用直线或曲线的几何方法划的占30%,由河川、湖泊和山脉构成的占26%。[②] 殖民者改变并简化了非洲的政治版图,过去这里是无数疆界模糊且不断变动的相互独立的王国或小型村社共同体,在西方列强的操控下,被分割成有清晰和有固定疆界的几十个殖民地。[③] 一方面奠定了非洲现代国家框架的基础;另一方面则造成大量族群分崩离析。

有学者将前殖民时期的非洲地图与2000年非洲国家边界的数字地图叠合,发现非洲国家族群被分割过的人口中位数达到43%。如埃维人(Ewe)被分割在加纳和多哥,各占44%和56%;埃萨人(Esa)在埃塞俄比亚和索马里分别占52%和44%,另有一小部分分布在吉布提;尧人(Yao)分布在莫桑比克(65%)、马拉维(13%)和坦桑尼亚(22%)。[④] 艾尔波托·艾莱斯那(Alberto Alesina)等人的研究得到相似的数值,即平均40%的非洲人口属于分割族群。[⑤] 如今,跨境族群在非洲也是较为突出的社会问题和地缘政治问题。

欧洲列强很少注意到殖民边界对于非洲人的意义,也无视非洲人的身份认

[①] 主要参考了 Alex Thomson, *An Introduction to African Politics*, London: Routledge, 2010, pp. 64 – 65。汤姆森将合并后的这种群体称为"tribe",即"部落",不过按其意思,部落属于族群之一种。

[②] 顾章义:《非洲国家边界问题初探》,《西亚非洲》1984年第3期。

[③] 〔加纳〕A. A. 博亨主编《非洲通史:殖民统治下的非洲(1880—1935年)》(第7卷),樊健等译,中国对外翻译出版公司,2013,第441页。

[④] Elias Papaioannou, "National Institutions and Subnational Development in Africa," *The Quarterly Journal of Economics*, Vol. 129, No. 1, 2014.

[⑤] Alberto Alesina et al., "Artificial States," *Journal of the European Economic Association*, Vol. 9, No. 2, 2011.

同，以及他们长期处于自治状态下的世界观。阿史瓦居（Asiwaju）收集很多有趣的轶事资料，来说明19世纪末20世纪初殖民划界活动对非洲人造成的困惑。克图（Ketu，是有名的约鲁巴人城市，位于今贝宁）的阿拉克图（Alaketu）国王在一份报道中说："我们将边界视为区分英国与法国殖民地的标识，而不是约鲁巴人的分界。"（约鲁巴人被分割到尼日利亚、贝宁和多哥等国）1898年，马赛族（Maasai）勇士在抗议英德边界委员会的划界行动中表达了相似的观点。当时对今肯尼亚—坦桑尼亚边境的莱特奥基托克（Laitokitok）地区进行定界，完全没有顾及当地群体聚居的现实，马赛人被一分为二，产生了很多不可逆的"后遗症"。1975年，阿夫劳（Aflao，位于今加纳）的一位酋长抱怨，为了视察下属他需要一个护照，因为这些下属居住在国外（边界线沿着他们的后院穿越而过），即多哥的洛美（Lome）。① 但更多情况可能是，这些族群被分割后在双方国家的管控下，所面对的社会与人文环境都将发生重大变化，而且从此他们很难再有聚合的机会。

除了划界造成的人为分割，前殖民时期一些政权所控制的地域在殖民时期大大缩减，导致很多新的族群的出现。如尼日利亚的贝宁王国（Kingdom of Benin）被降格为贝宁城（Benin City），埃桑人（Esan）、伊维比亚萨科人（Ivbiasako）和其他一些群体获得"自由"，配置了相应的行政区，产生了新的部落。② 殖民官员和传教士有时候考虑到行政便利，将一些文化上具有相似性的群体分割。比如在苏丹南部、乌干达和刚果（金）生活着数个操巴里语（Bari）的族裔—语言—文化同质的亚群，如蒙达里（Mondari）、法耶卢（Fajelu）、尼扬巴拉（Nyangbara）等，其被识别为不同的部落。西非操格贝语（Gbe）的人，包括从尼日利亚的阿贾人（Aja），到贝宁的阿贾人（Aja）、丰人（Fon）、米纳人（Mina）等，这些人可以用相互理解的语言交流，共享非常接近的文化模式和风俗民情，但他们被分置到完全不同的部落。③

总之，"在20世纪的这些人口静止、种族区分加强和更加严格的社会界定过

---

① Kwesi Kwaa Prah, "African Wars and Ethnic Conflicts-Rebuilding Failed States," *Africa Regional Background Paper: Human Development Report*, UNDP, 2004.
② Eghosa E. Osaghae, "A Re-Examination of the Conception of Ethnicity in Africa as an Ideology of Inter-elite Competition," *African Study Monographs*, Vol. 12, No. 1, 1991.
③ Kwesi Kwaa Prah, "African Wars and Ethnic Conflicts-Rebuilding Failed States," *Africa Regional Background Paper: Human Development Report*, UNDP, 2004.

程中有一些是殖民经济和政治变化的必要而又意外的结果，这些变化包括国内贸易与交通形式的打破、领土边界的划定、土地分配和保留地的建立。但是其中也有一些是殖民当局通过界定和增强传统来重建秩序、安全与认同感的有意识决定的结果。① 无论是"合并"还是"分割"，只要符合殖民者的利益，就可以把异质性的群体合并，也可以将同质性的亚群分割。对非洲人而言，这一过程意味着身份意识的解构与重构，他们作为行动主体也积极发挥其能动性，建构新的族群身份与认同。

三 现代族群的形成：以肯尼亚卢希亚族与尼日利亚约鲁巴族为例

在一定意义上，非洲现代族群的形成是在西方殖民体系运转下社会结构部落化的产物。肯尼亚卢希亚族与尼日利亚约鲁巴族是非洲现代族群形成的缩影，通过对这两个案例的分析，有助于我们理解非洲族群建构的历史与机制。

（一）肯尼亚卢希亚族

卢希亚族（Luhya/Luyia/Abaluyia）主要聚居于肯尼亚西部，是该国第二大族群，约占全国总人口的14.3%。在肯尼亚当代政治中，卢希亚族扮演着重要角色。特别是总统大选时，卢希亚族的选票被称为"卢希亚票"（Luhya vote），通常是选举结果的决定性因素。该群体通常会团结起来，不分彼此，作为一个整体投票给特定的政治候选人。尽管自2013年3月大选以来，这个群体出现了分歧，选票呈分化状态。不过政治家们仍竞相争取"卢希亚票"，因为获得大部分卢希亚人支持的政治候选人几乎总能赢得大选。

然而，就是这样一个举足轻重的群体，却一直面临对其部落/族群身份的质疑和挑战。正如肯尼亚一位专栏作家所言，卢希亚族是20世纪40年代由殖民政府创造出来的。卢希亚族之前并不存在，完全没有作为"部落"的历史。肯尼亚独立时，一位著名的卢奥族律师直截了当地指出，"卢希亚"一词是捏造的。对于卢希亚人来说，族群身份的确是一种持续建构的过程。

20世纪30年代初，在肯尼亚西部发现了黄金矿产，迅速引发一股淘金风潮。在几个月时间内，就有数百个欧洲人涌入卡维隆多（Kavirondo）地区人口最密集、耕地最集中的东南部寻找黄金。由于发现了黄金，英国议员对几个月前

---

① 〔英〕霍布斯鲍姆、〔英〕兰格：《传统的发明》，顾杭、庞冠群译，译林出版社，2004，第320页。

才通过的《土著土地信托条例》的基本原则提出异议，该法令将土地界定为土著保护区，并在法律上规定"永远供殖民地的土著部落使用和受益"。然而，黄金的发现使这些土地的价值大增。在1931年圣诞节前夕，议会匆匆通过了一项修正案，允许殖民政府无限期地占用保护区内的土地。

修订《土著土地信托条例》的举动戳穿了英国人的伪善，也暴露了非洲人在土地问题上几乎毫无话语权。从1931年开始，大量欧洲矿工和资本家涌入该地区，寻找"比约翰内斯堡的黄金量还大"的黄金财富。矿工们带着许可证与工具深入北卡维隆多，用地区官员的话来说，"每天，属于土著的山丘和山脊上都被挤得满满当当"，并用"圈地"的方式逐渐将这些土地从土著手中夺走。这种野蛮行径严重威胁到土著农户家庭，激发了近乎经常性和持续的抵抗；而对《土著土地信托条例》的修订则威胁着当地几乎所有群体的土地权利，这是由土著保护区的边界决定的。最初，由于力量有限，数量很少的区域性组织的抗议都没有起到太大的作用。殖民官员无视土著的意见，因为征用土地时"如果咨询土著的意见，他们肯定不会同意，为什么要咨询他们？"

淘金热的出现实质性地改变了肯尼亚西部土地所有权的占有问题，也引起了肯尼亚土地委员会的关注。在淘金热的高峰期，土地委员会成立了一个论坛，宣称要为人们提供解决方案。委员会的到来促使土著们用种族化和族群化的概念来捍卫其领土，他们抑制了关于土地的内部竞争，以前所未有的姿态发出单一、集体的声音，形成政治社群的愿望越发强烈。也唯有如此才能在与白人矿工、白人农民以及殖民官员的斗争中掌握足够的力量。土著代表观察到肯尼亚南部因金矿开采而产生的冲突、北部因欧洲定居者扩张而产生的冲突，当时的基库尤进步党要求"为整个基库尤人颁发地契，并为基库尤人的领土划出一条'线'"。西部的代表根据这样的案例，总结经验，要求"保证我们的土地边界"，不是通过个人所有权，而是通过"我们集体"，为他们的政治社群沿着保护区边界划定领土范围。1932年，来自西部的代表站在土地委员会面前，宣称他们是一个"部落"的代表，尽管这个部落还没有正式名称。而肯尼亚西部的殖民管理者随意地将其称为"卡维隆多的班图人"（Bantu of Kavirondo），以区别讲都霍卢奥语（Dholuo，卢奥语的方言）的邻居们。

"卡维隆多"一词最早出现在英国地理学家 E. G. 莱温斯坦（E. G. Ravenstein）绘制的地图上，作为肯尼亚一个模糊的"族名"（ethnonym）。对于该词的含义，在外来者与土著中都存在争议。1928年，《东非标准报》刊登了一系列关于卡维隆多在卢奥语和班图语中各种起源的文章。在一般的论述中，操阿拉伯语和斯瓦希里语的商人用这个词指称他们在维多利亚湖周围遇到的居民。毕业于麦克雷雷大学的 A. J. 奥尤吉（A. J. Oyugi）在杂志上发表了一篇文章，将这个词与殖民军队喊出的军事指令联系起来，后来被阿拉伯武器商误读。以研究斯瓦希里语而闻名的霍华德·埃尔芬斯通（Howard Elphinstone）也同样认为，这个词很可能源自当地万加语（Wanga）的"穆隆多"（murondo），即步枪的声音。

在更常见的口述传统里，卡维隆多被认为与斯瓦希里语的"隆多"，即"脚跟"有关，该词意为"坐在脚跟上的人"。于是许多人将卡维隆多与基苏木（Kisumu）道路上和市场上蹲着的妇女联系起来："尼亚萨湖的妇女，包括卢奥人与巴鲁亚人，都有一个习惯，就是将两个膝盖放在地上后，坐在脚跟上。"在另一个不太常见的翻译中，卡维隆多是指未接受割礼的人。在基库尤文化中，也有"卡维隆多"一词，指的是社会控制之外的"危险人物"。对于肯尼亚西部的班图社群来说，卡维隆多作为群体名称有不同程度的贬低和歧视之义。总之，卡维隆多无论如何定义，都明显扎根于殖民主义遭遇中。

人们很早就对这一殖民称谓表示拒绝，这是被称为"卡维隆多班图人"的那个群体为数不多的一致性意见。在淘金热和土地委员会的推动下，新的命名运动展开了。北卡维隆多地区专员认为，这一政治运动是一个自我觉醒的过程。他们向邻居卢奥族学习，"卢奥"一词不仅来自该族历史，而且是众皆接受的族名。因此他们也希望从历史中挖掘出一个能普遍接受的族名，甚至可以发明出来。然而，这一过程磕磕绊绊，出现了大量争议，从而揭示了其内部的多样性和争议性。早期的建议是"Abakwe"，意思是"东方的人民"，但引起的问题是，当时政治协会中占主导地位的恰好是该地区东南部的政治家，这种倾向导致明显的质疑和不满。另一个较为常见的提法是"Abalimi"，来自农业者或后来的"普通农民"的一个共同术语。为该地区编写的第一本语法书将"lima"翻译为"挖掘"，附有解释性说明："耕种田地是妇女的工作、责任和骄傲。"整个地区的社群在农业种植对群体身份的相对重要性方面存在分歧，许多人反对使用该词，因为它仅提到了妇女的工作。

1935 年初，借鉴了成熟的基库尤中央协会的经验，北卡维隆多中央协会（North Kavirondo Central Association）成立。这个年轻的政治组织，在淘金热的背景下诞生，成为当时整个地区各社群的中流砥柱。该组织出版了一本题为《阿巴卢希亚—亲属关系》（Abaluhya-Kinship）的小册子，并宣布他们的候选族名，即"Luyia",该词曾出现在一份名为"Omulina wa Valuhya",即卢希亚之友(the Friend of the Luhya)的早期出版物中。中央协会挪用了"Luyia"一词,创造性地重构了当地社群的亲属隐喻,并重新想象了肯尼亚西部的族群起源。在其最常见的用法中,"oluhia"指的是"草地上的火塘",在那里,"氏族长老每天早上都要聚会"。人类学家冈特·瓦格纳(Günter Wagner)在北卡维隆多的田野调查时间与淘金热的高峰期大体一致,他观察到,"oluhia"作为一种集会场所,用于启动仪式、政治谈判和埋葬氏族首领:"它是一个日常生活场所的微观图景。"

在这本小册子中,中央协会将这一公共集会的空间重置为共同亲缘关系的称谓。1949 年,著名政治家菲利普·英古迪亚(Philip Ingutia)将 Abaluyia 这个词定义为"Omuluyia"的复数形式,意思是"氏族的成员……所以 Abaluyia 这个词,意味着一个氏族或同源的人"。卢希亚族历史学家约翰·奥索戈(John Osogo)在 20 世纪 60 年代写作时,将"Abaluyia"译为"同族人",将之解释为卢希亚族最古老、最重要的习俗。奥索戈断言,oluhia 有部落的意思是可以理解的,特别是人们通常会问:"你属于哪个 oluhia(火塘)?"这里的 oluhia 是氏族公共生活的中心、议事和决策的空间,自然可以作为部落的象征。"Luyia"一词是对这种象征价值的进一步调用。直到 19 世纪,肯尼亚西部的社群在社会和政治关系上是分层和多元的,允许有不同的权力和身份认同,而在新的族群话语下,权力和身份都被一定程度地统一和整合了。

20 世纪 30 年代,许多长老和酋长认为,选择 Luyia 一词是年轻并受过西式教育的中央协会领导人对其统治权的挑战。几年后,当考虑正式承认这个族名时,省专员回忆起与几个酋长的激烈争论,后者强硬警告不要采用"Luyia"这个词,因为它"充满了政治含义"。为群体命名的过程反映了东非一个新趋势和新的政治风气:不再将创世神话作为族群起源的合法来源和衡量族群社区的标准。基库尤等族的称谓从神话中的祖先或血统中获得灵感,而北卡维隆多中央协会将新的族群身份名称与血统或祖先剥离开来,将不同的、独立的氏族横向拉到一个"共享"的话语和政治空间。类似的现象并不少见,如米吉肯达人(Mijikenda)的命名也是如此,其字面意思是"九个城镇"(nine towns)或"九个家园"(nine homesteads),而卡伦金人族名的意思是"我对你说"(I say to you)。

在整个 20 世纪 30 年代,通过中央协会不遗余力的宣传,"卢希亚"这一族名终于获得了普遍认可。到 1948 年,肯尼亚官方第一次实施全国人口普查,卢希亚族已经跃居肯尼亚"主要部落"的行列,短短的十几年里,卢希亚族成为拥有653774名成员的庞大群体。然而，这种一体化并非完美，其掩盖了许多不同的元素和声音。中央协会的学者们承担了编写一部卢希亚族历史的任务，但将该族成员之间的争议和多重叙事排除在外；从各种不同方言中梳理出一种"标准"语的计划没有成功；以习惯法树立权威的做法也失败了。想象与发明的局限性是显而易见的，而且许多次级群体对纳入所谓卢希亚族存在不同程度的抗拒。①

如果用原生论的观点来说，卢希亚人没有共同的祖先和血统传说，没有一套标准的文化习俗和共同的语言。这个族群共有20余个分支，都有自己的语言。他们对于起源说法不一，譬如有亚群在口述历史中传言自埃及迁徙而来；也有人认为来自乌干达；一些人类学家认为，卢希亚人的祖先是公元前1000年左右从非洲中部大举迁徙的班图人的一部分。肯尼亚独立后，有人类学者前往卢希亚人居住的西部地区做田野调查，受访的长老们自觉用"部落"的概念来指称其群体，并强调卢希亚人在历史上是"聚居的""有同一血统的""说同样的语言"，或许经过长时段的浸润，这种身份认同将成为卢希亚人的"集体无意识"。总的来说，卢希亚人的族群建构并不是源于一个统一的传统过去，而是着眼于一个共同的现在和一个共同的未来。

（二）尼日利亚约鲁巴族

19世纪以前，不存在所谓的"约鲁巴"（Yoruba）一词，无人会自称"我是约鲁巴人"，更无"约鲁巴族群"的说法。直到该世纪晚期，才有极为少量人口接触到"约鲁巴"一词，并开始共享该名称。② 很难想象如今的约鲁巴族是尼日利亚第二大族群，人口数已超过3600万人。③ 在尼日利亚错综复杂的族群关系、激烈的族群矛盾冲突中，约鲁巴族扮演着重要的角色，因为它所凝聚的群体是整个国家政治、经济和文化生活的主导性力量之一，拥有举足轻重的话语权。因此，约鲁巴族群建构形成的相关议题十分值得探讨和思考。

约鲁巴人居住的地域被称为约鲁巴兰（Yorubaland），这一片区域享有盛名，不同的亚群曾经建立难以胜数的国家和政权，内部结构多样而复杂。虽然从未形成过统一整个区域的社会文化—政治单位，也没有统一的身份与意识，但从某种

---

① 详参 Julie Mac Arthur, "When Did the Luyia (or Any Other Group) Become a Tribe?" *Canadian Journal of African Studies/La Revue canadienne des etudes africaines*, Vol. 47, No. 3, 2013.
② Christopher A. Waterman, "Our Tradition Is a Very Modern Tradition: Popular Music and the Construction of Pan-Yoruba Identity," *Ethnomusicology*, Vol. 34, No. 3, 1990.
③ 美国中央情报局，https://www.cia.gov/library/publications/the-world-factbook/geos/ni.html。

意义上来说，约鲁巴人具备激发族群意识和认同的一些客观条件："共同祖先"来自奥杜杜瓦神话，具有强大的象征力量；密切的经济交往关系；文化相似性以及语言关联性；等等。这些因素在合宜的时机足以有效地激发出族群意识，即这个群体的自豪感、信仰和认同。

到 19 世纪的百年间，泛约鲁巴族群意识逐渐显露出来，包括一个能指称所有约鲁巴人名称的出现。奥库（Aku）、奥纳谷（Anago）、奥鲁库米（Olukumi）等等，被周边邻居和欧洲来访者创造出来，用来描述约鲁巴的各个亚群。但之后"约鲁巴"脱颖而出，成为整个群体的统一称谓。"约鲁巴"一词起源于豪萨人对奥约的称呼雅里巴（Yariba）或雅巴（Yarba）两个词，首先在豪萨人中使用，它们用来指称约鲁巴兰的奥约帝国。大致在 1800 年，豪萨穆斯林神职人员也用它们来称呼那些已经归附奥约帝国的附庸国，因此使用的范围得到扩大。在 19 世纪的早期，可能是由于受到豪萨各城邦王室和伊斯兰团体的影响，奥约帝国将这两个词统称为约鲁巴，用以自称，不过多流传在上层圈子。[①]

欧洲人在这个过程中起到关键作用。当时的传教士、探险家和官员十分热衷于研究非洲语言，奥约帝国治下的方言群体自然成为他们关注的对象，"约鲁巴"一词得到特殊的重视，并用以指称这些群体。其实最初除了奥约外的其他约鲁巴支系都排斥这个名称，但受到欧洲人的影响，各群体精英开始接受，并且在传教士的推动下逐渐普及这一称谓。1897 年，塞缪尔·约翰逊完成了经典著作《约鲁巴历史》（*The History of the Yorubas*，1921 年首次公开出版，1960 年尼日利亚独立后多次再版），此族名的影响力和受众面进一步触及下层民众。

比族名更重要的是，塞拉利昂一批从美洲回流的约鲁巴奴隶获得解放和自由，带动了约鲁巴族群意识的产生，并且从 1838 年开始输入尼日利亚。[②] 受益于教会教育，部分约鲁巴知识精英进入西式的学堂，被"舶来"的约鲁巴族群意识所激励。这一新的阶层觊觎着教会、行政的核心职位，热衷于商业控制以及与传统势力分享权力。他们也视欧洲人为对手，因为欧洲人只会按照自己的方式来实现其野心。新精英阶层为了应对欧洲人的威胁，有意建构和强化大一统的约鲁巴族群意识和认同，这样不仅能够增强阶层内部的团结意识，而且能更顺利地在

---

① Christopher A. Waterman, "Our Tradition Is a Very Modern Tradition: Popular Music and the Construction of Pan-Yoruba Identity," *Ethnomusicology*, Vol. 34, No. 3, 1990.

② Christopher A. Waterman, "Our Tradition Is a Very Modern Tradition: Popular Music and the Construction of Pan-Yoruba Identity," *Ethnomusicology*, Vol. 34, No. 3, 1990.

民众中间传播他们的理念和主张。

新精英阶层建构约鲁巴族群意识的策略包括：首先，用历史的手法再现奥杜杜瓦神话，强化共同的祖源记忆和血缘关系以提升泛约鲁巴身份认同，消解普遍存在的对亚群的认同感；其次，敏锐地意识到语言同质性的一面，并将之放在非常重要的宣传位置；最后，文化的相似性亦值得大书特书。总之，在精英阶层的表述中，自古以来约鲁巴人便是一个有着共同历史起源、文化特征和语言的群体。

19世纪后期，随着英国人殖民征服的推进，拉各斯（Lagos）的新闻报道越发热烈，受过教育的精英小团体宣扬社会改革，包括建立一所大学、培养更多"约鲁巴学者"等等。在这种语境下，约鲁巴人的"文化中心主义"和"民族中心主义"迅速发展。由于受到族群精英的高度关注，有关约鲁巴的历史编纂繁荣一时，绝大多数的作品都强调对约鲁巴的忠诚和热爱，其顶点则是约翰逊影响深远的历史巨著。

当然，必须承认，殖民时期的政治与经济环境才是约鲁巴族最终形成的根本性原因。因为族性是作为对不断减少的稀缺资源的竞争理念出现的，而且这也是殖民主义的一个特征，不管这些资源是土地、水还是接受教育和就业的机会。[①]20世纪40年代后期，英国殖民者在尼日利亚实行地区制，整块殖民地被分割为三大地区，即北区、西区和东区，每一个地区都包含着规模不等的族群，只有占据人数上的优势才有希望掌控地区甚至中央的权力。族际竞争的形势急剧恶化，约鲁巴精英阶层更是不遗余力地操弄泛约鲁巴族群意识，在族群冲突、就业机会和资源分配等问题上发挥作用，或用来谋取私利。对他们而言，族群动员很容易达成目的，因为英国人的间接统治政策已经为制造族群之间的裂痕做了大量工作。

1945年，族群领袖奥巴费米·阿沃罗沃（Obafemi Awolowo）酋长发表了有关本族群的政治宣言，同时一个被称为埃格本·奥莫·奥杜杜瓦（Egbe Omo Oduduwa，奥杜杜瓦儿子的后裔）的著名文化和政治社团形成，其主要目标是要唤起约鲁巴人的族群意识和认同，从而与尼日利亚其他族群对抗［当时伊博人成立了族群社团，即"伊博国家联盟"；北部知识分子在1948年成立了一个文化和政治团体，被称为"贾姆雅·穆坦恩·阿尔瓦"（Jam'yyar Mutanen Arewa），也就是"北方人民联盟"］。1947年11月28日，在拉各斯召开社团成立大会，

---

① ［英］爱德华·莫迪默、［英］罗伯特·法恩：《人民·民族·国家——族性与民族主义的含义》，刘泓、黄海慧译，中央民族大学出版社，2009，第41页。

透露其目标主要包括：第一，在所有奥杜杜瓦后裔中凝聚手足情谊，强化团结和合作的精神；第二，教育和文化计划协同并进；第三，消除各群体的内部分歧和歧视；第四，保留尼日利亚西部的传统君主制度，在整个国家任何未来的政治进程中保障其民众都具有一席之地。①

为了强化约鲁巴人的族群意识和认同，埃格本·奥莫·奥杜杜瓦设立了"奥杜杜瓦民族日"（Oduduwa National Day），于每年的6月5日庆祝，在这一天，青年人将举办青年运动会，在教堂和清真寺中则有感恩回馈服务。埃格本·奥莫·奥杜杜瓦热衷于宣扬约鲁巴的历史和文化，为此还成立了一个文学委员会，以鼓励约鲁巴族群的历史和文化书写，并且组织相关人员进行调研。埃格本·奥莫·奥杜杜瓦这一组织，最后成为"行动派"（Action Group）的核心，这是一个实际上以约鲁巴人为基础的政党，在国家独立前后在族群中起到政治代言的作用。②在尼日利亚的族际政治语境中，约鲁巴人自视为一个整体，一个族群，有意强调所谓"共同的历史体验"，其国民教育采用了"标准的"约鲁巴方言，极大提升了内部人员的互动及融合能力，族群精英将尼日利亚西南大部视为"大约鲁巴区"的诉求得以实现。从这一进程来看，约鲁巴兰的界限（至少在尼日利亚境内）愈来愈清晰化，而约鲁巴兰前殖民时期曾存在的多元群体、国家与政权等现象就被有意无意地掩盖起来。在精英阶层一步步的鼓动下，约鲁巴人逐渐由自在（in itself）的族群转变为自为（for itself）的族群。从宏观的历史维度来看，这些逐渐固化的新族群身份，在即将到来的多族群民族国家时代将发挥更显著的政治作用。

第三节　民族主义浪潮与非洲多族群国家的形成

非洲现代意义上的多族群国家是在外力和内因相互作用下形成的：外力既包括殖民化前长达数百年的奴隶贸易，导致非洲黑人意识的"觉醒"，也包括欧洲列强几十年殖民主义统治的影响，在此阶段殖民者的民族主义思想传播至非洲；

---

① Toyin Falola, "Pre-Colonial Origins of the National Question in Nigeria: The Case of Yourbaland," Paper Presented at the National Seminar on "The National Question in Nigeria: Its Historical Origin and Contemporary Dimensions", Abuja, 1986.
② Aderemi Suleiman Ajala, "Cultural Nationalism, Democratization, and Conflict in Yoruba Perspectives: Focus on O'odua Peoples' Congress (OPC) in Nigerian Politics," *The Journal Studies of Tribes and Tribals*, Vol. 4, No. 2, 2006.

而内因则体现为非洲人自身的能动性,他们以宗主国的民族主义为精神先导和行动武器,亲手将高高在上的殖民主义体系彻底"埋葬"在历史长河中,开创了属于他们的希望与苦涩并存的新时代。

一 世界历史进程中的民族主义浪潮

曾主宰19世纪和20世纪人类历史的"民族主义",[1] 在兴起与发展的过程中并非总是呈匀质化运行状态,有起起落落,有低谷高潮,仿佛起伏跌宕的历史剧集。对于研究者来说固然要潜心分析民族主义处于低谷的缘由,但其狂热躁动的一面似乎更吸引人们的目光,所以形成了"民族主义浪潮"的概念。根据民族主义运动的激烈程度、波及范围以及产生的影响等判断标准,主流观点一般认为,世界历史大致共经历过四波民族主义浪潮:18世纪民族主义在欧洲诞生为第一波;第一次世界大战时期为第二波;第二次世界大战前后为第三波;冷战结束后为第四波。

第一波民族主义浪潮产生于18世纪的欧洲,尤以法国大革命为其形成的最主要标志。当时欧洲各民族经历了从宗教信徒到王朝臣民再到祖国公民的角色转换;经历了从盲从教皇利益到效忠王朝利益再到追求国家利益(也即民族利益)的历史进程;经历了从迷信宗教神权到建立王朝、王权再到确立人民主权的斗争过程,建立了以民族国家为基本单位的政治、经济和文化体系。[2] 民族主义伴随着"新教运动"的展开而展开,伴随着英法等世俗化君主王权势力的扩张而扩张,其力量势不可当,不仅彻底瓦解了腐朽的教会势力,而且最终也打倒了君主制,摧毁了王朝国家,建立起跨时代意义的民族国家这一政治组织。

本尼迪克特·安德森另辟蹊径,观点独具一格,他认为民族主义的发源地不是欧洲,而是欧洲列强的美洲殖民地,时间为18世纪末19世纪初,这些殖民地此时正处于独立运动的紧要关头,这是"美洲模式"的民族主义。"在完成这项特殊任务的过程中,朝圣的欧裔海外移民官员与地方上的欧裔海外移民印刷业者,扮演了决定性的历史角色。"[3] 这是因为民族主义产生的根源在于美洲殖民宗主国对

---

[1] 〔法〕吉尔·德拉诺瓦:《民族与民族主义》,洪晖等译,生活·读书·新知三联书店,2005,第14页。

[2] 王联:《关于民族和民族主义的理论》,《世界民族》1999年第1期。

[3] 〔美〕本尼迪克特·安德森:《想象的共同体:民族主义的起源与散布》,吴叡人译,上海人民出版社,2005,第62页。

第二章　非洲现代多族群国家的形成　93

殖民地移民的制度性歧视，后者的政治流动只能局限于殖民地内，他们返回母国就成为一种"朝圣之旅"，与旅途中拥有共同体验的旅伴形成"民族"群体，这一群体最后因为印刷资本主义所创造出的阅读群体而定型。美洲民族解放运动结束后，欧洲的民族主义才拉开序幕。但无论民族主义是在美洲还是欧洲产生，这种意识形态带着强大的渗透力，不断向外传播，扩散到世界的每个角落。

到第一次世界大战时期，全球范围内再次掀起了轰轰烈烈的民族主义浪潮。这是一场反抗旧秩序、建立新秩序的斗争，引发了世界各地人民反对殖民地、半殖民地的革命思潮。它们率先爆发于东欧和亚洲，而后在世界其他地方迅速蔓延，特别是在十月革命影响下的亚非拉民族解放运动，促进此次民族主义运动走向高潮。[1] 在这次民族主义浪潮中诞生的欧洲国家有波兰、匈牙利、奥地利、芬兰、南斯拉夫、爱沙尼亚、拉脱维亚、立陶宛、南斯拉夫、捷克斯洛伐克等。在拉美地区，激起了墨西哥、乌拉圭、秘鲁、巴西及尼加拉瓜等国的民族主义运动。[2] 而在东方，印度的"甘地主义"、土耳其的"凯末尔主义"、阿富汗的"塔尔奇民族主义"、中东"伊斯兰改革主义"和早期的"阿拉伯民族主义"等，都是此时期民族主义思潮的主要代表。[3] 随着一战结束以及苏联建立等历史性的重大事件"尘埃落定"，到第二次世界大战的数十年时间里，民族主义运动继续扩大和深入。

二战结束前后，摆在世界各地区民族主义者面前的是恢宏的划时代目标——反殖民主义、反帝国主义，实现民族解放和民族独立，这也是此时期民族主义浪潮的本质特点。1944~1968年，亚洲和非洲殖民地、半殖民地实现独立的国家有63个，其中20世纪40年代12个（不含中国），50年代11个，60年代40个。与此同时，联合国成员国在战后由几十个增加到100多个，新兴独立国家成了国际政治、经济舞台上的第三世界力量。[4]这次民族主义浪潮，无论规模还是范围、力度还是广度都远远超越之前任何时候，并几乎完全摧毁了世界殖民主义体系。

最近一次民族主义浪潮的重心在东欧地区，它的出现是由冷战结束，苏联解体、东欧剧变所导致的。这一波民族主义浪潮导致了地缘政治格局的变革，苏联一分为十五，南斯拉夫一分为五，捷克斯洛伐克一分为二，在中亚和东欧涌现出

---

[1] 曹兴：《五次民族主义浪潮的发展规律及其影响》，《广西民族研究》2016年第4期。
[2] 唐贤兴：《近现代国际关系史》，复旦大学出版社，2010，第268页。
[3] 彭树智：《东方民族主义思潮》，西北大学出版社，1992，第24页。
[4] 郝时远：《20世纪三次民族主义浪潮评析》，《世界民族》1996年第3期。

了20多个新的民族国家。随后，巴尔干地区、南亚、西亚和东南亚出现的以民族分离主义为标志的民族运动还诱发了诸如科索沃战争、车臣战争、阿富汗战争等地区热战。第四波民族主义浪潮的最大特点是民族分离运动达到极致，不过此次的民族分离主义大多是一种渴望"平等"的分离，而非反对殖民统治而"独立"的诉求。①

从一定程度上来说，非洲与上述四次民族主义浪潮都或多或少存在某种关联。非洲人认可和接受了来自殖民宗主国的民族主义意识形态，并以此作为反抗殖民者的工具和武器。非洲深切感受到20世纪第一次民族主义浪潮的洗礼，直到这个世纪第二次民族主义浪潮来临成为"绝对主角"，成为颠覆殖民体系的中坚力量，并建立几十个现代意义的"多族群民族国家"。冷战后民族主义运动的热点尽管聚焦在东欧，但其余波依然激荡非洲，1993年厄立特里亚从埃塞俄比亚独立、2011年南苏丹从苏丹独立，不能不说也受民族分离主义风潮大环境的影响。

二 非洲民族主义

非洲几乎不存在类似在欧洲历史上形成的文化、语言和宗教意义上的民族，如今的大部分国家也不是单一"民族国家"。那么如何来书写和讨论非洲民族主义？从非洲民族主义最早出现的时间上来看，就存在巨大的争议。有人认为非洲民族主义的产生同步于殖民地的建立，因为反抗殖民的敌意是民族主义存在的必要条件。然而，也有批评者认为非洲民族主义起始时间应是20世纪40年代，是第三波民族主义浪潮的产物。②笔者认为，这两种认识都存在缺陷，主要是没有区分民族主义作为"观念形态"与"行动实践"的差别，而思想和意识通常先于行动出现。实际上，非洲民族主义缘起于"泛非主义"（Pan-Africanism），正如李安山将"泛非主义"称为"非洲民族主义思想产生的原动力"。③罗兰·奥利弗（Roland Oliver）、安东尼·阿特莫尔（Anthony Atmore）则将非洲民族主义比喻成一棵大树，其树干是泛非运动（Pan-African Movement），为非洲大陆所有不同人群提供了一种团结的意识，其树枝是非洲的独立国家。随着树根深入土壤，非

---

① 曹兴：《五次民族主义浪潮的发展规律及其影响》，《广西民族研究》2016年第4期。
② Robert I. Rotberg, "African Nationalism: Concept or Confusion?" *The Journal of Modern African Studies*, Vol. 4, No. 1, 1966.
③ 李安山：《非洲民族主义研究》，中国国际广播出版社，2004，第31页。

洲民族主义的起源可以从历史的众多方向中追溯。① 如此看来，对非洲民族主义的探讨应有纵深感和历史感。下文首先考察作为观念形态的非洲民族主义。

（一）非洲民族主义的"观念形态"

有学者认为非洲民族主义"是由拥有非洲血统的人建立在亲属关系或亲缘关系之上所共有的一种主观感觉"。这也是一种基于共同文化规范、传统制度、种族传统和共同历史经验的感觉。几乎所有非洲人都具有一种持久的历史经验，即帝国主义的压迫。伴随这种共同认同感的是一种集体愿望：不让自己的文化、社会和政治价值观受外部控制。② 泛非主义的出现是以黑人为主体的文化"觉醒"与身份"觉醒"，也是对帝国主义列强的反抗，从而成为非洲民族主义观念形态的先导力量。

西非作为泛非主义的摇篮，在整个非洲起着一种思想引领的作用，观其民族主义思想的内涵，呈现互不相同而又互相联系的三个层次。一是反对白人种族主义，争取黑人解放的"泛非主义"的种族性与大陆性，泛非洲意识呈现在奥拉达·艾奎亚诺、奥托巴·库戈阿诺（Ottobah Cugoano）和其他"非洲之子"的作品与活动中，成为非洲黑人共享的精神产品；二是以整个西非民族意识为基础的地域性民族主义的模糊要求，在20世纪，西非人的政治身份是西非"民族"；三是与殖民主义所创造的殖民地本身联系起来，以国家政治、经济和文化独立为目标的国家民族主义。当然，西非民族主义与国家民族主义在很多时候被整合在泛非主义的意识与理想中。③ 西非民族主义的政治身份和政治意识随时间和特定的历史条件发生变化，并构成一个地域空间上的完整闭环（见图2-1）。西非产生的民族主义最能体现非洲民族主义思想发展的完整脉络和路径，通过梳理这一进程大致可以管窥非洲民族主义者的思路历程。

首先是"泛非主义"。泛非主义产生于美洲，传播到欧洲，再由黑人知识分子带回西非，西非民族主义者则将泛非思想直接纳入其话语表述体系，极大地推动了西非民族主义运动的发展。泛非主义经过在西非的中转，逐步扩散到整个非洲大陆，影响了非洲众多领导国家独立的民族主义领袖，比如肯尼思·卡翁达

---

① Roland Oliver and Anthony Atmore, *Africa since 1800*, Cambridge: Cambridge University Press, 1972, p. 223.
② Vincent B. Khapoya, *The African Experience*, London and New York: Routledge, 2012, p. 150.
③ Hakim Adi, "Pan-Africanism and West African Nationalism in Britain," *African Studies Review*, Vol. 43, No. 1, 2000.

```
              泛非主义
           西非民族主义
          国家民族主义
```

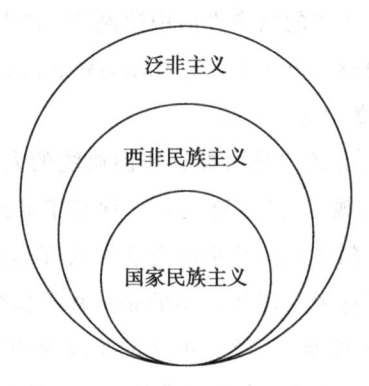

图 2-1　西非民族主义关系

资料来源：笔者自制。

(Kenneth Kaunda)、纳姆迪·阿齐克韦（Nnamdi Azikiwe）、克瓦米·恩克鲁玛（Kwame Nkrumah）、朱利叶斯·尼雷尔（Julius Nyerere）等，他们都是泛非主义的忠实拥护者与倡导者。

其次是"西非区域主义"。在殖民条件下，政治和社会发展以殖民者为一方，以被殖民者为另一方，这是双方之间相互作用的产物。非洲领导层精英的倾向性在一定程度上是由殖民地行政管理形式决定的。如果行政管理的结构和政策是区域性的，那里的非洲领导人往往就具有区域性观点。[①] 19世纪末，英法确立了各自在西非的统治范围，西非民族主义思想正是伴随英属西非和法属西非殖民地的建立而产生的。这种民族主义政治目标不甚明确，但西非人民自觉地将自身看作一个整体，知识分子高举"西非民族主义旗帜"，要求建立"西非联邦"，追求区域性的政治一体化。

最后是"国家民族主义"或"殖民地民族主义"。反对殖民统治，要求建立一个有主权的政治实体，是国家民族主义思想的主旨。二战后，亚洲国家的独立和万隆会议的召开极大地鼓舞了西非人民，民族主义领袖先后提出了自治或独立的要求。出现了一大批以争取独立为目标的政党和政治组织，并将各种群众组织团结在自己周围，形成声势浩大的民族解放和民族独立运动。[②]

非洲民族主义三个层次先后出现，似乎存在时间上的递进和空间上的收缩，

[①]〔加纳〕A. A. 博亨主编《非洲通史：殖民统治下的非洲（1880—1935年）》（第7卷），樊健等译，中国对外翻译出版公司，2013，第506页。

[②] 李安山：《西非民族主义思想的产生及其表现形式——西非民族主义思想论纲之一》，《西亚非洲》1995年第3期。

但国家民族主义诞生后这种递进和收缩关系就逐渐模糊了，因为在西非人民具体的社会活动中，每个个体都生存于一个主权国家（如加纳）、一个区域共同体（如西非共同体）、一个洲际共同体（如非统/非盟）。从某种意义上来说，此时非洲民族主义的观念形态至少在形式上实现了历史与现实的嵌合。与世界其他地区相比，复杂的三层次内涵是非洲民族主义最具特色之处，也造成了一直到二战前后才完成与世界民族主义"典型"观念形态的"无缝"对接，只有这种对接后产生的行动实践对于殖民者来说才是危险而"致命的"。

（二）非洲民族主义的"行动实践"

非洲民族主义的行动实践是基于非洲本土化后的民族主义观念形态，对西方殖民体系所发起的挑战。非洲历史学家将非洲人对殖民统治的反应分为三个时期：1880～1919年被称为使用对抗、联盟或暂时屈服的战略以保卫非洲的主权和独立的时期；1919～1935年被称为使用抗议和抵抗战略的适应时期；1935年至独立，是使用积极行动战略的独立运动时期。[1] 其中第一个和第二个阶段还只是"冲击—回应"式的自发抵抗，不具备很强的组织性，也没有统一的理论指导。最值得关注的是第三个阶段，此时期的具体实践已基本符合民族主义的行动逻辑。该时期大致可以细分为四个阶段：第一个阶段是二战前精英们为争取更大范围的自治而进行鼓动的时期；第二个阶段是大众参与反纳粹和法西斯主义斗争的时期；第三个阶段是二战后为完全独立而进行群众性非暴力斗争的时期；第四个阶段是为了政治独立而进行武装斗争的时期，特别是20世纪60年代以后为反对白人少数群体政府开展了游击战。[2] 四个阶段的民族主义行动可能有重叠之处，但更多体现一种不断走向深入的演进，直至最终取得整个大陆的独立。在此过程中，严密的组织性和广泛的动员性是非洲民族主义取得胜利的关键。

组织性。政党是民族主义运动的根本（quintessential），它们在两次世界大战期间脱颖而出，为非洲民族主义赋予更具组织化的特征。[3] 20世纪20～30年代，

---

[1] 李安山：《非洲民族主义研究》，中国国际广播出版社，2004，第50页。
[2] 〔肯尼亚〕A. A. 马兹鲁伊、〔肯尼亚〕C. 旺济主编《非洲通史：一九三五年以后的非洲》（第8卷），屠尔康等译，中国对外翻译出版公司，2013，第88页。
[3] Kofi Takyi Asante, "National Movements in Colonial Africa," in Ewout Frankema et al., eds., *The History of African Development*, 2018, p. 9, African Economic History Network, 见https://www.aeh-network.org/wp-content/uploads/2023/04/AEHN_Textbook 29 March 2023 final.pdf。

非洲民族主义政党和组织得到了迅速发展，在非洲31个殖民地里，先后成立了90多个民族主义政党和组织，这是非洲历史上空前的现象。它们分布在非洲许多殖民地里，组织形式多样化。甚至长期以来被西方国家称为"沉默地带"的东非和南部非洲内地的一些殖民地，以及西非和赤道非洲内地的一些地方，反对殖民主义的斗争同样大大加强起来，出现了一批民族主义政党和组织。[①] 第二次世界大战以后，非洲的政党大大增加。以法属西非为例，据统计，二战后建立的政党多达122个，其中包括跨领地政党6个。在非洲政党中，最有影响的是那些联系各阶层广大群众，具有全民族性质的政党。它们大多比较讲究实际，提出了适当的口号，实际上是建立在全国各阶级、阶层团结基础上为争取独立而斗争的民族统一战线。[②] 这些群众性政党，知名的包括尼日利亚和喀麦隆国民理事会（1944）、非洲民主联盟（1946）、黄金海岸统一大会党（1947）、肯尼亚非洲联盟（1947）、塞拉利昂全国理事会（1950）与坦噶尼喀非洲民族联盟（Tanganyika African National Union）（1954）等。[③]

在坦桑尼亚，坦噶尼喀非洲协会（Tanganyika African Association）成立于1929年，最初是一个讨论小组（discussion group），由教师和低级公务员组成，他们经常见面并分享经验和想法，但不被允许参与任何政治活动，直到二战后才参与政治。1954年，年轻的大学毕业生朱利叶斯·尼雷尔决定将该协会变革为坦噶尼喀非洲民族联盟，这是一个为解决非洲不断增多的诉求和争取独立而准备的大众政党。[④] 后来，坦盟成为国家独立后的执政党，尼雷尔则成为国家元首。类似很多政党都是经历民族主义洗礼，国家独立后承担民族国家建构的重任。

动员性。殖民时期，随着教育和通信技术的发展，各殖民地纸媒大量涌现，特别是报纸业非常繁荣。当时的报纸并不是殖民政府的传声筒，其直言不讳地批评殖民政府和殖民政策，塑造了一种不畏强权为民请命的良好公众形象。例如，《黄金海岸时报》（Gold Coast Times）的座右铭是："只要一息尚存，我们必畅所欲言。"（As Long as We Remain, We Must Speak Free）更重要的是这些报纸是民

[①] 陆庭恩：《二次大战前的非洲民族主义政党和组织》，《西亚非洲》1992年第3期。
[②] 李安山：《非洲民族主义研究》，中国国际广播出版社，2004，第58页。
[③] 〔美〕埃里克·吉尔伯特、〔美〕乔纳森·T.雷诺兹：《非洲史》，黄磷译，海南出版社、三环出版社，2007，第359页。
[④] Vincent B. Khapoya, The African Experience, London and New York: Routledge, 2012, p.176.

族主义运动的喉舌和动员的载体，它们被用来宣扬种族和民族自尊，激发民族主义情感。事实上，报纸在这方面太过成功，以至于成为殖民政府镇压的目标。许多殖民政权颁布法律编织"煽动性言论"罪，试图让媒体噤声。利用这种法律，许多著名的报纸编辑和专栏作家，如尼日利亚的纳姆迪·阿齐克韦和塞拉利昂的I. T. A. 华莱士-约翰逊（I. T. A. Wallace-Johnson）等遭到逮捕和定罪，罪名是写作了具有煽动性的文章，[1] 说明这些内容已引起殖民当局的恐慌。表2-8列出了非洲殖民时期为民族主义运动积极发声的一些主流报纸。

表2-8 殖民时期主要殖民地的报纸

殖民地/国家	报纸名称	出版城市
黄金海岸/加纳	《黄金海岸纪事报》（Gold Coast Chronicle）	阿克拉（Accra）
	《黄金海岸原住民报》（Gold Coast Aborigines）《黄金海岸时报》（Gold Coast Times）	海岸角（Cape Coast）
尼日利亚	《拉各斯观察报》（Lagos Observer）《尼日利亚时报》（Times of Nigeria）《尼日利亚纪事报》（Nigerian Chronicle）	拉各斯（Lagos）
肯尼亚	《东非标准报》（East African Standard）	蒙巴萨（Mombasa）
	《东非纪事报》（East African Chronicle）《东非时报》（Times of East Africa）	内罗毕（Nairobi）
乌干达	《乌干达先驱报》（Uganda Herald）	坎帕拉（Kampala）
坦噶尼喀/坦桑尼亚	《达累斯萨拉姆时报》（Dar es Salaam Times）	达累斯萨拉姆（Dar es Salaam）
南非	《开普敦公报和非洲广告商报》（Cape Town Gazette and African Advertiser）《新闻报》（Indaba）	开普敦（Cape Town）
	《人民之声报》（Izwi Labantu）	东伦敦（East London）
南罗得西亚/津巴布韦	《布鲁韦奥纪事报》（Buluwayo Chronicle）	布鲁韦奥（Buluwayo）
	《罗得西亚先驱报》（Rhodesia Herald）	哈拉雷（Harare）

资料来源：Kofi Takyi Asante, "National Movements in Colonial Africa," in Ewout Frankema et al., eds., The History of African Development, 2018, p. 9, African Economic History Network, 见 https://www.aehnetwork.org/wp-content/uploads/2023/04/AEHN_Textbook 29 March 2023 final. pdf。

---

[1] Kofi Takyi Asante, "National Movements in Colonial Africa," in Ewout Frankema et al., eds., The History of African Development, 2018, p. 8, African Economic History Network, 见 https://www.aehnetwork.org/wp-content/uploads/2023/04/AEHN_Textbook 29 March 2023 final. pdf。

到了20世纪50年代，国际环境也非常有利于非洲民族主义运动的开展。一方面，二战后欧洲殖民列强衰落，美国和苏联乘机崛起，各自在世界范围内"推销"自由民主和共产主义思想，尤其是美国，对英法等殖民列强起到"督促"作用；另一方面，世界民族主义浪潮席卷整个非洲大陆，极大地激发了非洲人民对自由、独立的向往，联合国的成立也推广了国家主权和民族自决的理念。对非洲来说，在政党的领导下，通过广泛宣传和动员，大多数非洲殖民地都出现了有组织的民族主义运动，民族解放的时机越发成熟。

在具体的行动实践中，非洲的民族主义者大都主张使用和平的斗争方式争取对殖民地的民族解放，"甚至把变革的时日推迟一些也在所不惜"。[1] 1949年6月，恩克鲁玛创建人民大会党（Convention People's Party），并在该党成立大会上首次提出了非暴力的"积极行动"斗争策略。1958年4月，尼亚萨兰（今马拉维）的民族主义领袖班达表示，他是"非暴力抵抗原则"的支持者。1959年4月，坦噶尼喀非洲民族联盟主席尼雷尔指出："非洲正在走向自由，继续进行严格的非暴力的斗争，永远不要借助暴力。"1961年7月，赞比亚联合民族独立党（United National Independence Party）主席卡翁达在一次会议上宣布："即将展开的反对宪法的运动将是非暴力的。"[2] 葡萄牙殖民地的民族主义者，是为数不多的采取游击战向宗主国发出民族解放最强音的反抗者。总之在趋势性力量的推动下，非洲走上独立的时代终于来临了。

三 走上独立：非洲多族群国家的形成

非洲各殖民地走上独立的路径和方式虽有所差异，但目标大体一致：实现建立民族国家的愿景。在这一点上，恩克鲁玛广为流传的名言是："首先寻求政治王国，其他一切会随之而来。"他深信，政治独立是改进非洲所有其他状况的关键。在殖民状况下，恩克鲁玛的观点至少部分是正确的。非洲殖民地确实要先谋求政治上的主权，其他一切才会随之而来。[3] 然而，"其他一切"真的会随之而来吗？这不仅是研究者，也是非洲人自身需要问的问题。

---

[1] 唐大盾编《泛非主义与非洲统一组织文选（1900—1990）》，华东师范大学出版社，1995，第185页。

[2] 唐大盾：《非洲民族主义的历史由来和发展》，《西亚非洲》1998年第5期。

[3] 〔肯尼亚〕A. A. 马兹鲁伊、〔肯尼亚〕C. 旺济主编《非洲通史：一九五三年以后的非洲》（第8卷），屠尔康等译，中国对外翻译出版公司，2013，第87页。

（一）非洲多族群国家的形成

20世纪40年代末，西非英属殖民地加纳的民族主义运动如火如荼，恩克鲁玛认识到群众运动的强大力量，改组了黄金海岸统一大会党，建立了更为激进的人民大会党。恩克鲁玛要求立即实现独立的主张，吸引大量群众加入其政党。经过与英国殖民者的抗争、协商和谈判，黄金海岸在1957年成为独立国家加纳。这是撒哈拉以南非洲第一个独立的国家。[1] 它不仅是英属西非殖民地走上独立的样板，同样也极大地激励了非洲其他地区的民族主义者，产生明显的"溢出效应"，大规模独立浪潮随之而来。

1958年，几内亚独立。

1960年，共有17个非洲国家获得独立，所以这一年被誉为"非洲年"。获得独立的有贝宁（原名达荷美）、布基纳法索（原名上沃尔特）、喀麦隆、中非共和国、乍得、刚果（布）、科特迪瓦、刚果（金）、加蓬、马达加斯加、马里、毛里塔尼亚、尼日尔、尼日利亚、塞内加尔、索马里、多哥。

1961年，塞拉利昂、坦噶尼喀（1964年与桑给巴尔组成联合共和国，即坦桑尼亚）独立。

1962年，布隆迪、卢旺达、乌干达独立。

1963年，肯尼亚独立。

1964年，马拉维、赞比亚独立。

1965年，冈比亚独立。

1966年，博茨瓦纳、莱索托独立。

1968年，赤道几内亚、毛里求斯、斯威士兰独立。

1974年，几内亚比绍独立。

1975年，安哥拉、佛得角、科摩罗、莫桑比克、圣多美和普林西比独立。

1976年，塞舌尔独立。

1977年，吉布提独立。

1980年，津巴布韦独立（新宪法结束了罗得西亚冲突）。

1990年，纳米比亚独立（之前被南非占领）。

---

[1] 〔美〕希林顿：《非洲史》，赵俊译，东方出版中心，2012，第479~481页。

1993年，厄立特里亚独立（脱离埃塞俄比亚）。

1994年，南非废除种族隔离制度，获得新生。

2011年，南苏丹独立（脱离苏丹）。[①]

这是属于非洲和非洲人民的时代，虽然独立只是奠基性的第一步，未来道路还十分漫长艰辛，但人们依然沉浸于希望与喜悦中，同时也清醒地认识到：意欲摆脱欧洲列强的统治，不得不借鉴欧洲国家的体制，最重要的环节就是在殖民地原有疆域框架内建立民族国家，不过这套体制必须由非洲人自己牢牢掌握。人们认为，只要根据欧洲的经验"按图索骥"，或许就像恩克鲁玛所说的那样"其他的一切会随之而来"。

对非洲大多数民族主义领袖来说，模仿欧洲模式建立民族国家既是时代的要求，也是必须实现的战略目标。这种观点同民族主义者在殖民地内享有较高的特权有关，同时也与近代以来占主导地位的思想有关。该思想一贯认为，非洲国家的进步乃至文明都应以英国和法国等西方国家为模本，政治体制、法律准则、民主形式和经济生活方式都需舶来采借。民族主义先驱打算将引进的思想和体制非洲化，但他们也确信非引进这些东西不可，除了建立民族国家别无他路。[②] 所以，非洲民族主义者通常被看成是"现代派"，这反映了他们是在一种由外部因素确定的环境下进行活动的这一事实。这种环境把价值观、道德规范以及政治和社会发展的定义等各种外来的体系强加到他们头上，而他们取得成功的条件就是非得接受这些体系不可。[③] 这种情形与全球近代史的走向基本上是一致的，世界各国的民族主义者大都是"现代化"的拥趸，渴望带领人民走上西方模式的"康庄大道"。

在欧洲，民族主义表现为，具有共同文化特征并由共同历史所维系的社会群体以自己的政治组织（国家）的形式实现独立、享有主权。当时为之奋斗的是确保文化意义上的民族同政治生活组织即国家的一致。[④] 而非洲民族主义完全不

---

① 〔美〕埃里克·吉尔伯特、〔美〕乔纳森·T. 雷诺兹《非洲史》，黄磷译，海南出版社、三环出版社，2007，第363页。

② 〔英〕巴兹尔·戴维逊：《现代非洲史：对一个新社会的探索》，舒展等译，中国社会科学出版社，1989，第255~257页。

③ 〔加纳〕A. A. 博亨主编《非洲通史：殖民统治下的非洲（1880—1935年）》（第7卷），樊健等译，中国对外翻译出版公司，2013，第507页。

④ 〔加纳〕A. A. 博亨主编《非洲通史：殖民统治下的非洲（1880—1935年）》（第7卷），樊健等译，中国对外翻译出版公司，2013，第506页。

存在这样的条件，它在一定意义上是对殖民主义的一种回应，"如果没有欧洲列强对非洲的分割和随后的殖民统治，就不会有非洲民族主义"。[①] 在非洲民族主义的席卷下，殖民地内的大量群体或主动或被动纳入民族国家这一政治共同体中，构成国家的族群单位有多有少、有大有小，导致其族群结构类型呈现多样化。

(二) 非洲多族群国家的族群结构类型

众所周知，世界上大部分国家为多族群国家，这些国家的族群结构形态既有共性，也存在相当大的差异。学界试图从学理上进行归纳和总结，以便于探讨国家结构类型与族群冲突和族群整合的逻辑关系。

首先，关于"多族群国家"的界定与分析。与民族国家是从国家形态历史演进角度划分出来的类型不同，多族群国家是从国家的族群构成角度区分出来的一种国家类型。作为一种国家类型，它并不在乎或不重视国家形态演进的纵向过程，只是关注国家内部的族群结构。如果一个国家内部生活着多个族群，这个国家就是多族群国家。西欧的民族国家是原生型的民族国家，民族成分较为单一。其他的许多民族国家，是在民族国家的影响和压力下构建的，是模仿型的民族国家。这些国家应用了民族国家的形式，但并不具备原生型民族国家的民族条件，往往生活着多个族群。[②]

其次，关于多族群国家族群结构的类型分析。多族群国家的族群结构复杂多样，大致可以划分为单一主体族群结构、双主体族群结构、多主体族群结构和无主体族群结构四种类型。

第一，单一主体族群结构，即只有一个主体族群的多族群结构。主体族群的族体规模很大，其人口占全国总人口的绝对多数。

第二，双主体族群结构，即有两个主体族群的多族群结构。两个主体族群的族体规模较大，其人口在全国人口总数中占有较大比重，其他族群的族体规模则比较小，其人口在全国人口总数中所占比重与主体族群相比有较大差距。

第三，多主体族群结构，即有多个主体族群的多族群结构。具有多主体族群结构的国家，其国内族群种类比较多，有两个以上主体族群，其人口之和的规模较大，占据全国人口总数相当大的比重。

[①] Robert I. Rotberg, "African Nationalism: Concept or Confusion?" *The Journal of Modern African Studies*, Vol. 4, No. 1, 1966.

[②] 周平、贺琳凯：《论多民族国家的族群整合》，《思想战线》2010年第4期。

第四，无主体族群结构。具有这种族群结构类型的国家，虽然族群种类很多，但各族群族体规模比较均衡，尚未形成占全国总人口中较大比重或者能够对国家政治生活产生根本性影响的主体族群。①

借鉴上述界定和非洲多族群国家的实际情况，本书的归类见表2-9。

表2-9 非洲主要多族群国家族群结构类型

族群结构类型	国家
单一主体族群结构	博茨瓦纳、布基纳法索、布隆迪、佛得角、赤道几内亚、莱索托、毛里求斯、卢旺达、索马里、斯威士兰、津巴布韦、纳米比亚
双主体族群结构	厄立特里亚、塞拉利昂、吉布提
多主体族群结构	安哥拉、埃塞俄比亚、喀麦隆、中非共和国、贝宁、刚果（金）、刚果（布）、科特迪瓦、冈比亚、几内亚、几内亚比绍、肯尼亚、马拉维、马里、毛里塔尼亚、尼日利亚、南非、南苏丹、莫桑比克、利比里亚、加纳、加蓬、马达加斯加、塞内加尔、乍得、多哥、尼日尔、赞比亚、乌干达
无主体族群结构	坦桑尼亚

资料来源：笔者根据公开材料整理，见《世界概况》，美国中央情报局网站，https://www.cia.gov/the-world-factbook/countries/；中华人民共和国外交部网站，https://www.fmprc.gov.cn/web/gjhdq_676201/gj_676203/fz_677316/。

非洲多族群国家的族群结构经由殖民统治初步奠定基础，在疾风骤雨般的民族主义浪潮中初步成型，只是由于缺乏适当的磨合与锻造，还远远达不到支撑该架构运行的历史厚度和空间稳度。但就在这种背景下，各族群在民族国家这一场域中激烈的政治互动已经势不可当，一场场充满博弈色彩的历史与现实剧目徐徐拉开帷幕。

---

① 周平：《民族政治学》，高等教育出版社，2003，第72~73页。

第三章
非洲多族群国家的族群冲突

在世界近代史上，无论被何种意识形态笼罩，无论在哪个地区，都会关注到民族国家"井喷"的奇观。尤其是一战后和二战后，在全球风云变幻、民族主义大行其道和国际格局连番剧变之际，大量民族国家从古老封建帝国的"子宫"中、从殖民列强新筑的"巢穴"中孕育和诞生。这是前所未有的"旷世盛景"，它断然是与西欧民族国家形成时有高度差异的时代，也必定是后世再无法复制的时代。然而，烟花过后，迎接这些新兴国家的是充满荆棘的民族国家建构之路，行进的步伐艰苦卓绝。

不知是幸还是不幸，非洲深陷这个时代的旋涡，50余个民族国家如"新生儿"接连"问世"，为这片大陆带来荣光与希望，很快又带来失望与创伤。人们认为，这些新兴国家的多元性特质，尤其是多族群结构是制造苦难的重要因素。很多群体之间历史上从未互动和交往，当殖民统治快终结之时，这些群体的大多数才显露"真容"。尼日利亚独立后，贝努埃高原一个学生组织要求以古代贝努埃高原王国为基础建立具有自治性质的州，从而致信国家元首时指出："蒂夫人（Tiv）和伊多马人（Idoma）的社会结构，同高原上其他各群体所共有的社会结构是完全不同的。我们南贝努埃人之间并无文化上的联系。历史的事实是，我们直到最近才知道他们的存在。"[1]以殖民地松散结构作为政治起点形成的非洲国家，极度缺乏欧洲民族国家长达数个世纪的整合磨砺，所以还只是民族国家的一种雏形，甚至有学者将之抽象地对位于欧洲新君主制的15世纪，或法兰西菲利普二世时期，并认为非洲民族国家建构的过程很难预计，或许需要四五十年，或许需要4~5个世纪。这个过程是要将植根于血统（descent）和族性（ethnicity）的非洲人纳入以领土为界定单位的民族国家共同体中。[2]

---

[1] 〔肯尼亚〕A. A. 马兹鲁伊、〔肯尼亚〕C. 旺济主编《非洲通史：一九三五年以后的非洲》（第8卷），屠尔康等译，中国对外翻译出版公司，2013，第366~367页。

[2] Philip D. Curtin, "Nationalism in Africa, 1945–1965," *The Review of Politics*, Vol. 28, No. 2, 1966.

事实上，不同群体的聚合与一体化，进而成为稳固共同体（如民族/国家）的案例在历史上指不胜屈，不过促成的方式有所差异，这其中不乏战争与征服、暴力和血腥，反映了人类发展的特有规律。特别是随着全球化的高歌猛进，信息高度集中和扩散的时间愈来愈短，无论何事，大或小、重要或轻微都置于世人的高倍聚光灯下，其一举一动都丝丝入眼，无可遁形。世界各地高度关注所带来的压力与紧张是难以想象的，这对于需要政治动员和情感激发的族群认同无疑是一剂强力"猛药"，起着强烈催化认同的作用，即使历史上很少关注"我是谁"这样问题的人群，亦在所难免，纷纷高举"族群"的旗帜投身于国内，甚至国际舞台。20世纪70年代，哈罗德·伊罗生（Harold Isaacs）曾提出：人类的科技越来越全球化，政治却越来越部落化；人类的传播系统越来越普及化，对于该传播哪些东西却知道得越来越少；人类离其他的行星越来越近，对自己这颗行星上的同类却越来越不能容忍；活在分裂之中，人类越来越得不到尊严，越来越趋于分裂。面对世界资源与权力的前所未有的激烈争夺，人类社会正把自己撕裂，撕裂成越来越小的碎片。[1] 伊罗生对人类社会这一悖论景观的描述，依然是当今非洲族群冲突问题显著的真实写照。

第一节 非洲族群冲突的回顾与趋势

自1955年以来，非洲的武装冲突大致可以分为国家间战争与"社会战争"（societal war）。国家间战争主要由反殖的独立战争和非洲国家间的战争构成。在获得独立后，大约一半的反殖民战争变为内战；非洲国家之间的战争主要涉及领土问题，规模较小且短暂。社会战争依据战争的动员方式，即沿着族群身份或政治意识形态（革命）的视野进行分类。两者的主要差异体现在反抗群体的构成以及对国家权威挑战的意图。其中族群冲突的动员在很大程度上只局限于一个特殊的社会认同群体，该群体期望通过程度更高的自治或分离主义目标或与另外的认同群体进行竞争，以夺取和控制中央国家机器，从而改变自身的政治地位。从持续时间、规模和影响来看，社会战争是"非洲式暴力"的主要形式，族群冲突尤甚。[2]

---

[1] 〔美〕哈罗德·伊罗生：《群氓之族：群体认同与政治变迁》，邓伯宸译，广西师范大学出版社，2008，第17页。

[2] Monty G. Marshall, *Conflict Trends in Africa, 1946–2004: A Macro-Comparative Perspective*, London: Panos Pictures, 2006, pp. 7–44.

实际上，20世纪80年代末之后，全球群体间冲突（inter-communal conflicts）导致的暴力事件大幅增加。据米克尔·埃里克森（Mikael Eriksson）等人统计，仅从1989年到2002年，全世界发生了116起较具规模的武装冲突，其中仅有7起是传统的国家间冲突，其余109起都是国内族群冲突。[①] 而20世纪下半叶，非洲一直是世界族群冲突的"主战场"。

一　非洲族群冲突的趋势

从非洲冲突的历史趋势来看，去殖民化以及殖民地大规模独立时期（20世纪50年代中期至70年代中期），主要武装冲突的总量逐渐增加；整个20世纪80年代，再次强劲增长，上升趋势一直持续到20世纪90年代初，40%以上的国家都在经历冲突。这种情况的出现主要是由于冷战期间非洲战争的顽固性和持久性，该时期的战争很少通过谈判来解决；也是因为随着政治议程从"打天下"（建立独立国家政权）到"治天下"（设计和实施公共政策的细节），社会冲突在冷战时期后几年里猛增，最终在1991年达到顶峰，约占全球冲突总量的1/3。之后这一总体趋势得到遏制，到2004年，非洲冲突的总体规模降至峰值的一半左右。一些最严重和旷日持久的战争已经结束，例如莫桑比克、埃塞俄比亚（厄立特里亚分离主义）、利比里亚、塞拉利昂与安哥拉的战争等。

近20年，非洲的冲突呈现了一些新特点与新趋势，主要表现为冲突导致的死亡率下降、冲突方呈"碎片化"、很多冲突具有极强的跨国和外溢性、资源冲突大幅增长以及族群和宗教冲突合流现象突出等。

第一，武装冲突导致的死亡率正在下降。20世纪90年代，冲突致死人数最高的两个年份（1994年卢旺达种族灭绝除外）分别为1990年和1999年，各死亡95067人和98805人。进入21世纪，冲突致死人数下降，如2000年死亡67843人，2014年和2015年分别死亡67594人和67683人。冲突致死人数看似变化不大，但非洲人口已从2001年的8.36亿人增加到2017年的12亿人，意味着死亡率已下降。[②]

武装冲突造成的死亡人数集中在少数几个国家。从2001年（即厄立特里亚—

[①] Mikael Eriksson et al., "Armed Conflict: 1989–2002," *Journal of Peace Research*, Vol. 40, No. 5, 2003.

[②] Jakkie Cilliers, "Violence in Africa: Trends, Drivers and Prospects to 2023," *Africa Report*, Institute for Security Studies, 2018.

埃塞俄比亚边境战争结束）到2017年的这段时间，非洲因武装冲突造成死亡人数最多的7个国家分别是苏丹、尼日利亚、刚果（金）、索马里、南苏丹、中非共和国和利比亚。

第二，非洲的大规模冲突与大型冲突集团虽仍存在，但总体上冲突与冲突参与者越来越呈"碎片化"的态势。在苏丹达尔富尔等地区，这一点非常明显。2011年5月，在卡塔尔多哈举行的"达尔富尔利益攸关方会议"最终敲定了和平进程，参与该会议的各种派系构成极为多样和复杂。中非共和国著名的反政府武装"塞雷卡联盟"（Seleka Coalition）由多个分支构成，主要包括争取团结民主力量联盟（Union of Democratic Forces for Unity）、争取正义与和平爱国者同盟（Convention of Patriots for Justice and Peace）、中非人民民主阵线（Democratic Front of the Central African People）等。马里北部的武装冲突中，图阿雷格人与伊斯兰叛军本互为盟友，但在2013年1月法国军队重新夺回马里北部后分裂并反目。在刚果（金）东部省份，各种武装组织多不胜数，既有本国武装，如臭名昭著的M23运动（March 23 Movement），也有周边国家的大量反政府武装，如卢旺达的卢旺达解放民主力量（Democratic Forces for the Liberation of Rwanda）、布隆迪的民族解放力量（National Forces of Liberation）等。在喀麦隆西北部和西南部英语区，当前的分离运动虽如火如荼，但分离组织众多，理念不一，各自为政，并未形成统一的领导架构。

第三，一些武装冲突具有强大的跨国性，武装分子能轻松跨越边境。主要原因在于，有很多国家存在跨境族群，刚果（金）最为典型。在其西部地区，刚果人跨刚果（金）和刚果（布）两国而居；部分姆巴塔人（Bambata）、荷洛人（Baholo）和乔奎人（Chokwe）则生活在安哥拉境内。在北部边境，有六个族群跨界刚果（金）和中非共和国，其中较大的族群有扎卡拉人（Nzakara）、阿班贾人（Abandja）和阿克雷人（Akare）。在东北部地区，阿巴卡人（Abaka）和卡夸人（Kakwa）跨境南苏丹。在东部地区，胡图人与图西人在乌干达、卢旺达和布隆迪3国皆有分布。在南部地区，隆达人（Lunda）、乌施人（Baushi）、拉姆巴人（Balamba）和贝姆巴人（Babemba）跨界刚果（金）和赞比亚。跨界族群的存在，既造成了地区局势混乱，又为周边国家干涉刚果（金）内政提供了借口。[①]

[①] 胡洋、耿溪谣：《刚果（金）族群冲突与族群政治的由来、特点和影响》，《云南民族大学学报》2017年第6期。

不过，在这些冲突中，武装组织很少能对政府构成重大军事威胁，或拥有能够占领和控制大片领土的军事力量。

2020年埃塞俄比亚提格雷冲突爆发后，对东北非和非洲之角都产生了重大影响。厄立特里亚从冲突一开始就参与其中，帮助埃塞联邦部队攻打和控制提格雷州。而提格雷方当仁不让，对厄立特里亚首都发动了远距离攻击。在整个冲突过程中，提格雷人与国际社会皆指控厄立特里亚部队犯下了各种罪行，一再要求其撤离提格雷州，但厄立特里亚当局对此置若罔闻，且占领了有争议的边境领土巴德梅（Badme）。① 冲突伊始，苏丹立即关闭了与埃塞俄比亚的边界，但也难阻难民的涌入，这给苏丹带来沉重负担。另外，由于疲于应对国内的冲突，埃塞俄比亚撤回部署在索马里打击青年党的部队，不利于该国反恐局势。

第四，在许多情况下，之前由外部资助的冲突，转向倒卖内部资源寻求资金。冲突方将钻石、矿产资源和经济作物等作为替代的收入来源。目前来看，这些"靠资源支撑的武装组织"无法发展成大规模的战斗力量，也缺乏挑战国家政权的力量。另有证据表明，在非洲基层社会，资源竞争也相对更容易导致暴力的发生，尤其是农牧民族群的冲突。据统计，2010年和2011年，资源性冲突约占撒哈拉以南非洲所有冲突的35%。而在欧洲、中东和马格里布以及亚洲和大洋洲的所有冲突中，只有10%为资源冲突。美国国家情报委员会2012年发布的报告《2030年全球趋势：变换的世界》指出，未来20年，非洲和中东的脆弱国家最容易面临粮食和水资源短缺的风险，从而引发冲突。此外，包括英国皇家国际问题研究院（Royal Institute for International Affairs）在内的知名智库，都对非洲"未来的资源战争"充满警惕。②

第五，族群与宗教冲突合流现象突出。类似苏丹分裂前南北族裔和宗教对立的社会形态，在尼日利亚、乍得、尼日尔、马里与莫桑比克等国家都存在，只是激烈程度稍逊。以尼日利亚为例，该国的恐怖组织"博科圣地"实际上就具有族群与宗教冲突合流的特性。"博科圣地"的成员主要为北部的卡努里人（Kanuri）和豪萨－富拉尼人及科吉人（Kogi），皆为穆斯林，他们仇恨基督徒，对南部的伊博人和约鲁巴人等尤其敌视。2012年1月6日，"博科圣地"在阿达马瓦州杀害18名伊博人，随后2万多名伊博人和约鲁巴人逃离该州。2012年1月

---

① Bizuneh Yimenu, "Ethiopia's Complicated Barriers to Peace," *African Arguments*, 7 June, 2022.
② Jakkie Cilliers and Julia Schünemann, "The Future of Intrastate Conflict in Africa More Violence or Greater Peace?" Institute for Security Studies Paper, 2013.

20日，卡诺市10余个场所发生爆炸，导致数百人伤亡，恐惧和绝望的情绪弥漫，来自南方的移民纷纷逃奔自己的家乡。同样，"博科圣地"在北部的所作所为，也引起居住在南方的豪萨－富拉尼等族群的恐慌，因为一旦大规模的族裔—宗教性质的冲突爆发，他们亦不能幸免，南部族群激进分子大有人在，随时准备"以牙还牙，以眼还眼"。针对"博科圣地"的恐怖行为，伊博人的族群组织向所有居住在南方的豪萨－富拉尼等族下达了最后通牒，要求他们"滚回北方"。[①]不能不说这种族群与宗教合流的状况是"博科圣地"剿之不尽的重要原因。

自2016年伊斯兰恐怖组织的活动扩散至西非的布基纳法索，该地也逐渐成为恐怖主义的重灾区，最初在北部，后来不断向中北部和东部等地区蔓延。恐怖组织利用游牧的富拉尼人/颇尔人对贫困和政府腐败的不满，招募他们加入队伍，由此激化了与农业族群的紧张关系，使这里的恐怖主义形势更为复杂。如2020年4月9日，北部两个村庄遭遇袭击，造成至少43人死亡，两个村庄居住的是富拉尼牧民，他们被指控为恐怖分子或恐怖分子的同伙。当地媒体报道这是受到恐怖主义威胁的莫西族（Mossi）民兵组织所为。[②] 因恐怖主义催生的暴力加深了族群间的仇怨。

在南部非洲，莫桑比克最北端德尔加多角（Cabo Delgado）省的恐怖主义问题不容乐观。自2017年10月爆发第一起恐怖主义袭击以来，已经发生了大约300起此类事件。根据"武装冲突地点和事件数据库项目"（ACLED）统计，截至2020年4月，德尔加多角省的恐怖袭击已造成1100多人丧命。[③] 据有关人士分析，莫桑比克的恐怖势力部分与"伊斯兰国"（IS）存在某种关联，为该组织"中非省"分支；也有纯粹本土的极端主义教派，当地人称为"青年党"（al-Shabab）或"先知的信徒"（Ahlu Sunnah Wal Jammah）参与了暴力活动。[④] 德尔加多角为穆斯林占多数的省份，也是莫桑比克最贫穷的地区之一，贫困率、失业率和文盲率都很高。该省的马库阿（Makua）等族主要为穆斯林，自视被该地区的基督徒马孔德人（Makonde）支配和边缘化，激化了族裔—宗教矛盾，这也是导致

---

① Adagba Okpaga et al., "Activities of Boko Haram and Insecurity Question in Nigeria," *Arabian Journal of Business and Management Review* (OMAN Chapter), Vol. 1, No. 9, 2012.
② "In the News-Dozens Dead in Latest Burkina Faso Attack," *The New Humanitarian*, 10 March, 2020.
③ Joseph Hanlon, "1100 Deaths in Cabo Delgado Civil War," *Mozambique News Reports And Clippings*, 7 May, 2020.
④ Philip Kleinfeld, "Who's Behind the Violence in Mozambique's Cabo Delgado?" *The New Humanitarian*, 12 February, 2020.

恐怖主义横行的重要因素。

值得注意的是，在非洲的各次区域中，族群冲突的发展趋势和特征并非完全一致，区域之间存在差异，以下将简要梳理中部非洲、东部非洲、西部非洲和南部非洲的总体情况。

二 非洲次区域族群冲突的特征

中部非洲。在冷战结束后不久，中部非洲的武装冲突有所增加，1994年达到峰值，之后逐渐下降。在这一区域，几乎所有的武装冲突都是社会冲突，外部势力干预当地冲突或越境追剿叛乱集团是很常见的现象。冲突导致大量难民。这一地区的国家在独立后大都建立专制政权，但很快又陷入"无政府主义"状态，对国家的控制极为有限。刚果（金）的问题主要为资源争夺引发的族群冲突，加上跨境族群的复杂性以及邻国难民蜂拥而入，导致该国长期陷入政治动荡，在其东部地区的族群冲突至今仍高度活跃。20世纪90年代，卢旺达在经历惨无人道的种族灭绝后，冲突情况大为改善，如今是非洲最为安全和稳定的国家之一。进入21世纪，布隆迪的胡图族和图西族力图建立权力分享的联合政府，国内局势虽存在不少变数，但至少目前已趋于缓和。

东部非洲。该地区长期存在严重的武装冲突，暴力程度在所有非洲次区域中最高，冷战后依然如此。冲突的复杂性、持久性和高度暴力性，使冲突更难解决，当地普遍贫穷以及生态环境和社会系统的崩坏导致该地区"雪上加霜"。自20世纪80年代中期以来，这一地区中的难民人口和国内流离失所者，是中部非洲的两倍。在20世纪90年代初达到峰值后，难民数量曾有所下降，但随着2003年苏丹达尔富尔地区爆发严重暴力冲突，这一数字再次大幅攀升。2011年，南苏丹获得独立后，其内部的族群冲突也随之产生，导致大规模伤亡，2020年初成立民族联合过渡政府后停火，但小型冲突不曾停息。2020年，埃塞俄比亚则爆发了提格雷州与联邦政府的冲突，2022年底交战双方签署了停火协议，然而，其演变趋势尚未明朗。

西部非洲。除尼日利亚、马里和毛里塔尼亚外，很多西部非洲国家规模较小，人口不多，总体上暴力水平较低。然而，从1989年利比里亚内战开始，20世纪90年代的暴力水平上升，冲突事件数量急剧增加。自那时起，暴力活动蔓延至利比里亚周边地区。尼日利亚在稳定该区域的安全中发挥了关键作用，尽管它本身也困难重重，族群冲突肆虐。该地区冲突造成的破坏程度，虽然在某些地方相当严重，但较之中部和东部地区相对有限。近年来，恐怖主义渗透至布基纳法索、马里和尼日尔等国，构成了严重的安全威胁。

南部非洲。自20世纪90年代初以来，南部非洲的冲突状况有了显著改善。冷战期间，该区域经历了暴力程度极高的冲突，这在很大程度上是由于白人政府的种族隔离政策以及参与冷战各方力量的角逐和对抗。随着公开敌对行动的结束，大量难民重新定居或返回家园。此后尽管一些国家的紧张局势仍然存在，分歧也很普遍，但似乎没有什么特别动机需要再度动用武装冲突来解决争端。2002年，安哥拉游击队领导人若纳斯·萨文比（Jonas Savimbi）死后，"安哥拉人民解放运动"（The People's Movement for the Liberation of Angola）和"争取安哥拉彻底独立全国联盟"（National Union for the Total Independence of Angola）和解，这一地区的前景进一步趋于光明。[①]

总的来看，较之20世纪90年代，非洲国家冲突的总体状况有所缓和，但局部地区的暴力依然非常严重。当然，非洲国家的国内冲突不可能都是族群冲突，但由于族群这一主体与政治、资源和地缘都有极其密切的关系，很多冲突在动员和操控时往往都被打上"族群"的标签，赋予族性的意义。从冲突爆发的广度上看，族群冲突毫无疑问是非洲首屈一指的暴力形式，具体案例可见表3-1。

表3-1　20世纪50年代以来非洲国家主要的族群冲突

国家	起止时间	简要描述	死亡人数（万）
苏丹	1956~1972	南北之间的族群冲突	50
卢旺达	1959~1964	帕梅胡图党建立新卢旺达，镇压图西人	7.5
刚果（金）	1960~1965	加丹加省独立	10
埃塞俄比亚	1962~1973	厄立特里亚人暴动	0.2
肯尼亚	1964~1966	索马里分裂分子	0.1
布隆迪	1965	胡图与图西人的族群冲突	0.5
乍得	1965~1994	内战	7.5
尼日利亚	1966	镇压伊博人	2

---

① 次区域方面的内容主要参考了 Monty G. Marshall, *Conflict Trends in Africa, 1946 – 2004: A Macro-Comparative Perspective*, London: Panos Pictures, 2006, pp. 18 – 26。

续表

国家	起止时间	简要描述	死亡人数（万）
乌干达	1966	巴干达地区族群冲突	0.2
尼日利亚	1966~1970	伊博人的比夫拉分离运动	100（最高估计300）
乌干达	1971~1978	族群战争	25
布隆迪	1972	针对图西人的屠杀	0.2
布隆迪	1972~1973	镇压胡图人	10
津巴布韦	1972~1979	土著与白人之间的冲突	2
埃塞俄比亚	1974~1991	族群战争	75
安哥拉	1975~2002	内战	100（最高估计150）
南非	1976	族群暴力	0.1
埃塞俄比亚	1977~1979	索马里人的分离运动	1
刚果（金）	1977~1983	萨巴人分离主义	1
尼日利亚	1980~1985	穆斯林族群的骚乱	0.9
加纳	1981	康孔巴人与纳姆巴人的冲突	0.1
津巴布韦	1981~1987	恩德贝勒人的族群暴力	0.1
莫桑比克	1981~1992	内战	50（最高估计100）
苏丹	1983~2002	南北之间的族群冲突	100（最高估计230）
刚果（金）	1984	族群冲突	0.1
尼日利亚	1986~1993	穆斯林与基督徒的冲突	1
乌干达	1986~2004	兰戈人与阿乔利人之间的冲突；"上帝反抗军"	1.2
布隆迪	1988	针对图西人的暴力	1（最高估计5）
索马里	1988	族群冲突	5
卢旺达	1990~1994	图西叛军与胡图政府	1.5
马里	1990~1995	图阿雷格人的族群暴力	0.1
利比里亚	1990~1997	内战	4（最高估计20）
尼日尔	1990~1997	阿扎瓦德人与图布人的冲突	0.1
布隆迪	1991	族群暴力	0.1
肯尼亚	1991~1993	卡伦金人、马赛人、基库尤人的冲突	0.2
塞拉利昂	1991~2001	关于门迪人的族群冲突	2.5
刚果（金）	1992~1996	族群暴力	1
塞内加尔	1992~1999	族群暴力	0.3
刚果（布）	1993	族群暴力	0.2

续表

国家	起止时间	简要描述	死亡人数（万）
布隆迪	1993~2006	针对胡图人的暴力	10（最高估计20）
卢旺达	1994	主要针对图西人的暴力	50（最高估计100）
加纳	1994	族群暴力	0.1
卢旺达	1994~1998	胡图人与图西政权的冲突	1.5
刚果（金）	1996~2008	推翻蒙博托后的内战	540
尼日利亚	1997~2009	尼日尔三角洲族群冲突	0.15
埃塞俄比亚	1999~2000	奥罗莫分离运动	0.2
尼日利亚	2001年至今	高原州、卡诺州的穆斯林与基督徒族群冲突	超过5.5
科特迪瓦	2002~2007	族群化的内战	0.2
苏丹	2003~2006	达尔富尔冲突	30
乍得	2005~2010	内战	0.7
马里、尼日尔	2007~2009	族群暴力，图阿雷格人第二次反叛	0.02
肯尼亚	2007~2008	总统大选暴力	0.1
马里	2012	图阿雷格人第三次反叛	0.02
中非共和国	2012年至今	族群与宗教冲突	超过0.5
南苏丹	2013~2020	族群混战	5（最高估计30）
刚果（金）	2013年至今	特瓦人与卢巴人冲突	0.01
布隆迪	2015	族群冲突	0.1
刚果（金）	2016年至今	族群冲突	0.5
喀麦隆	2017年至今	英语区分离运动	0.5
埃塞俄比亚	2020~2022	族群冲突	16.2（最高估计37.8）

资料来源：2005年之前的族群冲突主要参考Monty G. Marshall, *Conflict Trends in Africa, 1946-2004: A Macro-Comparative Perspective*, London：Panos Pictures, 2006, pp. 41-44；2005年之后的族群冲突主要参考维基百科（Wikipedia）①"List of Conflicts in Africa"，https：//en. wikipedia. org/wiki/List_of_conflicts_in_Africa。

  表3-1所列的有代表性的族群冲突表明，非洲人民普遍倾向于诉诸族群情感，希望借助它的力量解决自身的生存困难。当这种愿望相互交错、相互竞争、

---

① 笔者认为非洲发生的族群冲突是一种确定性的事实，维基百科的客观记录可信度较高，因而将之作为参考资料。

相互抵制，由此所汇聚的力量汹涌磅礴时，残酷的冲突就在所难免。鉴于当前的现实状况，看不出有哪个族群会完全不去重蹈这样的覆辙。按照伊罗生的说法，族群暴力的程度由彼此的政治关系与利益互动而定，从漠不关心到剥削、轻视、压榨甚至屠杀，不一而足。[1] 然而，如果从理论化的角度来看，了解非洲族群冲突的内在逻辑与客观特征，还需要建立在更系统的类型学分析之上。

第二节 非洲族群冲突的类型

根据第二章类型学理论中界定族群冲突的辨识性、概括性与学术性原则，且在经验事实的基础上，将非洲的族群冲突类型归纳如下：除"民族分离运动"外，一般性族群冲突由"种族灭绝"、"选举型族群冲突"以及"资源型族群冲突"三种特征明显的族群冲突构成。民族分离运动是非洲民族国家内部族群冲突的最高形态，是某个或某些族群企图"另造国家"的行为；种族灭绝，是施害者利用强大的国家机器或武装力量，针对特定族群施行的灭绝行为；民主选举是当前非洲最重要的政治博弈场域，所产生的冲突是人们利用族群分歧进行"零和"游戏的结果；石油、金属矿产等资源是炙手可热的宝贵财富，却往往演变成可怕的"资源诅咒"，而土地、牧场、水源等基础性资源是与非洲人口占绝大多数的农业人口息息相关的"生命之源"，基于这些资源的冲突基本上覆盖了非洲绝大部分国家，是数量和样本最多的非洲族群冲突。为了说明本项工作的可行性与客观性，下文将从学理维度分别揭示各类型的理论内涵，并列举所属类型的主要样本，然后在非洲具体的个案实例中予以检验。

一 民族分离主义运动

在"20世纪三次民族主义浪潮"中，既有恢宏的民族解放运动，也有民族主义"变体的"（Variant）民族分离运动。[2] 民族解放运动强调的是"独立"（independence），指殖民地、被压迫族群脱离原宗主国成为新的主权国家的行为，更加接近去殖民化（decolonization）的含义，多用于比较积极的、正面的

---

[1] 〔美〕哈罗德·伊罗生：《群氓之族：群体认同与政治变迁》，邓伯宸译，广西师范大学出版社，2008，第267页。

[2] Jason Sorens, *Secessionism: Identity, Interest, and Strategy*, Montreal: McGill-Queen's University Press, 2012, p. 8.

场合。① 正如1960年联合国大会通过"第1514号决议",向殖民地国家发出民族独立的号召。② 英文表达"分离"的单词主要有"separation"和"secession":前者的含义比较含糊(vague),涵盖所有希望减少中央控制的政治疏离(political alienation)情况,包括诸如希望实现地方分权、区域自治等诉求,也包括割裂国家的行动;后者是一个更为狭义、具体的术语,指"一个或多个群体要求正式脱离中央政治权力轨道的行为"。③ 因此,中文语境中的"分离"/"分裂"大致对应的是"secession",暗含消极性与负面性。分离运动大都会诉诸暴力,而且有学者指出,几乎所有的分离危机都能演变为族群冲突。④

从理论和实践来看,民族解放运动与民族分离运动具有本质上的差异,是两种完全不同类型的民族主义运动。但它们也存在一定的共性:都以建立拥有主权的民族国家为终极目标;两者的行为主体都将成为未来民族国家的"民族"。这个民族可能是单一族群,也可能是众多族群的联盟,以后一种情况居多。因为就民族主义运动而言,领土是最基本的行动诉求,但该领土内完全由单一族群聚居的情况很少,通常是多族群杂居,故民族主义者可能仅仅是一种"想象的共同体"。使他们成为"民族"的,是其对某一共同利益的追求和相互间伙伴关系的承认。⑤ 的确,争取独立的非洲殖民地国家大都由数个、数十个甚至数百个群体构成,汇聚在民族解放运动的旗帜之下。民族分离运动同样如此,南苏丹的分离运动以丁卡人和努尔人为首,另有大量少数族群参与,他们(尤其是努尔人与丁卡人)的内部竞争激烈,矛盾重重,只不过面对北部阿拉伯人时能够同仇敌忾,凝聚团结力量;厄立特里亚的提格雷亚人(Tigray)占该国人口的50%,但在这场分离运动中也有31个其他族群被卷入其中。

在非洲,上述两种运动有着次序上的递进性,即先通过民族解放运动建立国家,然后才有民族分离运动。对于民族分离主义运动,非洲统一组织及其后继者

---

① 周光俊:《何种分离?谁之命运?——一项关于分离运动概念的梳理》,《世界经济与政治》2017年第10期。
② 《准许殖民地国家及民族独立之宣言》,联合国大会第1514号决议,1960年12月14日,https://www.un.org/zh/documents/view_doc.asp?symbol=A/RES/1514(XV)。
③ John R. Wood, "Secession: A Comparative Analytical Framework," *Canadian Journal of Political Science*, Vol. 14, No. 1, 1981.
④ Stephen M. Saideman, "Explaining the International Relations of Secessionist Conflicts: Vulnerability Versus Ethnic Ties," *International Organization*, Vol. 51, No. 4, 1997.
⑤ 张国清、王子谦:《21世纪分离主义:原因、趋势和教训》,《浙江社会科学》2017年第2期。

非洲联盟都明确表示反对,其中非统早在1964年就确立了"所有成员国保证尊重它们在实现国家独立时所存在的边界"的主张。[1]该组织对国家间的边界战争以及分裂国家的行为都抱有不言而喻的警惕与警醒。[2] 然而事与愿违,一些非洲国家独立伊始就面临民族分离运动,如刚果(金)的加丹加共和国(Republic of Katanga)1960~1963年分离,尼日利亚比夫拉共和国(Republic of Biafra)1967~1970年分离,然而最后都以失败告终。另有一定数量长期处于僵持状态的分离运动,如安哥拉的卡宾达(Cabinda)分离运动、塞内加尔的卡萨芒斯(Casamance)分离运动、喀麦隆的亚巴佐尼亚(Ambazonia)分离运动、马里与尼日尔的图阿雷格人分离运动,以及坦桑尼亚的桑给巴尔分离运动等。成功的分离仅有1993年厄立特里亚脱离埃塞俄比亚、2011年南苏丹脱离苏丹独立建国。索马里的索马里兰(Somaliland)情况更为特殊,尽管已实现事实上的分离,但未获得广泛国际认可(见表3-2)。

表3-2 非洲国家主要民族分离运动

国家	起止时间	简要描述
苏丹	1955~2011	自1955年始,南北苏丹经过两次内战,2011年南苏丹取得独立
埃塞俄比亚	1958~1993	以1958年厄立特里亚解放运动(The Eritrean Liberation Movement)组织的形成为分离标志,经过数十年斗争,1993年厄立特里亚获得独立
刚果(金)	1960~1963	1960年7月11日,刚果(金)刚独立11天,莫伊兹·冲伯(Moise Tshombe)就宣布加丹加独立。这一次分离与刚果(金)殖民历史、外部干预、加丹加的矿产资源及复杂的族群结构都有千丝万缕的联系。目前,加丹加的分离组织依然活跃
安哥拉	1963	1963年非统将卡宾达与安哥拉并列为待解放的两块殖民地,同年分离组织卡宾达解放阵线(Front for the Liberation of the Enclave of Cabinda)成立,曾单方面宣布独立
尼日利亚	1966	1966年2月,尼日尔三角洲出现了以撒·阿达卡·波诺(Isaac Adaka Boro)等伊乔人为首的分离主义运动,宣布建立"三角洲人民共和国",但仅存在12天

---

[1] Kidane Mengisteab, "The OAU Doctrine on Colonial Boundaries and Conflicts of Separation in the Horn of Africa," in Redie Bereketeab, ed., *Self-Determination and Secession in Africa: The Post-Colonial State*, London: Routledge, 2015, p. 38.
[2] Saadia Touval, "The Organization of African Unity and African Borders," *International Organization*, Vol. 21, No. 1, 1967.

续表

国家	起止时间	简要描述
尼日利亚	1967~1970	1967年5月30日，伊博族在军事首脑楚奥朱古的领导下正式脱离联邦，成立"比夫拉共和国"，尼日利亚内战拉开序幕，三年后方告结束
索马里	1981~1991	1981年，索马里北区伊萨克氏族成立索马里民族运动反抗政府，经过10余年的斗争，宣布建立索马里兰共和国
塞内加尔	1982年至今	卡萨芒斯是对塞内加尔南部地区的统称，长期以来此地的主体族群朱拉人（Jola）试图从塞内加尔分离出去，建立自己的独立国家，由此引发了卡萨芒斯的分离主义问题
喀麦隆	1990年至今	喀麦隆以英语为母语的西南、西北地区与该国占主导地位的法语地区之间的关系一直都很紧张。英语区族群不满于被边缘化的境遇，要求自治，一些激进者走得更远，其目标是独立，建立"亚巴佐尼亚"共和国。此处以1990年社会民主阵线（Social Democratic Front）的成立为分离运动标志
坦桑尼亚	2008年至今	1964年，坦噶尼喀（大陆）与桑给巴尔合并形成坦桑尼亚联合共和国。桑给巴尔具有半自治的权利，与大陆的紧张关系具有周期性，通常将"分裂"和"主权"的威胁作为一种博弈的筹码。但2008年，12名桑给巴尔领导人付诸行动，向联合国驻达累斯萨拉姆代表递交了一份要求脱离坦桑尼亚的申请书，由1万名当地人联名签署，使事态更加复杂化
马里、尼日尔	2012年至今	图阿雷格人的民族主义在20世纪50年代开始形成，在20世纪90年代的反叛中得到更广泛、更有组织的体现。2012年阿扎瓦德民族解放运动（National Movement for the Liberation of Azawad）在马里成立后，正式表达对独立的追求

资料来源：Gunnar M. Sørbø and Abdel Ghaffar M. Ahmed，eds.，*Sudan Divided Continuing Conflict in a Contested State*，New York：Palgrave Macmillan，2013，pp. 25-43；〔美〕萨义德·A. 阿德朱莫比：《埃塞俄比亚史》，董小川译，商务印书馆，2009，第134页；Lotje de Vries et al，eds.，*Secessionism in African Politics: Aspiration, Grievance, Performance, Disenchantment*，New York：Palgrave Macmillan，2019，pp. 24-362；Brock Lyle，"Blood for Oil: Secession, Self-Determination, and Superpower Silence in Cabinda，"*Washington University Global Studies Law Review*，Vol. 4，No. 3，2005；Wilson Akpan，"Ethnic Diversity and Conflict in Nigeria: Lessons from the Niger Delta Crisis，"*African Journal on Conflict Resolution*，Vol. 7，No. 2，2007；王涛、王璐晞：《卡萨芒斯分离主义运动的发展、影响及启示》，《世界民族》2017年第2期；Mark Bradbury，*Becoming Somaliland*，Oxford：James Currey，2008，p. 61；International Crisis Group，"Cameroon's Anglophone Crisis at the Crossroads，"*Africa Report*，No. 250，2017；Terence McNamee，"The First Crack in Africa's Map? Secession and Self-Determination after South Sudan，"The Brenthurst Foundation Discussion Paper，No. 1，2012。

索马里兰分离运动

索马里人（Somali）居住于非洲大陆东北端约40万平方公里的土地之上，

大致呈六大氏族（clan）聚居的状态，即迪尔（Dir）、伊萨克（Isaq）、哈维耶（Hawiye）、达鲁德（Darod）、迪吉尔（Digil）、拉汉文（Rahanweyn）。其中前四个氏族多为游牧民，被称为萨马勒（Samale），人口占绝对多数；后两个氏族更倾向于农耕，被称为萨卜（Sab）。索马里人主要分为萨卜人与萨马勒人。但两者的起源拥有共同的历史传说，其语言、文化传统、风俗习惯的共性超越局部分歧，伊斯兰教更强化了这些共同因素，将它们统合起来。① 从客观特征观之，索马里人似乎更符合某种意义上的民族（nation）概念（然而，索马里历史上从未形成过统一的共同体），而这些氏族则有族群（ethnic group）的特征。②

殖民时期，索马里人所在区域被人为分割成五大块，即法属索马里（今吉布提）、埃塞俄比亚欧加登（ogaden）地区、肯尼亚东北部、后来合并到索马里现代国家的意属索马里与英属索马里。各氏族人口在不同殖民地的分布有明显差异，英属索马里（索马里北部）以伊萨克人居多（70%），人口构成相对单一；意属索马里（索马里南部）虽以达鲁德人与哈维耶人为主，但人口构成较为复杂。③英国人采取较少干预的间接统治政策，留下的殖民遗产是：殖民地内经济落后和边缘化，传统政治结构几乎"原封未动"。所以有学者将英属索马里的殖民经历称为"善意忽视"（benign neglect）。意大利则奉行直接统治策略，在索马里南部引进一套全新的制度：经济集中规划、国家拨款全力支持建立大型企业，迫使地方生产者融入日益集中的国民经济中。在社会文化领域，为了迈入"现代"社会，索马里人的日常实践、价值观和语言被视为一种落后的障碍而需"扫除"。④ 随着殖民统治的深入，两个殖民地之间的鸿沟不断加大。

但在民族解放运动的巨大感召力下，1960年，意属和英属索马里求同存异，合并建立"索马里共和国"，于是两地也成为一个国家内部的南区和北区。独立后南北之间存在较为严重的权力失衡现象，新政府的总统、总理、外交部和内政

---

① 〔英〕I. M. 刘易斯：《索马里史》，赵俊译，东方出版中心，2012，第 4～15 页。
② 大多数研究索马里冲突的文献都将"族性"（ethnicity）和"竞争性身份"（contested identity）放在首位。具体而言，这些文献认为族性或族裔—原生论为冲突的主要原因。参见 Abdulahi A. Osman, "Cultural Diversity and the Somali Conflict: Myth or Reality?" *African Journal on Conflict Resolution*, Vol. 7, No. 2, 2007。
③ Michael Walls, "The Emergence of a Somali State: Building Peace from Civil War in Somaliland," *African Affairs*, Vol. 108, No. 432, 2009.
④ Louise W. Moe, "Somaliland Report," The University of Queensland Research Project: Addressing legitimacy Issues in Fragile Post-Conflict Situations to Advance Conflict Transformation and Peace-building, 2013.

部部长等重要职位皆由南方人担任；立法机关合并后组成一个拥有123个席位的国民议会，南区占90席，北区只占33席。在这种情况下，北方人对南北合并的热情逐渐消退。1961年6月，对宪法草案进行全民公投，北区投票率仅为15.4%，且其中超过一半人投了反对票；同年12月，一群北方军官在北区发动军事政变，曾短暂控制北区的主要城镇。基于此，索马里政府做出一些努力，让北区的局势明显稳定下来，许多人认为1962年后的几年国家充满希望和进步。①

1969年，穆罕默德·西亚德·巴雷（Mohamed Siad Barre）发动政变，建立军事独裁政权。该政权表面上根除"氏族主义"，但却不动声色地编织了一张氏族化的裙带主义关系网，成员主要来自达鲁德亚氏族的马雷罕（Mareehaa）、欧加登（Ogaadeen）以及杜尔巴亨特（Dhulbahante），组成著名的"MOD同盟"（MOD Coalition），把持权力，引发包括北区在内的人民强烈不满。② 1977~1978年，索马里在与埃塞俄比亚的"欧加登战争"中失败，将这种不满推向高潮。北区人民，主要是伊萨克氏族走上了反抗强权最终分离的道路。

1981年4月，一群居住在沙特阿拉伯的伊萨克移民建立了索马里民族运动（Somali National Movement，简称"索民运"），并于同年5月18日在伦敦正式宣布成立。索民运最初只是一种针对国家的"改革性反叛"（reform insurgency）运动，旨在重组政府。1988年后，它才开始发展成为"分裂主义反叛"（separatist insurgency）运动。③ 但有证据显示，早在1981年索民运内部就出现了关于分离的辩论，有人认为"只有一小群知识分子相信索马里将保持统一"。以伊萨克人为主的另一异见团体"飓风"（Hurricane）在1981年6月26日（北区脱离英国统治的纪念日）秘密聚集时也提及了分离之事。然而，由于担心潜在的政治影响，索民运一直没有公开表达过独立的愿望。④

索民运最初在埃塞俄比亚设立基地，1988年转向索马里境内，与政府军的斗争不断升级。在斗争过程中，"北区看起来就像是一个受外国军事暴政压迫的

---

① Michael Walls, "State Formation in Somaliland: Bringing Deliberation to Institutionalism," Ph. D. Dissertation, University College London, 2011, pp. 112-113.
② Abdisalam M. Issa-Salwe, *The Collapse of the Somali State: The Impact of the Colonial Legacy*, London: HAAN Publishing, 1996, p. 74.
③ Mark Bradbury, *Becoming Somaliland*, Oxford: James Currey, 2008, p. 61.
④ Dominik Balthasar, "State-Making in Somalia and Somaliland Understanding War, Nationalism and State Trajectories as Processes of Institutional and Socio-Cognitive Standardization," Ph. D. Dissertation, London School of Economics, 2012, p. 35.

殖民地"。① 为了剿灭索民运，西亚德政权甚至动用空军在北区主要城市哈尔格萨（Hargeysa）与布尔奥（Burao）实行无差别轰炸，不仅摧毁了两座城，还导致5万~6万伊萨克族平民死亡，并造成大规模民众流离失所。② 由于战斗激烈，伤亡惨重，严重威胁到伊萨克人的生存，该族的传统领袖纷纷出山，挑选长老建立名为古尔提（Guurti）的咨询机构，有效提高了整个族群动员和组织的能力，为打赢战争奠定了基础。同时，平民遭受屠杀、族群遭到迫害的创伤被深深铭刻在伊萨克人的集体记忆中，促使其族群认同向"民族认同"转化。

1991年1月，西亚德政权被推翻时，索民运已在西北部扫荡残余的政府军。1991年5月18日索民运宣布北区独立，成立"索马里兰共和国"。因此，索马里重新回到殖民时期两个政治单位的状态。只是关于索马里兰国家的地位，还将长期陷入争取国际承认的"拉锯战"中。根据目前索马里、非盟与国际社会的态度，索马里兰所谓的独立很可能只是一厢情愿。

二 种族灭绝

本书所指"种族灭绝"或"灭绝种族"，其对应的英文单词是"genocide"，也可翻译为"种族大屠杀"或简称"大屠杀"，比如广泛使用的"卢旺达大屠杀"，甚至基本上取代了种族灭绝的用法。③ 英文文献中原本不存在"genocide"一词，它较晚才被创造出来。1943年，波兰裔美国法律专家拉斐尔·莱姆金（Raphael Lemkin）将希腊文"genos"（表达人种或部落等群体性用词）④ 和拉丁文"cide"（意为杀戮）两词意思叠加创造了genocide。莱姆金为其赋予的定义为："有组织地实行各种行动，目的在于破坏民族群体的生活根基，以消灭这些群体。"⑤ 该词最初的概念并不清晰，因为莱姆金没有将之与其他形式的大规模暴力充分区分开来。然而，他是第一个强调种族灭绝是对"集体"构成生存威

---

① Ioan M. Lewis, *Understanding Somalia and Somaliland: Culture, History, Society*, New York: Columbia University Press, 2008, p.74.
② *Somalia: A Government at War with Its Own People—Testimonies about the Killings and the Conflict in the North*, Africa Watch Committee, 1990.
③ 笔者赞同"大屠杀"的译法，但本书统一采用"种族灭绝"。
④ 徐晓旭：《古代希腊人的族群话语》，《古代文明》2017年第2期。
⑤ 〔美〕萨姆·麦克法兰：《拉斐尔·莱姆金：种族灭绝如何成为一种罪行》，化宇、黄飞翔译，《人权》2017年第2期。

胁的人。这个集体指的是基于种族、族裔或宗教的多元性群体。① 这种观点成为后来联合国认识种族灭绝的基础。

二战结束后，基于对现实状况的判断，人们逐渐认识到 genocide 一词具有如此普遍的适用性，从而引发对种族灭绝的恐惧和担忧。在莱姆金等专业人士的推动下，1948年12月9日，联合国大会通过了《防止及惩治灭绝种族罪公约》，希望以国际公约的形式阻止种族灭绝行为的发生。公约内所称灭绝种族系指蓄意全部或局部消灭某一民族、人种、种族或宗教团体，犯有下列行为之一者：

(1) 杀害该团体的成员；
(2) 致使该团体的成员在身体上或精神上遭受严重伤害；
(3) 故意使该团体处于某种生活状况下，以毁灭其全部或局部的生命；
(4) 强制施行办法，意图防止该团体内的生育；
(5) 强迫转移该团体的儿童至另一团体。②

联合国的视角主要以受害者为中心，在此基础上，也有强调实施者的维度。这种观点认为，种族灭绝行为，还需观察当时国家的主流意识形态、权力结构中的权力关系、统治精英的动机，以及最重要的——实施者的身份（国家或其代理人）。③ 因为群体性暴力不会无缘无故地发生，必须有人来组织和谋划，大型而持久的破坏性行动需要极大的野心。他们要让人相信暴力是达成新秩序的手段，并且这个新秩序背后的理念很可能是罪恶的或客观上是非常愚蠢的，它必须做到极致的简洁和绝对化。④ 若将侧重种族灭绝对象与执行主体两种视野综合起来，更有助于理解种族灭绝的本质。也就是说，种族灭绝应指的是国家及其代理人执行或实施，并导致某个/些群体遭受侵害以致大规模伤亡的暴力行为。

然而，尽管有联合国的"权威"表述，也有一些学者另辟蹊径地完善，但

---

① Karl Cordell and Stefan Wolff, eds., *Routledge Handbook of Ethnic Conflict*, London and New York: Routledge, 2011, pp. 123 – 136.
② 《防止及惩治灭绝种族罪公约》（中文版），联合国大会1948年12月9日通过，第260A (III) 号。
③ Barbara Harff and Ted Robert Gurr, "Toward Empirical Theory of Genocides and Politicides: Identification and Measurement of Cases since 1945," *International Studies Quarterly*, Vol. 32, No. 3, 1988.
④ 〔美〕菲利普·古雷维奇：《向您告知，明天我们一家就要被杀：卢旺达大屠杀纪事》，李磊译，南京大学出版社，2020，第13页。

对于具体的种族灭绝行为有许多差异性看法。例如，历史学家斯蒂芬·卡兹（Stephan Katz）认为只有对犹太人的屠杀才符合种族灭绝特征，而心理学家伊斯拉尔·查尼（Israe Charny）认为所有屠杀（包括切尔诺贝利那样的工业灾难）都是种族灭绝；[①] 英国著名社会学家齐格蒙·鲍曼（Zygmunt Bauman）在其发人深省的经典著作《现代性与大屠杀》（*Modernity and the Holocaust*）一书中使用的是"Holocaust"一词，他主要讨论的是现代性背景下纳粹德国对犹太人惨无人道的大屠杀，这种大屠杀毫无疑问是"种族灭绝"性的。[②] 当然，种族灭绝的认定并不只是概念上的问题，它还牵涉到复杂的国际政治因素。最典型者莫过于苏丹"达尔富尔危机"（Darfur Crisis），它是否属于"种族灭绝"引起国际社会的极大争论。[③]

非洲其他国家，存在几个相对有一定共识的种族灭绝案例。芭芭拉·哈尔夫（Barbara Harff）与泰德·罗伯特·戈尔（Ted Robert Gurr）梳理了自二战后至1985年全球的灭绝史，并将之区分为"政治灭绝"（politicide）与"种族灭绝"，前者的被灭绝对象主要根据他们的阶级地位、对政权或统治集团的敌对性来判断；后者的被灭绝对象根据族性、宗教或国籍［非洲主要有苏丹、刚果（金）、布隆迪、尼日利亚、卢旺达等］等来区分。[④] 帕德·巴德鲁（Pade Badru）在分析卢旺达、刚果（金）、利比里亚、索马里、布隆迪等国的族群冲突时，使用了"genocide"一词；[⑤] 德克·摩西（Dirk Moses）与拉塞·海滕（Lasse Heerten）认定尼日利亚比夫拉内战中存在种族灭绝行为；[⑥] 蒂莫西·J.斯泰普尔顿（Timothy J. Stapleton）在其著作中梳理了非洲种族灭绝史，被纳入其视野的国家为：

---

① Jacques Semelin, "From Massacre to the Genocidal Process," *International Social Sciences Journal*, No. 54, No. 174, 2002.

② 〔英〕齐格蒙·鲍曼:《现代性与大屠杀》，杨渝东等译，译林出版社，2002。

③ 包括联合国、非盟、中国在内的国际组织与国家认为达尔富尔冲突不能被称为种族灭绝，而以美国为首的一些西方国家则持针锋相对的意见。参见王锁劳《达尔富尔"灭绝种族论"剖析》，《亚非纵横》2008年第6期。

④ Barbara Harff and Ted Robert Gurr, "Toward Empirical Theory of Genocides and Politicides: Identification and Measurement of Cases since 1945," *International Studies Quarterly*, Vol. 32, No. 3, 1988.

⑤ Pade Badru, "Ethnic Conflict and State Formation in Post-Colonial Africa: A Comparative Study of Ethnic Genocide in the Congo, Liberia, Nigeria, and Rwanda-Burundi," *Journal of Third World Studies*, Vol. 27, No. 2, 2010.

⑥ A. Dirk Moses and Lasse Heerten, eds., *Postcolonial Conflict and the Question of Genocide: The Nigeria-Biafra War, 1967–1970*, New York: Routledge, 2018.

纳米比亚（殖民时期德国人针对赫雷罗人的屠杀）、卢旺达、布隆迪、南非、苏丹和南苏丹、刚果（金）以及尼日利亚。① 综上所述，在非洲发生的被称为种族灭绝的行为，基本都发生在族群冲突激烈的国家，卢旺达与布隆迪两国尤为惨烈（见表3-3）。下文以1972年的布隆迪种族灭绝为案例，力图揭示非洲国家族群冲突中种族灭绝的残酷性。

表3-3 非洲主要种族灭绝（被界定为民族分离运动的尼日利亚内战、索马里内战、苏丹内战等未被列入）

国家	起止时间	简要描述
卢旺达	1963~1964 1994	5000~1.4万名图西人被杀害 50万~100万名图西人被杀害
布隆迪	1972 1993	10万~15万名胡图人被杀害 10万~20万名图西人被杀害
刚果（金）	1960	首任总理帕特里斯·卢蒙巴被联合国秘书长指控策划了针对卢巴人的种族灭绝
南非	1967	联合国人权委员会指出，南非的种族隔离制度可能违反了1948年《防止及惩治灭绝种族罪公约》的某些方面

资料来源：James Jay Carney, "From Democratization to Ethnic Revolution: Catholic Politics in Rwanda, 1950-1962," Ph. D. Dissertation, Catholic University of America, 2011, p. 361; René Lemarchand, "The Burundi Genocide," in Samuel Totten et al., eds., *Century of Genocide: Critical Essays and Eyewitness Accounts*, New York: Routledge, 2004, p. 325; Ellen K. Eggers, *Historical Dictionary of Burundi*, Oxford: The Scarecrow Press, 2006, p. xxxiii; Timothy J. Stapleton, *A History of Genocide in Africa*, New York: Praeger, 2017, pp. 4-5。

1972年布隆迪种族灭绝

布隆迪与卢旺达毗邻，两国的历史、文化、社会习惯极为相似。就族群结构而言，都只有三个族群，即胡图族、图西族和特瓦族（Twa），分别占全国人口的84%、15%和1%。图西人在历史上一直处于统治地位，且两国的现代国家雏形为图西人建立的两个古代王国；被殖民的经历也大致相仿，20世纪60年代初在民族解放运动浪潮中先后独立。但与卢旺达胡图"革命"的独立方式不同，布隆迪独立过程中的政治格局没有产生根本性变动，图西人依然牢牢掌控国家权力，但也日益受到胡图族的强力挑战。

① Timothy J. Stapleton, *A History of Genocide in Africa*, California: Praeger, 2017.

1965年5月，布隆迪举行第一次国民议会选举，胡图族候选人获得压倒性优势，在总共33个席位中赢得23席。然而这一胜利何其虚幻，在图西统治者的高压下不堪一击，胡图人的选举成果被强行剥夺。胡图族精英做出愤怒反应，发动了一场未遂政变，随后还对图西族人有零星袭击。图西军队和宪兵部队迅速采取报复行动，逮捕并枪杀了86名胡图族政治家和军官。1969年以"密谋叛国"罪名逮捕70名胡图人，25名被判处死刑，其中19人被立即执行。① 在镇压中幸存下来的胡图族精英看来，诉诸武力越来越被视为唯一可行的选择。首都布琼布拉（Bujumbura）的胡图族大学生尤其活跃，在对待胡图—图西族际关系的问题上态度强硬。据可靠记载，1972年4月煽动"胡图反叛"的就是三位大学生。

1972年4月29日，胡图人在南部的尼亚萨-拉克-鲁蒙格（Nyanza-Lac-Rumonge）、西部的布琼布拉、中部的基特加（Kitega）和东部的坎库扎（Cankuza）等地同时发动袭击。最初的攻击目标是图西人控制的军营、警察局和政府电台等，但失控之后开始不分青红皂白地杀害图西族人，死亡总人数大约为2000人。② 图西人的报复来的急速而猛烈，从4月30日起，一场名副其实的种族灭绝开始了。胡图族的四位部长和一众高官，然后是普通公务员、白领、学生，最后甚至是中学生、工人和仆人等，都在布琼布拉被捕，用军用卡车运送到臭名昭著的姆平巴（Mpimba）监狱，在那里被殴打致死或处决。成千上万人就这样消失了，其遗体被推土机掩埋在首都郊区的沙坑中。③ 镇压从首都迅速蔓延到其他地区，一夕间，布隆迪仿佛成了人间地狱，具体情况可以通过当时国际社会的反应窥视一二。

该年5月29日，比利时首相表示，布隆迪正面临"真正的种族灭绝"。6月12日，美国参议员约翰·V.滕尼（John V. Tunney）在新闻报道中了解到有10多万名胡图人丧生时说，即使冲突符合联合国对国内事务的定义，"国际社会也无法逃避其道义责任"。6月21日美国驻布隆迪大使馆的电报报道了布隆迪"选择性种族灭绝"（selective genocide），并描述了胡图族精英以及平民和难民被活埋或处决的情景。7月4日，联合国秘书长库尔特·瓦尔德海姆（Kurt Wald-

---

① René Lemarchand, "The Burundi Genocide," in Samuel Totten et al., eds., *Century of Genocide: Critical Essays and Eyewitness Accounts*, New York: Routledge, 2004, p. 324.
② Warren Weinstein, "Burundi: Alternatives to Violence," *African Issues*, Vol. 5, No. 2, 1975.
③ Romain Forscher, "The Burundi Massacres: Tribalism in Black Africa," *International Journal of Politics*, Vol. 4, No. 4, 1974–1975.

heim) 表示，死亡人数可能高达20万人。8月，一份美国大学实地调研报告称，全国只剩下一位胡图族护士，只有1000名胡图族中学生在大屠杀中幸存。12月12日，美国国际开发署救灾办公室得出结论："布隆迪所发生之事是1972年全球最严重的灾难。"① 总之，1972年5月到8月短短的3个月间，可能有10万名到15万名胡图人在图西军队的屠杀中丧生（这比胡图反对派声称的30万人少得多，比布隆迪当局最初提到的1.5万人多得多）。虽然这一事件远比不上20余年后卢旺达种族灭绝产生的国际影响力，但深深铭刻在胡图人民的集体记忆中。②

从理论和实践上来说，1972年布隆迪图西人针对胡图人的暴力，确实是一场按族群界限实施的种族灭绝。首先，布隆迪当局组织策划和实施屠杀行动，高级军官、执政的民族进步联盟（The Union for National Progress）领导人和一些部长，督促大规模逮捕，鼓励人们提供情报，以"系统性地解决一代人的问题"。其次，被屠杀的目标明确，胡图族精英和平民都在被消灭的范畴。成千上万的胡图人家破人亡，只是因为图西邻居觊觎他们的土地、欠他们的债，或在民事诉讼中输掉官司。③ 1972年种族灭绝对布隆迪产生了毁灭性影响，造成了胡图族和图西族之间更为严重的裂痕；另一个直接后果是将接受过教育的胡图族精英以及胡图军官和军士铲除干净，为该族一族统治铺平道路。

三 选举冲突

在众多治理族群冲突的方法、理论和实践中，最具吸引力的是西方民主模式。④ 因为从理论上说，较之专制或集权体制下的强制镇压，民主化在制度层面提供解决冲突的渠道。然而，民主制是否确实有效，或如何才能发挥其调节作用，仍是一个有争议的问题。更令人大跌眼镜的是，在非洲、亚洲和东欧一些断裂型多族群国家，竞争性选举的民主制度不但没有弥合社会分歧，发挥政治的整合功能，控制社会分裂，反而更加激化了原本就相当棘手的族群关系问题，引发

---

① Ellen K. Eggers, *Historical Dictionary of Burundi*, Oxford: The Scarecrow Press, 2006, p. xxx.
② René Lemarchand, "The Burundi Genocide," in Samuel Totten et al., eds., *Century of Genocide: Critical Essays and Eyewitness Accounts*, New York: Routledge, 2004, pp. 322-324.
③ Romain Forscher, "The Burundi Massacres: Tribalism in Black Africa," *International Journal of Politics*, Vol. 4, No. 4, 1974-1975.
④ 王伟：《西方式民主不是治理族群冲突的良方——新兴民主国家族群冲突不断滋生的机理分析》，《民族研究》2018年第1期。

了大量的族群冲突与族群暴力,动摇国家整合的社会基础。① 这是因为,在选举过程中,族性结合了候选人与选民的利益及情感纽带,有力地构成政治动员和组织的资源。② 政客们通过"族群竞买"(ethnic outbidding),使选民沿族群边界偏向性地投票,甚至操控他们的不满情绪,制造暴力冲突。③ 还有学者将选举产生的冲突,称为"输家政治",即选举输家不接受选举结果、不愿通过法律渠道质疑选举结果,或者虽然通过法律渠道但却不接受法律裁决,相反采取从抵制直至冲突的对抗性措施。他们轻则质疑选举获胜方在选举中舞弊甚至操纵选举,重则引发选后冲突甚至内战。④ 由于作为政客的族群精英在冲突中扮演极为重要的角色,唐纳德·霍洛维茨断言:"是政客们制造了族群冲突。"⑤在政客的操控下,选举前、选举中以及选举后都存在爆发族群冲突的可能性。

单从选举后的"输家政治"而言,1960~2012 年,非洲各国共举行过 335次总统选举,其中仅有略超过半数的选举失败方接受选举结果(167 次,占49.85%),而对选举结果不满甚至不服进而采取各类抵制措施的多达 121 次(占36.12%),另有 47 次总统选举在当年直接引发了暴力冲突、政变甚至内战(占14.03%)。⑥ 当然这种现象与民主化程度密切相关,20 世纪 90 年代以前,非洲国家民主选举的比例仅为 7%;⑦ 但 20 世纪 90 年代后,"第三波民主化浪潮"席卷非洲,1997 年时,非洲大陆几乎 75% 的国家实行多党选举制,制造了更为严重的后遗症,此时绝大多数非洲国家(86%)都经历过选举暴力,极端化暴力大约占到选举冲突的 10%。⑧ 多丽娜·A. 贝科(Dorina A. Bekoe)详尽统计了非洲 1990~2008 年发生的选举冲突(根据暴力程度):暴力骚扰共 84 次,暴力镇

---

① 左宏愿:《选举民主与族群冲突:断裂型多族群国家的民主化困局》,《民族研究》2015 年第 2 期。
② Joseph Rothschild, *Ethnopolitics: A Conceptual Framework*, Columbia: Columbia University Press, 1981, p. 141.
③ Alvin Rabushka and Kenneth A. Shepsle, *Politics in Plural Societies: A Theory of Democratic Instability*, Columbus: Charles E. Merrill Publishing Company, 1972, p. 151.
④ 张春、蔺陆洲:《输家政治:非洲选举与族群冲突研究》,《国际安全研究》2016 年第 1 期。
⑤ Donald L. Horowitz, *Ethnic Groups in Conflict*, Berkeley: University of California Press, 1985, p. 291
⑥ 张春、蔺陆洲:《输家政治:非洲选举与族群冲突研究》,《国际安全研究》2016 年第 1 期。
⑦ "Elections in Africa: Challenges and Opportunities," International Peace Institute (IPI), 2011, https://www.ipinst.org/wp-content/uploads/publications/ipi_e_pub_elections_in_africa__2_.pdf.
⑧ Stephanie M. Burchard, *Electoral Violence in Sub-Saharan Africa: Causes and Consequences*, Boulder: First Forum Press, 2015, pp. 2 – 11.

压共22次，大规模暴力共23次（见表3-4）。其中偶尔有高强度选举暴力的国家为安哥拉、布隆迪、喀麦隆、中非共和国、科摩罗、几内亚、莱索托、马达加斯加、毛里塔尼亚、尼日尔、刚果（布）、塞内加尔、坦桑尼亚、乌干达；经常有高强度选举暴力的则有尼日利亚、肯尼亚、苏丹、津巴布韦、多哥、刚果（金）、科特迪瓦、赤道几内亚、埃塞俄比亚等国。[①]

总之，由于第三波民主化浪潮波及非洲大部分国家，多党选举在这些国家成为一种政治"必选项"，选举冲突现象达到前所未有的广度，导致的暴力也"水涨船高"。事实上，选举型族群冲突的深层次逻辑并不复杂，因为非洲大部分国家遵循"赢家通吃"的规则，而且这种规则常常以族群化方式实现。在这方面，肯尼亚"民主化"后出现逢选必乱的情况，有较为典型的表现。

表3-4 1990~2008年非洲选举冲突（按暴力程度划分）

暴力骚扰	暴力镇压	大规模暴力
安哥拉：2008；贝宁：1991；布基纳法索：1991、2005；喀麦隆：1992、1992、1997、2002、2004、2007；中非共和国：1993、1999、2005；乍得：1996、2001、2002；科摩罗：1990；吉布提：1993、1997、1999、2005；赤道几内亚：2002、2008；埃塞俄比亚：1995；加蓬：1990、1993、2005；冈比亚：1992、1996、2001、2002、2006、2007；加纳：1992、2004、2008；几内亚：1995、2003；几内亚比绍：1994、2005；科特迪瓦：1990；肯尼亚：2002；利比里亚：1997、2005；马达加斯加：1993、1993、2006；马拉维：2004；马里：1997；毛里求斯：2001、2003；莫桑比克：1994、1999、2004；纳米比亚：1999；尼日尔：1999；尼日利亚：1998、1999；刚果（布）：1992；卢旺达：2003、2003；塞内加尔：1998、2000、2007、2007；塞拉利昂：1996、2002、2007；南非：2004；斯威士兰：1993、1998、2003、2008；坦桑尼亚：1995、2005；多哥：1999、2002；乌干达：1996、2006；赞比亚：1996；津巴布韦：1990、1995、1996、2008	布隆迪：2005；科摩罗：1992、1997；赤道几内亚：1993、1996、1999、2004；塞内加尔：2000；几内亚：1998；科特迪瓦：1995；毛里塔尼亚：1992；尼日尔：1996；塞内加尔：1993；苏丹：1996、2000；坦桑尼亚：2000；多哥：1994、1998、2003；乌干达：2001、2001；津巴布韦：2005	安哥拉：1992；中非共和国：1992；刚果（金）：2006；埃塞俄比亚：2005；几内亚：1993；科特迪瓦：2000；肯尼亚：1992、1997、2007；莱索托：1998；马达加斯加：2001；尼日利亚：1992、1993、2003、2007；刚果（布）：1993；南非：1994、1999；多哥：1993、2005；津巴布韦：2000、2002、2008

资料来源：Dorina A. Bekoe, ed., *Voting in Fear: Electoral Violence in Sub-Saharan Africa*, Washington: United Institute of Peace Press, 2012, pp. 25-26。

---

① Dorina A. Bekoe, ed., *Voting in Fear: Electoral Violence in Sub-Saharan Africa*, Washington: United Institute of Peace Press, 2012, pp. 25-27.

肯尼亚选举冲突

肯尼亚共有40多个族群，人口规模排在前列的分别是基库尤族、卢希亚族、卢奥族和卡伦金族等。① 在殖民地时期，英国人实施分而治之的统治策略，形成以族群为单位的结构性不平等。基库尤人取得现代化进程中的"先机"，是发展最成熟的族群共同体，曾领导了抗击英国殖民统治的"茅茅起义"，在独立运动中亦发挥重要作用。首任总统乔莫·肯雅塔就是基库尤人，自1963年国家独立后执掌大权到1978年逝世。肯雅塔没有建立联邦制国家，相反建立了庞大的基库尤化"恩庇—侍从"（patron-client）体系，以肯雅塔为首的基库尤人成为国家政治和经济权力运行的中心。②肯雅塔去世后，接替他的是其副手卡伦金人丹尼尔·阿拉普·莫伊（Daniel Arap Moi）。与前任一样，莫伊同样打族群牌，他的政权一边"去基库尤化"（de-kikuyunisation），一边则"卡伦金化"（kalenjinisation）。③ 为了巩固权力，维系统治，莫伊不惜将肯尼亚转变为法律意义上的一党制国家。④ 不过总体而言，直到20世纪90年代初期，铁腕统治下的政局还算平稳。

肯尼亚实行多党制后，虽然登记注册了许多新政党，但能"伫立潮头"的依然是那些有深厚族裔—地区背景的政党。总统候选人的"票仓"则基本上来自本族聚居区，以多党民主制的首次和第二次选举为例，具体情况见表3-5。

表3-5 1992年与1997年肯尼亚各党总统候选人在各省得票率

单位：%

省份	莫伊		姆瓦伊·齐贝吉		奥金加·奥廷加	肯尼斯·马蒂巴	拉伊拉·奥廷加	夏丽蒂·恩吉鲁	马瓦尔瓦·希库库
	1992	1997	1992	1997	1992	1992	1997	1997	1997
内罗毕	16.6	20.6	18.6	43.7	16.2	44.1	6.8	10.9	0.6

---

① 《世界概况》，美国中央情报局网站，https：//www.cia.gov/library/publications/resources/the-world-factbook/geos/ke.html。
② Shadrack Wanjala Nasong'o, "Negotiating New Rules of the Game: Social Movements, Civil Society and the Kenyan Transition," in Godwin R. Murunga and Shadrack Wanjala Nasong'o, eds., Kenya: The Struggle for Democracy, London: Zed Books, 2007, p. 29.
③ Fred Otienoed, "New Constitution, Same Old Challenges: Reflections on Kenya's 2013 General Elections," Society for International Development (SID), 2015, p. 104.
④ Korwa G. Adar and Isaac M. Munyae, "Human Rights Abuse in Kenya under Daniel Arap Moi, 1978-2000," African Studies Quarterly, Vol. 5, No. 1, 2001.

续表

省份	莫伊 1992	莫伊 1997	姆瓦伊·齐贝吉 1992	姆瓦伊·齐贝吉 1997	奥金加·奥廷加 1992	肯尼斯·马蒂巴 1992	拉伊拉·奥廷加 1997	夏丽蒂·恩吉鲁 1997	马瓦尔瓦·希库库 1997
中部省	2.1	6.0	36.1	88.7	1.0	60.1	0.7	3.0	0.5
东方省	36.8	35.9	50.5	28.8	1.7	10.2	0.8	32.4	0.3
东北省	78.1	73.1	4.5	18.6	5.2	10.1	0.3	1.0	0.2
滨海省	64.1	61.1	7.6	13.5	16.1	11.4	6.1	10.0	0.2
裂谷省	67.8	69.4	7.6	20.9	5.7	18.7	2.2	0.7	0.2
西方省	40.9	44.7	3.6	1.4	17.9	36.3	1.9	0.5	2.3
尼扬扎省	14.4	23.5	6.4	15.1	74.7	3.3	56.6	1.7	0.2
总得票率	36.4	40.1	19.1	31.1	17.6	26.2	10.9	7.7	0.6

资料来源：据高晋元《肯尼亚多党制和三次大选初析》(《西亚非洲》2004年第2期) 中相关数据资料整理。

从表3-5来看，莫伊（卡伦金族）两次选举得到的支持来自全国8个选区中的5个省，这些省份的居民主要来自卡伦金族、索马里族及一些少数族群。肯尼斯·马蒂巴（Kenneth Matiba，基库尤族）得到的支持主要来自中部省和内罗毕特区以及西方省，而这几个地方的居民主要是基库尤族人及其近亲梅鲁族人（Meru）和恩布族人（Embu）。姆瓦伊·齐贝吉（Mwai Kibaki，基库尤族）在首次大选中得到的支持主要来自东方省和中部省，这里的居民主要是坎巴族人（Kamba）、基库尤族人、恩布族和梅鲁族人。1997年齐贝吉第二次参选取代替马蒂巴成为中部省和内罗毕基库尤族最受支持的候选人。奥金加·奥廷加（Raila Odinga，卢奥族）获得的支持主要来自尼扬扎省，也即卢奥族的聚居地。拉伊拉·奥廷加（Raila Odinga）与其父亲奥金加·奥廷加一样，所获得的支持也主要来自尼扬扎省。夏丽蒂·恩吉鲁（Charity Ngilu）是坎巴人，她得到的支持主要来自坎巴族聚居地东方省。[①] 由此可见，候选人的族群背景与其得票来源紧密相关。正是在这种高度族群政治化的情况下，自实行多党选举以来，肯尼亚出现了"逢选必乱"的现象，1992年后历次总统大选中都发生过冲突流血事件。

1992年大选是肯尼亚民主化后的首次大选，充斥着操控选票、贿选等暗箱操作，莫伊当选。这次不透明的选举在大裂谷地区（Rift Valley）引发灾难性的

---

① 高晋元：《肯尼亚多党制和三次大选初析》，《西亚非洲》2004年第2期。

冲突，约 1500 人丧生，30 多万人流离失所；在纳库鲁（Nakuru）和莱基皮亚（Laikipia）地区也有 120 人死亡，4000 多人流离失所。[①] 1997 年，莫伊在竞选连任时成为"众矢之的"，但反对党分歧巨大，没有形成合力，莫伊再次当选。选举暴力较之前次选举有所减弱，但也不容忽视。34 名基库尤人和 48 名卡伦金人在互殴中死亡，200 多座房屋被烧毁，来自这两个群体的数百人因战斗而流离失所；波科特人（Pokot）和桑布鲁人（Samburu）袭击了基库尤人，造成 50 人死亡，1000 多人逃离该地区。据警察统计，这些小型冲突总共造成 100 多人死亡。[②] 2002 年大选相对"和平"，较好实现了政权更迭（莫伊终于下台）。[③] 在这次选举中，基库尤人姆瓦伊·齐贝吉获得了压倒性的胜利。

2007 年大选接近尾声之际，卢奥族候选人拉伊拉·奥廷加与竞选连任的齐贝吉的竞争达到白热化。基库尤人的电台鼓吹该族的沙文主义，将奥廷加描绘成杀人犯，污名化卢奥人；卡伦金人的电台播放针对基库尤族的排外言论，更是使用"除掉杂草"（getting rid of weeds）诸如此类语言，宣泄强烈的敌对情绪。一些族群的年轻人成立了民兵组织，著名的有莫格科（Mungiki）、卡伦金勇士（Kalenjin Warriors）及巴格达男孩（Baghdad Boys）等，充当政客的打手。齐贝吉当选的结果宣布后，自发和有组织的冲突爆发了，最终导致 1133 人死亡，约 70 万人流离失所，损毁的财物不计其数。[④] 2013 年大选在奥廷加与基库尤人乌胡鲁·肯雅塔（Uhuru Kenyatta）之间展开，暴力依然肆虐，大选前的暴力事件就导致 480 人死亡。根据联合国与肯尼亚当局的估计，选举期间发生的暴力事件可能影响多达 45 万人。[⑤] 2017 年的大选再次在肯雅塔与奥廷加之间展开，暴力程度相对有限，小型冲突主要发生在首都内罗毕，导致 24 人死亡。[⑥]

---

① Rok Ajulu, "Kenya: One Step Forward, Three Steps Back: The Succession Dilemma," *Review of African Political Economy*, Vol. 28, No. 88, 2001.
② Edge Kanyongolo, "Kenya: Post-Election Political Violence," Article 19, Global Campaign for Free Expression, 1998, p. 6.
③ Claire Elder et al., "Elections and Violent Conflict in Kenya: Making Prevention Stick," Peaceworks, No. 101, United States Institute of Peace, 2014, p. 10.
④ Muema Wambua, "The Ethnification of Electoral Conflicts in Kenya: Options for Positive Peace," *African Journal on Conflict Resolution*, Vol. 17, No. 2, 2017.
⑤ Abdullahi Boru Halakhe, "R2P in Practice: Ethnic Violence, Elections and Atrocity Prevention in Kenya," Occasional Paper Series, No. 4, Global Centre for the Responsibility to Protect, 2013, p. 16.
⑥ Briana Duggan et al., "24 Killed in Post-Election Violence in Kenya, Rights Group Says," CNN, 13 August, 2017.

尽管造成肯尼亚选举冲突的导火线是多方面的，包括历史、制度、法律和文化等因素，但它们总是与族群议题相互勾连。这是由于肯尼亚多元民主政治的基础建立在各政党的结构及战略之上，而这种结构与战略是按照族群阵营设定的。① 最显著的是总统职位，该国独立后的四位总统中，乔莫·肯雅塔、姆瓦伊·齐贝吉和乌胡鲁·肯雅塔皆来自基库尤族，掌权24年之久的丹尼尔·莫伊则来自卡伦金族。两族之间的敌对性不难理解。2007年后的三次大选成为基库尤族与卢奥族的"对决"，而其他更多被边缘化的族群，无论是对"基库尤化"，还是"卡伦金化"或"卢奥化"都抱有强烈的敌视，在选举过程中也倾向于通过暴力来发泄其不满。

四 资源性冲突

从宏观的历史维度来看，基于自然资源的冲突几乎伴随人类的诞生与发展，无论在无集权的松散社会，或在组织化程度高的集权社会，这种冲突无时不有、无处不在。但在学术上，自然资源原本是地理学及其附属学科的议题，冲突研究则被历史学与政治学"把持"，直到20世纪60年代有识之士才将"自然资源"与"冲突"结合起来形成跨学科研究。自此迄今，这种跨学科研究大致可以归纳为两种主要演进范式。第一种范式，人们洞察到自然环境是对安全构成威胁的重要变量之一，于是安全问题突破军事研究范畴，被置于更广泛的环境与安全的框架内讨论。这种认识在很大程度上建立在"新马尔萨斯理论"（Neo-Malthusian theory）基础之上，即认为由于资源匮乏导致族群、阶级的矛盾和冲突。第二种范式的研究始于20世纪90年代初，讨论的议题更为宽泛，被统归到"冲突经济学"（economics of conflicts）的议题下：将自然资源压力与20世纪80年代开始的结构调整计划（Structural Adjustment Program）联系起来；研究占有资源而割据一方的军阀；探讨深度卷入自然资源竞争的雇佣兵；等等。② 不过，无论基于哪种范式，具体冲突的表现形式可以分为三种类别：资源丰富的地区谋求从国家分裂出去的民族分离运动；一些大型油田、矿山所在地区的内部冲突；基于土

---

① Muema Wambua, "The Ethnification of Electoral Conflicts in Kenya: Options for Positive Peace," *African Journal on Conflict Resolution*, Vol. 17, No. 2, 2017.

② Abiodun Alao, *Natural Resources and Conflict in Africa: The Tragedy of Endowment*, Rochester: University of Rochester Press, 2007, pp. 21 – 25.

地、牧场、水源等资源的冲突。①

资源冲突大都是群体性行为，通常以政治群体、宗教群体或族群冲突的面目出现。族群更是最主要的资源冲突实施主体，甚而有学者将族群冲突等同于资源冲突。② 正因为如此，"资源竞争理论"已发展成现代族群建构理论中一个重要的理论范式。该理论认为，族群符号是社会竞争的工具之一，在一定的社会条件下，人们会以族群为单位组织起来在社会系统内争夺各种资源，从而建构起族群之间的社会边界。因此，族群独特的血缘、历史与文化特征并非族群的本质，社会竞争的需要及个体与群体的应对策略，才是族群构建的根本动力。③ 从工具论和建构论的角度来说，资源竞争理论提供了强大的解释力。当然，本书并非在理论层面深入探讨族群竞争/冲突与族群建构的关系，只是尝试呈现资源型族群冲突作为一种族群冲突类型并列举实例。

尽管资源冲突是全球性现象，但非洲无疑是最显著的热点地区。不仅上述三种形式的资源冲突贯穿非洲大陆的角角落落，而且这些冲突已经夺去至少300万人的生命，1.6亿人受到影响生活在痛苦中。④ 研究显示，在非洲，如果一个国家拥有宝贵的自然资源（石油尤其危险），产生分离运动的可能性就会大得多，比如比夫拉、卡宾达、加丹加等分离运动都与资源有直接关系。⑤ 在尼日利亚、南苏丹、刚果（金）、利比里亚等国家，因为石油、钻石、黄金或其他类型矿产已产生大量内部冲突，甚至内战（没有达到分离运动程度）。基于土地、牧场、水源等的资源冲突更加普遍，西非的土地纠纷；东非的土地、农牧区冲突；非洲之角及其周边地区的水、土地之争；南部非洲族裔—种族的土地分配争端和潜在的水资源危机；等等。⑥

---

① Oli Brown and Michael Keating, "Addressing Natural Resource Conflicts: Working towards More Effective Resolution of National and Sub-National Resource Disputes," The Royal Institute of International Affairs (Chatham House), 2015, p. 2.
② Sheriff Ghali Ibrahim et al., "Resource Based Conflicts and Political Instability in Africa: Major Trends, Challenges and Prospects," International Journal of Humanities Social Sciences and Education, Vol. 1, No. 9, 2014.
③ 关凯：《社会竞争与族群建构：反思西方资源竞争理论》，《民族研究》2012年第5期。
④ Sheriff Ghali Ibrahim et al., "Resource Based Conflicts and Political Instability in Africa: Major Trends, Challenges and Prospects," International Journal of Humanities Social Sciences and Education, Vol. 1, No. 9, 2014.
⑤ Ian Bannon and Paul Collier, eds., Natural Resources and Violent Conflict Options and Actions, The World Bank, 2003, p. 5.
⑥ Abiodun Alao, Natural Resources and Conflict in Africa: The Tragedy of Endowment, Rochester: University of Rochester Press, 2007, p. 10.

根据上文分析，分离运动单属一种冲突类型，故此本书的资源型族群冲突指的是基于石油、矿产、土地、牧场、水源等自然资源而产生的族群冲突。具体而言，根据这些冲突的表现形式，可以再细分为石油、固体矿产资源冲突与土地资源冲突等亚类型，其中土地资源冲突又可分为农牧民冲突以及土著与移民冲突（见表3-6）。

表3-6 非洲国家的主要资源冲突情况

资源冲突的亚类型		简要描述
石油、固体矿产资源冲突		利比里亚：经历两次内战（1989~1996年、1999~2003年），与冲突最相关的资源是钻石和铁矿石
		刚果（金）：该国的矿产资源最为丰富，族群结构与武装组织最为复杂，加之外部势力的干预，爆发的大小冲突难以计数
		尼日利亚：富产石油的尼日尔三角洲地区自20世纪90年代初至2009年爆发大量族群冲突
		塞拉利昂：反政府武装革命联合阵线（Revolutionary United Front）之所以能够从最开始的百余人发展到鼎盛时期的数万人，钻石起了至关重要的作用。此外，有学者通过塞拉利昂的个案得出一个观点：拥有次生钻矿（secondary diamonds）的国家更易于爆发内战，也增加了族群冲突的风险
		南苏丹：政府军与反对派在战场上主要争夺的是对石油产地的控制权
土地资源冲突	农牧民冲突	农牧冲突主要发生在非洲半干旱地区（占非洲大陆60%土地面积），东部非洲与西部非洲国家居多；20世纪70年代和20世纪80年代持续旱灾后冲突猛增
	土著与移民冲突	在非洲许多地区，农村人口密度和土地不平等已接近20世纪五六十年代南亚农村的水平。不断加剧的土地竞争激化了土著与移民的紧张关系，助长地方性族群冲突或更大范围的政治冲突

资料来源：Abiodun Alao, *Natural Resources and Conflict in Africa: The Tragedy of Endowment*, Rochester: University of Rochester Press, 2007, pp. 63-111, 114-115, 164, 184-204；詹世明：《非洲"冲突钻石"的产生及影响》，《西亚非洲》2002年第5期；Päivil Lujala et al., "A Diamond Curse? Civil War and a Lootable Resource," *The Journal of Conflict Resolution*, Vol. 49, No. 4, 2005；曾爱平：《南苏丹冲突的内部根源》，《亚非纵横》2014年第4期；Karim Hussein et al., "Increasing Violent Conflict between Herders and Farmers in Africa: Claims and Evidence," *Development Policy Review*, Vol. 17, 1999；Catherine Boone, "Sons of the Soil Conflict in Africa: Institutional Determinants of Ethnic Conflict Over Land," *World Development*, Vol. 96, 2017；Norbert Kersting, "New Nationalism and Xenophobia in Africa—A New Inclination?" *Africa Spectrum*, Vol. 44, No. 1, 2009。

（一）石油、固体矿产资源冲突：以南苏丹为例

熊易寒、唐世平指出，如果大型油田（其他矿产资源亦同此理）位于少

族群控制区，会加剧族群冲突。因为在这种情况下，油田会加大族群竞争的赌注，中央政府希望获得绝大部分石油收益；少数族群则认为自己地盘上的石油财富应该属于本族群，从而不惜一切代价争夺。南北苏丹内战，最终推动南苏丹独立的诸因素中，石油资源在其中起到关键性作用。[1] 实际上，稀缺矿产资源无论是否处于一国少数族群地区，都有可能引发其国内族群冲突。以南苏丹为例，该国独立后仅两年就爆发了极其惨烈的内战，争夺最大化的石油财富无疑是交战方心照不宣的"共识"。

从苏丹独立出来之际，南苏丹自信能够生存下去，其理由很简单：尽管该国没有强大的政府，尚未形成有凝聚力的军队或内部政治解决方案，但南苏丹人把希望寄托在他们的石油资源上，认为可以通过石油财富来建设国家，创造就业机会和建设基础设施。[2] 石油的确是南苏丹最大的依仗，政府文件明确指出，在南苏丹，石油收入几乎是"公共资源"的同义词。2018/2019财政年度核定国家预算估计，石油收入净额为718.6亿南苏丹镑（4.6亿美元），非石油收入估计为250.56亿南苏丹镑（1.6亿美元），可用收入总额为815.9亿南苏丹镑（5.2亿美元）。石油收入预计占政府总收入的74%，占预算可用公共资源的88%以上。[3] 然而，这些石油收入优先分配给国防和安全部门以及为族群支持网络服务，集中在总统办公室、中央银行与石油和矿产部等机构，绝大部分都被总统及其亲信所控制。[4] 美国一家智库发布的调查报告称，南苏丹的石油收入被主要用于资助和维持内战，并使一小部分人富裕起来。[5] 在"赢家通吃"的政治生态下，为争夺巨额石油财富的领导精英的斗争终于演变成了内战，该内战在某种程度上是被赋予族群意义的。

在南苏丹多族群社会中，丁卡人为最大族群，占总人口比例为35%~40%，努尔人为第二大族群，占总人口比例为15%左右。自分离运动时代，两个族群就一直争夺运动的主导权。2011年独立后，来自丁卡族的萨尔瓦·基尔（Salva Kiir）总统与来自努尔族的里克·马查尔（Riek Machar）副总统组成权力分享联

---

[1] 熊易寒、唐世平：《石油的族群地理分布与族群冲突升级》，《世界经济与政治》2015年第10期。

[2] International Crisis Group, "Oil or Nothing: Dealing with South Sudan's Bleeding Finances," *Africa Report*, No. 305, 2021.

[3] 南苏丹问题专家小组根据第2428（2018）号决议提交的最后报告（S/2019/301）。

[4] 安全理事会根据第2206（2015）号决议所设南苏丹问题专家小组的最后报告（S/2016/70）。

[5] Nicholas Bariyo, "South Sudan's Debt Rises as Oil Ebbs," *Wall Street Journal*, 5 August, 2014.

盟，最重要的两个族裔群体拥有足够的代表性，似乎能够强化政府的合法性。但这一脆弱的联盟很快就宣告破裂，2013年12月16日，基尔指控马查尔策划了一场失败的政变，后者予以否认，并开始了企图推翻基尔政府的斗争。仅在冲突的前三天，就有1.5万~2万名努尔族平民被丁卡族士兵和民兵杀害。马查尔在流亡途中公开进行族群动员，号召努尔人"向丁卡人复仇"。① 随着内战的深入，冲突不断蔓延，逐渐演变成丁卡族一方与非丁卡族一方的零和对抗。② 各族群相继成立了民兵组织，如努尔族的"白军"（White Army）、穆尔勒人（Murle）的"皮博尔防卫军"（Pibor Defence Forces）等，使冲突陷入更为混乱和撕裂的境地。

在内战过程中，三个产油州，即上尼罗河州、团结州和琼莱州受到的影响最大。控制石油资源具有重大战略意义，若成功，既可以从石油销售中获得资金购买武器，也可以在谈判中掌握主动权。交战双方都竭力争夺产油州，因而这些地区产生最为严重的暴力冲突。此外，竞夺石油资源的策略也体现在政治运作上。如2015~2016年，按照总统令，围绕团结州重构了州县边界，从鲁布科纳县分割出一块三角地成立了鲁汶州，且将团结州大部分油田划归其境内，而新州以丁卡人居多，极大损害了努尔人的利益。③ 这样的举动，无疑激发了更猛烈的族际对抗。总之，到2020年成立民族团结过渡政府时，内战导致的死亡人数高达40万人，数百万人流离失所沦为难民，举国满目疮痍。石油资源并非"原罪"，但却似乎成了南苏丹内战的助推剂。正如南苏丹领导人所承认的，争夺石油美元是其内部政治纷争的基础，同时也助长了族群和地区分裂。④

（二）土地资源冲突

土地争端应该是整个非洲都普遍存在的问题。土地资源所引发的冲突表现出若干特征。首先，冲突通常发生在地方层面，冲突方是居住在同一地域，但生计模式有别的族裔或社会群体（如农牧民群体）。其次，冲突的性质和程度往往因生态和季节性条件而异：一种情况是，在一段时间内，当气候条件满足不同层次人口的利益需求时，冲突可能不会发生，反之则有可能发生；另一种情况与土地

---

① 闫健：《政治—军队—族群的危险联结：南苏丹内战原因分析》，《国外理论动态》2017年第3期。
② 安全理事会根据第2206（2015）号决议所设南苏丹问题专家小组的中期报告（S/2016/963）。
③ 南苏丹问题专家小组根据第2428（2018）号决议提交的最后报告（S/2019/301）。
④ International Crisis Group, "Oil or Nothing: Dealing with South Sudan's Bleeding Finances," *Africa Report*, No. 305, 2021.

的稀缺性以及政府对土地分配不公有关。肯尼亚的基库尤人与马赛人、基库尤人与卡伦金人、基西人（Kissi）与卢奥人，沿海居民米吉肯达人（Mijikenda）与内陆族群，以及西南地区基西人与卢奥人，博美特（Bomet）和尼亚米拉（Nyamira）边界的基普西人（Kipsigi）与基西人都曾卷入土地纠纷和冲突。在邻国坦桑尼亚，土地所有权的问题也很突出，尤其是北部卡盖拉（Kagera）地区，阿亚人（Haya）和苏库马人（Sukuma）有较深的仇怨；在南部，沿海少数族群和阿拉伯族群的冲突由来已久。加纳和几内亚等国也存在类似的情况。[1]

在土地冲突相当突出的国家，族群精英的操控往往发挥了巨大作用。比如肯尼亚，前总统莫伊及其副手乔治·赛托蒂（George Saitoti）分别属于卡伦金族和马塞族，都利用手中权力为本族巧取豪夺其他族群（特别是基库尤族、卢奥族和卢希亚族）的土地。从基库尤族中夺取土地最能反映该国权力转换所具有的讽刺性，因为乔莫·肯雅塔担任总统期间，他的基库尤族大肆接管属于其他族群的土地。莫伊下台后由基库尤人齐贝吉接任，他在任时基库尤人再次重申对这些土地的控制权，卡伦金人则因为在莫伊统治下得到好处而遭到报复。族群精英的干预加剧了土地冲突的恶性循环。

1. 土著与移民冲突

詹姆斯·D. 费伦与大卫·D. 莱廷通过研究指出，大约有31%的族群冲突，其导火线是土著与移民之间的矛盾。[2] 这种冲突形式常通过"大地之子"（Son of the Soil）概念加以理解，比如40年前迈伦·韦纳（Myron Weiner）的《大地之子：印度的移民与族群冲突》是此类研究的经典。[3] "大地之子"是一种"土著话语"（Autochthony）的建构，它暗示了地方的归属形式，意味着某群体与一特定区域具有无可置疑的历史联系；他们对这一区域的资源特别是土地拥有不可剥夺的先赋权利，而其他"外来"群体则不一定享有这种权利。[4] 因此，土著话语的本质在于排斥而不是包容，是独占而不是分享，极容易导致土著与移民

---

[1] Abiodun Alao, *Natural Resources and Conflict in Africa: The Tragedy of Endowment*, Rochester: University of Rochester Press, 2007, p.69.

[2] James D. Fearon and David D. Laitin, "Sons of the Soil, Migrants, and Civil War," *World Development*, Vol. 39, No. 2, 2011.

[3] Myron Weiner, *Sons of the Soil: Migration and Ethnic Conflict in India*, Princeton: Princeton University Press, 2015.

[4] Morten Bøås, " 'New' Nationalism and Autochthony—Tales of Origin as Political Cleavage," *Africa Spectrum*, Vol. 44, No. 1, 2009.

群体关系紧张,甚至产生冲突与暴力。在非洲,这些冲突大致可分为两种形式:一国土著与外国移民的冲突;一国区域性土著与国内移民的冲突。如津巴布韦和南非等南部非洲国家,黑人土著与白人移民存在不可调和的矛盾;[1]再如尼日利亚,主要是国内移民与土著的冲突;[2]而在科特迪瓦,两种形式的冲突都十分突出。

科特迪瓦土著与移民冲突

科特迪瓦是一个多元社会,通过区域、宗教和族裔划分边界:国家被非正式地区隔为北部和南部(至少在人们心理层面);北部盛行伊斯兰教,南部以基督教为主;全国共60多个族群,主要有北部的穆斯林马林凯人与塞努福人等,南部的基督徒巴乌雷人(Baoulé)与贝特人(Bété)等。[3]族裔和宗教的关系是断裂的,这创造了群体对立的基础,但将科特迪瓦引入冲突深渊的是该国移民历史、土地关系以及由此形成的土著与移民的二分法。

法国人占领科特迪瓦使之沦为殖民地后,鉴于其南部人口稀少,拥有大量未开垦的肥沃土地,因而从邻近殖民地强行招募劳工从事可可等经济作物种植工作。随着南部种植园经济的繁荣,来自科特迪瓦北部邻国布基纳法索和马里的劳工自发蜂拥而入,1960年时外国移民占科特迪瓦总人口的13%。科特迪瓦独立后,乌弗埃－博瓦尼(Houphouet-Boigny)总统认识到移民的客观存在,以及他们在国民经济中发挥的关键作用,支持自由移民政策。1963年甚至颁布法令,制定"土地属于开发者"的政策。[4]因此从20世纪60年代到80年代,移民热情高涨,科特迪瓦的种植园经济也飞速发展,创造了令人瞩目的"科特迪瓦奇迹"。

但此奇迹在20世纪80年代落幕了,大宗商品价格暴跌,经济衰退,国家陷入极大的困境。在这种情况下,南部土著族群与移民原本温和可控的矛盾被急剧放大。土著族群需要通过对土地的绝对控制权寻求安全感,主张一种原生的土地归属(即大地之子),外来的移民(无论是国外还是国内移民)都被视为非法占

---

[1] Veronica Nmoma, "Son of the Soil Reclaiming the Land in Zimbabwe," *Journal of Asian and African Studies*, Vol. 43, No. 4, 2008.

[2] Kemi Emina, "Belonging & Non Belonging: A Discuss on the Indigene/Settler Issue in Jos, Nigeria," *Research on Humanities and Social Sciences*, Vol. 5, No. 5, 2015.

[3] Abu Bakarr Bah, "Seeking Democracy in Côte d'Ivoire: Overcoming Exclusionary Citizenship," Global Centre for Pluralism, 2017, pp. 2 – 3.

[4] Mirna Adjami, "Statelessness and Nationality in Côte d'Ivoire," UNHCR, 2016, pp. 8 – 9.

领者。① 洛朗·巴博（Laurent Gbagbo）及其政党科特迪瓦人民阵线（Ivorian Popular Front），鼓吹驱逐移民的"第二次解放战争"。② 1995年，总统亨利·贝迪埃（Henri Bedie）"发明"了"科特迪瓦性"（Ivoirité）这一现代民族主义概念，③该概念区分了"本土科特迪瓦人"和"有着移民祖先的科特迪瓦人"。贝迪埃竭力确保前者的利益。1998年议会通过农村土地所有权法案，剥夺外国人拥有土地的权利。2000年大选前，对身份证制度做了更多的法律修正，特别收紧了外国移民取得科特迪瓦国民身份的要求。④ 此外，在就业、教育等方面都确立了对"真正"科特迪瓦人的优惠待遇。

南方人及其控制的政府不仅排斥外国人，也把矛头指向北方人，将之裹挟于排外主义浪潮中，为此在南北人群中形成了一种实质化的政治疏离。在普遍性和针对性的政治歧视下，北方人被清除出军队、警察和公务员队伍，甚至被施以暴力，在可可生产区尤其严重。2002年9月19日，北方各族群奋起反抗，发动了一场失败的军事政变。政变结束后引发了一场全国性内战，将事态推向高潮。⑤在冲突中，成千上万移民遭到驱赶，许多人在此过程中丧生，在中部和西南部甚至出现极少数族群清洗的案例。⑥ 南方与北方的内战，一直持续到2007年，给这个曾经繁荣、生机勃勃的国度带来难以磨灭的创伤。

2. 农牧民冲突

大量关于非洲的文献普遍承认，农民和牧民在历史上基本上处于一种动态平衡的关系，一方面既有互惠、交换与合作；另一方面也有竞争，甚至冲突。⑦ 但近几十年，在各种因素的推动下，双方的资源竞争关系加剧，农牧民冲突已升级

---

① Matthew I. Mitchell, "Insights from the Cocoa Regions in Côte d'Ivoire and Ghana: Rethinking the Migration-Conflict Nexus," *African Studies Review*, Vol. 54, No. 2, 2011.
② Morten Bøås, "'New' Nationalism and Autochthony—Tales of Origin as Political Cleavage," *Africa Spectrum*, Vol. 44, No. 1, 2009.
③ Francis Akindes, "Cote d'Ivoire: Socio-political Crises, 'Ivoirite' and the Course of History," *African Sociological Review*, Vol. 7, No. 2, 2003.
④ Mirna Adjami, "Statelessness and Nationality in Côte d'Ivoire," UNHCR, 2016, p. 11.
⑤ Matthew I. Mitchell, "Insights from the Cocoa Regions in Côte d'Ivoire and Ghana: Rethinking the Migration-Conflict Nexus," *African Studies Review*, Vol. 54, No. 2, 2011.
⑥ Ruth Marshall-Fratani, "The War of 'Who Is Who': Autochthony, Nationalism, and Citizenship in the Ivoirian Crisis," *African Studies Review*, Vol. 49, No. 2, 2006.
⑦ Thomas Bassett, "The Political Ecology of Peasant-Herder Conflicts in the Northern Ivory Coast," *Annals of the Association of American Geographers*, Vol. 78, No. 3, 1988.

为普遍性暴力,导致人口和财产损失,人民流离失所。① 在东部非洲与西部非洲,农牧民冲突尤为严重。

在坦桑尼亚,与非洲大部分地区一样,土地是农村人口最主要的生产资料、生计和收入来源。由于人口压力以及农村用地模式的多样化(如定居者扩张、牧场的农耕化、国家公园建设和城镇化等),畜牧所需的草场和水源也随之缩减,迫使牧民向中部、东部和南部迁徙,加剧了他们与农耕群体的紧张和冲突。农牧民冲突不断向南部和东南部扩散,覆盖了莫罗戈罗(Morogoro)地区的基罗萨(Kilosa)、姆沃梅罗(Mvomero)、基隆贝罗(Kilombero),林迪(Lindi)地区的基尔瓦(Kilwa),姆贝亚(Mbeya)地区的姆巴拉里(Mbarali),多多马(Dodoma)地区的孔瓦(Kongwa)以及塔波拉(Tabora)地区的鲁克瓦(Rukwa)。值得注意的是,除了姆巴拉里和孔瓦外,其他地方原本都不属于传统意义上的牧区。也就是说,农牧民冲突多发生在农耕区,这也解释了农民们要将牧民视为"入侵者"。②

在马里,农民族群诺伊马人(Noima)与牧民族群颇尔人(Peul)之间因土地问题爆发了冲突。冲突起源于1982年一项有争议的决定,政府征用了诺伊马人的一块土地,建设成畜牧养殖区,供颇尔人使用。在做出这项决定时,诺伊马人态度暧昧,没有明确反对,因为当时是干旱期,降水量未达到让这块土地种植庄稼的程度。然而,到了20世纪90年代,随着气候条件变化,该土地逐渐适宜庄稼种植,诺伊马人希望收回土地,但颇尔人断然拒绝,于是双方通过诉诸武力来解决土地争端。

此外,农牧民之间还存在一种特殊的跨境冲突。非洲牧民族群有很大部分是游牧民,他们自古以来逐水草而居,原本并无太多边界概念。但由于当代非洲已形成数十个主权国家,边界被固化,阻断了牧民的传统放牧路线,他们稍越"雷池",便有可能导致跨境冲突。在尼日尔,牧民群体带着牛群越过邻国贝宁的边界放牧,并与当地农民爆发冲突,导致国际性事件,最终两国政府出面干预解决。在尼日利亚,该国吉加瓦州的定居农民与来自尼日尔的富拉尼牧民不时爆发跨境冲突。③ 牧

---

① Karim Hussein et al., "Increasing Violent Conflict between Herders and Farmers in Africa: Claims and Evidence," *Development Policy Review*, Vol. 17, No. 4, 2000.

② Davis Mwamfupe, "Persistence of Farmer-Herder Conflicts in Tanzania," *International Journal of Scientific and Research Publications*, Vol. 5, No. 2, 2015.

③ Abiodun Alao, *Natural Resources and Conflict in Africa: The Tragedy of Endowment*, Rochester: University of Rochester Press, 2007, p. 108.

民本质上具有游动性和迁徙性,在迁徙过程中有一定概率与定居的农民族群因水源、牧场等问题产生矛盾和冲突。很多时候牧民表现得更具侵略性,在当前土地资源匮乏、游牧空间压缩的情况下,只要其生计方式没有太大改变,他们与农民族群的冲突就难以避免。

鉴于非洲的复杂状况,上述冲突类型或具有一定的交叉重叠性,彼此之间不仅传递影响,某些时候甚至可以转化。尤其是自然资源因素,如比夫拉、卡宾达、加丹加与南苏丹等分离运动都与资源争夺有直接关系,再如肯尼亚的选举冲突也伴随着土地争端。的确,自然资源常被认为是社会冲突的主要驱动力。[①] 正因为如此,"资源竞争理论"发展成现代族群冲突研究中一项重要的理论范式。但若将所有的族群冲突简单化为资源冲突,难免陷入过于强调行动者追逐经济利益的"目的论",忽略不同维度下冲突的属性与特征。本书设定的原则充分考虑冲突的多层性和多维性,所列举的类型,既有相当的囊括性与所指性,也具有理论性强、易于具象化的特点。据此让散乱的冲突现象摆脱无序状态,纳入既定的框架使之结构化和体系化,从而在整体上把握各种冲突的内在本质与逻辑。族群冲突无论如何分类,都具有无法消弭的客观存在性与程度不一的破坏性,所以接下来的工作需要从学理上揭示这些现象的原因,寻找合理的解释。

第三节 解释非洲族群冲突

笔者在上文中分析了族群冲突研究的三种基础性理论范式,即原生论、工具论和建构论;也试图说明如今这三种范式极具延展性和包容性,很多理论都可以被归拢和分切,都可以发散与融合。但此处在解释非洲族群冲突时,不会按照三种范式简单刻板地套用,而尝试将更多维的观点尽可能呈现出来,丰富当下研究视界,为进一步探索提供理论支撑。

一 内生原因还是外生因素

在解释非洲族群冲突的理论中,由于立场问题,通常形成两种针锋相对的观点,即到底是内生原因还是外生因素,导致非洲族群冲突。分析这两种解答模

[①] "Natural Resources and Conflict: A Guide for Mediation Practitioners," United Nations Department of Political Affairs and United Nations Environment Programme, 2015, p. 11.

式，不仅有助于发掘更多的理论素材，也为我们提供机会了解非洲研究中学术上独特的"政治生态"。

"帝国主义理论家"（Imperialist Theorists）强调非洲族群冲突的内生原因，为帝国主义的殖民统治辩护。部分极端保守派的观点固执而粗暴，带着种族主义色彩，指责非洲人好高骛远，在资源供给严重不足的情况下却有过高的物质要求，如此人们以族群的名义团结起来争夺经济、政治权力或财富、声望；还有部分理论家总是有意放大非洲制度和价值观的弊端，比如认为缺乏民主、无法应对世界快速变迁以及代代相传的古老族群仇恨等导致了冲突。另有部分比较温和的理论家不满非洲落后现状，强调经济改革与文明教化以及白人的责任等，体现了"上帝视角"下的"救世主"心态。

马塞尔·基蒂斯苏（Marcel Kitissou）是一位帝国主义论调者，1996年在纽约多布斯费里举行的"纽约非洲研究协会"（The New York African Studies Association）会议上，他指出，当代非洲族群问题源于非洲人"缺乏共同生活的技巧和学问"。乔治·B.阿耶尔泰（George B. Ayiltey）也倾向于将责任定位在非洲内部因素，"本土领袖贪婪和腐败所造成的破坏性影响是族群冲突的主要原因"。罗伯特·贝茨（Robert Bates）用接近帝国主义的理论框架来解释非洲族群问题，认为"当代非洲的经济和政治现实"是非洲族群冲突的主要根源。在经济方面，贝茨引用许多学者的论述来支持其观点：艾伯纳·科恩（Abner Cohen）曾指出，尼日利亚约鲁巴人和豪萨人之间因可乐果与牛的贸易早就展开了激烈竞争；P. C. 劳埃德（P. C. Lloyd）关注伊策基里（Itsekiri）与乌尔霍博（Urhobo）为控制瓦里（Warri）市场而进行的长期危险互动；A. W. 索撒尔（A. W. Southall）以基库尤和马赛人对前白人高地的诉讼为例，说明经济在族群竞争中的重要性。在政治方面，贝茨试图解释尼日利亚伊博人、约鲁巴人和豪萨人如何为争夺政治权力而导致比夫拉内战；他逐一分析赞比亚各族群的政治对抗，如通加人（Tonga）与国内其他族群、洛兹人（Lozi）与本巴人（Bemba）、操尼昂加语（Nyanja）的群体与操本巴语的群体之间都因政治资源而爆发冲突。总之，贝茨将所有政治敌对行为都归因于不同族群为赢得选举和权力而进行的无序竞争。

左派理论家（Leftist Theorists）的视角截然相反，其观点完全建立在外生因素之上，主要学者有：巴兹尔·戴维逊（Basil Davidson）、沃尔特·罗德尼（Walter Rodney）、曼宁·马拉布尔（Manning Marable）、柯蒂斯·T. 铂金斯（Curtis T. Perkins）、托因·法罗拉（Toyin Falola）、罗宾·勒克姆（Robin Luckham）等，既有欧洲学者，也有非洲本土学者。他们认为非洲人在外部势力干预下没能按照自己的道路和方式来发展非洲，后者也从未真正关心过非洲的进步。这种理论指出，帝国主义、殖民主义和新殖民主义都表现出西方列强极度自私自利，在非洲产生破坏性的一系列活动包括奴隶贸易、殖民统治、"人造边界"、挑动族群间互斗、资源分配不公、经济盘剥、阻碍工业化、纳入资本主义体系、发展依附性经济。理论家们认为，这些是导致非洲族群冲突和其他社会问题的根本性原因，尤其是殖民主义，所留下的政治和经济"遗产"破坏了非洲的发展、和平与稳定。

戴维逊引用很多有关"人造边界"的资料来论证其观点：西非的曼丁哥人被分割在英、法殖民地，导致该群体四分五裂；豪萨人也是如此，被分割在英属殖民地尼日利亚和法属殖民地尼日尔；东非马孔德人被分割在坦噶尼喀和莫桑比克，分别是英属和葡属殖民地；索马里人被分割在英国、意大利和法国殖民地。戴维逊认为，正是这种割裂和分化破坏了非洲社会结构的稳定性。铂金斯、罗德尼等学者都向西方世界"开炮"，猛烈批判英国、法国、比利时、葡萄牙、西班牙、德国和意大利等殖民列强，其名单后来还加上了美国和阿拉伯国家。

为了修正上述二元对立的观点，另一流派试图走"中间路线"，用相对主义来分析非洲的历史、文化和族群，宣扬非暴力、建设性对话、乐观主义与和谐共存。该流派总试图找到一种折中的解释，因而结合了内因与外因说，在讨论任何一个非洲国家的族群问题时几乎都将内生和外生力量一视同仁，他们谴责帝国主义、殖民主义，同时也批评非洲国家的内部分歧。比如托马斯·奥图尔（Thomas O'Toole）将非洲族群冲突和其他问题归咎于殖民主义形塑的政治、经济和社会制度，以及前殖民时代就存在的身份认同模式。阿里·马兹鲁伊（Ali Mazrui）是非洲经济史权威，他批评殖民主义带来的问题，同时也猛烈抨击非洲军事政权的腐败和独裁。侯赛因·A. 布尔罕（Hussein A. Bulhan）在分析索马里内战时，一方面强烈谴责帝国主义、殖民主义和超级大国的行动；另一方面对于索马里内部的裙带关系、腐败问题等也毫不客气，认为它们共同造成了这个国家的分裂。[①]

联合国在解释非洲冲突时亦遵从折中主义理念：

[①] 本部分主要参考了 Agyemang Attah-Poku, *African Ethnicity: History, Conflict Management, Resolution and Prevention*, New York: University Press of America, 1998, pp. 55–61。

历史遗留问题：殖民列强在1885年的柏林会议上把非洲分割为若干领土单位。非洲的王国、国家和社区被强行瓜分；互相之间没有关系的地区和民族被同样武断地结合在一起。1960年代，新独立的非洲国家继承了这些殖民时代的边界，以及这个遗留问题对其领土完整和实现国家统一的努力形成的挑战。使这一挑战更为复杂化的是，一些新国家继承的殖民法律和体制框架是为了利用地方隔阂而设计的，而不是为了克服这种隔阂。因此，可以理解的是，很多这些新独立国家把全部精力放在建立国家政权和建立民族国家这两个需要同时完成的任务上。然而，经常出现的情况是，对建设统一国家所予以的必要重视是通过政治和经济高度集权以及压制多元政治来贯彻的。可以断定的是，政治上的专制常常导致贪污腐败、任人唯亲、尸位素餐和滥用权力。

内部因素：在非洲各国获得独立30多年后，非洲人自己日益意识到，该大陆必须超出其殖民地历史的范围来寻找当前冲突的根源。非洲在今天比在任何时候都需要从自己身上寻找原因。造成非洲大陆各地冲突的一个关键原因，是许多非洲国家政权的性质以及夺取和维护政权的实际后果和想象中的后果。经常出现的情况是，政治上的胜利在财富和资源、提拔亲信以及职务特权方面采取了"赢家通吃"的形式。经常与这种现象相联系的，是一种处于有利地位或不利地位的狭隘族群意识，在很多情况下，对集权和高度个人化治理形式的依赖加重了这种意识。如果没有为领导人规定适当的责任制，政权缺乏透明度，制衡机制不健全，不遵守法制，缺乏改变或更换领导层的和平手段，或缺乏对人权的尊重，政治上的控制就变得过于重要，利害得失也高到危险的程度。如果像非洲经常存在的情况那样，就业机会主要来自政府，而且政党基本上是以地区或族裔为基础，局势就变得更为严重。在这样的情况下，多数非洲国家的多族裔性质使得冲突更加容易爆发，导致族裔问题以暴力方式政治化。在最严重的情况下，敌对的族群可能认为，其安全乃至生存只能通过控制国家政权来确保。在这些情况下，冲突几乎是不可避免的。①

---

① 《秘书长的报告：非洲境内冲突起因和促进持久和平与可持续发展》（中文版），联合国大会安全理事会第52届会议，1998。

从某种意义上说，让非洲陷入族群冲突的原因必然有内部原因和外部因素，若基于立场和态度割裂它们之间的联系，从而满足自身排他性的政治主张实不可取；但如果将两者对等，进行简单的调和，也会留下难以自洽的漏洞，如何来实现它们的量化并进行比较？我们撇开内生因素与外生因素的观念之争，同时也有意忽略族群的"古老仇恨""人造边界""殖民遗产"等老生常谈的议题，列举一些更有新意的思考。

二 制度性因素

对于族群冲突，很多解读侧重于族群暴力跨时空的概率或强度。比如人们会问：卢旺达的胡图族和图西族之间的紧张关系为何在1994年总爆发，导致全面的种族灭绝；印度教徒与穆斯林的骚乱为何只发生在印度一些城镇而非其他城镇；自20世纪70年代中期以来，为何斯里兰卡发生的族群暴力远多于马来西亚。另外也有人生动描述印度教徒和穆斯林之间的敌对行为，但从不停下来思考为什么这个国家的冲突按照宗教断层线产生，而不是操印度语、孟加拉语和马拉地语的人之间的冲突？回答前三个问题有助于了解族群冲突事件的来龙去脉；但后一项反思不仅注意到族群冲突本身，更触及冲突的内在机制和动力，它解释的不是何时或何地爆发了冲突，而是拷问它们为何会沿着族群边界爆发，即为何政治会围绕族群分化这种特定的轴线运转。

几乎所有的多元政治体系都包含超过一种维度的群体分化：以色列人主要通过宗教来界定身份，但也通过出生地以及"世俗化"的程度对公民进行分类；南非既有种族之分，也有语言和"部落"差异；印度分化为语言、宗教和种姓群体；瑞士、尼日利亚等国皆有这种情况。即便是亚国家群体，其内部也并非铁板一块，具有多样性，比如像纽约、洛杉矶这样的现代都市既有不同的种族群体，同时也会根据其原籍国家、母语以及在美居住时间长短进行分类。上述这些多元形态都有可能在群体冲突爆发时成为潜在动员的基础。

既然有多种潜在可动员的基础，那为何在政治竞争和冲突时只会选取其中一种，而不是另一种来组织调动？我们可以将身份认同细化成两种既有区别又有关联的过程来解释：身份建构（通过这一过程，社会中可能被动员的不同类型的政治身份被建构）和身份选择（通过这一过程，政治行动者从可供选择的身份类型中去强调某一种）。前者的运行是漫长和渐进式的，涉及个体下意识习得、有意识"挂靠"特定群体身份的过程；后者是短期行为，对政治游戏规则的变化非常敏感,在这里被视为战略选择的结果。身份建构过程符合"社会学制度主义"(sociological institutionalist)传统,身份选择过程符合"理性选择制度主义"(rational choice institutionalist)的观点。虽然这两种机制不同,但都是政治和社会生活所处的正式制度环境下的产物。

某种身份之所以被凸显出来,是所有行动个体选择聚集的结果,需要符合利益最大化。当然这种选择是有限的,其一,选项受制于提供给行动者选择的内容,即能够利用的身份必须是自我与他者都认可的常识性身份单位(它们又是社会分化和政治认同的产物),如族群、宗教群体等;其二,正式制度的竞争性规则,让一些身份较之其他身份具有明显的优势。

政治制度是构成社会和政治互动的规则、法规和政策。它们通过两种不同的因果机制,在两个阶段帮助确定哪种分化的身份变得突出。首先,政治制度有助于形构具有潜在动员性身份的"名目",也就是说,它们决定了为何社会中大量客观、可识别的文化差异中,只有一些被认为至少具有潜在的政治重要性,而另一些则没有。其次,政治制度决定了人们选择这种身份并凸显出来的动机,然后在个体之间协调这些选择,从而最终在整个社会层面产生后果。人们关于哪种身份最适合自己的决策会受到很多背景因素的影响:一方面,他们的互动伙伴是谁,以及他们做出选择的时机等等;另一方面则是政治制度,它不同于那些转瞬即逝的、个性化的因素,全方位影响着社会中受其支配的所有个体,将人们框定在同质化的氛围中。每个人深知这是一种现实和事实,理性告诉他们如何才能做出最优策略,然后形成一种集体"合力"。借用纸牌游戏的比喻,政治制度首先分析了为什么玩家手里抓到的是这些牌,然后解释了玩家如何打出去这些牌,赢得游戏。

关于政治制度如何影响个人身份选择(即为何玩家要打出这些牌)的争论建立在三个简单而成熟的命题之上:人们想从国家获得资源;人们认为让本族的"自己人"担任政治职务有助于获得这些资源;人们也明白,让族群中某个人"脱颖而出"获得政治权力的最好办法,就是要与其他同族成员结成"攻守同盟",这从政治和经济的角度来说是最有效的。若是制度变迁,相应的会在一定程度上改变人们的身份认同。所以罗伯特·贝茨将族群描述为"部分由理性化努力所形成的联盟,保障现代化创造的利益"。在非洲的政治实践中,可以观察到政治制度如何影响人们建构身份,并由此产生冲突的具体案例。

塞拉利昂在政治制度上先后经历过多党制和一党制选举。多党制选举中的冲突,主要围绕两个广泛的地区同盟展开,即南部曼德语(Mende)同盟和北部藤内语(Temne)同盟。而在这个国家一党制运作中,政治竞争的场域已经转换,语言同盟的关系松散化,冲突出现在大约20个地方性群体之间。换言之,1962年和1967年的多党竞选中,地方性的族群集团意识被刻意隐藏,在1982年的一党选举中则成为一种突出的显性因素(在投票方式中得到印证)。由此可见,选举制度对于塞拉利昂人的身份具有某种"塑造性"。

索里·科罗马(Sorie Koroma)长期担任塞拉利昂总统西亚卡·史蒂文斯(Siaka Stevens)的副手,其个人身份史亦是有趣的说明。科罗马在公开场合向来承认自己是一个藤内人。由于总统的"全民大会党"(All People's Congress)被认为是一个"属于藤内人的政党",他的表述强化了人们的这种认识因而招致批评,科罗马仍一贯坚持。但到了1983年,在停止多党竞选和宣布采用一党制后不久,科罗马就宣称自己实际上不是藤内人,而是一个曼丁哥亚群的成员。其原因在于,在一党体制中,政治竞争影响的区域收缩到选区层面,即地方亚群的身份较之地区/语言身份更为重要。

1957年刚果(金)首次举行竞争选举,不过只限定在七个主要城市,每个城市都成为一个单设的选区。在此背景下,主导的族群分歧点是基于城市导向的:在金沙萨(Kinshasa)是刚果人和恩加拉人(Ngala),在卡南加(Kananga)是卢巴人(Luba)和卢卢阿人(Lulua),在姆班达卡(Mbandaka)是蒙戈人(Mongo)和恩贡贝人(Ngombe),在卢本巴希(Lubumbashi)是卡萨亚人(Kasaian)和"正宗的"加丹加人("authentic"Katangan)之间的竞争。到了1960年5月,国家和省级议会推行全国性选举,此时,有效的政治竞争场域边界得到扩展,新的分歧点被凸显出来。在城镇中,族群身份是区分"你我"的核心因素,在国家层面,"地区"差异则演变成政治竞争的焦点,政治精英开始圈定地区,而非族群作为政治建构的基础。随着选举权的扩大,政治竞争从城镇延伸到整个国家,人们身份认同的方式随之产生变化,遵循政治行动者利益优先原则。

尼日利亚的埃吉拉发展协会(Agila Development Association,简称"发展协会")提供了另一个案例,展现该国联邦体制[①]下政治行动者的能动性。1964年,伊多马人土地拥有者在尼日利亚北部埃吉拉成立发展协会,以抵御东南部伊博人

[①] 当时尼日利亚在行政上被划分为四个地区,即北区、东区、西区和中西区,各区之间相互独立,但存在激烈的竞争。

侵占他们的土地。在地方层面，土地冲突在伊多马人的族群话语中被视为"伊博外来者"和伊多马"土地之子"的斗争。但是当发展协会决定向联邦政府求助时，其代表策略性地将这种冲突包装成"东部人"和"北部人"之间的矛盾。当他们与北区总理会面时请求斡旋，打着的正是北区旗号，而非以伊多马族群的名义。伊多马人将自己塑造成北区利益捍卫者的形象，且花费了巨大的人力物力来确保与东区斗争取得胜利。所以发展协会用地区话语表述与伊博人的冲突，要比用族群话语能得到更广泛的同情以及更充足的合法性。当时尼日利亚联邦制度的特殊行政构造创造了这种可能。①

在族群相关研究中，人们已经普遍意识到了身份具有情境性和流动性特点，旨在衡量族群忠诚及其政治和社会后果的研究也正变得日益细致和复杂。但从理论建构的角度来说，族群政治文献几乎完全没有总结说明，在何种情况下，多元社会中只有某种身份会被政治化，而不是另一种。大多数讨论只是想当然地将被政治化的身份视为一种天然的或既定的事物，并通过个体已具备的这种特定身份开展研究。"制度性因素"的分析则反向运行，通过族群竞争或冲突在制度边界内展现出来的弹性与张力回溯身份建构与选择的机制。

三 谁拥有国家：民族国家建构与族群冲突

欧洲一些具有古老传统的冲突，逐渐被加上族裔色彩：战略敏感的巴斯克地区曾经只是为维护由西班牙王室授予地方独立和特权的战斗，如今已经转变为"巴斯克人民争取独立"的斗争；同样，北爱尔兰的族群冲突最初是在中世纪农民（土著）和领主（征服者）之间关系的框架内发展起来的。当代一些后殖民国家以及由苏联解体东欧剧变而形成的国家，刚一独立就面临严峻的族群冲突危机。可以说族群冲突是整个世界的"流行病"。之所以出现这种情况，原因之一为全球性的民族国家建构进程。

为何民族国家建构与族群冲突具有如此直接的关系？我们需要考察古代国家与现代国家的本质性差异。古代多族群帝国的合法性建立在政治代表概念的普遍性、等级性之上，比如说基督教国家的国王和伊斯兰国家的哈里发出身高贵，"君权神授"，注定了他们要在世上执行上帝的旨意，统治四方。而现代民族国

---

① 主要参考了 Daniel N. Posner, *Institutions and Ethnic Politics in Africa*, Cambridge: Cambridge University Press, 2005, pp. 1–141。

家经历了"去魅化",以"人民主权"为基本原则,体现的是人民直接进行统治的民主:"人民是统治者,只不过所统治的是人民自己。"①"人民主权"和"民族自决"的理想交会于19世纪欧洲民族主义运动的发展进程中,它们成为欧洲民族国家的两条原则,在20世纪前期美国总统威尔逊宣扬民族自决概念后,这些思想传遍全球。二战结束后,包括非洲在内的殖民体系瓦解,大量新的国家诞生,接受了欧洲民族国家的形式及原则。

在现代语境下,"人民"指的是代表集体意志的民族共同体,国家由他们行使权力。古代国家由国王、哈里发统治的普遍性和等级性原则,让位于"本民族自己统治自己"(like over like)的原则。但在大多数情况下,新建立的国家并不存在如此一个"民族",相反它们都是由多元而异质的族群"拼凑"而成的。所以在这样的国家里就首次出现了"谁属于该民族"(who may belong to its nation)的问题,且以族群冲突的形式竞争或争夺这种地位。于是在多族群国家中,族群成为拥有共同利益的"命运共同体",其差异或边界充分凸显出来,被赋予强烈的政治色彩。

族群差异的政治化首先出现在行政机构的竞争中。那些传统上为中央集权的国家,由占人口多数的族群主导,在向民族国家转换的过程中这群人就构成了国家民族,国家的族群化和行政机构的族群化同向、同步进行。比如在阿根廷或埃及,人们不会去讨论印度裔少数族群和努比亚少数族群应该成为各自"国家的主人"。新的国家的人认为自己属于阿根廷人或阿拉伯人,从来没有真正质疑他们以何种人的名义行使权力。

但在主体(多数族群)不明显、权力归属不明朗或没有哪个族群"有资格"转变为国家民族时,就会出现第二种状况,也就是非洲大部分国家都面临的情况。在这些国家,行政机构会被有实力的族群分享,它们会通过"庇护制"(clientelism)实现机构的族群化。这里的族群代表一种扩展的亲属群体,其成员有义务相互帮助,因为人们信任"自己人"。行政机构中已获得权力者建立族群庇护网络,将行政职位、基础设施、进出口特许权、公共合同等向族人分配,获得他们的支持,确保自己在政治竞争中的优势。在缺少非政府组织、协会和其他利益群体组成的公民社会时,这种趋势尤其明显。

---

① 马德普:《人民同意与人民主权——西方近代以来两种民主理论传统的区别、困境与误读》,《政治学研究》2017年第5期。

在前殖民时期，一些非洲国家庇护制度曾经盛行，但很多是跨族裔的网络，到民族国家建构时转变为聚焦于族裔的网络。以布隆迪为例，其古代王国之所以能够保持稳定，在很大程度是由于通过亚族群的氏族群体建立起庞大的庇护制关系网络，由国王总揽，处于他的支配和调控之中。该网络将所有人绑定在一起，淡化了族群差异。而到了被殖民时期，在比利时殖民政府授意和推动下，以及国家现代化和科层化过程中，图西族精英才开始系统性偏袒本族的"自己人"，歧视占人口多数的胡图族人。原本以氏族和宗族为基础的跨族裔庇护网络被族群庇护网络所取代，强化了族群差异。

行政机构的族群化是导致族群差异政治化的第一个决定性因素，由此也引发第二个决定性因素，即族群精英的竞争。行政机构是受过良好教育的各族群精英的主要竞技场，他们的竞争会加剧族群差异的政治化。通过对科特迪瓦等国开展的研究表明，该国至少3/4的中学生想竞争公务员的职位，只有少数人设想将来从事专业性或非正式部门的工作。相关研究也发现，在那些意愿加入行政团队的中产阶级队伍中，族群偏见最明显。当他们投身于争夺国家权力的明争暗斗时，行政机构中就会按照"我群"与"他群"的边界形成派系团体。一旦这些人认为自己处于系统性不利地位时，私人化竞争就演变成族裔性的公共政治问题。

非洲后殖民国家行政机构中的不公现象大量存在，很多可以追溯到殖民时期。较早接受基督教、西式教育和语言的族群在殖民政府中受到重用，如尼日利亚伊博人、乌干达的干达人、多哥的埃维人等。国家独立后，其他族群因失去先机往往在行政机构中所占比例不足。劣势族群的知识精英按照民族国家的"人民主权"原则提出更多的诉求，要求占据"国家蛋糕"的更大份额。他们的组织能力和宣传能力，给族群差异的政治化带来持久影响。

在此过程中，尽管族群精英扮演核心角色，但绝不能忽视芸芸大众的作用。所以第三个决定性因素是，族群取代阶级和其他具有分化性的群体身份形成政治集团。当然，政治集团的形成从来不会包含所有会集在同一族群身份标签之下的人，必须警惕将族群冲突解释为族群之间的全员对抗。另外，许多普通人常常将自己定义为族群代表，将那些与其似乎并无太多相干的族群视为仇敌。因此，这里牵涉到一个至关重要的问题：在什么情况下，无法参与行政机构竞争的这些普通人被动员起来，通过他们的投票，推动了政治族裔化，甚至诉诸暴力助长族群冲突的蔓延。

主要的原因或许在于对公共产品的需要。在理想状态下，公共产品属于国家的每位公民，但现实生活中根本无法保障该承诺。公共产品的占有程度与行政机构的族群化紧密相关，对于普通人（如农民、手工业者、小私营主和工人）来说，族群身份在信用贷款、申请执照、土地权或高等教育入学等方面有实质性影响。因为行政机构是公共产品的主要分配单位，而基于这些机构的族群偏好，只有少数"自己人"能够"获得照顾"。人们只有跻身族群"庇护网络"，才具备获得公共产品的资格，对该产品的竞争关乎每位成员。所以在殖民时期的非洲，大量人群单位就已根据殖民行政边界形成族群共同体，追逐资源和利益。①

在现代民族国家的语境下，存在三种情况让族群差异变成潜在的冲突变量，让族群成为"命运共同体"，成员们甚至甘于为族群利益而牺牲。其一，行政机构的族群化；其二，族群精英的竞争，特别是被排斥在权力中心之外的精英的组织与动员；其三，国家公共产品分配不公被认为是族群歧视，从而导致更广泛的人口团结起来。因此，多族群国家的族群冲突是为了解决"谁拥有国家"（who own station）的问题，只是"争夺国家的斗争"也往往演变成"与国家的斗争"。

综上所述，对非洲族群冲突的解释需要超越传统观点的束缚，引入社会科学的多元视角，比如还有强调非洲本土社会结构因素②、强调非洲地理因素③、强调"民主阴暗面"④的研究等，不一而足，这也说明该领域具有开放性和交叉性的特征。事实上，基于这一特征，我们需要在各种线索中寻找导致非洲族群冲突最核心的逻辑力量：从纵向的时间线条来看，这是一种当代性的政治现象；从空间的结构来看，它们都发生在民族国家的边界之内。无论是"当代"的时间概念，还是"民族国家"的空间概念都来自非洲与西方的互动：是殖民列强将非洲强行纳入资本主义世界体系，也是殖民列强让非洲人不得不接受前所未有的民族国家政治架构。所以外生力量创造了一种时空场域，构成当代非洲族群冲突的逻辑起点。而非洲各国内生特点的多样性，与外生因素相结合导致了族群议题的复杂性，相关解释理应是多维和充满张力的。

最后我们再回头思考上文恩克鲁玛关于"政治王国"的假设性议题（参见

---

① 主要参考了 Andreas Wimmer, "Who Owns the State? Understanding Ethnic Conflict in Post-Colonial Societies," *Nations and Nationalism*, Vol. 3, No. 4, 1997。
② Dominika Koter, *Beyond Ethnic Politics in Africa*, Cambridge: Cambridge University Press, 2016.
③ Harm J. de Blij, "Geographic Factors in Ethnic Conflict in Africa, in the Challenge of Ethnic Conflict to National and International Order in the 1990s: Geographic Perspectives," A Conference Report, This Publication Is Prepared for the Use of US Government Officials, 1995.
④ 〔美〕迈克尔·曼：《民主的阴暗面：解释种族清洗》，严春松译，中央编译出版社，2015。

本书第二章第三节），他事实上忽视了逻辑学上的简单区分，即什么是充分条件和什么是必要条件。政治王国（政治主权）的确是非洲实现其他任何基本愿望的必要条件。但是只有政治条件还不够，因为它不是一个充分条件，"其他一切"还不会轻易地"随之而来"，① 或者说随之而来就是人们所期望的吗？至少无休止的族群冲突不是。当然，民族国家建构并不会因为前代民族主义者的失败而告终，它依然是每个非洲国家的必经之路。因此接下来需要讨论的是，在新旧形势下，非洲人民，特别是政治精英为解决族群冲突奉献何种智慧或谬误？

---

① 〔肯尼亚〕A. A. 马兹鲁伊、〔肯尼亚〕C. 旺济：《非洲通史：一九五三年以后的非洲》（第8卷），屠尔康等译，中国对外翻译出版公司，2013，第87页。

第四章
非洲多族群国家的族群整合

　　总结西方近代民族国家历史发展的经验可知，国家的形成与民族的形成是两个独立过程。而且，民族的形成通常先于国家的形成，根据这一次序所形成的单一民族国家，是民族建构与国家建设的最高发展形态与最终结局。但对于前殖民地非洲国家来说，顺序是颠倒的，即国家先于民族而存在。在这些新建立的国家中，众多群体被裹挟充塞其中，构成地缘政治实体。对于大部分非洲人来说，虽然已被纳入"民族国家"这种前所未有的政治框架，但彼此间缺乏信任，形成民族身份与民族认同更无从说起。实际上，已经建立的国家极其脆弱和飘摇。因此，非洲新兴国家所面临的主要困境在于：民族的危机是一种缺乏集体认同的危机；国家的危机则是一种权威不稳定的危机。[1] 持续不断的族群冲突是这种危机的具体表现之一。

　　正因为如此，为了应对危机，化解族群冲突，除了进行族群整合别无他择。[2] 这种整合要以实现民族建构为目标，以"民族"的形成为前提。[3] 民族的形成是人们长期培育政治态度、信仰和价值观以及发展政治文化的结果。因此，族群整合的重点放在文化和谐与政治认同之上，走向文化同一性（即民族性）。也就是说，族群整合就是要让人民相互接受，承认其他成员有权分享共同的历史、资源、价值观以及其他有关国家的一切方面，用同属于一个政治团体的责任感加以巩固。这个政治团体将赋予这个国家的生活以更加统一和完整的意义。[4] 据此来看，族群整合必然是一项长期、庞大而艰巨的社会工程。而且正如非洲第

---

[1] 〔肯尼亚〕A. A. 马兹鲁伊、〔肯尼亚〕C. 旺济主编《非洲通史：一九三五年以后的非洲》（第8卷），屠尔康等译，中国对外翻译出版公司，2013，第363～366页。

[2] 〔瑞士〕安德烈亚斯·威默：《国家建构：聚合与崩溃》，叶江译，格致出版社、上海人民出版社，2019，第1页。

[3] Jochen Hipple, ed., *Nation-Building: A Key Concept for Peaceful Conflict Transformation*? London: Pluto Press, 2004, p. 8.

[4] 〔肯尼亚〕A. A. 马兹鲁伊、〔肯尼亚〕C. 旺济主编《非洲通史：一九三五年以后的非洲》（第8卷），屠尔康等译，中国对外翻译出版公司，2013，第363～366页。

一代民族主义领袖所追求的自主性与独立性那样，族群整合也"像一种权利和命运一样将由他们自己掌握"。① 非洲各国都在摸索自己的道路，形成多样性的整合模式。值得注意的是，政治体制表现在治理理念、治理机构以及相关政策的取向和反应上，在构建族群政治和实施族群整合方面至关重要。② 透过非洲政治体制的宏观维度观之，族群整合具有显著的可归纳性。

第一节 宏观视野下政治框架中的族群整合

族群整合在某种程度上体现了"自上而下"的政府行为，政治制度框架，尤其是政体的性质确定了族群整合的方向。所谓政体，是国家实现统治的宏观架构，是统治者组织和管理政权的政府形式。自古以来，政体的类型丰富多彩，存在古典政体和现代政体之分，可以梳理出多种不同的观点。而当下的科学分类，在法理上要回归汉斯·凯尔森（Hans Kelsen）的"民主"与"独裁"（autocracy）的二分法，或者回归意大利政治哲学家、法哲学家诺伯特·博比奥（Norbert Bobbio）的"民主"与"专政"（dictatorship）的二分法。③ 不过在具体应用时仍有或多或少的差异，比如美国著名学者罗伯特·A. 达尔（Robert Alan Dahl）的理论中出现了"霸权政体"（Hegemonic Regimes）和"多头政体"（Polyarchical Regimes）概念，达尔用"霸权"替代"独裁"或"专制"等术语，用"多头"替代"民主"。在达尔的理论模型中，各种政体随情境变化而改变：以一种封闭性的霸权政体（Closed Hegemony Regimes）为起点，朝着自由化（公开争论）程度更高的方向发展就演变成竞争性寡头政体（Competitive Oligarch Regimes）；以一种封闭性的霸权政体为起点，朝着包容性（参与性）程度更高的方向发展就演变成包容性霸权政体（Inclusive Hegemony Regimes）；以一种封闭性的霸权政体为起点，朝着自由化与包容性两者程度更高的方向发展就演变成多头政体（作者认为现实世界没有任何政体是完全民主化的，多头政体只能说是比较民主

---

① 〔英〕巴兹尔·戴维逊：《现代非洲史：对一个新社会的探索》，舒展等译，中国社会科学出版社，1989，第257页。
② Shaheen Mozaffar and James R. Scarritt, "Why Territorial Autonomy Is Not a Viable Option for Managing Ethnic Conflict in African Plural Societies," *Nationalism and Ethnic Politics*, Vol. 5, No. 3 - 4, 1999.
③ 张绍欣：《政体、国体与国家类型学发轫》，《学术界》2016年第10期。

化的政体类型），具体演变模式见图4-1。①

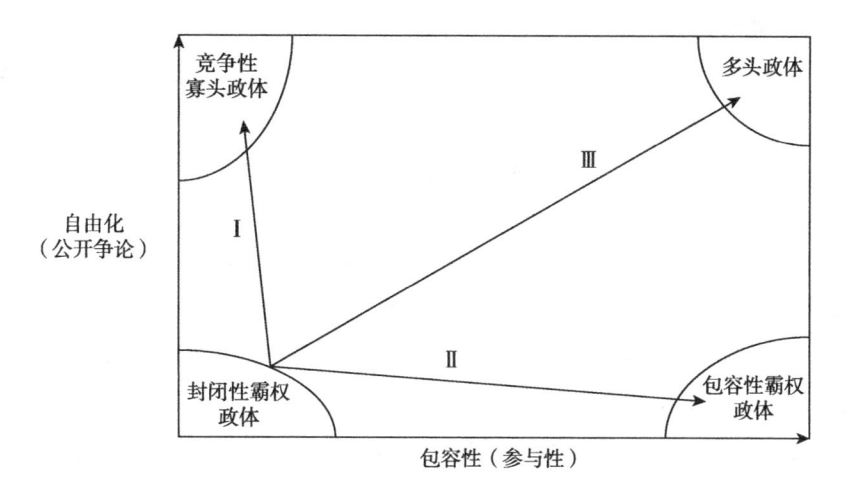

图4-1 政体的演变模式

资料来源：Donald Rothchild, *Managing Ethnic Conflict in Africa: Pressures and Incentives for Cooperation*, Washington: Brookings Institution Press, 1997。

美国学者唐纳德·罗斯柴尔德（Donald Rothchild）深受罗伯特·达尔的影响，在其理论的基础上将非洲的政体大概划分为三种模式，即霸权政体、精英分权政体（Elite Power-Sharing Regimes）和多头政体。罗斯柴尔德认为，政体作为规范行为模式的机制，在个体与群体参与政治行动，如选举和决策的过程中具有决定性意义。换言之，政体对个体/群体之间的合作与竞争起到激励或抑制作用，决定了族群整合的方向和路径。② 在族群整合问题上，不同政体下的处理方式各异，从而也会导致相应的不同后果与影响。

一 三种政体下的族群整合机制

政体类型差异表现在利益群体的诉求、政党角色、选举规则、意识形态及偏好与歧视等方面，对于族群整合机制皆有巨大影响。当然，在特定情况下政体有相互重叠的部分，比如即便在霸权政体中，统治者与被统治者也不可避免地存在

---

① 〔美〕罗伯特·达尔：《多头政体——参与和反对》，谭君久等译，商务印书馆，2003，第17~18页。
② Donald Rothchild, *Managing Ethnic Conflict in Africa: Pressures and Incentives for Cooperation*, Washington: Brookings Institution Press, 1997, pp. 11-18.

互惠行为，特别是精英分权。①

（一）霸权政体

霸权政体极力维护政治中心的权力，强调政府和政党的分级控制，忽略或抵制族群诉求，利用五项基础性政策来应对激烈的族群和地区冲突。

①征服（subjection）：采取强制措施，以确保支配者（少数或多数族群）自身利益，如南非的种族隔离政策。

②隔离（isolation）：将冲突方分隔成不同的政治体系，例如事实上的自治（安哥拉的安盟）、通过全民公决的完全分离（厄立特里亚）。

③文化同化（cultural assimilation）：政治力量弱小的身份群体以文化渗透的方式被吸纳进主流身份群体。

④回避（avoidance）：将族群冲突限制和遏制在一定范围内，避免国家与身份群体直接交锋，比如强制推行一党制或无党制。

⑤迁移（displacement），通过永久性地将一个族群从一个地区迁移到另一个地区，群体被集中在某个地区、胁迫移民、驱逐出境以及族群清洗也属此列。

这种专制主义的霸道做法要付出沉重代价。如果国家成功压制包括族群在内的公共诉求，可能在表面上形成稳定局面，深层次的恐惧和不满也暂时被掩盖起来。但政府的威慑不仅压制了公民自由，而且对于建立社会关系的普遍性规则百害而无一利。族群若冲破霸权政体的禁锢，就会追求自决与独立，比如埃塞俄比亚的厄立特里亚、苏丹的南苏丹；或事实上的分离，如索马里兰。高压政策强化了零和心态，最终导致棘手的国家与族群或族群与族群之间的对抗。

（二）精英分权政体

相比之下，精英分权政体和多头政体以更务实的方式建立群体间关系，不同程度地接受和响应群体的诉求。尤其是多头政体的开放性和灵活性更能产生正反馈，通过提供有效机会促进公众参与决策制定，与族裔相关的诉求就会趋于温和。一党制时代的精英分权政体往往是建立在非正式程序之上的广泛平衡和包容性联盟，制定关于公务员任命、财政分配、大学入学和教育奖学金等方面的比例规则，用来回应族裔—地区的诉求。

从统治精英的逻辑出发，族群诉求虽具有可调和性，但内部群体间紧张关系

---

① 主要参考了 Donald Rothchild, *Managing Ethnic Conflict in Africa: Pressures and Incentives for Cooperation*, Washington: Brookings Institution Press, 1997, pp. 40 – 45。

常常是"冰冻三尺非一日之寒",步步为营的缓解(buffering)策略不失为稳妥的步骤。在缓解紧张关系基础上采取政治交易和互惠的方式来解决问题,接受与族群领袖直接谈判的要求,或利用第三方进行协调。

国家也可以采取保护(protection)政策,向各族群提供宪法和法律保障,保证他们在政治秩序中的地位和安全。比如在南非,1994年的临时宪法规定,少数族裔党派有权参与决策和规划省级事务。此外,尽管受到经济匮乏的约束,但肯尼亚、加纳、尼日利亚、科特迪瓦和喀麦隆等国的精英,有时利用资源再分配(redistribution)策略,向处于劣势的族群倾斜,提升它们的国家认同感,使之服从整合与调控。

(三) 多头政体

多头政体(在较小概率上也包括一些精英分权政体)所能把握的政策是,以族群共享(sharing)的方式进行决策和执行。每个族群的诉求适度,彼此间坦露真实意图和务实看法,共同的命运感就会油然而生。集体矛盾虽没有消失,但仍主要集中在诸如资源分配、政治地位和社会机会分配等可协商的问题上。但共享既作为"约定俗成"的惯习性效力被广泛接受,也通过正式规则得以表达,从而使互动过程更加透明化。共享机制的缺陷是取得政治合法性的代价颇高,参与决策者甚众,迫使国家在政治协商中为达成协议不得不投放更多的资源。此外,这种方式也容易造成各方相互扯皮、权力滥用和腐败行为。总的来说,三种政体下族群整合的应对模式并不复杂(见图4-2)。

二 霸权政体

尽管追求自主性与独立性,但非洲国家独立以来政治发展的历程和轨迹表明,其对政治发展道路的选择,特别是对政治体制的选取和设置并非领导人心血来潮或随心所欲的结果,而是受到他们所面临的历史与现实、内部与外部、主观与客观等种种特定的条件和因素制约,是上述条件和因素互动、综合作用的结果。[①] 非洲国家独立后,各国领袖鉴于社会高度分化的无奈现实,对建立"民族国家"的愿望十分迫切,都将民族国家建设,即实现民族一体化置于各国政治发展的核心,并使之成为国家意识形态的主导性因素之一(另一种是经济增

[①] 张宏明:《多维视野中的非洲政治发展》,社会科学文献出版社,2007,第1页。

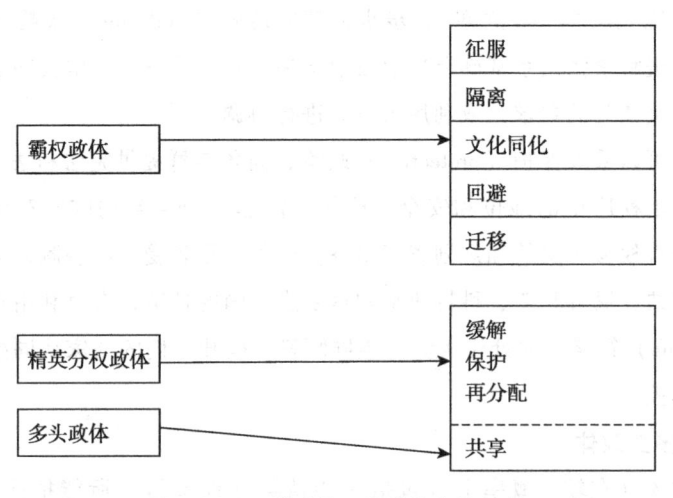

```
霸权政体 ──→ ┌──────────┐
             │ 征服     │
             │ 隔离     │
             │ 文化同化 │
             │ 回避     │
             │ 迁移     │
             └──────────┘

精英分权政体 ──→ ┌──────────┐
                 │ 缓解     │
                 │ 保护     │
多头政体 ────→   │ 再分配   │
                 │ ──────── │
                 │ 共享     │
                 └──────────┘
```

图4-2 三种政体下族群整合的机制

资料来源：Donald Rothchild, *Managing Ethnic Conflict in Africa: Pressures and Incentives for Cooperation*, Washington: Brookings Institution Press, 1997, p. 26。

长）。[①] 而实现民族一体化的首要任务是实现国家的"非部落化"，以使每一个国家的居民在任何时候、任何地点和任何情况下都意识到自己首先是国民，然后才是各族族民。[②] 正如赞比亚总统卡翁达所宣示的："我们的目标是在殖民者开拓出来的广阔地域中建构真正的民族。"[③] 所以这些民族主义领袖从一开始就不鼓励文化多元主义，相反以消除族裔、部落与宗教等"旧有的忠诚感"[④] 为民族建构的抓手。

在消除旧有忠诚感的过程中，非洲领导人往往期待能"从部落到民族"一步到位。如莫桑比克首任总统萨莫拉·马谢尔（Samora Machel）倡导"消灭部落、建构民族"（kill the tribe to make the nation be born），[⑤] 要求所有群体摆脱族群身份，融入新的国家认同中。萨莫拉领导的莫桑比克解放阵线（Mozambique Liberation Front）在坦桑尼亚纳钦圭阿（Nachingwea）进行军事训练期间，他曾

[①] Alex Thomson, *An Introduction to African Politics*, London: Routledge, 2010, p. 37.
[②] 张宏明：《多维视野中的非洲政治发展》，社会科学文献出版社，2007，第50页。
[③] Yonatan Tesfaye Fessha, *Ethnic Diversity and Federalism Constitution Making in South Africa and Ethiopia*, England: Ashgate Publishing Limited, 2010, p. 10.
[④] 〔英〕戴维·米勒、〔英〕韦农·波格丹诺编《布莱克维尔政治学百科全书》，中国问题研究所等译，中国政法大学出版社，1992，第489页。
[⑤] Guilherme Simões Reis, "The Political-Ideological Path of Frelimo in Mozambique, from 1962 to 2012," The XXIInd World Congress of Political Science, 8-12 July, 2012, p. 3.

经有这样的训话:"初来时,我们是马孔德人(Makondes)、马夸人(Makuas)、龙加人(Rongas)或塞纳人(Senas)等等,回程时我们就只是莫桑比克人(Mozambicans)。"① 马拉维总统海斯廷斯·班达(Hastings Banda)则宣称:"我所关心的是,这个国家如今没有尧人、隆韦人(Lomwe)、塞纳人、切瓦人(Chewa)、恩戈尼人(Ngoni)、通加人(Tonga),只有'马拉维人'(Malawians)。"1959年11月28日,在刚果(布)共和国成立周年纪念会上,富尔贝尔·尤卢(Fulbert Youlou)总统在演讲中指出,国民的首要任务是抛开族群和政党的分歧"实现全民团结"。② 在思想和观念上,非洲领导人是一致的,全力号召人民摆脱部落/族群身份,抛弃这种损害团结的"负资产"。马谢尔与班达等非洲领导人有一种近乎浪漫的理想主义情怀,认为只要人民的族群身份被消解,就可使其凝聚超族裔的身份,实现民族一体化目标。这些领导人也认识到,正如塞内加尔总统列奥波尔德·桑戈尔(Léopold Senghor)所指出的,"国家是实现民族整合的一种工具",③ 他们大都通过将国家政治权力高度集中化来践行其理念,其中一党制是最主要的集权方式。

非洲国家独立后不久,各国领导人普遍认为,一党制更适合非洲。因为在该制度下,所有族裔、宗教或语言群体,无论其差异如何,都将被整合于一个政党。但如果引入多党竞争,不同政党就可能由特定族裔群体所把控,这实质上会促进族群分化。因此,一党制被认为是族群整合与民族建构的不二选择。④ 从20世纪60年代中期开始,非洲国家的政党制度纷纷由多党制改行一党制。1965年时,非洲有36个国家取得独立,其中有25个国家为一党制,还不包括军政权国家。而20世纪七八十年代独立的非洲国家,除了津巴布韦之外,基本上自独立伊始就实行一党制。非洲政党制度的第一次变迁主要通过两种途径实现:一种是执政党兼并或取缔反对党,然后通过修宪,使执政党成为唯一合法政党;另一种是从军政权派生出来的一党制,即军人通过发动政变推翻文官政府,建立军政权,取缔一切政党或重新组建由军人控制的单一政党并通过法律形式加以合法

---

① Azinna Nwafor, "FRELIMO and Socialism in Mozambique," *Contemporary Marxism*, No. 7, 1983.
② 〔法〕让-米歇尔·瓦格雷:《刚果共和国(布):历史、政治、社会》,史陵山译,商务印书馆,1973,第160页。
③ Yonatan Tesfaye Fessha, *Ethnic Diversity and Federalism Constitution Making in South Africa and Ethiopia*, England: Ashgate Publishing Limited, 2010, p. 10.
④ Mwangi S. Kimenyi, "Harmonizing Ethnic Claims in Africa: A Proposal for Ethnic-based Federalism," *Cato Journal*, Vol. 18, No. 1, 1998.

化。随之，军事政变领导人摇身一变成了党的领袖和国家元首。①由此可见，非洲国家一党制的形成大都建立在压制政治多元的基础上。

非洲的社会主义国家几乎都实行一党制，强调国家控制和主导，通常只有一个合法政党。② 在这一方面比较突出的有尼雷尔的"乌贾马社会主义"、肯尼思·卡翁达的"人道主义的社会主义"、列奥波尔德·桑戈尔的"民主社会主义"、塞古·杜尔（Sékou Touré）的"能动社会主义"、克瓦米·恩克鲁玛的"实证社会主义"、莫迪博·凯塔（Modibo Keïta）的"现实社会主义"，以及莫桑比克、安哥拉和埃塞俄比亚等国奉行的"科学社会主义"等等，共有24个非洲国家选择了社会主义。民族主义是非洲社会主义的内核，因而国内外学者将其称为"民族社会主义"、"民族的社会主义"或"民族性社会主义"，主要特征在于，它们利用意识形态的统一和政治权力的集中，来统一民众的思想，推动独立后国家的政治经济建设，促进民族的一体化。③ 正如索马里西亚德·巴雷政权所宣称的那样："社会主义将统一分化力量。"④

比一党制更为激进的是"无党制"。在乌干达，1986年约韦里·穆塞韦尼（Yoweri Museveni）掌权后，禁止了所有政党，成为较为少见的"无党制"国家。在该制度下，只允许以个人而非政党名义竞争地方和国家的政治职位。无党制内含的逻辑在于：如果竞争是个体性的，人们更多地关注候选人的个人素质、在公共领域服务的经历，以及竞选的政策纲领等；如果通过政党竞选，身份政治将占据中心位置，并会形成分化的政治阵营，族性可能会成为胜负的主导因素。⑤ 无论这种逻辑是否合理，穆塞韦尼长期采用无党制来治理国家，甚至抵挡了20世纪90年代的民主化浪潮，直到2005年才实行多党制。

在独立后很长一段时间内，很多非洲国家处于"强人政治"或"个人统治"之下，最高领导基本不受任何正式制度的限制，仅仅因为宪法中的某项条款而放弃权力几乎是不可想象的。相反，领导人会无视宪法条款，直接宣布自己为"终身总统"，1964年加纳的恩克鲁玛，1970年马拉维的班达，1972年中非共和

---

① 张宏明：《从政党制度变迁看非洲国家的政治发展》，《人民论坛》2019年第S1期。
② Alex Thomson, *An Introduction to African Politics*, London: Routledge, 2010, p. 45.
③ 李安山：《非洲国家民族建构的理论与实践研究——兼论乌贾马运动对坦桑尼亚民族建构的作用》，《西亚非洲》2002年第4期。
④ 〔英〕I. M. 刘易斯：《索马里史》，赵俊译，东方出版中心，2012，第192页。
⑤ Christof Hartmann, "Managing Ethnicity in African Politics," Printed from the Oxford Research Encyclopedia, 2019.

国的让-贝德尔·博卡萨（Jean-Bédel Bokassa）、赤道几内亚的奥比昂·恩圭马（Obiang Nguema），以及1976年乌干达的伊迪·阿明（Idi Amin）都是如此。[1] 在强人政治下，通常会转向个人崇拜，领袖成为国家的象征和人民的"君父"。领导人的个人权势与日俱增，其结果是压制政治表达和竞争，以及针对国家和政党的日益独裁。[2] 他们主要依赖"新世袭主义"（neopatrimonial）纽带来维系统治，代表了小团体的利益，公众的政治参与度非常低。强人政治的"暴君"式统治过于随意、武断和蛮横，让建立跨社会群体联系的任务无比复杂和困难，族群整合无从谈起。

上述不同形式但高度集权的政治体制皆被罗斯柴尔德定义为"霸权政体"，一方面，它们以殖民时期遗留下来的行政机构为基础，尽力增强统治者的控制能力，为此扩充了行政机构、公务员队伍、军队和警察队伍；另一方面，限制公民社会以及各种群体组织的政治参与，有意忽略宪法对专制行动的监督功能。为了保证小集团和小群体的权力与利益，统治者通常依赖多种强制性措施来维持表面上的政治稳定，主要包括不公平的招募和分配政策、剥夺公民选举权、操控选举权、新闻管制以及武力镇压等形式。这些措施可能会暂时有效，但是当政府的政治合法性无法有效保障时，统治集团内部成员之间或与外部反对派之间的冲突就不可避免。[3] 霸权政体对于反抗者的态度极为强硬，从而将冲突的代价和强度提升到较高水平。在津巴布韦，执政党非洲民族联盟—爱国阵线（Zimbabwe African National Union-Patriotic Front）为了巩固权力，推行强制性的一体化措施，遭遇抵抗就不惜动用武力。20世纪80年代中期，津巴布韦爆发政治危机，爱国阵线借助国家力量消灭其政治对手非洲人民联盟（Zimbabwe African People's Union），后者实际上是以恩德贝勒人为主导的反对派政党。[4]

乍得是一个多族群国家，南部湖泊与河流地区的农业人口、北部与东部沙漠

---

[1] 王学军：《20世纪90年代以来非洲政党政治发展与政党现代化——兼论政党因素对非洲国家治理的影响》，《西亚非洲》2021年第3期。

[2] Bruce J. Berman, "Ethnicity and Democracy in Africa," Japan International Cooperation Agency Working Paper, No. 22, 2010.

[3] Donald Rothchild, *Managing Ethnic Conflict in Africa: Pressures and Incentives for Cooperation*, Washington: Brookings Institution Press, 1997, pp. 16–27.

[4] Adam Groves, "Achievements and Limitations of Nation-Building in Africa: The Case of Zimbabwe," 2008, http://www.e-ir.info/2008/06/19/the-achievements-and-limitations-of-nation-building-in-africa-the-case-of-zimbabwe/.

中处于游牧状态的穆斯林族群，在历史上就互相分离。讲班图语的南部居民，大部分属于萨拉族（Sara），也包括少数基督教徒（在乍得穆斯林占85%），他们是西方化最早的乍得人，掌握着政治上的先机。1960年8月，乍得摆脱法国统治获得独立，弗朗索瓦·托姆巴巴耶（Francois Tombalbaye）政权由南部族群掌控，将北部和东部居民排除在主要政治舞台之外。20世纪70年代，南北族群之间的分歧变得更为明显。当时，托姆巴巴耶发起了注定会失败的"纯正性"运动，企图通过推行虚假的非洲大陆和乍得国家义化标准，来促进国家统一。该运动最惊人也最愚蠢之处是在公职人员中开展了一项计划：不管他们来自哪个族群，都被要求参加"雍多"（Yondo）仪式。① 正像人们所预料的那样，该计划激起了南部非萨拉族居民以及数量更多的北部居民的强烈抗议，在他们看来，这种仪式是对伊斯兰教及其族群文化的侮辱。更令人不安的是，托姆巴巴耶的"纯正性"运动进一步加剧了北部族群的边缘化。1975年，北方人支持了杀害托姆巴巴耶的政变，4年后，来自北部四大族群的一系列统治者"粉墨登场"，其中包括在利比亚装甲部队帮助下掌权的古库尼·韦戴（Goukouni Oueddei）、非洲野蛮暴政"典范"之一侯赛因·哈布雷（Hissène Habré）以及20世纪90年代至2021年掌权的伊德里斯·代比（Idriss Déby）。对多数乍得人来说不幸的是，几乎从独立时起，国家领导人的首要任务就是追逐（或保持）政治权力和经济利益。②

霸权政体国家以牺牲族群多样性为代价追求民族团结的政策很少成功，远远没有达到建立单一民族国家的理想目标。③ 从长远看，霸权政体不仅无助于遏制族群冲突，相反在某些情况下还会起到激化作用。奥博特是乌干达的"政治强人"，在处理族群问题，尤其是布干达省的干达人问题上手段强硬，两次担任总统期间族群冲突不断，他也两次都未逃脱被军事政变推翻的厄运；乌干达另一位总统伊迪·阿明政变上台后对兰戈人（Lango）和阿乔利人（Acholi）等对立族群展开血腥清洗，而且还不计后果地将7万名亚洲人（主要是印度人）驱逐出境。④

---

① "雍多"是萨拉族强化男性权威的一种仪式。
② 〔美〕维克托·勒·维内：《国家建设与非正式政治》，郭建业译，《国际社会科学杂志》（中文版）2008年第3期。
③ Yonatan Tesfaye Fessha, *Ethnic Diversity and Federalism Constitution Making in South Africa and Ethiopia*, England: Ashgate Publishing Limited, 2010, p. 12.
④ Mahmood Mamdani, "The Ugandan Asian Expulsion: Twenty Years After," *Journal of Refugee Studies*, Vol. 6, No. 3, 1993.

霸权政体的蛮横暴力可见一斑。当然这并不是说霸权政体做不到暂时缓解国家与族群间的紧张关系,也不是说不允许它们出现创造性举措的可能性,但这些"灵光一现"的机会若不被用来为精英之间或群体间的分权、互惠关系创造新路径,那么稳定团结的局面终将是"镜花水月"。

三 精英分权政体

关于分权,在公共管理理论中有著名的分权化(decentraliziong)治理概念,涵盖了一系列内容,涉及分散行政权力的过程;中央对地方权力下放;授权代理,即把政策制定和执行的权力、功能、责任和资源转移到合法任命的地方政府;非局部化,即空间上中央政府社会经济发展的设施和活动在次要领域的分布等。[①] 而本书所指"精英分权"与之有很大不同,它代表一种特殊的政体形式,通过该政体来处理族群问题。

如果从公众的政治参与度和竞争度来看,精英分权政体的门槛显然要低于霸权政体,它依靠有限民主来实现多元社会中的政治稳定,权力由参与分权的政治同盟包揽。精英分权政体有点类似于罗伯特·达尔的"竞争性寡头政体",是专制控制与协和民主的杂糅。国家统治精英对政治和经济领域、公共部门和军队等所有权力部门都想染指,特别害怕充分民主会导致族群和阶级利益诉求的释放,从而有意将协和民主的某些要素(特别是广泛联盟、均衡招募和比例分配原则)框定在有利于其统治的边界内。精英分权是一种由国家推动的协调形式,中央政府和一些族裔—地区群体进行协商与谈判,形成共同认可的分享"国家蛋糕"的程序与规则。[②] 不过其最终的分权安排取决于精英阶层中利益攸关者、族裔网络的庇护者以及政府或官僚机构中实权人物之间的博弈。在部分西方理论家的视野中,精英分权的做法背离了自由民主的观念。然而,它的确能为严重分化的社会提供一种实现稳定和谐的方法。[③] 因为通过政治渠道将国家与族裔群体绑定,使其"同舟共济",各族群在行政机构、立法机关或政党机构中获得一定份额的政治席位,有助于减少"明火执仗"的冲突。

---

① 〔美〕G. 沙布尔·吉玛、丹尼斯·A. 荣迪内利:《分权化治理:新概念与新实践》,唐贤兴等译,格致出版社,2013,第86页。
② Donald Rothchild, *Managing Ethnic Conflict in Africa: Pressures and Incentives for Cooperation*, Washington: Brookings Institution Press, 1997, p. 13.
③ Alex Thomson, *An Introduction to African Politics*, London: Routledge, 2010, p. 66.

在非洲，有两种状况导致了族群精英分权政体的出现。其一，非洲国家现代转型普遍缓慢，政治制度和政治结构孱弱，限制了统治精英改造族裔纽带或族群庇护网络以塑造新型个体与群体关系的能力。其二，一些国家即便是高度集权和专制，亦无能力将自身意志或霸权完全强加到国内所有族群之上，特别是那些身份意识强烈的族群，它们有自身的政治诉求，需要政治参与和表达的空间。在这种情况下，非洲国家"对于落后的部落主义，依靠强力来遏制，如果遏制不了，就采用同精英讨价还价的办法达成妥协"，① 即通过族裔精英分权的方式来交换各族的"效忠"，巩固其政权的合法性。因此，非洲族群精英分权政体又被称为霸权交换政体（hegemonic exchange regimes）。②

20世纪七八十年代，肯尼亚、喀麦隆、科特迪瓦与赞比亚等国的领导人在保证本族利益的基础上，将国内其他一些有声望与实力的族群精英纳入中央内阁、立法机关等部门，利用他们来缓解紧绷的族群关系或一党统治的压力。喀麦隆的阿赫马杜·阿希乔（Ahmadou Ahidjo）和保罗·比亚（Paul Biya）、科特迪瓦的费利克斯·乌弗埃-博瓦尼及肯尼亚的乔莫·肯雅塔等在执政时期，都公开或暗中搭建具有一定程度的均衡、包容和互惠的精英分权体系。

由于实施一党制，科特迪瓦总统博瓦尼看似大权独揽，但事实上面临反对势力的巨大压力，这些挑战者严重质疑总统本人及所属巴乌莱族（Baoule）的绝对主导地位。博瓦尼采用分权应对，随着实践的深入，科特迪瓦形成了一项与联合国安全理事会类似的制度：政府设置的关键公共职位，除了分配给一些固定的族裔代表，还以非常任的方式在其他一些族群代表间轮换。只不过各国在联合国安理会的代表权是由正式规则赋予的，而科特迪瓦的族裔权力分享却是一种"潜规则"。③ 科特迪瓦族群精英分权的稳定性既取决于有限的政治竞争，也取决于个别领导人的统治术，因为总统的决定往往就能一锤定音。1993年，博瓦尼去世后，由于政治自由化以及领导人对族裔问题的敏感度大大降低，非正式分权结束。在喀麦隆，阿希乔总统以一种看似更为"隐秘"的方

---

① 〔英〕巴兹尔·戴维逊：《现代非洲史：对一个新社会的探索》，舒展等译，中国社会科学出版社，1989年，第434页。
② Donald Rothchild, *Managing Ethnic Conflict in Africa: Pressures and Incentives for Cooperation*, Washington: Brookings Institution Press, 1997, p. 17.
③ Christof Hartmann, "Managing Ethnicity in African Politics," Printed from the Oxford Research Encyclopedia, 2019.

式谨慎地安排政府中的部长职位，以平衡族群、语言与宗教团体的利益。其继任者保罗·比亚是天主教徒，更关注政府高层中族群和宗教的比例原则，这种分权对于稳固其长达数十年的政权起到重要作用。[1] 尼日利亚1999年民主化之前的情况有所不同，军方和公开选举的文官之间分享政治权力的模式被称为"双头政体"（diarchy），主要依靠文职—军事精英的联盟来缓解冲突，保护宪法免受军事干预。文职精英的分权协议将军人纳入统治联盟，是为了减少后者对国家过渡到充分民主的怀疑，降低他们再次干预的风险。显然，这种混合型策略冒着削弱民主制度的风险，因为该政体的政治合法性因军人的存在受到牵累。在向政治自由化过渡期间，分权的安排有助于保障政治参与和政治控制的短暂平衡，尽管这里的平衡主要针对精英内部。[2] 一党制、军政府等集权下的精英分权是一种颇为"无奈"但却务实的策略，较之简单粗暴的武力恐吓与镇压更为有效。

在民主的形式下，精英分权在一些非洲国家依然发挥重要作用。以贝宁为例，20世纪90年代，该国从民主转型开始就建立了一个与高度分化的族群力量、高度分化的地方势力相匹配的分权制度：全国24个选区共选取83名议员，实行封闭式名单比例代表制以及多党制。同时，总统选举周期与立法机构选举周期错开。这一设计奠定了权力分享的制度基础，从1991年接受选举开始，历次选举都能观察到权力在不同政党之间分配的基本格局。每次选举贝宁都经历着政党之间的分合，历次选举平均波动性高达63%～74%，也就是有六成到七成的选票在不同政党之间发生了变更。这样的民主游戏在贝宁已经被使用得驾轻就熟，但国家作为一个整体却无法高效地发展。政党选票极大的流动性，立法机构中的政党不断地变动，增加了政治精英之间合作的成本。而且，贝宁的政治精英也并未显示出与其他非洲新兴民主国家政治精英不同的迹象，其立法者们带着极强的地方利益倾向纷纷实行庇护政治规则。因为分权的制度设计、民主运行的不断强化，在某种程度上进一步割裂了贝宁社会，全国性的公共产品提供受到了顽固的地方主义的冲击，进而权力分享的逻辑不断自我加强，这直接造成了内部持续不断的撕裂。政治精英们强烈的地方主义色彩使得他们在政策过程中偏离了政

---

[1] Donald Rothchild, *Managing Ethnic Conflict in Africa: Pressures and Incentives for Cooperation*, Washington: Brookings Institution Press, 1997, p. 15.

[2] Larry Diamond, "Issues in the Constitutional Design of a Third Nigerian Republic," *African Affairs*, Vol. 86, 1987.

策博弈本身，阻断立法机构中的合作倾向，滋生了大量的政治腐败。贝宁地方主义的政治逻辑自20世纪60年代以来并没有得到根本性的变动，实际上，贝宁之所以能够建立起权力分享的机制，是因为该机制根植于族裔—地区性高度分裂的结构性格局，甚至可以说权力分享制度恰恰是这种族群、地区主义结构的产物。1991年改革之后，权力分享制度之所以还能够在贝宁进行良好的运作，正是由于其社会结构依然与该制度高度匹配。①

布隆迪经历了胡图人与图西人长期的暴力冲突之后，实行了多党选举制（严格禁止族群政党），且实施更为正式规范的族群（胡图人与图西人之间）比例代表制，其2018年宪法作出详细和具体的规定：同一届政府中，总统和副总统分属不同族群，国防部部长与警察部部长这两个关键职位也不能由一族独揽，而国防和安全部队中，成员属于某一特定族群的比例不得超过50%；政府各部部长人选，胡图人最多占60%，图西人最多占40%，国民议会、司法机构以及公营事业中的职位分配尽皆如此。② 此外，在国内诸多重要领域都有严格的族群平衡要求。布隆迪的这一分权设计是为了化解国内族际仇恨的一种努力，在理论和实践上已具有美国学者阿伦·利普哈特（Arend Lijphart）所提倡的协和民主的意味。③ 当然，布隆迪的这种安排是否切实可行，或是否加深了族群裂痕，尚难以简单判断。

在精英分权的机制下，通过与利益攸关方的协商和讨价还价制定了共同认可的分权规则，为群体间建立稳定的互惠关系创造了条件。只要国家中非主导的行动者从该机制中获得一定程度的利益，那么他们与支配者的冲突就有机会保持在可控的水平之内。非洲的经验表明，精英分权实际上突破了单向集权的模式，具有进步意义。如今，在脆弱的非洲民主国家，某种形式的精英分权依然盛行，说明它具有独特的生命力。但族群精英分权是一柄双刃剑，分权机制承认了族群精英的庇护式资源分配的合法性，其排他式地对所代表族群负责的机制可能内在地撕裂统一的共同体。这一情形，在那些社会分化严重、族裔恩庇政治横行的非洲

---

① 祁玲玲：《权力分享的治理困境：基于贝宁与肯尼亚的对比分析》，《学海》2020年第6期。
② The Constitution of The Republic of Burundi（2018），https://www.constituteproject.org/constitution/Burundi_2018.pdf?lang=en.
③ 协和民主模式依赖不同族群政治领导之间的精英式合作，通过建立一种最大限度集体性地维护每个族群的独立性、扩大其政治影响力的机制，保障族群间的和谐。参见左宏愿《族群冲突与制度设计：协和民主模式与聚合模式的理论比较》，《民族研究》2012年第5期。

国家可能催生更深的裂痕。① 当精英间关系紧张，尤其是开始新一轮权力争夺时，这种并不稳固的政体存在瓦解的概率。而且分权通常由国家领导人独断决定，他们通过高度主观的"地理平衡"（geographical balancing）和"选择性包容"（discrete inclusiveness）来进行决策，制造了很大的模糊空间与不确定性。② 此外，从某种程度上说，精英分权只能照顾到一部分人，而对于其他族裔—地区群体极不公平，如在布隆迪，人口规模小的特瓦族政治参与度非常低，几乎被"忽略"。

四 多头政体

理论上说，多头政体国家在政治过程中的控制程度较低，通过政党、公民团体以及政府决策机构引导广泛的社会参与。它将生机勃勃的公民组织与充满活力的国家对接起来，为合法与有效的治理奠定基础。主流的多数民主形式在群体动员和诉求表达，以及要求国家问责和响应等方面表现出一贯的优势，而其他多头政体的变种，如协和民主，在一些多元社会中也已展示了足够的"魅力"。③ 罗伯特·达尔极力论证多头政体对于现代国家的重要性，而且他也深信"从霸权政体向多头政体的转变经常是令人向往的"。④ 达尔的理论雄心显然是建立在普遍性基础之上，那么非洲的情况是否正如其所展望？带着这一问题，我们首先对非洲的多头政体状况进行简要梳理和分析。

20世纪50年代末，殖民架构逐渐瓦解，很多国家推出新的宪法取代殖民霸权，制度上有意建构互惠、协商和共享机制：既要完善政府控制体系、官僚行政机构、军事和警察机构，同时也要建立一系列旨在保障政治和社会中少数群体安全的监测系统，多党选举、两院制、联邦制、地区自治、权利法案、司法和严格的修订条款等，这在即将到来的独立方案中已经司空见惯。

对许多非洲领导人来说，接受这些条款，是他们为自治付出的"代价"。在肯尼亚，乔莫·肯雅塔为即将到来的政府勉强接受高度严苛的宪法，包括集权

---

① 祁玲玲：《权力分享的治理困境：基于贝宁与肯尼亚的对比分析》，《学海》2020年第6期。
② Adebayo O. Olukoshi and Liisa Laakso Nordiska, eds., *Challenges to the Nation-State in Africa*, Nordiska Afrikainstitutet, 1996, p. 183.
③ 〔美〕阿伦·利普哈特：《多元社会中的民主：一项比较研究》，刘伟译，上海人民出版社，2013。
④ 〔美〕罗伯特·达尔：《多头政体——参与和反对》，谭君久等译，商务印书馆，2003，第42页。

式联邦制安排，这是由于害怕殖民当局利用少数族群议题延迟权力交接。相似的，在独立协商过程中，加纳总统恩克鲁玛勉为其难地接受阿散蒂人对地区议会和自治权力的要求，为加纳独立铺平道路。然而，这些附加的具有多头政体特质的条条框框被视为中央集权的障碍，肯雅塔和恩克鲁玛在稳固权力之后很快就弃之如敝屣。恩克鲁玛成功地为他的国家制定了一份集中统一的宪法，地区性立法议会因此而消失。在肯尼亚独立后，肯雅塔竭力削弱并扼杀了地区性的行政和立法机构，逐步削减了各地区的权力。地方政府直接置于中央政府控制之下。① 因此，20世纪90年代之前，多头政体在非洲的政治生态中存活下来是较为困难的。

不过，在此阶段也有毛里求斯、博茨瓦纳、冈比亚（直到1994年政变）和塞内加尔（1976年改革）等少数国家保证了依据宪法程序的竞争性选举。在有限竞争和冲突的背景下，它们允许各种政治和身份群体在一定程度上的自主表达。此外，加纳在科菲·布西亚（Kofi Busia）和希拉·利曼（Hilla Limann）统治时期、尼日利亚在谢胡·沙加里（Shehu Shagari）统治时期执行了多年的代议制（representative institutions）。然而，除了毛里求斯，其他几国的民主化层次较低。② 直到20世纪90年代，随着"第三波民主化浪潮"席卷全球，非洲政党政治也从一党制向多党制过渡，到了90年代末，在撒哈拉以南非洲的49个国家中，只有厄立特里亚和斯威士兰仍未使反对党合法化，其余国家大多在世纪之交的十年举行过两轮多党选举。③ 在极短的时间内，多头政体似乎就成为非洲大部分国家的首选政体形式。

然而，大多数非洲国家的民主化并不"纯粹"，其民主政治的特点是形式大于内涵，或形式优先于内容。就民主巩固的进程而言，多数非洲国家尚滞留于"选举民主"的低级阶段。民主虽无好坏之分，却有程度之别。目前，多数非洲国家实现民主转型已经有20多年，所建立的多头政体只能算是混杂型政体，在

---

① 〔肯尼亚〕A. A. 马兹鲁伊、〔肯尼亚〕C. 旺济主编《非洲通史：一九五三年以后的非洲》（第8卷），屠尔康等译，中国对外翻译出版公司，2013，第376页。
② 代议制作为一种间接民主，"是一国统治阶级从各阶级、阶层、集团中，选举一定数量能够反映其利益、意志的成员，组成代议机关，并根据少数服从多数的原则，决定、管理国家政治、经济、文化和社会生活等各方面重大事务的制度"。参见周叶中《代议制度比较研究》，武汉大学出版社，2005，第10~11页。
③ 王学军：《20世纪90年代以来非洲政党政治发展与政党现代化——兼论政党因素对非洲国家治理的影响》，《西亚非洲》2021年第3期。

政治术语上被称为"中间政体"。① 这是结合了民主与威权两种特征的政体类型，属于民主政体与威权政体之间的灰色区间（过渡形态），类似于两不像政体（hybrid regime）、半民主政体（semi-democracy）或半威权政体（semi-dictatorship）。② 这种中间政体，民主成分或威权成分何者居多，在不同的非洲国家存在较大差异。不过，即便是在威权成分较高的国家也维系着最低限度的政治开放性、政治多元化和政治竞争性，诸如三权分立、代议制、多党制、选举制等西式民主政治的基本要素。③

中间政体政府部门的基础功能存在缺陷，缺乏行动的连贯性，往往具有不稳定、效率低下等特征，容易遭受政治事件的牵连而崩溃，比如武装冲突的爆发、领导层的意外变动（比如军事政变）。有学者认为，中间政体的政局甚至较之专制霸权政体更不稳定，而后者的稳定性又显然无法与成熟的民主政体相提并论。数据显示，中间政体发生族群冲突的可能性是民主政体的6倍，是专制政体的2.5倍。在一些中间政体国家，若某个族群独揽大权，尤其容易制造政局动荡。④ 作为解决族群冲突的多头政体，却悖论性地制造了更多冲突，"仅有很少国家能够做到无部落因素干扰的民主实践"。⑤ 所以整个20世纪90年代，最终是民主化和族群冲突持续并存的十年。

杰克·斯奈德用"精英—说服"理论来解释这种状况下族群冲突的现象。斯奈德认为，民主化很可能在那些经济发展水平低下的国家、在缺乏公民技巧和代议制发展水平低下及实施新闻专业主义制度的人口中、在精英感到被民主化变化所威胁的国家触发族群冲突。当族群内的权势集团不仅需要利用民众热情实现斗争目标，而且试图避免权力当局向中间市民让步之时，民主化便制造了族群意识。在部分民主化的条件下，精英经常能够通过他们对政府、经济和大众媒体的控制来推广族群意识，并设置争论议题。精英努力说服人民接受其观念，族群冲

---

① 张宏明：《非洲政治民主化历程和实践反思——兼论非洲民主政治实践与西方民主化理论的反差》，《西亚非洲》2020年第6期。
② 包刚升：《第三波民主化国家的政体转型与治理绩效（1974—2013）》，《开放时代》2017年第1期。
③ 张宏明：《非洲政治民主化历程和实践反思——兼论非洲民主政治实践与西方民主化理论的反差》，《西亚非洲》2020年第6期。
④ Jakkie Cilliers, "Violence in Africa: Trends, Drivers and Prospects to 2023," *Africa Report*, Institute for Security Studies, 2018.
⑤ S. N. Sangmpam, *Ethnicities and Tribes in Sub-Saharan Africa: Opening Old Wounds*, London: Palgrave Macmillan, 2017, p. 2.

突正是以这种副产品形式出现的。但如果自由民主巩固下来，却仍没有成熟的民主政权，那么就会相互开战。20世纪90年代在那些民主转型已经充分巩固的国家中，少数族群的权利趋向改善，族群冲突相当罕见。[①] 斯奈德的解释在一定程度上符合非洲的实际情况，也颇能解释20世纪90年代以来，非洲族群冲突特别是选举型族群冲突的发展趋势。此外，在多头政体中，具体的制度设计，如选举制度，对于族群整合产生差异化的效果。下文以马拉维和纳米比亚为例，说明不同选举制度如何与族群分化相互作用。

马拉维是一个多族群国家，但没有占绝对优势的族群，其中操切瓦语（Chewa）、尼昂加语和图姆布卡语（Tumbuka）者是三个最大的语言群体，以这些群体为基础的地区分化是马拉维政治的主要特征。三个主要政党分别在所属地区处于主导地位：北部地区的民主联盟（Alliance for Democracy）、中部地区的马拉维国大党（Malawian Congress Party）及南部地区的联合民主阵线（United Democratic Front），它们通常无法在其"基本盘"之外吸引到足够的选票。如1994年的议会选举，马拉维国大党共赢得76个席位，其中南部的选票只占7%；1999年总统大选，联合民主阵线的巴基利·穆卢齐（Bakili Muluzi）胜选，其中75%的选票来自他的家乡南部地区。马拉维在大选中采取的是"简单多数票当选制"（first past the post system），三个政党任何一个获胜，其他两个政党，连带它们所在的地区都被排除在权力之外。1999年，联合民主阵线执政后似乎没有什么动力为北部和中部地区提供资源，因为它既不指望也不需要其支持。北部和中部地区的边缘化对于马拉维整个国家的稳定具有破坏性，更别说进行有效的族群整合。根据衡量政治权利和公民自由的"自由之家指数"（Freedom House Index），马拉维的得分从1994年的2.5分恶化到2004年的4分。

在纳米比亚的政治中，族性同样是突出的影响因素，最大族群奥万博族占全国总人口的50%以上，在政治经济上也占据主导地位。长期执政的西南非洲人民组织（South West Africa People's Organization），其前身是1958年成立的奥万博兰人民组织（Ovamboland People's Organization），最初实际上是以奥万博人为主的政治组织。但西南非洲人民组织也得到了大量非奥万博人的选票，在议会选举中的得票率从1989年的57.3%上升到2004年的75.1%，至今无一政党能撼动其

---

① 〔美〕杰克·斯奈德：《从投票到暴力：民主化和民族主义传统》，吴强译，中央编译出版社，2017，第10、314页。

地位。不过，与马拉维不同，纳米比亚实行的是比例代表制，小型政党只要获得一定选票就可以在议会中据有一席之地。在2004年的国民议会选举中，民主党人大会（Congress of Democrats）获得了7.2%的选票（5个席位），民主特恩哈勒联盟（Democratic Turnhalle Alliance）获得了5%的选票（4个席位），民族团结民主组织（National Unity Democratic Organization）获得了4.1%的选票（3个席位），另有一些小党获得1~3个席位。虽然纳米比亚长期一党独大，但由于为少数族裔提供了表达空间，增强了它们的政治代表性，有助于国家的稳定。[1]

毛里求斯以印度和巴基斯坦后裔居绝对多数，非洲黑人土著、欧洲人后裔及中国移民等都为少数。该国民主选举采取多数选举制，但创新性地设计了"惜败者制度"（Best-Loser System）。每次选举结束后分配议会席位时，选举委员会将确定是否有族裔群体在议会中的代表比例低于该群体在全国的人口比例。如果选举结果导致议会中族群的代表性不均衡，则最多可增加8个席位补偿代表性不足的族群。增加的议员从该族群在选举中表现最好的落选者中产生。[2] 毛里求斯的民主竞争相当激烈，但迄今避免了紧张局势升级为大规模的族群暴力，"惜败者制度"应该起到一定作用，或许更与毛里求斯已经"跨入了自由民主的门槛"有关。然而，非洲不足1/5的国家处于从"选举民主"向自由民主过渡的进程中，其余大部分国家尚滞留在"选举民主"阶段。"选举民主"只是一种尚未得到巩固的"形式民主"，采纳了民主的形式，却没有民主的实质。多数非洲国家政党之间的力量对比过于悬殊，加之当权者的政治操弄，致使一些竞争性选举名不副实。从"选举民主"到自由民主，从自由民主迈向发达民主，从民主政治升华到民主社会，则仍有很长的路要走。[3] 由此或可以说，非洲多头政体下的族群整合还存在巨大的提升空间。

从上述分析来看，非洲国家独立后的政体形态，并非单一和固化的，它们往往杂糅了各种政体的某些要素，即便是霸权政体，也需要精英分权；即便是多头政体，也依赖威权；即便是精英分权，也有一党制和多党制之分。而且政体随着

---

[1] Wonbin Cho, "Ethnic Fractionalization, Electoral Institutions, and Africans' Political Attitudes," Afrobarometer Working Paper, No. 66, 2007.

[2] Matthias Basedau, "Managing Ethnic Conflict: The Menu of Institutional Engineering," German Institute of Global and Area Studies (GIGA) Working Papers, No. 171, 2011.

[3] 张宏明：《非洲政治民主化历程和实践反思——兼论非洲民主政治实践与西方民主化理论的反差》，《西亚非洲》2020年第6期。

国家和社会的调整而调整，也因公共诉求的性质和强度以及国家响应的变化而变化；政体内部的重构或跨政体的更替则反映了行动者之间相对权力地位的伸缩曲张。所以在论及每一个具体国家时贴上固定的标签是不可取的，它们的族群整合措施可能无法完全对应于其政体机制。鉴于此，我们有必要在动态流变的中观视野中观察和审视非洲族群整合的政治实践。

第二节　中观视野下族群整合的政治实践

综观族群整合的模式与机制，其都可以归到德国学者马蒂亚斯·巴斯图"接纳"和"排斥"两种二元对立的宏观类型范畴，使分类更加紧凑和鲜明，富有张力。具体而言，若是"接纳"，整合的方式包括自治、比例代表制、联邦制等；若是"排斥"，包括取消族群身份、禁止族群政党（Ethnic Party Bans）、强制同化等。在非洲族群整合的实践中，"排斥"是常态，如卢旺达甚至完全取消了族群身份（参见本书第五章），但目前最常见的还是禁止族群政党。以"接纳"族群身份为政治运转基础的非洲国家其实并不多见，然而，埃塞俄比亚完全以族群为基础的联邦制，即便在世界范围内亦是值得关注的典型案例。以下我们将分别通过禁止族群政党（排斥族群政治化）与采用族群联邦制（接纳族群政治化）两种最能体现非洲族群整合的政治实践加以说明。

一　禁止族群政党

多族群国家的族群是最为重要的社会文化现象和组织现象，族际关系是最为重要的社会关系，同时也是十分重要的政治关系。因此，植根于多族群国家并在这个政治环境中发挥作用的政党，总是会以这样或那样的方式与族群现象和族际关系相结合，获得其族群内涵和族群属性：首先，政党成员的族群属性；其次，政党政策的族群属性；再次，政党组织的族群属性；最后，政党意识形态的族群属性。这种在族群化基础上所形成的政党，代表某个族群的利益，以实现本族利益为根本目标。[①] 当前世界上的多族群国家，族群政治具有可操控性，族群动员具有"便利性"，依族群结党的现象容易出现，因为政党是执行政治操控和动员的组织性力量。

---

① 周平：《多民族国家族际政治的整合》，中央编译出版社，2012，第126~136页。

（一）族群政党为何不受欢迎

有学者将具有"族群、种族或部落基础"的政党称为"特定政党"（Particularistic Parties），[①] 与之相对应的则是大众政党。族群政党与广泛而精心组织的大众政党的区别主要在于其政治和选举逻辑：前者不会为整个社会推动某个计划（无论是渐进式的还是变革式的），其目标和战略更为狭隘，即为了促进特定族群或族群联盟获得利益。纯粹的族群政党只为本族群负责，高度依赖其本族群的选票，比如尼日利亚第一共和国时期的行动派、南非的英卡塔自由党（Inkatha Freedom Party）、保加利亚的争取权利和自由运动（Movement for Rights and Freedoms）与罗马尼亚的匈牙利人民主联盟（Democratic Union of Hungarians）等皆是如此。[②] 尽管族群政党候选人也会在本族之外的选区寻求机会，或抛出全国性意识形态议题，但都无法掩盖其着眼于族裔—地区的意图。由于族群政党的利益诉求局限于特定地区的选民，在选举过程中时常使用排外、极化的话语，这样更有可能引发族际冲突与暴力。

总的来说，族群政党不受欢迎的原因主要在于：第一，假如一国存在主导性的多数族群，由该族形成的族群政党或许会利用超强实力全方位压制和排斥少数族群；第二，为了摆脱多数族群或多数族群政治同盟的支配与控制，少数族群也可能会相应地结党，采取非民主甚至暴力方式保护自己的利益；第三，族群政党会增加政治博弈的风险，煽动集体情绪扰乱公共秩序；第四，族群政党固化了社会分裂的边界，让人们倾向于守望自己的族群"领地"，而不是包容、接纳和聚合更广泛人群，追求共同美好。[③] 由于族群政党具有这样的特性，一些多族群国家将之视为民族国家建构的破坏性力量，唯恐避之不及，通过"禁止族群政党"、设置政治组织的障碍和壁垒，阻止社会文化的差异化表达。在非洲，禁止族群政党是普遍存在的族群整合方式。

（二）非洲禁止族群政党的举措

在非洲历史上，政党的形成最初是民族主义和民族解放运动的产物，曾出现

[①] Gabriel Abraham Almond and James Smoot Coleman, *The Politics of the Developing Areas*, Princeton: Princeton University Press, 1960, p. 556.

[②] Richard Gunther and Larry Diamond, "Types and Functions of Parties," in Larry Diamond and Richard Gunther, eds., *Political Parties and Democracy*, Baltimore: Johns Hopkins University Press, 2001, p. 22.

[③] Matthias Basedau et al., "Ethnic Party Bans in Africa: A Research Agenda," *German Law Journal*, Vol. 8, No. 6, 2007.

两次高潮：第一次出现于20世纪20～30年代，在非洲31个殖民地里，成立过90多个民族主义政党和组织；第二次发生在二战结束后的15年时间里，全部非洲殖民地都诞生了民族主义政党，主要有157个。从1989年底开始的民主化进程达到前所未有的高潮，几乎在所有的非洲国家都出现了一批政党，其数量不胜枚举（据相关数据统计，短短四五年时间便成立过1300个政党）。[①] 从非洲政党发展史来看，在民族主义浪潮的背景下，第一次和第二次建党高潮中尽管不能忽视政党的"族群"属性，但更多反映的是政党的"民族"属性。非洲国家独立后族群政治盛行，尤其是民主化浪潮带来的第三次建党高潮，这是否意味着族群政党从此泛滥？实际情况并不尽然。

1989年底，以党治国的国家有40个（包括非洲北部），其中一党制国家29个。[②] 占半数以上的一党制国家显然断绝了族群政党的泛化，因为一党制事实上就是变相的"党禁"。一些国家如喀麦隆、科特迪瓦、肯尼亚、马里和坦桑尼亚的领导人都以国家的社会多元性为借口反对多党民主。尼雷尔提倡和推广"一党民主"概念，在坦桑尼亚建立一党制国家。恩克鲁玛时期的人民大会党声称"代表了加纳"，任何其他政党都不可能出现。[③] 尽管这样的政党通常由某个族群或数个族群同盟垄断了权力，让其拥有了族裔属性，但在形式上它们皆是"全国性政党"。

20世纪90年代民主化之后，政党林立，人们担心开放党禁后会涌现大量族群政党，成为被长期压制的族群力量的释放管道，加深社会与文化的分裂，破坏政治稳定的局势。因而非洲国家普遍践行禁止族群政党，至少在表面上阻止了族群政党大行其道。[④] 所谓"禁止"，该词的含义包括：解散已经存在的政党；临时或暂时禁止；拒绝为政党注册；等等。2013年时，根据统计，非洲有39个国家禁止排他性的特定政党，其中32个国家明确禁止族群政党。而在独立初期，就有17个国家采取相似的措施。[⑤] 如今在大部分非洲国家，类似德国的宗教政党"基督教民主党"（Christian Democratic Party）或地区性政党"巴伐利亚社会

[①] 陆庭恩、刘静：《非洲民族主义政党和政党制度》，华东师范大学出版社，1997，第1～2页。

[②] 陆庭恩、刘静：《非洲民族主义政党和政党制度》，华东师范大学出版社，1997，第194页。

[③] Elliott Green, "Nation-Building and Conflict in Modern Africa," *World Development*, Vol. 45, 2013.

[④] Matthias Basedau and Anika Moroff, "Parties in Chains: Do Ethnic Party Bans in Africa Promote Peace?" *Party Politics*, Vol. 17, No. 2, 2011.

[⑤] Sebastian Elischer, *Political Parties in Africa Ethnicity and Party Formation*, Cambridge: Cambridge University Press, 2013, p. 5.

联盟"(Christian Social Union in Bavaria)等在当地习以为常的政党是不允许登记备案的,更不会被允许参加选举。

在非洲国家中,禁止族群政党多由各国宪法授权,具有权威性。塞拉利昂在宪法中规定,有以下情况的政党不予登记:第一,政党的领导或成员限制在特定族群或宗教信仰的范畴;第二,政党的名称、象征、口号对于特定族群或宗教信仰成员具有排他性的内涵;第三,政党成立的唯一目的只是确保和提升特定族群、社群、地区或宗教群体的利益与福祉。① 这是非洲国家中较为全面的立法版本,从各层面阻断了政党的族裔化倾向。当然,大部分非洲国家体现在法律上的限定宽严不一。布基纳法索的宪法规定,展现"部落主义"、"地区主义"、"宗教主义"以及"种族主义"性质的政党或政治组织皆为非法。许多非洲法语国家的宪法都有相似条款。② 利比里亚在宪法中要求,政党不能体现"宗教或族群分化的含义",参与政党选举的职员尽可能多的来自不同地区和族群。③ 马达加斯加的宪法禁止社团和政党"宣扬极权主义与族群、部落或宗教的分离主义"。④ 有些国家,如加蓬、喀麦隆和乍得,严禁政党的"特定"宣传或歧视,而莫桑比克和安哥拉则要求政党"放眼全国",事实上也包含了禁止族群政党的意思。由此可见,非洲国家关于禁止族群政党的规则各式各样,相关法律解释也颇为不同,但其指向性是明确的。

拒绝登记和取缔是非洲国家最常用的预防和惩戒手段。坦桑尼亚实行多党制后,政党在登记时引入一个基础性原则,即要求在其领导层和成员中都必须有来自大陆和桑给巴尔岛的人。比如民主党(The Democratic Party)由知名牧师克里斯托弗·姆蒂基拉(Christopher Mtikila)组建,因为否认桑给巴尔在坦桑尼亚联邦中的地位而被拒绝登记。⑤ 在赤道几内亚,禁止成立带有"分离主义"色彩的政党。该国少数族群布比族(Bubi)对于其在政府部门中的

---

① The Constitution of The Republic of Sierra Leone, http://www.sierra-leone.org/Laws/constitution1991.pdf.
② Matthias Basedau et al., "Ethnic Party Bans in Africa: A Research Agenda," *German Law Journal*, Vol. 8, No. 6, 2007.
③ The Constitution of The Republic of Liberia, http://extwprlegs1.fao.org/docs/pdf/lbr129839.pdf.
④ The Constitution of The Republic of Madagascar, http://aceproject.org/ero-en/regions/africa/MG/Constitution%201992.pdf/.
⑤ Matthias Basedau and Anika Moroff, "Parties in Chains: Do Ethnic Party Bans in Africa Promote Peace?" *Party Politics*, Vol. 17, No. 2, 2011.

代表性不足而表达不满,建立了比奥科岛自治运动(Movement for the Self-Determination of Bioko Island)组织,意在争取独立,20世纪90年代被赤道几内亚取缔。[1]

还有一个有趣的案例,即20世纪70年代在乌干达提出(但从未实施)的"选区联动"(constituency pooling)模式。1971年,作为克服地区、族裔和宗教分歧以及鼓励成立全国性政党的一种手段,选区联动在乌干达选举法中被首次提出。国家按地区划分为四个选区,即东选区、南选区、西选区、北选区。候选人将同时在四个不同选区参加选举,包括他们所属的"基本"选区和三个"全国"选区。在每个基本选区,一个政党允许2~3名候选人参选。每位选民有四张选票:一张投给基本选区的候选人,另外三张投给其他选区候选人。综合基本选区和全国选区,获得总得票数最多的候选人将赢得基本选区的席位。[2] 遗憾的是,伊迪·阿明军事政变后,取消了选举,未能检验其有效性。

(三)禁止族群政党的效果

非洲的政党禁令无处不在,自然能产生相应的影响。比如肯尼亚禁止宗教性政党,所以肯尼亚伊斯兰党(Islamic Party of Kenya)不被给予登记,于是伊斯兰政客们只能加入反对党联盟——"恢复民主论坛—肯尼亚"(Forum for the Restoration of Democracy-Kenya)。在毛里塔尼亚,一个被称为"前奴隶运动"(Movement of Ex-Slaves)的组织,原本是族群政党,为了绕过该国对族群政党的禁令,在增添了其他族群的成员后形成毛里塔尼亚民主中心党(Parti du Centre Démocratique Mauritien)。[3] 这两个案例说明政党禁令在某种程度上已经实现初衷,至少从形式上看,政客们被迫融入或纳入更广泛的政治框架。不过更重要的是,禁止族群政党作为族群整合的一种方式,"拒绝"的倾向性非常明显,它真的能够有助于平息暴力冲突吗?

基于这一点,德国学者阿尼卡·比彻(Anika Becher)等人于2008年就部分实行禁止族群政党的非洲国家进行了比较分析,相关结论见表4-1。

---

[1] Anika Moroff and Matthias Basedau, "An Effective Measure of Institutional Engineering? Ethnic Party Bans in Africa," *Democratization*, Vol. 17, No. 4, 2010.

[2] Karl Cordell and Stefan Wolff, eds., *Routledge Handbook of Ethnic Conflict*, London and New York: Routledge, 2011, p. 294.

[3] Matthias Basedau and Anika Moroff, "Parties in Chains: Do Ethnic Party Bans in Africa Promote Peace?" *Party Politics*, Vol. 17, No. 2, 2011.

表 4-1 族群政党禁令的法律约束形式与冲突

冲突强度	法律约束的形式		
	禁止	拒绝登记	悬置
更多冲突	乌干达（1993）	—	布隆迪（1997）
没有变化	中非共和国（1995） 毛里塔尼亚（2002）	布隆迪（1992） 赤道几内亚（1994） 肯尼亚（1992） 毛里塔尼亚（1991） 毛里塔尼亚（2000） 毛里塔尼亚（2002） 毛里塔尼亚（2004） 尼日利亚（1996） 尼日利亚（1998） 尼日利亚（2002） 卢旺达（2001） 坦桑尼亚（1992） 坦桑尼亚（2005） 赞比亚（1993）	中非共和国（1998）
冲突减少	卢旺达（1994） 卢旺达（2003）	—	—

资料来源：Anika Becher and Matthias Basedau, "Promoting, Peace and Democracy through Party Regulation? Ethnic Party Bans in Africa," German Institute of Global and Area Studies Working Paper, No. 66, 2008。

根据族群政党的一些特性（固化身份、制造分歧、造成区隔）进行逻辑反推，禁止族群政党后就可能导致"反向运动"，从而产生良好效果。但上述研究并没有支持这样的逻辑，因为在作者看来，禁止族群政党的做法大部分是"无作用"的。另外，非洲的情况极为复杂：一些国家制定禁止族群政党的法令，但改变不了政党在族性上的显著性；多主体或无主体族群结构的国家，族群政党可能盛行；单一主体族群结构的国家，也会出现非族群政党。纳米比亚是一个"单一主体族群（奥万博族）结构"的多族群国家，大众政党与族群政党并存，且前者占据明显优势，后者的存在也影响不到该国执政党"西南非洲人民组织"的广泛性和大众性，它是非洲综合性政党的典型，在野党"民主特恩哈勒联盟"也是一个多族群政党。[①] 这些情况说明，在族群整合方面，禁止族群政党所取得

---

① Sebastian Elischer, *Political Parties in Africa Ethnicity and Party Formation*, Cambridge: Cambridge University Press, 2013, pp. 263-264.

的效果形式大于实质。

二 族群联邦制

现代国家的结构形式只有单一制（unitarianism）和联邦制（federalism）两种基本类型。① 单一制与联邦制的区别，从根本上说只有一条，那就是看主权权力是由全国性政府独占还是由其与区域性政府分享。由全国性政府独占主权权力的是单一制，由全国性政府同区域性政府分享主权权力的是联邦制。联邦制国家的区域构成单位或多或少在公共事务上拥有主权权力。"作为联邦制，不仅联邦国家作为一个整体与成员单位之间应存在权力分配关系，而且必须存在着主权权力的分享关系，否则就是单一制。"② 不过，历史发展到现在，已经没有一个国家完全是单一制，同样也没有哪个国家是完全的联邦制。即使在高度的单一制体系中也有一定的地方控制权，而联邦制国家也会为中央政府保留相当的权力。③

现代联邦制的观念萌芽于民族国家构建过程中建立统一国家的愿望和努力。在保留多样性的同时整合和协调难以统一的利益，并尽可能地实现最大的一致性。④ 但由于各国的多样性不尽相同，在此基础上建立的联邦制也有所差异。从联邦制构成单位的性质看，现代联邦制可以分为两大类型：古典联邦制（亦称领土联邦制）和族群联邦制。古典联邦制对于联邦单位的特殊文化需求和其他的需求并不十分关注。联邦制也不是用来解决族裔文化多样性问题的，而是用来维护各联邦单位的相对独立性及其与联邦之间的关系。美国和德国就是施行古典联邦制的典型。族群联邦制则是专门为维持国家内部族群文化多样性而特别设计的。在政治设计和行政区划上，国家满足不同族群要求自治的群体愿望，通过联邦制度把不同的族群包容在同一个国家之内。20世纪以来，联邦制被广泛用来作为统一多族群国家的组织手段。⑤ 然而，有些已然失败，苏联、南斯拉夫等曾经盛极一时的联邦制国家已然消失在历史的长河中。

---

① 童之伟：《单一制、联邦制的理论评价和实践选择》，《法学研究》1996年第4期。
② 童之伟：《国家结构形式论》，武汉大学出版社，1997，第146页。
③ 肖滨：《从联邦化的双向进路与两面运作看西方联邦制》，《中山大学学报》2005年第4期。
④ 王丽萍：《联邦制与世界秩序》，北京大学出版社，2000，第38页。
⑤ 王建娥：《多民族国家包容差异的国体设计——联邦制和区域自治的功能、局限与修正》，《中央社会主义学院学报》2018年第1期。

2010年,"联邦论坛"(The Forum of Federations)在193个国家中列举了24个联邦制国家:阿根廷、澳大利亚、比利时、波斯尼亚和黑塞哥维那、巴西、加拿大、科摩罗、埃塞俄比亚、德国、印度、马来西亚、墨西哥、密克罗尼西亚、尼泊尔、尼日利亚、巴基斯坦、俄罗斯、圣基茨和尼维斯、南非、西班牙、瑞士、阿拉伯联合酋长国、美国和委内瑞拉(南非并不是联邦制国家,遗漏的坦桑尼亚为联邦制国家)。[1] 单从数据上看,全球单一制国家显然占据绝对优势。另外,非洲国家占四个名额,按当时共53个国家总量计算,所占比例实属不高。但非洲的联邦制颇有历史渊源,可以追溯到殖民时期,非洲国家独立后联邦制曾在一些国家风行。

在殖民统治的最后时期,英国人把"威斯敏斯特"政治模式移植到他们的一些殖民地,如尼日利亚、苏丹、肯尼亚、乌干达、津巴布韦、坦噶尼喀和加纳等。该模式提倡议会民主,鼓励多党竞争。与此同时,英国人还往往给他们的殖民地留下联邦或半联邦结构的政治遗产,组建了罗得西亚与尼亚萨兰联邦(由英属北罗得西亚、南罗得西亚与尼亚萨兰三块殖民地构成),也希望在尼日利亚、肯尼亚、加纳和乌干达等国实验成功。法国戴高乐政府不赞同在其殖民地实行联邦制,甚至持反对态度,除喀麦隆外,大多数非洲法语国家所继承的都是单一制政府。喀麦隆独立后的法语区与英语区试行过10余年的联邦制,塞内加尔与马里结成的联邦只维持了一年便草草收场。[2] 不过,在20世纪80年代末到90年代民主化浪潮下,非洲联邦制的讨论再度回潮。肯尼亚"马金博主义"(Majimboism)[3] 回归,乌干达要求实行联邦制的呼声高涨,喀麦隆南部领导人在分裂还是重返成熟联邦制的决策中摇摆。这也是埃塞俄比亚设计族群联邦制、尼日利亚各少数族群要求政治重组和实现真正联邦制、南非开启其渐进式联邦制的时代。联邦选项对于陷入长期冲突和内战的国家有吸引力,包括一些态度不明朗的国家,如塞拉利昂、利比里亚、科特迪瓦。在其他多数国家,联邦制的某些特征在政治中都有体现,特别是去集权化、强大的地方政府、权力移交、权力分享和保证亚国家单位参与决策,为经济、政治和宪法改革提供了切

---

[1] Bjørn Møller, "Pan-Africanism and Federalism," *Perspectives on Federalism*, Vol. 2, No. 3, 2010.
[2] 〔肯尼亚〕A. A. 马兹鲁伊、〔肯尼亚〕C. 旺济主编《非洲通史:一九五三年以后的非洲》(第8卷),屠尔康等译,中国对外翻译出版公司,2013,第369~372页。
[3] "马金博"(majimbo)在斯瓦希里语里是"地区"的意思,马金博主义主张分权并建立联邦制基本架构,确保当时肯尼亚的6个省份拥有平等地位。

入点。① 但目前非洲只有坦桑尼亚、科摩罗、尼日利亚与埃塞俄比亚等国家采用联邦制。② 坦桑尼亚与科摩罗属于传统的领土联邦制，尼日利亚原本是族群联邦制国家，但如今已越来越失去这种特征，只有埃塞俄比亚的族群联邦制具有典型性。

埃塞俄比亚族群联邦制

埃塞俄比亚是非洲的大国，有1亿多人。该国族群结构高度多元，其中奥罗莫人人口最多，约占总人口的34.4%，其后分别是阿姆哈拉人，约占总人口的27%，索马里人约占6.2%，提格雷人约占6.1%。人口在百万以上的还有锡达玛人（Sidama）、古拉格人（Gurage）、沃莱塔人（Welaita）、阿法尔人（Afar）、哈迪耶人（Hadiya）、加莫人（Gamo）等，所以这个国家是典型的多主体族群结构。③ 埃塞俄比亚作为一个国家的历史异常久远和辉煌，一直到19世纪末20世纪初，阿姆哈拉人统治的帝国不断向南扩张，奠定了现今多族群国家的基础。造成的后果是，过去居于统治地位的阿姆哈拉人在帝国人口中不再居多数。面对远大于之前的疆域，中央政府的控制力也面临考验，新征服地区的族群问题随之涌现。但阿姆哈拉统治者，特别是海尔·塞拉西（Haile Selassie）皇帝当政时期（1930~1974），实行强制同化政策，将阿姆哈拉语列为唯一合法的行政和公共语言，将东正教视作国家宗教身份的核心，企图在文化同化的基础上创造一个大一统国家；在政治经济上，阿姆哈拉人和其他非阿姆哈拉人被区分成高低层级，处于低等级的非阿姆哈拉人被边缘化，无法在政治中获得相应的代表权、在经济上获得足够的利益。

1974年，一批青年军官发动政变推翻了帝国政权，建立起德格（Derg）军政府。军政府意识到，国内的族群问题可能会导致国家四分五裂。为了维系国家

---

① Eghosa E. Osaghae, "Federalism and the Management of Diversity in Africa," *Identity, Culture and Politics*, Vol. 5, No. 1 & 2, 2004.
② 高晋元：《联邦制在非洲：经验教训与前景》，《西亚非洲》1997年第5期。2004年，索马里和解会议通过了《过渡联邦宪章》，确定要建立联邦制国家。根据2015年宪法，索马里将拥有6个联邦单位。但由于索马里战乱，政府的控制力非常有限，联邦制前途未卜。参见Asnake Kefale, "Federalism and Regional Politics in Africa," Printed from the Oxford Research Encyclopedia, 2019.
③ 《世界概况》，美国中央情报局网站，https://www.cia.gov/library/publications/resources/the-world-factbook/geos/et.html。

统一，并在马列主义框架内解决"族群问题"，军政府开展了一系列行动。1979年，该政权利用15种族群语言发起大规模的族群扫盲运动；倡导一定程度的文化多元化，承认各族传统音乐和舞蹈的合法化；1983年，成立族群问题研究所，根据该所的建议，军政府设置了24个行政区和5个自治区（但没有明显的权力下放迹象）。[①] 尽管德格政权尝试在阿姆哈拉人"独尊"的社会倡导族群多元化，并且实施了一些有力措施，但它仍是一个高度专制的霸权政体国家，将族群政治力量视为主要威胁，并动用武力对其进行镇压。

德格军政府时期，族群运动取得了长足发展，并建立了大量族群武装组织，其中主要有提格雷人民解放阵线（Tigray People's Liberation Front，简称"提人阵"）和奥罗莫解放阵线（Oromo Liberation Front，简称"奥解阵"）。为了推翻德格军政府，各族群武装在军事斗争的过程中逐渐联合，并在1989年整合为"埃塞俄比亚人民革命民主阵线"（The Ethiopian People's Revolutionary Democratic Front，简称"埃革阵"）。1991年，埃革阵推翻了德格政权。同年7月，埃革阵召集举行"埃塞俄比亚和平与民主过渡会议"（Peaceful and Democratic Transitional Conference of Ethiopia），12个族群政党选派约400名代表参加，会议宣布建立过渡政府，并通过了《过渡宪章》（The Transtional Period Charter）。该宪章确定了个体和群体的各种权利和义务，为随后的族群联邦制奠定了基础。宪章要求国家"尊重和维护各族的特性"，使之"能够将自身的历史与文化发扬光大、使用和推广本族的语言"；确保各族"在规定地域内管理自身事务"，基于自由、公平与适当代表性的原则，有效参与中央政府的工作；若上述权利被限制、拒绝或废止，"各族拥有允许独立的自决权"。[②]《过渡宪章》的出台意味着埃塞俄比亚从单一制国家走向联邦制国家的重大历史转向，不仅赋予各族群自治权，甚至还承认族群的分离权，在世界联邦制历史上并不多见。这些权利在1995年宪法中进一步细化，得到更正式和权威的承认，除分离权外，从立法、警察武装到资源和税收等社会运转的核心层面，各族皆享有

---

① Alem Habtu, "Ethnic Federalism in Ethiopia: Background, Present Conditions and Future Prospects," *International Conference on African Development Archives*, No. 57, 2003, p. 11.
② TGE, Transitioanl Period Charter of Ethiopia (1991), https://chilot.me/wp-content/uploads/2011/11/the-transitional-period-charter-of-ethiopia.pdf.

相当大的自主权。①

各族的权利主要通过自治单位这一载体来实现。1992年,过渡政府发布第7号公告,在族群—语言基础上,公开承认63个族群的合法身份,其中48个可以在"沃雷达"(Woreda,县级)级别及以上建立自治机构,最终确定14个州的联邦行政架构。1995年宪法做出调整,缩减到9个州,大致以族群聚居地域为基础,即阿法尔州(阿法尔人)、阿姆哈拉州(阿姆哈拉人)、贝尼尚古尔-古穆兹州(贝尔塔人、古穆兹人)、甘贝拉州(甘贝拉人)、哈拉尔州(哈拉尔人)、奥罗米亚州(奥罗莫人)、索马里州(索马里人)、提格雷州(提格雷人),以及南方族群州。② 此外,埃塞俄比亚的族群政党,特别是埃革阵曾经的成员党,如提格雷人的"提人阵"、阿姆哈拉人的"阿姆哈拉民主党"(Amhara Democratic Party)与奥罗莫人的"奥罗莫民主党"(Oromo Democratic Party)等,执掌各州,在联邦政府的影响力也不容忽视。2022年7月,创建新州的锡达玛人成立"锡达玛联邦党"(Sidama Federalist Party)获准登记,将代表该族群行使政治权利。据此,从聚居地域、政治组织、行政权力分配以及文化与语言权利上看,埃塞俄比亚符合族群政治化的理论标准,其举措在非洲具有一定的探索性。

从某种意义上说,埃塞俄比亚从一个高度集权和专制的国家,到建立起制度化的族群联邦政府,无疑是一种大胆创举和尝试。官方承认族群多元性的做法,有助于缓和19世纪初帝国时代以来"一族统治"的紧张关系。然而,埃塞俄比亚族群联邦制也面临巨大的挑战:依赖强人政治,2012年梅莱斯·泽纳维

---

① 除了同样承认分离权之外(当然,分离权需要严格的程序才能获得通过),还主要包括区域内的自治权:(1)基于法治的民主秩序,建立各州行政机构,推动自治的最大化,维护联邦宪法;(2)颁布并执行各州的法律和其他法规;(3)制定并执行各州关于经济、社会和发展的政策、战略及计划;(4)根据联邦法律,各州自行管理州内土地和其他自然资源;(5)征收和保留各州的税收和关税,作为各州的财政收入,制定和管理各州预算;(6)制定和执行有关国家公务员及其工作条件的法律;(7)对获得符合国家标准的任何职业、职称、职位的人,应具有相应的培训和经验要求;(8)建立并管理各州的警察部队,以维护州内公共秩序与和平。参见 The Constitution of the Federal Democratic Republic of Ethiopia (1995), http://101.96.10.64/hrlibrary.umn.edu/research/Proclamation%20no.1-1995.pdf.
② 南方州情况特殊,族群格局最为复杂,正经历重大重组。2020年6月,锡达玛人聚居区正式成为锡达玛州;同年10月,该州6个次级行政单位(彼此间共享语言、文化和历史)合并成立西南州的方案已由联邦政府批准公投;2022年8月2日,南方州通过了另外两个州重组的决议。此外,还有一个特别行政区成立事项也在筹划阶段。

(Meles Zenawi)总理过世后,埃塞俄比亚就陷入动荡中;主导族群间的矛盾(如阿姆哈拉族与提格雷族、奥罗莫族与提格雷族等)并未真正化解;自治的州只被承认以其族名建州的族群的政治权力,但缺乏对州内其他族群的承认;跨境族群(主要是索马里人)仍表现出极大的瓦解性。2018年4月,阿比·艾哈迈德(Abiy Ahmed)担任总理后,原本一直活跃于埃塞俄比亚政治舞台中心的提人阵失势,以其为首的埃革阵也被"繁荣党"(Prosperity Party)取代。2020年11月,提人阵带领提格雷州与联邦政府爆发激烈冲突,导致伤亡惨重,大量平民流离失所,目前双方虽已签订停火协议,但能否最终实现和平仍未可知。埃塞俄比亚的族群联邦制将何去何从,存在巨大的变数。

最后需要关注的是,族际关系并不只是取决于宏观的政治架构与冰冷的政治制度,它与人们的生活化场景息息相关,基于这一特性,非洲国家在实施整合实践时,采取更为多元或者"化整为零"的方式进行"渗透式"整合。

三 "渗透式"整合实践

民众是接受族群整合的主体,如何将民族—国家意识和观念灌输到其头脑中是这种整合的关键。所以渗透式整合首先强调感官上的"共情性",除了国庆、国歌、国旗、国徽,以及国家庆典与纪念仪式等司空见惯的方式外,英国学者艾略特·格林(Elliott Green)归纳和总结了多种"别开生面"的政治实践。[①]

(一) 更改国名

新兴国家常常通过更改国名来强化其历史与政治的合法性。在非洲,政府改变国名主要有两个相关理由。第一,原名称来源于本国某个族群或地区,被独立后的领导者认为有违民族国家团结与统一的初衷。贝宁原名达荷美(Dahomey),达荷美只是该国南部一个地区性古代王国的名字。1975年,马蒂厄·克雷库(Mathieu Ke're'kou)担任总统时将之改为贝宁(因紧靠贝宁湾)。刚果(金)之"刚果"是本土族群刚果人的族名,1971年蒙博托总统将其改名为扎伊尔(Zaire),意为"大河"。

第二,试图与非洲历史文化和自然特征建立更为紧密的联系。恩克鲁玛将"黄金海岸"(Gold Coast)改为加纳,尽管古代加纳帝国实际上位于当今的马里和毛里塔尼亚等地,两地相距甚远。如此改名原因有二:其一,古老的口头传说

---

① Elliott Green, "Nation-Building and Conflict in Modern Africa," *World Development*, Vol. 45, 2013.

称古代加纳人到过阿散蒂地区（今加纳共和国的中南部地区）；其二，希冀以非洲昔日的光荣鼓舞新获得独立的国家和人民。1980年，罗伯特·穆加贝（Robert Mugabe）将国名"罗得西亚"改为津巴布韦，是基于该国前殖民时期闻名遐迩的"大津巴布韦"（Great Zimbabwe）石头建筑群遗址。尼亚萨兰（Nyasaland）殖民地，是英国人根据当地的尼亚萨（Nyasa）湖而取名，获得独立后，班达总统将之改名为马拉维，源于前殖民时期的马拉维人。上沃尔特（Upper Volta）的国名来自沃尔特河，1984年，托马斯·桑卡拉（Thomas Sankara）总统重新将其命名为布基纳法索，在当地莫西（Mossi）和迪奥拉（Dioula）语中意为"垂直的土地"。

（二）改变首都地理位置或名字

许多非洲国家将首都从沿海/边陲迁移到内陆的中心位置，这是为了让其政府看起来更能代表全体人民。1973年，坦桑尼亚尼雷尔总统决定将首都从达累斯萨拉姆迁移到多多马（Dodoma），因为后者居于国家中心位置，具有民族团结的象征性。其邻居马拉维在班达总统时也重新定都，1975年从南部城市松巴（Zomba）迁往中部的利隆圭（Lilongwe）。20世纪70年代，尼日利亚决定将首都从沿海的拉各斯迁往中部的阿布贾（Abuja）。

有些国家虽然没有迁都，但为首都重新命名，特别是那些与殖民历史有关的名称。乍得首都原名为拉密堡（Fort-Lamy），据称由一位法国军官命名，1973年，托姆巴巴耶总统将之改为恩贾梅纳（N'Djamena），在阿拉伯语中意为"栖息之地"（place of rest）。1975年，莫桑比克政府将首都名从洛伦索·马克斯（Lourenço Marques，一位16世纪的葡萄牙探险家）改为马普托（Maput，当地一条河流的名称）。刚果（金）总统蒙博托不仅将首都名利奥波德维尔（Leopoldville）改为金沙萨（Kinshasa），而且也将其他带有比利时殖民色彩的城市名称如艾伯特维尔（Albertville）、伊丽莎白威尔（Elizabethville）、卢卢阿布尔（Luluabourg）、斯坦利维尔（Stanleyville）分别改为卡莱米（Kalemie）、卢本巴希（Lubumbashi）、卡南加（Kananga）、基桑加尼（Kisangani）。

（三）变更货币名称

非洲大多数国家的货币源于其宗主国，在英语区为"镑"，在法语区为"法郎"，在葡语区为"埃斯库多"（Escudo），等等。有些国家独立后，为了展示民族主义姿态而改变货币的名称。1965年，恩克鲁玛政府用塞地（Cedi）取代加纳镑，该词在阿肯语中意为"贝壳"；马拉维（1968）和赞比亚（1971）都用克瓦查（Kwacha）取代"镑"，前者在本巴语和尼昂加语中意为"黎明"；在塞拉利昂，新货币变成利昂（Leone），取自国家的名字；在安哥拉，货币名埃斯库多被宽札（Kwanza）取代，后者是当地的一条河流名称。

法国的非洲殖民地在独立后大部分继续使用非洲法郎（CFA franc）。不过，有两国从未加入非洲法郎金融体系，并且变换了货币名称。1961年，马达加斯加将该国货币命名为阿里亚里（Ariary，前殖民时期的一种货币）；1973年，毛里塔尼亚的货币被称为乌吉亚（Ouguiya，阿拉伯地方方言，有"盎司"之意）。南部非洲四个国家之前使用南非兰特（Rand），后来分别推出了本土货币：1974年，斯威士兰采用新货币里兰吉尼（Lilangeni，在斯威士语中意为"钱"）；1976年，博茨瓦纳采用新货币普拉（Pula，茨瓦纳语意为"祝福"或"河流"）；莱索托和纳米比亚分别于1980年和1993年采用新货币洛蒂（Loti）和纳米比亚元（Namibian dollar）。

（四）征兵和兵役

长期以来，民族主义学者一贯强调军事征兵对于民族形成的重要性。1874年，俄国引入征兵制度，树立"义务兵制度是削弱部落差异最好方式"的观念。也有研究认为，19世纪法国将农民变成"法兰西人"的一个重要机制就是服兵役。因此非洲许多国家也推广这样的兵役制度。在安哥拉，自1993年开始，所有20岁以上的公民需要服兵役两年；1992年，苏丹出台《兵役法》，规定公民需要服役两年，中学生和大学生分别为18个月和12个月；赞比亚的兵役制最初规定只招募小学毕业生，1975年重新制定法令，所有在册大学生须服役20个月，还将与教师和党的领导人一起工作一段时间；1964年，埃塞俄比亚政府成立"大学服务局"，规定所有大学生在第三学年和第四学年之间休学一年，派遣至农村地区服务；厄立特里亚在独立后的1994年引入兵役制度，所有性别的公民必须服役18个月，政府强调通过该制度"加强民族团结，消除亚民族意识"。

（五）语言政策

大多数非洲国家继续将殖民宗主国语言设为官方语言，也有少数非洲政权采用新的通用语。索马里独立后，国家被英语、法语和索马里方言分割成10多块语言区，造成国民交流不畅。1972年，西亚德·巴雷政府创造了一种标准罗马化文字作为唯一官方语言。在语言政策方面，最引人注目的当属坦桑尼亚。1967年，尼雷尔总统宣布斯瓦希里语为坦桑尼亚国语，在政府、学校和媒体上大力推广，尼雷尔还亲自将莎士比亚的几部戏剧翻译成斯瓦希里语。斯瓦希里语起源于东非印度洋沿岸，扩散至东非内陆，成为诸多族群的通用语，特别是在坦桑尼亚等国拥有广泛的群众基础。事实上，许多学者都承认，尼雷尔推动的语言政策可能是坦桑尼亚族际相对和谐的重要因素之一。邻国肯尼亚虽然也以斯瓦希里语为官方语言之一，但在语言政策上远远没有坦桑尼亚成熟，族群语言如基库尤语、卡伦金语等都具有强势地位，这或许也是肯尼亚族群冲突频发的一个原因。

（六）"去族群化"的人口普查

在非洲一些国家，如加纳、马拉维、坦桑尼亚等，从20世纪60年代末开始就有意避免沿着族群边界收集人口资料。1972年，加纳伊格内修斯·阿昌庞（Ignatius Acheampong）政府禁止在官方层面使用"部落"一词，因为它是一种多元和分化的力量，阻碍了民族团结和进步。1961年和1975年，中非共和国两次人口普查中都有意不去收集"族群"资料，该项措施符合政府强调国民起源一致性的表述，主张国民共同的"班图人身份"，正如其国歌中所唱的："哦，中非，班图人的摇篮！"

1994年种族灭绝前，在卢旺达的人口普查中，族群身份是极其重要的统计资料，但新政府建立后至今执行彻底的"去族群化"人口普查政策。苏丹分裂前，喀土穆政府拒绝苏丹南部政府的要求，即在人口普查时顺带调查人们的族群身份或宗教信仰。根据统计，2000年大约有44%的非洲国家在人口普查时统计人们的族群身份，低于亚洲国家的65%，更远低于北美洲、南美洲国家83%的比例。

（七）土地国有化

人们认为，土地权的不平等会消解民族建构的努力，在非洲的背景下尤其如此。殖民时期，非洲殖民政府根据当地习惯法来制定土地政策，每个族群有自己的酋长，由他们进行对土地的分配。所以非洲国家独立后，土地权与族群身份紧密相关。为了打破这种关系和纽带，许多国家推动土地的国有化。

1962年，恩克鲁玛总统实行土地国有化，其背后的主要动力有两点：首先，他担心加纳南部的土地收益资金被用来建立联邦制；其次，应对以阿散蒂人为基础的"民族解放运动"（National Liberation Movement）的挑战。坦桑尼亚和苏丹的土地国有化分别在1963年和1970年开展，大量传统领袖职位遭到取缔，土地分配权收归国家。在尼日利亚，国有化之前土地政策保持着殖民遗产的双重路径，即北部由国家管理，而南部按照习惯法执行。1978年，尼日利亚颁布《土地使用法》，宣布土地国有，南北土地政策并轨。1994年，厄立特里亚刚脱离埃塞俄比亚独立,就将土地全部国有化,明确鼓励地区间人口流动,超过18岁的公民皆可获得土地,不允许任何形式的性别、宗教与族群的歧视。

(八) 教育政策

教育对于民族建构具有极强的"教化"功能,是最常见的手段。在坦桑尼亚,公立学校的课程向学生反复灌输民族意识和泛非认同,强化民族国家的历史、文化意识和价值观。政治教育被纳入标准教程,在初等和中等教育中都属于考试科目。肯尼亚1975年的课程大纲指出,教育必须树立肯尼亚作为一个国家的地位以及有助于加强民族团结的意识,中学历史教学大纲要求培养学生的爱国主义和民族自豪感。

在莫桑比克,马谢尔总统倡导学校成为"传播民族文化的中心"以及"通过加强我们的团结来肯定和发展我们莫桑比克人的个性";马谢尔政府鼓励挖掘地方历史,强调"民族共通性",建构新的民族主义历史,即"人民的历史"。在尼日利亚戈翁军政府时,要求学生每天早晚背诵民族公约;而赞比亚的中学须向学生们传授和灌输国家传统知识和民族意识。

此外,还有一些具有非洲领导个人风格化的政策,如刚果(金)在蒙博托总统时期设计了一套"民族服装"(改自法国服装),并将其作为国家男性的商务套装,同时禁止女性穿西方服装和裙装,支持名为"帕格勒"(pagne,一种传统长衣)的着装。肯尼思·卡翁达宣布恩希玛(nshima,由玉米粉制成)为赞比亚的"民族食品",赤藤格裙(chitenge)为赞比亚的"民族服装",尽管两者都是由欧洲移民引进的。马拉维的班达和卢旺达的朱韦纳尔·哈比亚利马纳(Juvénal Habyarimana)等都亲自宣传庆祝反殖民斗争的"民族主义舞蹈";在蒙博托时期的刚果(金),类似的舞蹈表演被官方描述为:"民族生命力的奉献,民族精神的呈现!"

从某种意义上说,每个非洲国家都或多或少采取过以上渗透式整合方式,但由于很难建立一种量化关系,对其效果的评估只能是推断性的。这些整合都是以民族主义为导向的,以塑造民族身份和认同、建构民族国家为目标,因为它们贴合日常化场景,所以在民众中具有较强的渗透性和浸润性,至少对于国家和民族的相关知识具有重要的传播作用。但这些整合也附加了领导人强烈的个人印记,常常带有随意性、多变性以及利益输送,可能还会起到反作用。比如科特迪瓦和马拉维所要迁都之地"恰好"与总统家乡很近,被人民诟病为族群偏袒;1973年,阿明宣布斯瓦希里语为乌干达国语,到1995年,穆塞韦尼就取消了它的国语地位；1970年，刚果（金）和苏丹土地国有化后允许人民在迁居地获得土地，这一政策在两国的东部和达尔富尔地区彻底激化了土著与移民之间的矛盾，导致了严重的"公民身份"危机。

当然，无论成效如何，上述族群整合措施毫无疑问都是"被纳入政府政治议程的方式"，① 依然反映"自上而下"的路径，体现了由国家主导的大型"说教"。但非洲人民并非被动接受的客体，他们有独特的历史感、社会生活态度与能动性，面对族群冲突时存在符合地方政治逻辑的本土方案与传统实践。对于这一实践的观察就往往需要一种"眼光向下"的微观视野。

第三节 微观视野下的本土方案与传统实践

很难否认，大部分非洲人仍然置身于传统的生活方式之下，该观点不仅适合占人口绝对多数的乡村的现状，也适用于城市居民、各种族群和文化协会以及与家乡保持联系和忠诚的精英阶层。某种程度上传统的力量非常强大，甚至高层政治人物也严重依赖巫医、隐士（marabout）和巫师（juju men）的"神通"，在选举和政党竞争的政治动员，以及武装组织与游击队加强内部团结的措施中，巫术、占卜、秘密会社、仪式和其他传统做法十分盛行。当然，如今"纯粹"的传统已经很少了，它们经历过殖民主义和现代化的"洗礼"，呈现更复杂的面相。但无论如何变化，一些研究表明，传统组织，如乡土协会、地方文化组织、族群协会等对于冲突治理仍拥有巨大潜力。② 在很多国家，尤其是那些传统领袖地位超然、受到尊重的国家，传统因素在冲突治理中普遍存在，不过它们只是解决冲突问题的地方性机制，未必有站在国家高度的族群整合与民族国家建构等"高远"立意，但这些传统因素确实有助于目标的达成。接下来笔者将通过一些具体案例来展示部分国家传统冲突治理在族群整合中的内在张力。

一 索马里兰传统冲突治理

在非洲，关于传统冲突整合机制的有效性问题，索马里应该是讨论较多的国

---

① Edward Miguel, "Tribe or Nation? Nation Building and Public Goods in Kenya Versus Tanzania," *World Politics*, Vol. 56, No. 3, 2004.
② Eghosa E. Osaghae, "Applying Traditional Methods to Modern Conflict: Possibilities and Limits," in I. William Zartman, ed., *Traditional Cures for Modern Conflicts African Conflict "Medicine"*, Boulder Colorado: Lynne Rienner Publishers, 2000, p. 203.

家。索马里爆发氏族（族群）间内战后，国家陷入严重的人道主义危机，1992～1995年举行了数十次和平对话会议。在这些会议上，人们对本土传统治理机制化解冲突的可行性问题进行了激辩。但遗憾的是，氏族长老作为传统机制最核心的力量并未参与和平进程，很大原因是西亚德政权对这一群体长达20年的打压和边缘化，导致其影响力一落千丈。

不过在索马里北部，却呈现了另一番景象。随着西亚德政权的倒台，北部地区宣布独立，建国"索马里兰"，传统冲突治理经历了戏剧性的复苏。在索马里兰制定的宪法中，承认了氏族的身份以及氏族长老的地位与角色，与西亚德政权消除"部落主义"的举措截然相反。索马里兰的"国家宪章"将上院定义为"长老委员会"（即古尔提，Guurti），负有"鼓励与维护和平"之职责；委员们要在其所在氏族中制定规则并执行。古尔提这种传统机制被纳入索马里兰正式的政治结构中。

索马里兰政府尊重氏族长老，部分原因是他们在1988～1990年帮助抵抗政府军的战斗中发挥了极为重要的作用。另外，北部地区为英国殖民地，较少受到社会经济变革与都市化的影响，族裔同质性和人口稳定程度较高。该区域数量不多的氏族长期交往，形成比较稳固的关系。这些有利因素让传统社会未遭受重大破坏，氏族长老还保留着影响力。索马里兰独立的历史性决定，即由北部氏族的"大集会"（Grand Shir gathering）做出的。

索马里兰宣布"独立"后，氏族之间还是爆发了冲突。为了解决冲突，在索马里兰几乎所有重大的和平倡议中，氏族长老们及其传统机构都站在"第一线"。在第一轮具有传统色彩的系列和平会议中，博洛马（Boroma）和谈达到顶点。古尔提在其中起到关键作用，做了大量工作：成功地让当时的武装冲突停火；召集各方对话；为各群体补偿牲畜，发放抚恤金；选择新"总统"；解决牧场和财产争端；制定《国家和平宪章》；拟订"社会契约"和"习惯法"。

第二轮重要对话在萨纳格（Sanaag）举行，同博洛马和谈一样，萨纳格和谈的成功有目共睹，是索马里兰传统冲突治理成功的鲜活证据。1992年8月到1993年6月，共举行了七次和平会议，四个主要氏族的代表聚集在索马里兰东部有争议的领土之上，表明他们放下罅隙、追求和平的愿景。在埃里加弗（Erigavo）镇的和平对话，是该轮和谈的关键时刻，当时有超过400人参加，讨论促进人员自由流动、加强自由贸易、共享牧场和水源、解决产权纠纷，以及让停火协议制度化等核心问题。与博洛马和谈一样，这一次和平对话得到几个国际非政府组织不多但至关重要的财政支持。

在萨纳格和谈进程中,"传统"与"现代"结合的特征值得注意。它以传统机制和长老为核心,同时也为"新派"知识分子与地方非政府组织等"非传统"参与者提供了发挥作用的舞台。和平进程的核心是 200 位长老,他们组成主要的委员会,在谈判中各自代表其氏族的利益。一小群德高望重的氏族长老组成"苏丹和加拉德委员会"(Council of Sultans and Garaads),充当调解人。由 8 名成员组成的主席委员会主持会议,而主要由年轻知识分子组成的筹备委员会协助起草协定,解决超出长老理解范围内的专业问题。这种做法安排了一种分工,长老们负责谈判,知识分子处理与地方政府、警察和其他部门联系的技术性问题,总体上看,这种"新""旧"结合的分工是有效的,后来广泛应用于各种地方和平对话之中。

尽管博洛马与萨纳格和平会议并不完美,皆面临各方的接受度和执行问题。但毫无疑问,这是两次颇富成效的族群整合。它们采取的方式都是"传统的",为那些主张"自下而上"实现索马里和平的呼吁提供了令人信服的证据。然而遗憾的是,1993~1995 年联合国与其他第三方在干预索马里冲突的维和行动期间,发起了几十项和平倡议,只有少数利用了传统的冲突治理方式。特别是在索马里南部地区,由于传统社会结构破坏严重,长老们失去了应有的权威,传统整合与治理机制随之瓦解。

索马里兰的案例具有一定启示价值。第一,在经受社会转型的冲击后,传统的冲突解决办法能够发挥相应作用。第二,虽然传统冲突解决机制是索马里社会中最持久、最可信和最有效的机制之一,但其效力是依据环境和事态发展变化的。传统机制受到冲突程度(地方性冲突较之国家层面的冲突更容易解决)、冲突的性质以及地方选区利益的约束。这种情境性变量有助于解释在同一国家的两个地区,北方的传统机制要比南方更成功。第三,所谓传统,事实上代表了一种历史悠久的实践和新技术的结合。若是没有表现出适应和改变能力,传统的做法在面临新型冲突时的作用有限。必须避免以严格对立的方式看待传统机制和现代机制。索马里兰的案例强调了另一个事实,即非洲的传统冲突治理要取得成功还需要外来的支助,其前提是谨慎与适量。和平会议的召开都会产生食宿、交通等各种费用,但当地社会饱受战争困扰,根本无力支付。外来的财政支持极大地减轻了和平进程参与者的压力,使之能够专注于实质性问题。不过,这种支持若是过量可能会加剧冲突,因为它会招致妒忌、滥用资金,以及产生对外部偏袒和被操纵的恐惧。第四，传统缔造和平的方式在某些地方和区域一级具有较强效力（从一定意义上说，索马里兰只是索马里的一个地区），但在国家层面却乏善可陈。这并不是说传统冲突治理在该层级不起作用，只能说索马里的情况没有证明这一点。[1]

二 地方和平委员会

地方和平委员会（Local Peace Committees）是一个统称，包括由地区、市镇或村落等各层级建立的地方性机构，旨在鼓励和促进在既定区间实现包容性和平建设与和平进程。地方和平委员会在不同国家有五花八门的名称：地区和平咨询委员会（District Peace Advisory Council）、地区多方联络委员会（District Multiparty Liaison Committee）、村庄和平与发展委员会（Village Peace and Development Committee）、社区间关系委员会（Committee for Intercommunity Relations）以及地区和平委员会（District Peace Council）等等。这种委员会是非洲基层人民主动建立的，重视和利用传统的冲突解决技巧，主要适用于地方一级的冲突治理。和平行动者认为，委员会秉持的理念是，需要将传统的冲突解决机制制度化与合法化，他们会充分考虑当地人的需求、文化、规范和愿望。[2] 由于地方社会暴力猖獗，而国家力量缺位，委员会才应运而生。委员会反对边缘化和歧视，将冲突方召集起来，促进地区赋权和加强能力建设，鼓励地方掌握和平倡议的主动权，增强和平进程的可持续性，在地区层级的冲突解决和族群整合中发挥了显著作用。在一些饱受冲突挑战的国家，如肯尼亚、乌干达、加纳和布隆迪等，类似委员会已成为不可或缺的地方冲突解决机制。

（一）肯尼亚的地方和平委员会

瓦吉尔（Wajir）位于肯尼亚东北部，属于边缘地区：高度贫穷、经济发展滞后、基础设施短缺、人力资源匮乏、青年群体失业率居高不下和资源稀缺（水和植被）。该地区主要人口是游牧族群，为了争夺牧场和水源相互间时常爆发冲突。1991年和1992年的冲突，导致1200人死亡，数千人被抢劫、强奸或受

---

[1] 主要参考了 Ken Menkhaus, "Traditional Conflict Management in Contemporary Somalia," in L. William Zartman, ed., *Traditional Cures for Modern Conflicts African Conflict "Medicine"*, Boulder Colorado: Lynne Rienner Publishers, 2000, pp. 183–198。

[2] Mohamud Adan and Ruto Pkalya, "The Concept Peace Committee: A Snapshot Analysis of the Concept Peace Committee in Relation to Peacebuilding Initiatives in Kenya," Practical Action, 2006.

伤，损失约 90 万美元的牲畜。

在此期间，由于环境恶劣，165 位公务员和教师甚至拒绝前往瓦吉尔任职。当地人没有就此自暴自弃，开始了"自我救赎"之路。最初成立了妇女和平组织，1995 年时发展成为瓦吉尔和平与发展委员会（Wajir Peace and Development Committee），扛起促进地方和平与发展的大旗。在一系列官方行动失败后，唯有该委员会不知疲倦地努力维持地区的可持续和平。

委员会召集地区所有族群长老举行峰会，并达成"法塔赫宣言"（Al Fatah Declaration）。该宣言劝导冲突方放下仇恨，恢复正常交往，拟订未来关系的准则。更重要的是，一个由政府和公民领袖组成的快速反应小组成立，其信条是及时干预，避免小冲突失控演变为严重危机。委员会成立后，该地区大多数争端基本上摆脱现代法典的束缚，遵照"索马里方式"进行治理：利用习惯法和"血偿金制度"对付犯罪行为，采取集体惩罚方式，"一人犯罪，全族遭殃"，直到罪犯被逮捕，归还偷来的牲畜或物品。所有这些努力有助于瓦吉尔的和平，保障政治、经济和社会的稳定。2008 年，肯尼亚总统大选后全国多处爆发了族群冲突，导致大量人员伤亡和财产损失。但瓦吉尔地区几乎没有参与任何暴力活动，平静而安稳，很大原因在于大选前和平与发展委员会的努力，比如大力宣扬和平与非暴力的思想和主张。

和平与发展委员会的出现为存在类似情况的地方带来"曙光"，很快就有其他地区跟进和复制，一些牧区和半游牧区尤为积极。与此同时，该现象也得到政府的高度关注，并且于 2001 年成立国家建设和平与冲突管理指导委员会（National Steering Committee on Peacebuilding and Conflict Management），旨在支持和指导地方和平倡议与建设。2008 年，肯尼亚政府颁布《国家共识与和解法》（National Accord and Reconciliation Act），主张基于和平与发展委员会的成功经验，在全国范围内建立一个统筹性的地区和平委员会，一些地方政府包括省级政府出台措施支持和平委员会的建设。

（二）乌干达的地方和平委员会

自独立以来，乌干达面临无数挑战，政治、经济和社会问题丛生，南北族群长期对立，导致包括族群冲突在内的武装冲突不断。最突出的表现就是该国北部地区激进武装组织"圣灵抵抗军"（Lord's Resistance Army），该组织自 1986 年以来一直与政府军对抗。双方的战斗已导致数万人死亡，超过 50 万人被迫流离失所。在这种情况下，如何结束冲突实现和平，成为乌干达政府的首要任务，其重要举措是与抵抗军进行和谈。

2006年,和谈在南苏丹首都朱巴举行(抵抗军的"根据地"就在南苏丹),乌干达政府与抵抗军领导层展开一系列谈判,讨论停火协议的具体细节。2008年,通过艰苦卓绝的和谈,政府有意与抵抗军签署停火协议,但后者的头目约瑟夫·科尼(Joseph Kony)不仅最终拒绝在和平协议上签字,还派兵袭击南苏丹数个社区,迫使南苏丹退出调停,和谈宣告失败。此外,另有一些官方的努力也未能给乌干达带来持久和平。

尽管正式的冲突解决机制失效,乌干达政府与抵抗军没能达成和平协议,但地方和平委员会却在一定程度上帮助乌干达恢复了某种形式的社会秩序与安全,产生奇效。这类组织有很多,比如卡拉莫贾地方和平委员会(Karamoja Local Peace Committee)、村庄和平委员会(Village Peace Committees)等在北部卡拉莫贾人和阿乔利人中拥有很大的影响力。其举措务实接地气,包括冲突预防、冲突解决措施、冲突态势评估、早期预警信号、预测潜在的暴力程度、夺回被偷抢的牲畜等。尽管和平委员会的资源有限,但通过宣传、开展社区和平扫盲与开设和平咨询课程来促进和平建设。科蒂多地方和平委员会(Kotido Local Peace Committee)联合其他地方的和平委员会一道参与冲突预警和应对后续暴力,产生更广泛的效果。此外,还有一些村级和平委员会也发挥了应有作用,它们通常采取整体性和集体性行动,通过提醒、警告和早期预警(如报告即将发生的突袭,以便立即阻止)等方式,将冲突的影响降至最低。

(三)加纳的地方和平委员会

在加纳北部的人民感受到政治和经济上的边缘化,从而采用暴力的方式宣泄其不满,尤其是总统大选前后冲突激增。另外,此地族群间争夺行政权力和酋长继承权的斗争盛行,土地纠纷也比较普遍。库萨斯(Kusasi)和玛姆普鲁西(Mamprusi)两个族群关于巴乌库(Bawku)酋长继承权的争夺经年累月,导致的冲突根深蒂固。

为了缓解冲突,营造和平环境,加纳政府采用多种办法,其中有现代国家惯用的模式,即通过维稳部队、调查委员会与法院等机构进行调解与整合。尽管有了这些努力,但冲突依然异常顽固。植根于地方的库马西和平对话(Kumasi Peace Talks)在缓解冲突方面却产生出乎意料的效果。该对话将冲突方召集到一起,用圆桌会议的方式讨论冲突解决的具体方案,整个过程较为公允,有利于达成各方都接受的协议。这种机制并非横空出世,在前殖民时期已存在,如今继续为人民提供便利，保护人民，该制度在农村地区以及包括警察、军队和法院在内的国家机器不易企及的地方尤为盛行。

此外，冲突转化与和平研究中心（Centre for Conflict Transformation and Peace Studies）也是非常有影响力的地方和平委员会。该组织在解决加纳北部的冲突与和平建设方面发挥了很大作用。1994~1995年，纳努姆巴人（Nanumba）与科科姆巴人（Kokomba）爆发冲突，导致大量人员伤亡。面对这种情况，研究中心迅速发起了一项地方和平倡议，推动和平教育，增强人们的和平意识；倡议以社区为基础的早期预警，号召邻近社区非官方行动者及时参与干预。在研究中心的努力下，成功阻止了冲突的扩散，并最终解决了冲突。加纳政府意识到地方和平委员会的巨大潜力，尝试建立一个更全面、多层级的冲突解决体系，即国家和平委员会（National Peace Council）、区域和平委员会（Regional Peace Council）和地区和平委员会（District Peace Council）。自2005年以来，这些委员会在国家政治生活中扮演了重要角色。无论在何时何地，只要出现暴力活动，各层级的委员会就能迅速展开行动。

和平委员会不仅在解决北部酋长继承权争端问题上功不可没，在大选中也体现独特价值。在2008年和2012年竞争激烈的总统和议会选举中，三个层级的委员会由于相对独立性、公正性以及号召力，所开展的工作缓解了紧张局势。2008年大选，国家和平委员会在确保权力交接上功不可没。2012年总统和议会选举前，在国家和平委员会与阿散蒂王（Asantehene）的组织和见证下，所有参选人发布"库姆斯"（Kumss）宣言，承诺公正和平的选举，当选后兑现对人民的承诺。

（四）布隆迪的地方和平委员会

1993年10月21日，布隆迪举行了自1962年独立以来的首次民主选举，来自胡图族的梅尔希奥·恩达达耶（Melchior Ndadaye）当选，但不久就被图西族极端分子暗杀。两族爆发了惨烈的内战，估计有10万~30万人死亡。为了寻求和平，联合国向布隆迪派遣了维和部队，非洲其他国家领导人进行调解，为冲突方的和平对话而努力，并于2000年和2003年分别在坦桑尼亚阿鲁沙与南非比勒陀利亚签署了和平协议。虽然诸如民族解放力量（Forces for National Liberation）等较小规模的胡图族激进组织仍然活跃，且造成了局部政治动乱，但国家的局势总体上得到了改善。

在这一过程中，不能忽视地方和平委员会发挥的作用。内战期间，出现了基比姆巴和平委员会（Kibimba Peace Committee）这样的地方组织，倡导基层民众全面参与，促进不同群体相互交流。即使在遭受严重创伤的地区，委员会也成功地使长期不和的族群团结在一起。除了在和平建设上发挥作用，委员会还投身于社区发展项目，帮助建立社区学校和医院，并鼓励图西人和胡图人共同管理这些设施。在委员会的监督下，社区中这两个敌对族群不仅完成了任务，而且保持了长时间的和平。[1]

从上述案例可以看出，地方和平委员会特色鲜明：鼓励群体积极参与、强调对话、促进相互理解和相互信任，冲突解决的方式具有建设性和包容性。委员会不仅推动了地方和平建设，而且有助于国家层面冲突的解决，以及族群整合平台的形成。如加纳的冲突转化与和平研究中心只是一个地方性组织，由于表现突出，政府受其启示成立了国家级的和平委员会。更重要的是，地方和平委员会及类似机构的活力来自非洲基层人民，那种自下而上的喷薄力量反映了他们基于现实的呐喊以及对未来的憧憬。

三 肯尼亚图尔卡纳人的冲突治理实践

图尔卡纳人（Turkana）是肯尼亚的牧民群体，深受族群冲突之困扰，部分是因为图尔卡纳人所在的区域与饱受战争蹂躏的苏丹、埃塞俄比亚、乌干达接壤。该族群与北部的梅里勒（Merille）（位于埃塞俄比亚边界）、西北的图颇萨（Toposa）、西部的卡拉莫扬（Karamojang）、南部的波科特（Pokot）和萨布鲁（Samburu）等族群发生过冲突。图尔卡纳人使用 emoit，即"非图尔卡纳人"，表示"敌人"，因此所有非图尔卡纳人都是潜在的敌人，可谓"群敌环伺"。

图尔卡纳人与其邻居之间的冲突主要围绕牲畜所有权和稀缺自然资源的获取而展开。

抢牛。与其他的牧民群体一样，图尔卡纳人在文化上对牲畜，特别是牛群极度依赖。其有一种错误的观念，即世界上所有的牲畜都属于他们，其他人都无权饲养动物。对于牛的渴望是图尔卡纳人与他群发生冲突的根本因素，特别是在严重干旱和家畜流行疾病传播之后。

自然资源稀缺。图尔卡纳人聚居之地是肯尼亚最干旱地区之一，自然资源稀

---

[1] 以上案例主要参考了 Abdul Karim Issifu, "Local Peace Committees in Africa: The Unseen Role in Conflict Resolution and Peacebuilding," *The Journal of Pan African Studies*, Vol. 9, No. 1, 2016。

缺。对于有限牧场、水资源的争夺与抢牛一样，是导致族群冲突的最重要因素。大多数可用的自然资源位于图尔卡纳人领土的边界，因此不可避免地与邻居发生冲突。

贸易争端。图尔卡纳人基本上是"纯粹"的牧民，只有极少数人进行耕种，因此需要农产品贸易来补充其生活所需。但畜牧品与农产品交换的条件很难达成一致，有时候也会引起严重的争端。

存在诸多冲突的因素并不是说图尔卡纳人天性暴力、"嗜杀如命"，大部分图尔卡纳人同样爱好和平，而且在族群中也存在应对冲突的诸多传统智慧和技巧。

首先，与其他牧民一样，图尔卡纳人依靠预警和本土知识来预防冲突。图尔卡纳长老是预警和信息收集方面无与伦比的专家，他们通过观察一些动物的表现获得可能遭受袭击的信号。根据情报资料的蛛丝马迹，长老们在冲突到来前建议群体采取有效措施，例如将牲畜转移出敏感区域，或直接与其他群体对话。

利用"斥候"（ng'ikarebok and ng'irototin）搜集情报是图尔卡纳人预防和治理冲突的另一种办法。这类信息包括陌生可疑的足迹、相邻群体的动向及其牲畜的位置等。如发现可疑印迹或人与动物的可疑行动，情报资料会传回族群，以采取必要的先发制人的措施或预防措施。

其次，社会化教育是图尔卡纳人为防止族群冲突而采取的另一种机制。尽管图尔卡纳人有激化冲突的观念，比如抢牛，但主旋律还是向往和平。通过谚语、史诗、传说、音乐以及对长期苦难现实生活的叙事，让人们意识到社会冲突的不良后果以及维护和平与和谐的重要性。图尔卡纳人的规范体系不断敦促人们遵守群体规范、避免冲突与对抗，寻求以非暴力方式解决争端。

最后，图尔卡纳人与周边族群的冲突在很大程度上是通过对话、谈判和仲裁解决的。冲突前的干旱季节，图尔卡纳人与其他群体一道协商牧场和水源的使用问题。这时候，族群就会派遣代表扮演准"外交官"的角色，以期与他群达成资源共享协议。一旦发生冲突，通常会有旨在达成友好协议的系列对话，具有良好沟通和谈判技巧以及演讲能力的长者代表群体参加。

通过谈判，双方建立一个在文化上相互接纳的共同框架，就获得草场、牧场、水源以及已出现和可能出现的争端的治理方式达成共同意见。大家的目标是一致的：恢复破碎的关系，而且让愈合的过程充满活力。所以这样的对话是开放式的，与会者都有足够的时间和机会发表意见。对话在一种"狂欢"的气氛中举行，穿插着故事讲述、歌曲演唱、舞蹈表演等。相关群体的武器会被搜集、折弯或破坏，并与蜂蜜、传统啤酒和牛奶以及其他的符咒一道被埋葬。对话期间高呼上帝和神灵的名号，一头公牛被宰杀，其血液被收集起来并撒向空中，以此来督促人们遵守和平誓约。作为一种和解象征，冲突方共食公牛肉。此后的宴会、歌唱和舞蹈等庆祝活动持续数天。整个社会被纳入双方协定的一部分，任何违反者都可能遭受灾难。[1]

这种仪式行为在肯尼亚很常见，又如卢奥人与马赛人在血腥冲突后，长老们会安排谈判，讨论和解问题，若得到圆满处理还将举行仪式来隆重庆祝。整个社区的人在共同边界的某一地点集会。一道由树枝构成的临时障碍物沿着两族边界搭建起来，战士们将长矛置于其上。然后，一条狗被杀死并切成两半，将它的血泼洒在边界上。妇女们会与对方族群交换婴儿哺乳，战士们交换长矛。最后，长老们进行祈祷，并对任何企图越过边界，对任何一方造成破坏的人发出狠毒的诅咒。在达成这样的协议后，双方开战的可能性大大降低了。[2] 整个进程所做的决定是口述传达的，但它们规定了族群间跨文化互动的尺度、工具和准则。为了公平公正，和平对话有时还会邀请第三方（中立族群）进行仲裁。调解人通常是年长者，他们熟悉本土社会文化环境，深谙传统与习俗，拥有良好的沟通技巧。通过评估冲突方的陈述和辩论，调解人利用经验和智慧尽力将双方的分歧最小化，最后达成和解。

有学者认为，非洲解决族群冲突的方案存在两种模式：西方模式与非洲本土/传统模式。西方模式在很大程度上主要依赖政府调节冲突，以安全的视角看待和平，而不是以和平的视角看待安全。[3] 西方模式是非洲国家的首选，国际社会也帮助它们搭建现代性政治框架、加强制度和意识形态建设，推动族群整合。遗憾的是，从经验上看，这条道路并不平坦，充满了艰险，直到目前依然存在巨大的不确定性。因为作为一种外植的政治架构，很难说西方模式就一定契合非洲

---

[1] 主要参考了 Betty Rabar and Martin Karimi, eds., *Indigenous Democracy: Traditional Conflict Resolution Mechanisms—Pokot, Turkana, Samburu and Marakwet*, Intermediate Technology Development Group-Eastern Africa (ITDG-EA), 2004, pp. 52 – 57。

[2] Josiah Osamba, "Peace Building and Transformation from Below: Indigenous Approaches to Conflict Resolution and Reconciliation among the Pastoral Societies in the Borderlands of Eastern Africa," *African Journal on Conflict Resolution*, Vol. 2, No. 1, 2001.

[3] David Oladimeji Alao, "Interrogating the Involvement of Native Gods in Contemporary African Conflict Management," *Global Journal of Politics and Law Research*, Vol. 3, No. 3, 2015.

社会，或者说它们之间的互相接纳与融合能达到人们的预期。而且在某些情况下，族群冲突与暴力具有高度区域化或地方化特征，只有在地方范围内实现可持续的整合，才能期望在更高层级的国家，甚至跨国范围内解决冲突。如果光有顶层整合机制，没有"底层"的解决方案是不可想象和不可持续的。①

非洲的底层传统模式生成于本土社会，旨在协调、维持和改善社会与群体的关系，历经时间的洗礼，其方法、程序和规则内化于非洲人民的传统和习俗中。传统机制是相对非正式的，因而较少政治高压和胁迫性，实施者在熟悉的环境中拥有自由发挥的空间。酋长、长老、家长和其他传统领袖的作用不仅是解决冲突，而且会预防冲突。② 本土方案体现的是一种整体观：政治、经济、文化、司法、宗教与信仰镶嵌于社会之中，融为一体，所以在解决冲突时带有更为丰富的历史文化内涵和人文情怀，有助于社会延续。当然，族群整合是一项更为系统的社会工程，不限于地方和基层，也不限于只是功能性地解决冲突，需要国家的通盘考虑，实现民族国家建构的"宏愿"。对任何非洲国家来说，这都是不可抗拒的长期目标和艰巨任务。

总的来说，族群的多样性、族群关系的复杂性以及民族国家建构的紧迫性，是非洲多族群国家必须面对的客观现实。基于对这一现实的考量，大部分非洲国家都不希望因族群问题造成社会的割裂与对抗，为了削弱其影响，纷纷选择霸权政体的强制集权方式来实现其目标。当前的多头政体下，抑制多元族群的政治表达依然是各国至关重要的任务，各国普遍采取禁止族群政党的措施。由于族群意识根深蒂固，族际关系紧张，一些非洲国家将族群精英分权作为调和的手段。埃塞俄比亚是极少数主动接受族群政治化的非洲国家，以族群为基础建立了自治性较强的联邦制。

在非洲，霸权政体通常遵循"从部落到民族"③一步跨越的线性思维，不仅因过于理想化而流于空洞、因过于强硬化而流于粗暴，也未能强化作为个体的公民身份，给予他们应有的福利，尤其是公共产品的公允分配，让其打消回缩至族

---

① Volker Boege, "Traditional Approaches to Conflict Transformation — Potentials and Limits," Berghof Research Center for Constructive Conflict Management, 2006.

② Kwaku Osei-Hwedie and Morena J. Rankopo, "Indigenous Conflict Resolution in Africa: The Case of Ghana and Botswana," Institute for Peace Science, Hiroshima University (IPSHU) English Research Report Series, No. 29, 2012.

③ Ronald Cohen and John Middleton, eds., *From Tribe to Nation in Africa: Studies in Incorporation Processes*, San Francisco: Chandler Publishing Co., 1970.

群之内"抱团取暖"的意愿。而禁止族群政党,则只是"头痛医头脚痛医脚"的片面思维,形式大于内容。族群精英分权突破了单向集权的束缚,具有进步意义,但较之规范的协和民主的权力分享,还有较大的距离。接受族群政治化,意味着族裔群体将在国家政治生活中扮演关键角色,回应这些群体关切的诉求,在于族群平等政策的"真实性"。[①] 埃塞俄比亚直面国内族群问题,用更为积极的信念和态度建立族群联邦制,然而各族远未实现真正意义上的平等,族群之间的矛盾和冲突积重难返,国家陷入困境。非洲的案例给我们的启示在于:关于族群整合的理论逻辑与现实逻辑存在巨大的鸿沟,理论的自洽性应充分观照现实的合理性。

由于非洲辽阔的地域、庞大的国家体量,每个国家面临的族群冲突问题以及族群整合的方式既有相似性,也必然存在差异性和特殊性。因此,除了对非洲总体状况的宏观把握,窥其全貌;亦需有对国别的案例研究,洞察细微。限于篇幅和精力,本书选择族群政治较为典型的卢旺达与尼日利亚两国为个案,尝试展开更为深入的分析和探讨。

[①] 郝时远:《构建社会主义和谐社会与民族关系》,《当代中国民族宗教问题研究》(第5集),中国社会科学出版社,2009,第23页。

第五章
卢旺达族群冲突与整合

卢旺达位于非洲东部的中心，坐落在西向刚果盆地与东向东非大裂谷之间的过渡带，气候甚是温和，如首都基加利的年平均气温为19摄氏度。每年7~9月是短暂的旱季，其余时间均属雨季，两季之间的温差很小。温和的热带气候以及丰沛的降水，让卢旺达生态系统较具协调性，自然环境多姿多彩，也有利于农业生产。卢旺达人对环境的文化适应性同样令人惊叹。该国大部分属于丘陵地形，素有"千丘之国"的别称，在错落有致的陡峭山坡上，当地人开垦了逶迤起伏的梯田，种植各种农作物，场面蔚为壮观。欧洲人早在19世纪中期就对卢旺达表现出了极大兴趣，赞美其"天生丽质"，将之视为"非洲的瑞士"或非洲中部的"黄金国度"（El Dorado）。

卢旺达是非洲少有的族群结构简单的国家，历史上仅生活着胡图、图西与特瓦三族，除了人口比例较为悬殊（分别占全国人口的85%、14%和1%），[①]并无出奇之处。但它们之间充满暴力的当代族际关系却值得重视，胡图族针对图西族有过多次悲剧性的杀戮，1994年骇人听闻的种族灭绝尤其令世人震惊与困惑：究竟在何种情况下，才会在这样一个生态宜居、人群聚居模式简单的国度酿成如此惨剧。此疑问，吸引大量探寻真相的人热切关注，然而直到今天尚未发现众皆信服的"标准答案"。荷兰学者海伦·M.欣金斯（Helen M. Hintjens）曾总结出三种代表性解释：其一，侧重外部因素，认为大屠杀是由于受到殖民主义和新殖民主义影响所致；其二，侧重内部因素，认为卢旺达人口过剩和社会分裂是大屠杀的原因；其三，侧重社会心理学，认为卢旺达社会高度分层，又相对固化，容易产生极端服从和盲从的跟随效应（即便是杀戮行为）。这些观点都有一定的现实依据，然而也存在一些盲点（blind spots）：第一种解释将大屠杀责任完全推给外部因素，强调卢旺达人对帝国主义者的介入和战略撤退这种矛盾逻辑

[①] 当前卢旺达已经在全国范围内取消族群身份，上述三个族群的占比是依据历史和惯例得出的结果。

（divisive logic）的被动回应；第二种解释将大屠杀归咎于诸如人口压力（人地关系紧张）和族群忠诚等国内因素则表明，卢旺达人对内部压力也近乎是机械的反应；第三种解释容易将人类屈从权力的普遍倾向，简单化为卢旺达的特殊与极端经验。[①]

欣金斯是著名的卢旺达研究专家，其文发表于1999年，当时是大屠杀后"百家争鸣"的高峰期，足以网罗足量文本类型进行剖析，见解洞若观火，至今依然有深刻的参考价值。作者提醒我们，卢旺达种族灭绝的影响因素众多，生产机制高度复杂，因而对这种行为的解释是多元而充满张力的，但面对它们需保持充分的警惕与反思。笔者亦主张多维度或多层次的解读视野，且认为被赋予"族群名义"的大屠杀，在某种意义上是卢旺达族群政治演变的产物。不过本书对此抱有更为审慎的态度，尝试通过一种历时性观察维度，将种族灭绝这种较为特殊的族群冲突置于卢旺达族群政治具体和客观的历史分析框架内，在族群政治产生与发展这一过程的宏观层次中予以思考和解答。

第一节　卢旺达族群冲突

从历史上看，卢旺达图西族与胡图族的"祖先生活在一块土地上，创造了单一的文化，说着共同的语言（即卢旺达语，Kinyarwanda），信仰同一种宗教，拥有同样的神话体系和礼仪法典（乌布维鲁，Ubwiru）。两个民族互相通婚，不断交流。概言之，它们具有共同的地域、经济生活和历史文化背景"。[②] 但两族也存在边界，分别对应牧民与农民两个职业性群体。"图西"作为牧民群体称谓的历史悠久；"胡图"最初是"仆人""奴仆"的意思，后来泛指整个农民群体，是伴随图西族尼津亚（Nyiginya）王国的扩张逐渐形成的。[③] 这一分类也有社会分层之意，从中央到地方的统治基本上都掌握在图西族手中，他们自然"高人一等"；而胡图的称呼隐含着对农民的轻慢。尽管如此，两族之间没有表现出明

[①] Helen M. Hintjens, "Explaining the 1994 Genocide in Rwanda," *The Journal of Modern African Studies*, Vol. 37, No. 2, 1999.

[②] 李安山：《论民族、国家与国际政治的互动——对卢旺达大屠杀的反思》，《世界经济与政治》2005年第12期。

[③] Jan Vansina, "Antecedents to Modern Rwanda: The Nyiginya Kindom," Wisconsin: The University of Wisconsin Press, 2004, pp. 134–139.

显的群体性紧张关系，而且在王国的政治制度、婚姻制度、财富制度中都存在互渗的空间与渠道，人们通过这些渠道有可能完成族群身份的转换。① 实际上，卢旺达人在社会生活中更借助于氏族身份，同一氏族中图西人、胡图人与特瓦人兼而有之，氏族是三族共存互动的主要机制。

19世纪，西方探险家、传教士和殖民者到来后，创造了一种荒诞、扭曲的种族主义意识形态，被称为"含米特假说"，并将之作为社会运行的主要驱动力量，从根本上改变了卢旺达历史演进的轨迹。基于历史的维度，西方列强利用该种族主义理论实行殖民统治，造成卢旺达社会极度分化和撕裂，其是导致该国种族灭绝的逻辑起点。

一 含米特种族主义的殖民实践

含米特理论源自西方人对非洲的一种"想象地理"，② 其想象的素材古老且神秘。《旧约·创世纪》记录了含（Ham）冒犯父亲挪亚（Noah），其子迦南（Canaan）代为受过被诅咒为奴的事迹。中世纪时，一些神学家解释，在诅咒的影响下，含的后裔便呈现黑皮肤的生物特征，被称为含米特人。16世纪，流行开来的理论将含米特人指向非洲黑人，因受诅咒，世代为奴。西方商人和奴隶主借用此理论为非洲奴隶贸易辩护。到了18世纪末，拿破仑入侵埃及，西方人重新"发现"了非洲，观其文明成就全然不符非洲人低等或被诅咒的情状。于是，欧洲人重构了含米特理论，认为含的儿子中其实只有迦南受到诅咒，其后裔成为黑人，低劣落后；另外三子未受影响，他们的子嗣为含米特人，虽逊于白种人，但拥有足够的智慧和能力，引领着非洲所有能称为文明的历史进程。由此可见，欧洲人对于非洲"想象地理"的表述是情境化和流变的，其构设和演变反映了各种意识形态和权力关系的结构性影响，尤其需要满足不同时期对非洲的征服、奴役与统治。

（一）含米特假说

19世纪中期，欧洲探险家渐次踏入非洲大湖地区，以"含米特假说"为依据，创作了大量作品，展示了他们对该地区的"地理想象"。英国探险家约翰·

---

① 关于图西人与胡图人身份转换问题，参见赵俊《族群边界、权力介入与制度化——卢旺达族群关系的历史变迁及其政治逻辑》，《西亚非洲》2019年第3期。
② 类似于爱德华·萨义德所述东方学对"东方"的殖民主义地理想象。参见〔美〕爱德华·萨义德《东方学》，王宇根译，生活·读书·新知三联书店，1999年。

汉宁·斯皮克（John Hanning Speke）是将该假说应用于大湖地区的第一人，他认为该地区的"瓦胡玛人"（Wahuma）属于"半闪—含米特人"（Semi-Shem-Hamitic），其先祖是来自埃塞俄比的牧民群体，迁徙至大湖地区，征服了当地黑人居民，建立国家，撒播文明的种子。其他探险家大致持相似的观点。含米特假说的关键内涵在于：首先，含米特人是高加索人种，与欧洲人具有较近的亲缘关系；其次，含米特人是一个优等、文明的种族，他们在政治上很成熟，将被征服的领土组织成高度复杂的国家，成为统治者；最后，含米特人有一个显著的文化特征，即他们是牧民群体，畜牧业及所有相关属性都被赋予了文化优越性的光环。[1] 而本地班图黑人作为劣等种族，唯有接受优等种族奴役和统治的命运。

探险家们认定，卢旺达的图西人属于瓦胡玛人其中一支。含米特假说的三点内涵似乎在卢旺达得到了体现和验证：图西人是外来的牧民群体，与白种人有相似的身体特征，他们征服了土著胡图人并建立了较为先进的集权制国家，契合所有关于含米特人南迁模式的构想。然而，这一判断最初建立在道听途说采集的信息之上，当时卢旺达的图西族王国不允许探险家入境，即便本地强大的干达人也不敢深入。基于此，该王国越发显得神秘，为人们提供了足够的想象空间，主要集中在三个方面：穷兵黩武和闭关锁国、生活的地区地理位置优越，以及"白色人种"的图西族统治者。对于图西人，探险家赞誉有加，认为他们"皮肤白皙，是一种类似阿比西尼亚人（埃塞俄比亚的古老族群）的高大种族，拥有大片牧场和牛群"，其统治的秘密在于"卓越的智慧、冷静、聪明、种族自豪感、团结和政治才能"。甚至传言，图西人身穿古罗马宽袍托加（Togas，是古罗马公民穿的一种服装），这被视为与罗马帝国有古老联系的重要证据。[2] 而对于卢旺达的胡图族，欧洲人的态度截然相反，极尽贬低之能事。

19世纪末，"科学种族主义"（scientific racialism）大行其道，鼓吹人种优劣论，含米特假说暗合这种理论逻辑，不仅在西方思想和学术界被广泛传播和再生产，更是迎合了列强瓜分非洲的趋势，成为殖民统治不可或缺的理论指导工具和思想控制手段。在殖民者的眼中，含米特人在进化的阶序上要远优于班图黑人，但处于高加索人种的末端，根本无法与欧洲人平起平坐，同样是被殖民和被统治的对象，种族主义的这一层内涵也反映在卢旺达的殖民实践中。

---

[1] Edith R. Sanders, "The Hamitic Hypothesis: Its Origin and Functions in Time Perspective," *The Journal of African History*, Vol. 10, No. 4, 1969.

[2] Alison Des Forges, "The Ideology of Genocide," *Issue: A Journal of Opinion*, Vol. 23, No. 2, 1995.

(二) 种族主义的殖民实践

卢旺达经历了德国与比利时两段殖民统治。在柏林会议期间（1884~1885），卢旺达被德国宣布占有，尽管此前还未曾有白人踏足这片土地。1892年，德国探险家奥斯卡·鲍曼（Oscar Baumann）成为第一个进入卢旺达的欧洲人。1894年，德国人冯·格岑（von Gotzen）公爵率领620人的军队抵达卢旺达，逐步建立起有效统治。一战后，战败的德国丧失了非洲的殖民地，在国际联盟的授权下，卢旺达由比利时委任统治，二战后改称托管，直到1962年独立。理论上卢旺达并非比利时的殖民地，但实际没有任何区别。在殖民过程中，德国与比利时都充分贯彻含米特假说的意识形态，殖民者被称为"巴尊古"（Bazungu），是最高统治者，拥有绝对主导地位，[1] 他们利用和驱使图西人实施殖民统治。

德国殖民期间，高度依赖图西王国原有的权力秩序和统治结构。1914年，卢旺达只有5位德国行政官员，管理着这块几乎相当于比利时的领土。不过，在德国人的军事干预下，图西王国成功地向北部扩张，许多原本独立的胡图族小王国被吞并整合，据此奠定了卢旺达现代国家的疆域基础。相对于德国，比利时介入卢旺达的程度要深得多，含米特假说的种族主义在制度化后被最大限度地付诸实践，权力、权利与义务诸领域都被严格地种族化了。

第一，种族主义的制度化。1933年，殖民当局组织了一次人口普查，对图西、胡图与特瓦三族识别归类，制作和发放身份证。为了"准确"识别，殖民者为部分卢旺达人进行"科学检测"，根据生物特征确定身份。人口普查"证实"了欧洲人的含米特假说，例如，科学家们测量发现图西人的鼻子平均比胡图人的鼻子长约2.5毫米，薄约5毫米，据此说明图西人比胡图人更具贵族气质。但这种标准并不统一，在卢旺达北部，根据人们的财富来判断（10头牛的标准）；在南部，拥有混合血统的人被统归为胡图人，即使他们在体貌上符合图西人的特征。[2] 根据人口普查所得数据，胡图人占人口的85%，图西人为14%，另有1%为特瓦人。20世纪90年代，依然沿用这一数据。[3] 登记身份信息后，卢

---

[1] Peter Uvin, "Prejudice, Crisis, and Genocide in Rwanda," *African Studies Review*, Vol. 40, No. 2, 1997.

[2] Linda Melvern, *A People Betrayed: The Role of the West in Rwanda's Genocide*, London: Zed Books, 2009, p. 14.

[3] James Jay Carney, "Beyond Tribalism: The Hutu-Tutsi Question and Catholic Rhetoric in Colonial Rwanda," *Journal of Religion in Africa*, Vol. 42, No. 2, 2012.

旺达人原本具有一定流动性的身份完全固化，不仅如此，该政策也导致种族主义的具象化和制度化。

第二，权力的种族化。比利时当局更为看重图西人，在殖民政府行政机构中强化和扩大了他们的权力与优势，而原有的胡图族酋长被系统性地排挤出权力结构。比利时的统治被视为"鞭子的时代"的开始，毫无疑问，图西人就是比利时殖民者手中的"鞭子"。[1] 1926年，夏尔·瓦赞（Charles Voisin）总督制定了《改革法》，为图西人获得权力和地位提供了法律依据。到20世纪50年代末，政府33位高级委员会成员中有31位是图西人，45位酋长中有43位是图西人，559位次级酋长中有549位是图西人。[2] 另有一些图西人还被委以各种管理职务，如负责征税、为殖民当局招募劳工、强迫劳工做苦役等。可以说，在这一权力结构下，图西人成为被殖民的殖民者。

第三，权利的种族化。教育是衡量各族享有权利的关键指标。在20世纪初开设的第一批学校中，大部分定向为图西族精英的子女提供教育。20世纪30年代，虽出现了同时招收图西人与胡图人的学校，但后者从未占到学生总数的一半以上。而且，在这些学校采取"因族施教"的方式，图西人学习法语，接受现代教育，直至进入高等学府，以培养他们成为"传教士或殖民政府的管理人员"；对胡图人采用本地语言教学，他们被排除在高等教育之外，所学的知识只是为其将来从事体力劳动做准备。教育还培育了卢旺达人的含米特种族意识，接受"各安天命"的等级观念，因而学校被喻为"种族意识形态的子宫"，[3] 教学内容充斥着对卢旺达历史和现实政治秩序正当性的种族主义解释。

第四，义务的种族化。比利时人将种族主义观念渗透至卢旺达的劳役制度，专门为胡图人制订了严苛的"义务劳动"计划，要求他们参加乌布雷特瓦（Ubureetwa）和阿卡齐（Akazi）两种强制劳役。比利时人将义务劳动法制化，在整个殖民地强制推行。劳工的任务包括建设与维护道路和梯田、种植木薯等粮

---

[1] Nigel Eltringham, *Accounting For Horror: Post-Genocide Debates in Rwanda*, London: Pluto Press, 2004, p. 15.

[2] Peter Uvin, "Prejudice, Crisis, and Genocide in Rwanda," *African Studies Review*, Vol. 40, No. 2, 1997.

[3] Tharcisse Gatwa, "Victims or Guilty? Can the Rwandan Churches Repent and Bear the Burden of the Nation for the 1994 Tragedy?" *International Review of Mission*, Vol. 88, No. 351, 1999.

食作物或咖啡等经济作物，无偿为比利时殖民者与图西统治者服务。① 图西人免于纳税和服役，而胡图人即便不满也无法逃脱，若未能完成，将面临"公开鞭打和监禁"等各种严厉惩罚。

殖民时期，在系统性的种族歧视下，胡图人的悲惨命运可想而知。然而，二战结束后，卢旺达的国际国内局势迎来新变化，催生了再度重塑胡图人与图西人族际关系的巨大力量。首先，民族主义浪潮席卷非洲大陆，民族解放运动风起云涌，激发各族的自主意识与民族主义情绪。其次，卢旺达成为联合国托管地，托管理事会敦促比利时允许更多卢旺达人参与政府管理，逐步向独立过渡，国家权力分配进入重新洗牌的关键时期。最后，殖民统治前中期，保守的天主教传教士大都倾向于利用当地图西族精英管控殖民地；但殖民后期新一代"开明"的传教士却一反其道，对图西少数群体的统治产生抵触情绪，极力鼓吹"社会多数统治"的新思想，"正义"的天平向无权无势的胡图人倾斜。比利时殖民当局亦决意抛弃图西"盟友"，寻求与胡图族携手合作。② 在这些因素的推动下，一批接受了西式教育，或进入神学院深造的胡图族知识精英开始"觉醒"，以族群名义高擎"革命"大旗，动员族众与图西族争权夺利。于是，围绕族群议题的族群政治在卢旺达应运而生。

二 卢旺达独立前族群政治的建构及表现

事实上，直到20世纪50年代中期，胡图族精英还未将自身权益与族群身份联系起来。格雷戈瓦·卡伊班达（Grégoire Kayibanda）是胡图族第一批知识分子领袖，1953~1955年任《道友》（*L'Ami*）杂志的主编，任职期间《道友》上有揭露当时一系列社会问题的文章，但从未将之视为胡图—图西族际不平等的产物，甚至还为种族间、阶级间的团结合作唱赞歌。③ 的确，在20世纪50年代早期，那些后来大力鼓吹"胡图解放"的活动家如瑞士天主教牧师安德烈·佩罗丹（André Perraudin）等也甚少提及与胡图—图西相关的族群问题。然而在殖民

---

① Jean-Paul Kimonyo, *Rwanda's Popular Genocide: A Perfect Storm Boulder*, Boulder Colorado: Lynne Rienner Publishers, 2016, pp. 20 – 21.
② 〔美〕金泽：《千丘之国：卢旺达浴火重生及其织梦人》，延飞等译，世界知识出版社，2014，第26页。
③ James Jay Carney, "Beyond Tribalism: The Hutu-Tutsi Question and Catholic Rhetoric in Colonial Rwanda," *Journal of Religion in Africa*, Vol. 42, No. 2, 2012.

的收官阶段，随着独立的步伐愈加急促，图西人仍然想方设法主导国家未来规划。胡图人应激于此终于"消化"内外变局带来的影响而"觉醒"，"最进步的元素在胡图人中萌发，而且开始提出公开的要求"。[1] 胡图族觉醒的政治运动，以《胡图宣言》的诞生为最具标志性的事件，它的出台意味着前所未有的族群政治现象已然发轫。

（一）《胡图宣言》

殖民后期，图西族统治者仍想方设法掩盖胡图—图西的族群议题。为了将当前局势通知联合国调查团，督促托管理事会把权力迅速移交给执政当局，1957年2月卢旺达全国最高咨询委员会（绝大多数成员为图西人）拟订了一份《意见书》（Statement of Views），承认种族关系是"我们国家当前最根本的问题"。[2] 不过，这里的种族关系指的是白人与非白人间的关系。《意见书》中强调卢旺达存在严重的社会等级性，但极力淡化胡图—图西族的差异，正如当时的国王鲁达希瓦（Rudahigwa）所言："并不存在区别胡图族和图西族的客观标准。"[3] 咨询委员会有意忽略胡图—图西议题，实际上已经意识到了萌芽中的胡图族政治运动带来的潜在危险，从而希望尽快实现自治，以免在权力移交中出现变数。

《意见书》发布后，9位胡图族知识分子于同年次月推出《胡图宣言》，迅速进行了针锋相对的回应。咨询委员会认为白人殖民者与黑人被殖民者间的紧张关系是最根本的政治分歧，而《胡图宣言》却强调本土种族问题，即所谓含米特图西人与胡图农民之间的巨大鸿沟。核心问题是"一个种族的政治垄断，即图西族的政治垄断。这种垄断在现有的组织结构中已发展为社会和经济垄断"。为了改变这种局面，他们建议采取一系列全面提高胡图族地位的举措：消除种族偏见、提升胡图人担任公职的比例、增加胡图族儿童接受各级教育的机会等等。[4]

图西族统治集团面对胡图族首次强有力的反弹采取双重策略。1958年3月

---

[1] United Nations Visiting Mission to Trust Territories in East Africa, "Report on Ruanda-Urundi," United Nations Trusteeship Council Official Record's, Twenty First Session, Supplement, No. 3, 1958.

[2] High Council of Ruanda, Statement of Views, in Trusteeship Council, "Report on Ruanda-Urundi," Trusteeship Council Official Record's, Twenty First Session, Supplement, No. 3, Annex II, 1958, p. 44.

[3] 〔法〕勒内·勒马尔尚：《卢旺达和布隆迪》，钟槐译，商务印书馆，1974，第266页。

[4] Gregoire Kayibanda, et al., "Manifesto of the Bahutu—Note on the Social Aspect of the Indigenous Racial Problem in Ruanda," in Trusteeship Council, "Report on Ruanda-Urundi," Trusteeship Council Official Record's, Twenty First Session, Supplement, No. 3, Annex I, 1958, pp. 39–42.

穆塔拉国王同意设立一个特殊的委员会专门研究胡图—图西问题。委员会成员共10人，来源较为广泛，包括《胡图宣言》的胡图族作者、图西保守分子以及更多的图西改革派酋长，后者既反对王权的强硬，也反对胡图分裂主义。该委员会在关键议题上达成了一致意见。第一，委员会承认在中等和高等教育中存在严重族群不平衡现象。第二，委员会认为胡图族在行政和立法机关中席位过少，在传统机构中所占比例也与其人口数量不相符。第三，委员会展望卢旺达脱离比利时获得独立的远景，建议采纳立宪君主制和代议制民主相结合的政治体制。[①] 遗憾的是这些共识并未转化为解决问题的实质性方案和行动。相反，两个月后宫廷中一批强硬图西族元老发布了一项挑衅性的声明，对委员会的认识予以驳斥。其中，特别强调王朝的祖先基格瓦（Kigwa）在降服了胡图族土著以后才取得统治地位，因此"在胡图族和图西族之间不可能存在兄弟关系的基础"。这个声明引起图西族中温和派政客的严重不安，他们发现自己所谓种族忍让的假面具被强硬派撕下，同时也招致胡图族精英更为猛烈的怒火。[②] 声明进一步印证了《胡图宣言》所揭露的卢旺达族群不平等的根源，胡图人唯有丢掉幻想，准备战斗。

总的来说，《胡图宣言》是胡图族近代史上最重要的文件之一。宣言表明胡图精英已意识到胡图—图西议题在政治生活中具有根本的重要性，因而公然将这一问题摊牌，尖锐地批评图西统治者，积极维护自身的正当权益。这些论述为后来大多数政治行动提供了思想和理论基础。《胡图宣言》提出的诸多议题成为胡图人报刊讨论的主要内容，并在民众中间传播，营造了紧张而火热的氛围。很快，卢旺达就迎来改变历史的胡图"革命"。

（二）胡图"革命"

随着卢旺达独立步伐的加快，政党逐渐建立起来，集中体现了族群关系的二元对立特征：1957年3月，卡伊班达领衔建立"胡图社会运动"（Hutu Social Movement），1959年9月改组成著名的"帕梅胡图党"（Parmehutu）；图西保守派于1959年9月创建"卢旺达民族联盟"（Rwandese National Union，简称"民族联盟"），该党是坚定的"保王派"，执意维护图西贵族的利益。[③] 这两个政党

[①] James Jay Carney, "Beyond Tribalism: The Hutu-Tutsi Question and Catholic Rhetoric in Colonial Rwanda," *Journal of Religion in Africa*, Vol. 42, No. 2, 2012.

[②] 〔法〕勒内·勒马尔尚：《卢旺达和布隆迪》，钟槐译，商务印书馆，1974，第281页。

[③] M. Catharine Newbury, "Colonialism, Ethnicity, and Rural Political Protest: Rwanda and Zanzibar in Comparative Perspective," *Comparative Politics*, Vol. 15, No. 3, 1983.

扮演各自族群代言人角色，主导当时的政治生活。政党建立后推动局势进一步发展，触发胡图人的"革命"风暴，直到独立前整个过程大致可以分成三个阶段。

第一阶段：1959 年"革命"

1959 年 7 月 24 日，穆塔拉国王在可疑的情况下去世。一些图西族精英相信，国王是被比利时人杀害的，胡图人也参与了这一阴谋。在王室中，一个极端主义团体试图摧毁胡图族领导层，并展开了残酷的政治暗杀。政治紧张局势加剧，导火线在 1959 年 11 月 1 日被点燃，一位胡图族社会活动家（帕梅胡图党领导人，也是罕见担任小酋长职位的 10 位胡图人之一），被一群图西暴徒袭击而受伤，但关于该人死亡的谣言飞速传播和发酵。胡图人开始聚集，并攻击图西族酋长和民族联盟成员，很多图西族（既包括贵族，也包括平民）的房屋被烧毁，大批图西人逃离国家。国王和民族联盟展开反击，组织突击队袭杀胡图族。在此次暴乱中，约有 300 人死亡。比利时当局逮捕了 1231 人（其中 919 位图西人，312 位胡图人）。直到次月中旬，一种管控严厉的社会秩序才得以重建。[①] 此事件后，比利时人用实际行动支持胡图人，图西人在地方当局至少一半的职位被胡图人取代。

1959 年 11 月事件是卢旺达历史上族群间第一次系统性政治暴力，图西族面临的挑战从口头争辩发展到血腥的事实。很多图西人认为这次冲突是胡图农民的"暴动"，是一场有预谋和组织的"屠杀"；而对许多胡图人而言，这是胡图"革命"的开始，是其从图西族压迫中解放出来的标志，这场斗争的洗礼，激发了他们最终夺取胜利的勇气。

第二阶段：1960 年市政选举

在比利时人的组织下，卢旺达于 1960 年 6 月 26 日至 7 月 30 日举行了全国范围内的市政选举，开启胡图族与图西族在所谓"民主"形式下争夺政治权力的首次尝试。在当时紧张的族际关系氛围下，"民主"形式对人口占绝对多数的胡图族有利，因为"民主"意味着实行多数统治，而多数统治意味着胡图族统治。

不出意料，胡图族候选人获得压倒性胜利。新当选的市长共 229 位，图西人只有区区 19 位，其余皆为胡图人，来自帕梅胡图党的就有 160 位。在市议会的总共 3125 个席位中，帕梅胡图党及同盟阿普罗索马党（Aprosoma）取得 2623 个

[①]〔法〕热拉尔·普吕尼耶：《卢旺达危机：大屠杀史》，赵俊译，中国社会科学出版社，2017，第 55 页。

席位（计83.94%），因而占据绝对优势地位；包括民族联盟在内的两个图西政党仅拿下9%的席位，与其他地方性政党和独立候选人获得席位大致相当，败得十分彻底。① 选举结束后不久，亲胡图族的比利时人盖伊·洛吉斯特（Guy Logiest）上校迫不及待地宣布："革命已经结束了。"② 图西统治者转眼间就丧失了对基层的控制。

第三阶段：吉塔拉马（Gitarama）政变

1961年1月28日，卡伊班达等胡图族领袖自行召集2800多位市议员，在帕梅胡图党大本营，卢旺达中部的吉塔拉马省举行国民大会。洛吉斯特代表比利时殖民当局和胡图族政党领导人会面，传达了明确的支持信号。大会决定废除君主制，象征王权的战鼓被新国旗取代，并单方面宣布成立卢旺达民主共和国。这一消息迅速传遍整个国家，在许多地方引起强烈反响，特别是帕梅胡图党的一些重要据点，如鲁亨盖里省（Ruhengeri），大批胡图群众聚集庆祝。③

比利时政府坚定站在胡图族一边，仅四天后就正式承认这个事实上的政权。但联合国"卢安达—乌隆迪问题委员会"对局势的看法较为务实，意识到："在卢旺达已经建立了一党的种族专政，最近18个月的发展意味着从一种形式的压迫制度过渡到另一种形式的压迫制度。极端主义者受到赞赏，而图西少数民族在滥用权力面前有无法自卫的危险。"④ 事实证明这一判断是正确的。在国家正式独立前的几个月内，胡图族和图西族的关系不断恶化。1962年初，民族联盟游击队在北部的比温巴省（Byumba）发动袭击导致数位胡图族警察、公务员和平民死亡。当地胡图族进行疯狂报复，在极短时间内就杀害1000~2000名图西人（其中还包括妇女与儿童）。同年，帕梅胡图党（及同盟阿普罗索马党）与民族联盟各自的支持者在南部爆发了"夏季冲突"，导致数百人死亡，3000多间房屋毁坏以及22000人流离失所。⑤

---

① M. Catharine Newbury, "Colonialism, Ethnicity, and Rural Political Protest: Rwanda and Zanzibar in Comparative Perspective," *Comparative Politics*, Vol. 15, No. 3, 1983.
② 〔法〕热拉尔·普吕尼耶：《卢旺达危机：大屠杀史》，赵俊译，中国社会科学出版社，2017，第59页。
③ James Jay Carney, "From Democratization to Ethnic Revolution: Catholic Politics in Rwanda, 1950–1962," Ph. D. Dissertation, Catholic University of America, 2011, pp. 310–311.
④ 〔法〕勒内·勒马尔尚：《卢旺达和布隆迪》，钟槐译，商务印书馆，1974，第361页。
⑤ Mahmood Mamdani, *When Victims Become Killers Colonialism, Nativism, and the Genocide in Rwanda*, Princeton: Princeton University Press, 2002, p. 129.

尽管如此，独立工作继续按议程推进，1962年7月1日，卢旺达正式宣布脱离比利时成为独立的共和国。卡伊班达在总统就职演讲中感谢了天主教团的"文明教化"，赞美比利时40年的政治治理；宣扬卢旺达新的宗旨："自由、合作与进步。"① 但之后迎来种种令人窒息的冲突与暴力，却越来越像是对这一信条无情地嘲弄和践踏。

三 卢旺达独立后的族群政治

1959~1961年爆发的所谓胡图"革命"，除了展现摆脱殖民统治的划时代意义，另一后果也许只是完成了族群间权力转换，不仅没有挑战或超越通过族群分类进行政治统治，相反更强化了象征意义上族性（ethnicity）作为革命动员和后来国家统治的基础。胡图族取得"革命"胜利，颠覆了图西族主导的权力格局，掌控国家命脉，同样建立排他性的族群专制统治。1962~1994年，卢旺达历经卡伊班达和朱韦纳尔·哈比亚利马纳两任胡图政权，国内族群政治多表现为二元对立性，既敏感、脆弱，又残忍、暴虐，多次引发惨烈的杀戮，给人民带来深重的灾难和痛苦。

（一）卡伊班达时期的族群政治与大屠杀

卡伊班达政权建立伊始，一部分逃亡邻国的民族联盟成员，不断组织力量在卢旺达边境进行骚扰，制造暴力事件，这些图西人被卢当局称为"蟑螂"（Inyenzi）。为了报复这些"蟑螂"的行动，卢旺达政府放任甚至鼓励胡图激进分子在全国范围内袭击图西公民。尽管气氛紧张，但民族联盟还是被允许推选两位成员进入内阁。与此同时，民族联盟掌握着议会的7个席位，当时它还拥有自己的报纸——《团结报》（Unité），用以监督和批评政府。② 但图西族有限政治参与的希望很快成为泡影，1963年初他们拥有的内阁席位被剥夺；在同年8月的议会选举中帕梅胡图党也是"一枝独秀"，完全垄断议会选举。民族联盟流亡势力改变了斗争策略，从小规模的侵扰发展到直接入侵，导致1963年的杀戮行动。

1. 1963年大屠杀

1963年12月，民族联盟开始实施入侵计划，其游击队顺利通过卢旺达—布

---

① James Jay Carney, "From Democratization to Ethnic Revolution: Catholic Politics in Rwanda, 1950-1962," Ph. D. Dissertation, Catholic University of America, 2011, p. 314.

② John F. Clark, "Rwanda: Tragic Land of Dual Nationalisms," in Lowell W. Barrington, ed., *After Independence: Making and Protecting the Nation in Postcolonial and Postcommunist States*, Michigan: The University of Michigan Press, 2006, p. 88.

隆迪边境，一路挺进到首都基加利的郊区。在比利时军官协助下，政府军成功地将入侵队伍阻止在离首都20公里外的地方。遭遇战中，大多数图西族入侵者阵亡，少量被捉拿或向边界驱逐。与此同时，民族联盟留在国内的很多领导人遭到逮捕，卡伊班达政府将他们秘密押送至北部的鲁亨盖里，突击审讯后宣布以叛国罪处以极刑。政府还在全国范围内大肆搜捕民族联盟疑似支持者，甚至很多下层民众受此牵连都被投入监狱。实际上，此时的民族联盟已分裂为"流亡派"与"国内派"，两者因观念大相径庭而分道扬镳。国内派放弃了暴力主张，并于1962~1963年切断与流亡派的联系（被流亡派视为叛徒），但仍遭毁灭性打击。另外值得注意的细节是，游击队入侵的第一天，国内数百名图西族精英就被迅速逮捕，说明胡图政权的行动早有预谋和计划。

更可怕的杀戮于12月23日向全国蔓延。最严重的暴力发生在南部基孔戈罗（Gikongoro）地区，此地与位于卢旺达—布隆迪边境的纽恩威（Nyungwe）大森林接壤，当时聚集了大量图西流民，形势非常复杂，胡图人害怕这里隐藏着所谓的"第五纵队"（Fifth Column）。而且部分图西人借游击队入侵大肆宣扬图西王国即将"复辟"的谣言，导致紧张情绪升温。圣诞节这天，在一位帕梅胡图党市长的组织和领导下，基孔戈罗的自卫队发起了恐怖攻击，大规模屠杀一直到1964年元旦才告结束，估计5000~1.4万名图西人被杀害，成千上万人流离失所。[1] 1963年暴力事件与1994年种族灭绝有一定相似性：在当局的宣传和鼓动下，胡图人群起袭击了图西人，少量人携带枪支，大批杀手手持大刀和砍刀制造杀戮。不愿离开自己小屋的图西人被堵在屋内活活烧死；有些人的脖子或四肢被当场砍断，在痛苦和呻吟中死去。

民族联盟流亡势力在1963年12月入侵时遭遇"滑铁卢"，实力直线下降，最终一蹶不振，逐渐放弃了推翻胡图政权的既定目标（后来还组织一些小型反抗活动，一直延续到1967年）。卡伊班达政权"如芒在背"的外部威胁终得到缓解，积蓄了更大力量进一步打压国内图西族。

2. 卡伊班达时期的族群政治

卢旺达政府制定了具有显著歧视性的族群政策：图西族在行政序列中层级较高的职位被全部清除，只保留极少数低等级的文职人员；明确规定图西族在各级

---

[1] James Jay Carney, "From Democratization to Ethnic Revolution: Catholic Politics in Rwanda, 1950 - 1962," Ph. D. Dissertation, Catholic University of America, 2011, p. 361.

学校，以及其他任何公共部门的人员比例都不能超过9%。① 图西族的力量远远不足与胡图政权抗衡，面对这种打压政策，大体上是沉默和忍受的态度。经过一系列举措和斗争，卡伊班达完全建立了排他性的族群专制统治。

然而这个外强中干的政权，虽然主导了与图西人的政治互动，但对于胡图人反对势力的强力挑战却左支右绌。20世纪70年代初，卡伊班达政权面临日益严重的内部合法性危机。在这种情况下，它只能试图挑起族群政治的事端，重现过去对待图西"蟑螂"，尤其是1963年12月杀戮时的"同仇敌忾"氛围，达到释放压力缓解危机的目的。"恰逢"1972年5~6月邻国布隆迪爆发屠杀事件，当时该国图西族为了确保政治权力，大规模杀害胡图族，造成生灵涂炭。这一事件产生了强大的传导效应，在卢旺达胡图族中制造了恐慌。卡伊班达政府借机发起了一场"净化"运动。

1972年10月至1973年2月，政府组建了各级治安委员会彻查中小学校、大学、行政机构，甚至私营企业，以确保9%的族群配额政策得到严格执行。1973年2月15~16日晚，190名图西族学生被驱逐出卢旺达国立大学；2月25日，在圣皮乌斯十世初级神学院（St. Pius X Minor Seminary），一些图西族学生和教师被迫逃离至刚果（金）边境。而当时，私营部门是图西人最重要的生存空间，但政府禁止他们上班，其名单被张贴在工作场所入口处，逐一排查。始于城镇的运动在一个月内蔓延到农村，席卷全国。在一些地区，1959年的情景再次出现，图西人被追杀，房屋被烧毁。在这次运动中被杀害的人数不多（官方称只有6人，实际可能有24人或者更多），但带来严重的经济后果和精神创伤，引发图西人又一次大规模流亡潮。②

通过制造族际冲突转移矛盾的方法，并没能挽救已丧失生机的卡伊班达政权。而且在针对图西族的迫害中，胡图族统治集团内部相互倾轧，导致政局混乱、人心涣散。卡伊班达在1973年7月的一场军事政变中黯然下台，来自卢旺达北部的胡图人哈比亚利马纳夺权成功，开启新的统治时代。

（二）哈比亚利马纳时期的族群政治与内战

相较于卡伊班达，哈比亚利马纳的统治思想更为成熟，1973年到20世纪80

---

① John F. Clark, "Rwanda: Tragic Land of Dual Nationalisms," in Lowell W. Barrington, ed., *After Independence: Making and Protecting the Nation in Postcolonial and Postcommunist States*, Michigan: The University of Michigan Press, 2006, p. 89.

② 〔法〕热拉尔·普吕尼耶：《卢旺达危机：大屠杀史》，赵俊译，中国社会科学出版社，2017，第69页。

年代末这段时间，卢旺达经济得到一定程度发展，政治也较为平稳。尽管胡图族内部地区集团的斗争已成为国内政治的核心，但族群政治依然是潜在的危险。为应对这个危险，哈比亚利马纳在解释和实施族群政策时，刻意含糊其词、模棱两可。一方面，这个政权仍维持胡图族的绝对霸权，排斥图西族。此时期，图西人在政治上的边缘化尤为明显。胡图族占据几乎所有省长职位，议会中仅有两位图西族议员，担任部队军官与内阁部长的图西"幸运儿"均只出现过一位。另一方面，哈比亚利马纳政权又试图在一定程度上缓和族际紧张关系。卡伊班达时期的族群配额政策虽被保留了下来，但执行得没那么严格。各级学校的图西族学生比例常常会超过规定的9%，低层公职人员情况亦是如此。图西人是歧视政策的受害者，不过日常生活较之卡伊班达时期，状况有所好转。甚至一些知名图西族商人，和政权维系着友好关系，获得商业上的成功。[①] 由于哈比亚利马纳善于操控政治平衡术，他的政权得到大部分胡图人的支持以及大部分图西人的容忍。但"波澜不惊"的日子在20世纪90年代初期结束了，卢旺达迎来独立后最黑暗和血腥的局面。

1. 卢旺达爱国阵线与内战

20世纪80年代末，卢旺达国际与国内环境发生了翻天覆地的变化。经济上，首先，由于管理不善、成本增加与价格下跌，政府不得不关闭所有锡矿，丧失了15%的出口收入；其次，咖啡占国家出口收入的2/3，但该项商品的国际价格暴跌75%，对卢旺达来说几乎是灾难性的，导致严重的经济危机。[②] 政治上，遭受国际社会强大压力，哈比亚利马纳政府不得不开放党禁，实施多党民主，政治格局发生剧烈变化，整个国家陷入一种动荡的状态。由于受内外环境的影响，流亡乌干达的"卢旺达爱国阵线"（简称"卢爱阵"）迅速崛起，与卢旺达政府呈"分庭抗礼"之势，打破了自民族联盟衰落后，保持十多年的族群政治的微妙平衡。

1959年胡图"革命"后，大量图西难民逃亡到卢旺达周边邻国。他们面临生存上的重重困难，既要应对东道国的排斥和打压，又要与卢旺达胡图政权抗

---

① 〔法〕热拉尔·普吕尼耶：《卢旺达危机：大屠杀史》，赵俊译，中国社会科学出版社，2017，第85~86页。
② Tor Sellstrom et al., "The International Response to Conflict and Genocide: Lessons from the Rwanda Experience (Historical Perspective: Some Explanatory Factors)," The Nordic Africa Institute of Uppsala, 1996, p. 37.

争，争取早日重返故土，因而多半会成立一些社团组织"抱团取暖"。1979年，一批流亡乌干达的图西人在此成立了一个区域性难民组织——"卢旺达民族团结联盟"（Rwandan Alliance for National Unity），致力于回归卢旺达的事业，在流亡图西人中拥有较为广泛的民意。1987年，该组织在乌干达首都坎帕拉的代表大会上改组为"卢旺达爱国阵线"，扛起了武装反抗哈比亚利马纳政权的大旗。① 卢爱阵很多领导人积极参与乌干达国内政治斗争，拥有极为丰富的军事经验，更重要的是训练了一批战斗力较强的武装力量，伺机而动。

1990年10月1日，蛰伏已久的卢爱阵认为时机已成熟，遂从乌干达基地发起了入侵行动，后来又于1992年和1993年发动两次军事进攻，史称"卢旺达内战"。这些行动虽然都以卢爱阵失败而告终，但在卢旺达国内产生巨大影响。卢爱阵打着"返回"卢旺达的旗号，但也难以掩盖其野心勃勃的目标，即要与胡图政府争夺国家的政治权力；从进攻方式来看，"图西人再一次表现得像是外来的针对卢旺达的土著胡图族的入侵者"。②因此，卢爱阵的入侵兼具现实性和象征性意义，对哈比亚利马纳政权构成极大的压力和威胁。

内外交困的情况下，哈比亚利马纳政府不得不持续开放政治空间，且与反对党协商分权方案。1992年3月14日，哈比亚利马纳总统被迫与反对派联合势力签订一份协议，核心内容有二：其一，建立一个真正的联合内阁，总理一职由最大的反对党"共和民主运动"（Republican Democratic Movement）推选；其二，要与卢爱阵展开和平谈判。③

2. 阿鲁沙协议

遵照该协议，1992年4月多党联合过渡政府宣告成立，次月新政府与卢爱阵在坦桑尼亚的阿鲁沙（Arusha）举行和平谈判，一直持续到第二年8月方告结束。谈判至最后签署了《阿鲁沙和平协议》（Arusha Peace Agreement），讨论并明确了现任政府与卢爱阵成立联合政府及其分权事宜。

根据《阿鲁沙和平协议》，卢爱阵在联合政府的20个内阁名额中占据5席

---

① Wm. Cyrus Reed, "Exile, Reform, and the Rise of the Rwandan Patriotic Front," *The Journal of Modern African Studies*, Vol. 34, No. 3, 1996.
② 〔美〕迈克尔·曼：《民主的阴暗面：解释种族清洗》，严春松译，中央编译出版社，2015，第550页。
③ 〔法〕热拉尔·普吕尼耶：《卢旺达危机：大屠杀史》，赵俊译，中国社会科学出版社，2017，第160页。

（包括极为重要的内政部），在议会70个名额中占据11席；关于军队合并的条款规定，在大约2万人的新部队中，卢爱阵将拥有军官团50%的份额，普通士兵40%的份额；准许所有难民自由归国。[1] 协议内容对卢爱阵相对有利，却远远超出胡图当权强硬派的接受度，这种程度的分权不仅挑战他们在内阁的控制权，甚至削弱其作为特殊阶层的地位。同样的，普通胡图民众也深受影响。比如，若执行协议将有超过2万名胡图士兵强行退役，大都可能陷入失业的窘境；再如，大量图西人逃难后的土地被胡图人接收耕种，后者俨然成为土地的新主人，胡图人担心难民回归与之争夺地权。1993年10月21日，布隆迪首位民主选举上台的胡图族总统梅尔希奥·恩达达耶在政变中被图西人暗杀，之后的冲突导致数万人丧命，约7万名胡图人逃亡至卢旺达南部。这一事件刺激了卢旺达胡图人的敏感神经："永远不要相信图西人。"[2]《阿鲁沙和平协议》达成政治妥协的希望之光更为黯淡了。面对这些难以解决的矛盾，胡图强硬派提出简单粗暴且残忍的方案：种族灭绝。

1994年春天和初夏，激进分子频繁呼吁杀掉卢旺达的图西人，"胡图人护老携幼地参加了行动"。[3] 1994年4月6日，一架载有哈比亚利马纳总统的飞机在基加利上空被击落，点燃了大屠杀的导火线。飞机坠毁的消息迅速传开，千丘自由广播电台的播音员愤怒地报道："图西叛军谋杀了全国敬爱的领袖。"其中一人敦促全民奋起"为我们的总统之死报仇"；另一人则坚称所有图西人必须为此罪孽负责，马上"赶尽杀绝"。[4] 这些煽动性信息以各种渠道涌入胡图人群中，悲剧开始上演。

四 1994年种族灭绝

实际上，对图西人的屠杀早在卢爱阵入侵后就已展开。1990年10月8日，在

---

[1] Catharine Newbury and David Newbury, "A Catholic Mass in Kigali: Contested Views of the Genocide and Ethnicity in Rwanda," Special Issue, "French-Speaking Central Africa: Political Dynamics of Identities and Representations," *Canadian Journal of African Studies*, Vol. 33, No. 2/3, 1999.

[2] Tor Sellstrom et al., "The International Response to Conflict and Genocide: Lessons from the Rwanda Experience (Historical Perspective: Some Explanatory Factors)," The Nordic Africa Institute of Uppsala, 1996, p. 45.

[3] 〔美〕蔡爱眉：《起火的世界：输出自由市场民主酿成种族仇恨和全球动荡》，刘怀昭译，中国政法大学出版社，2014，第184页。

[4] 〔美〕金泽：《千丘之国：卢旺达浴火重生及其织梦人》，延飞等译，世界知识出版社，2014，第121页。

穆塔拉（Mutara）超过1000人惨遭毒手；10月11~13日，在吉塞尼（Gisenyi）杀害了348人；1991年1月，在鲁亨盖里和吉塞尼，约有1000人丧命；1992年3月，至少有300人在布格塞拉（Bugesera）被杀害；1992年8月，基布耶（Kibuye）爆发杀戮事件；1992年12月和1993年1月胡图人在西北部制造了屠杀；1993年2~8月，西北部有超过300人被杀害。[1] 一系列的屠杀营造了一种紧张和血腥的氛围，施害者在积聚着种族灭绝的力量。

（一）施害者与受害者

1994年，符合种族灭绝的所有前提条件已经具备：组织良好的行政部门、控制严密的一小块地域范围、一个有纪律有秩序的群体、相对较好的沟通渠道以及一种置人于死地的固化的意识形态。种族灭绝的组织者是一个小范围、组织严密的团体，是现政权中的政治、军事和经济精英。这些人不仅持有胡图人独大的激进思想，而且出于意识形态和物质利益的动机，坚决抵制与卢爱阵合作的政治变革。直到大屠杀末期，无论是在首都还是在内陆腹地，杀戮者都受到省长、市长和地方议员的控制和指导。在精英的带领下，参与种族灭绝的胡图人涉及各阶层，既有正规或半正规的军事化人员，也有普通百姓。拥有1600人的总统卫队（全部招募自北部地区）是行动最为迅速的武装力量，并要求联攻派（Interahamwe）和组织派（Impuzamugambi）民兵们提供援手。全国民兵约有5万人，装备较为简陋，少量配备AK-47步枪和手榴弹等武器，更多携带的是斯瓦希里语称为"庞加"（panga）的尖刀或砍刀，很多民兵接受过军事训练，据悉训练的目标是每20分钟杀死1000人。但更令人吃惊的是，最主要的施暴者却是被煽动起来的普通农民。[2] 正因为如此，估计有数量高达35万~60万名胡图人在大屠杀中表现活跃。[3] 杀戮行动是系统、明确和有组织的，安排好交通工具，凶手们被运送至"工作"地点，并奖励食物和饮料。

绝大部分受害者是图西人，杀戮者对妇女、老人、孩童甚至是婴儿，也不会网开一面。联攻派民兵委婉的用词为"清除灌木"，就是要赶尽杀绝。在农村地区，人们彼此熟悉，辨别图西族身份非常容易，图西人基本没有机会可以逃得

---

[1] Alison Des Forges, *Leave None to Tell the Story: Genocide in Rwanda*, Human Rights Watch, 1999, p. 63.

[2] 〔法〕热拉尔·普吕尼耶：《卢旺达危机：大屠杀史》，赵俊译，中国社会科学出版社，2017，第255~264页。

[3] Helen Hintjens, "Post-Genocide Identity Politics in Rwanda," *Ethnicities*, Vol. 8, No. 1, 2008.

掉。城市的情况有所不同，人们彼此并不熟知，士兵或民兵在街道中架上路障，向每位过往的民众搜查身份证。证件上标识为图西身份，或故意丢掉身份证的人，那就必死无疑了。不过，拥有胡图族身份证也并不能保障绝对安全。一位名叫克劳德特（Claudette）的女孩（以及她的家人），其身份证登记的是胡图族。然而，有传言说她的祖父是图西人，根据父系血统传承，其整个家族都具有图西属性。结果克劳德特的祖父和父亲被杀害，她与一个姐妹则幸运地逃过一劫。另外，由于各族之间长期通婚，很多人的生物特征已经"胡图化"或"图西化"，那些"长得像图西人"的胡图人常常也会遭到杀害。[①]一位在种族灭绝期间极为活跃的上校，其胡图族亲属因被误认为图西人而被杀害；一位胡图人因"看起来像图西人"，他的家在1959年被放火烧毁；1963年他的家再次被烧毁，牲畜和庄稼被毁。相反，一位年轻人虽然是图西人身份，但由于他有"典型的"胡图族特征，所以通过了每个路障。

首都基加利是种族灭绝的策源地。飞机坠毁不到一个小时，总统卫队手持上级事先拟好的杀人名单，散布在市内各处定点抓捕，就地处决，而联攻派民兵在全城架设路障，阻止受害者逃跑。多份名单复印件还张贴在千丘自由广播电台的播音室里，播音员不断广播这些将要被杀害对象的名字和住址，敦促听众群起捕杀。时任总理、前阿鲁沙谈判政府首席代表、外交部前部长等20多位胡图温和派也惨遭杀害。4月7日起，歹徒开始随意屠杀任何身份证上标注"图西族"的公民，卢旺达急速坠入地狱。之后，种族灭绝行为向全国扩散，但各地的响应和产生暴力的程度存在较大的区域性差异。

（二）种族灭绝的地区特征

北部地区。直到19世纪末，该地区才被尼津亚王国征服，图西人口占比最低。但这一区域却是全国人口密度最高的地方，土地分配极度失衡，产生大量失地农民，他们往往将失地原因追溯至曾经的图西统治者手中，从而对图西人怨恨丛生。哈比亚利马纳上台后，国家权力主要被来自总统家乡鲁亨盖里和基布耶省的精英操控，其中的核心集团被称为"阿祖卡"（Akazu，即"小房子"之意）。种族灭绝前的内战（1991~1993）中，局部屠杀也主要集中在北部的鲁亨盖里等省。哈比亚利马纳飞机失事后，国家权力进一步被"阿祖卡"攫取。不难想象

---

① 〔法〕热拉尔·普吕尼耶：《卢旺达危机：大屠杀史》，赵俊译，中国社会科学出版社，2017，第265~266页。

北部种族灭绝的惨烈程度，而且这里"输送"大量人员"帮助"和"指导"其他地区完成杀戮任务。

东部地区。基加利省的基邦戈（Kibungo）与布戈塞拉（Bugesera）也是主要的杀戮之地。这两地不像北部省份那样人口稠密，曾有大量无主农地，首先吸引了图西移民的目光。1959～1962 年、1963 年、1973 年，很多遭受迫害的图西人涌入此地定居，直到 20 世纪 80 年代，土地的容量基本趋于饱和。但到了 20 世纪 90 年代，许多无地或失业的北部胡图青年也大量前往东部讨生活。先至一步的图西人与接踵而来的胡图人就产生了不可愈合的矛盾和冲突。基于这种情况，胡图政府在这里开展极端主义宣传，以承诺为这些北方青年分配肥沃土地的方式煽动种族灭绝。

西南地区。1991～1992 年，有胡图人试图在此制造暴力的"大事件"，最后功亏一篑。但此地区的基孔戈罗和尚古古（Cyangugu）两地在内战期间是局部屠杀的重灾区。1993 年 10 月，布隆迪发生的图西人与胡图人冲突波及此处，引发严重的暴力行动。哈比亚利马纳飞机失事后，两省迅速沦为杀戮地。尚古古西部邻近刚果（金）的边界是除基加利外屠杀最严重的地方。

中部和南部地区。布塔雷（Butare）和吉塔拉马是尼津亚王国的中心，胡图人与图西人族际交往更为密切，两族的通婚现象此地多于其他地区，土地分配相对公正；两省是反抗哈比亚利马纳政权的大本营，地方政府也由中央政府的反对派掌控。所以最初这里强烈抵制种族灭绝，总统卫队和联攻派民兵前来"督战"，强迫当地胡图人进行杀戮，在解决掉反对种族灭绝的省长后，大屠杀才开始。但当地依然有不配合的胡图人，他们拒绝杀戮，或帮助图西人逃亡，但很多人也未能幸免于难。[①]

总之，不到三个月的时间里，全国各地有 50 万～100 万图西人以多种恐怖的方式被屠戮。[②] 种族灭绝是由少数胡图族精英策划的，其中不乏法官、人权活动家、公民领袖和医生等受过高等教育的知识分子，但若无底层民众积极响应，种族灭绝计划也就无从实施。胡图人自上而下大规模参与无差别的屠杀，在很大

---

① Villia Jefremovas, "Society Contested Identities: Power and the Fictions of Ethnicity, Ethnography and History in Rwanda," *Anthropologica*, Vol. 39, No. 1/2, 1997.

② Mahmood Mamdani, *When Victims Become Killers Colonialism, Nativism, and the Genocide in Rwanda*, Princeton: Princeton University Press, 2002, p. 5. 大屠杀中遇害的图西人的具体人数有多种说法，这里是马姆达尼给出的估值区间，可参阅该书第 283 页的注释。

程度上是数十年来种族主义意识形态深度内化和同构于卢旺达社会文化与思想观念的结果。卢旺达独立后，胡图族激进分子扛起作为殖民遗产的种族主义大旗，通过种族主义话语的再生产与再表述，不仅鼓动胡图人参与大屠杀，也为这种暴力找到"合理化"的借口。

（三）种族主义话语和种族灭绝

1962年卢旺达独立，胡图人完全主导了国家，权力结构戏剧性地翻转。两届胡图政权一方面解构含米特假说，另一方面却借用它重建颠覆性的话语体系，围绕"入侵者与土著""污名化""种族纯洁性"等主题渲染以胡图人为中心的种族主义，将暴力一步步推向高潮，直至1994年种族灭绝。

第一，入侵者与土著。在欧洲含米特假说的表述中，图西人是外来征服者，因而高贵；胡图人是臣服的土著，因而低贱。但卢旺达独立后，胡图人拥有作为"大地之子"的土著身份，是国家真正的主人；图西人的外来者与入侵者属性却成为一种无法洗刷的"原罪"，所带来的威胁感被无限放大。有胡图学者臆测，图西人的长期战略是"要在班图人聚居的大湖区建立一个庞大的希马—图西族王国"。在更为夸张的说法中，图西人和相关含米特人已制订了一个邪恶的计划，目标是彻底消灭班图人，建立从埃塞俄比亚和杜阿拉延伸到尼罗河源头，从加蓬一直到好望角和德拉肯斯山的大帝国。1990年，以图西流亡者为主的卢爱阵武装入侵卢旺达后，这种理论更加盛行，引发胡图人的恐惧，"外来的图西人将再次征服胡图人，恢复他们的封建制度"。1992年9月21日，卢旺达武装部队参谋长在备忘录中特别警示："尼罗—含米特人，这些入侵者又将要偷走国家。"[1]

自1959年胡图"革命"以来，激进的胡图人一直鼓噪将图西人"赶回"埃塞俄比亚"老家"。1992年，胡图种族主义者莱昂·穆加塞拉（Leon Mugasera）在一次臭名昭著的演讲中呼吁族人，不仅要提防图西人再次入侵，更需彻底"消灭这些人渣"，避免他们像1959年那样顺利逃脱，留下后患。他还警告图西人："你们的家在埃塞俄比亚，我们将通过尼亚巴龙戈河送你们上路。"[2] 图西人历次被屠杀后，该河流常被用来倾倒尸体，莱昂意之所指不言而喻。

第二，污名化。殖民时期，含米特假说制造了两种对立的"理想人种类

---

[1] Nigel Eltringham, *Accounting for Horror: Post-Genocide Debates in Rwanda*, London: Pluto Press, 2004, p. 22.
[2] Alison Des Forges, *Leave None to Tell the Story: Genocide in Rwanda*, Human Rights Watch, 1999, p. 84.

型"——高大/矮小、强壮/虚弱、勇敢/懦弱、文明/粗鄙，分别对应图西人与胡图人，意在污名化胡图人。实际上，污名化是种族主义施害者惯用的伎俩，他们称受害者为"害虫"或"疾病"，如老鼠、蟑螂与瘟疫等，为其"净化社会"提供意识形态上的理由，减轻伦理道德上的压力，克服"旁观"人类对杀戮的反感。自1959年胡图"革命"开始，针对图西人的种族主义污名化已成为常态。

在胡图人的污名化中，"蟑螂"（Inyenzi）是图西人最具代表性的"污名形象"。蟑螂生性邪恶、阴暗、狡猾、危险。因此，宣传机器鼓动胡图人全民围剿图西蟑螂，让其无所遁形，直至完全消灭。1993年12月，大屠杀日益临近，一份极端主义杂志封面的标题是"图西人：上帝的种族"（Batutsi Bwoko Bw'imana），充满了讽刺与戏谑的口吻，其下则提出一个诱导性的设问"我们使用何种武器来彻底消灭蟑螂？"① 显而易见，答案就是与之并列的那把弯刀。1994年7月2日，大屠杀已趋尾声，一位胡图族电台主持人在广播中兴奋宣告"所有的蟑螂都已灭亡"，胡图人的子孙后代从此免受其害了。

第三，种族纯洁性。胡图种族主义者的心态表现出"对人种分类学混杂性的绝对憎恶"，不容许任何对本族的血统污染，因为"一只蟑螂不能生出一只蝴蝶，一只蟑螂会生下另一只蟑螂"。他们特别痛恨胡图人与图西人结合所生的"混血"（ibiymanyi），有文章将之称为"披着卢旺达皮的狼"，质问全国"有多少混血出于战略考虑，隐藏了其真正的图西人身份？"对于胡图激进分子而言，揭开图西人的伪装面纱是长期任务。1973年2月，政府"核查"各行业是否遵守图西人的官方配额比例，那些混血受到特别关注，因为他们"非法"改变了自己的种族身份。②

图西族妇女因为"能够破坏胡图族和图西族之间的绝对种族界限"，被视为种族污染的最大威胁，在大屠杀期间受到残酷迫害，胡图族丈夫屠杀图西族妻子及相关亲属的人伦惨案并不少见。如果胡图族妇女被发现怀有图西族男子的孩子，种族主义者甚至会残忍地取走胎儿。为了保证"种族纯洁"，任何惨无人道的行为似乎都顺理成章、堂而皇之了。

从理论维度看，卢旺达出现的大屠杀并非源自持续不变的古老族群间的仇

---

① Alison Des Forges, *Leave None to Tell the Story: Genocide in Rwanda*, Human Rights Watch, 1999, p. 74.
② Nigel Eltringham, *Accounting for Horror——Post-Genocide Debates in Rwanda*, London: Pluto Press, 2004, p. 21.

恨，而是争夺国家政治权力和经济资源等一系列现代竞争的升级行为。[1] 直到20世纪50年代后期，卢旺达在迈向独立过程中，胡图族方始"觉醒"，与图西族展开激烈的权力争夺，并建构起两族高度分离和对抗的族群政治。胡图族依仗人数规模优势，掌握了民主社会"多数人统治"的合法性与力量，在滥用这种权力的情况下，最终形成"多数人暴政"[2]。卢旺达独立后，无论是卡伊班达政权还是哈比亚利马纳政权，对立的族群政治立场和以族群为界限的排他性统治，始终以显性或隐性方式存在，继续保持胡图族"多数人暴政"的优势。在陷入内外政治和经济困境需要转移矛盾视线，特别是面临图西人的挑战时，胡图政权就以杀戮甚至大屠杀方式呈现最糟糕的"暴政"结果。

从现实维度看，这种暴政拥有庞大的社会基础。殖民时期界定的胡图人与图西人二元种族对立性被胡图政府刻意强调和放大，制造"有我无他"的恐怖气氛。"应景"的是，部分图西人，特别是国外流亡者不甘于大权旁落，也拥有重返故土的决心和勇气，通过游击战、直接入侵等方式对胡图政权构成威胁。其入侵动机引发广泛联想和猜疑：他们是否要再次征服胡图族，使之沦为"下等公民"。因为历史上图西统治者的剥削和压榨委实存在，且被映射为整个图西群体的共有行为。根据这些假设性和经验性认识，国内的图西族平民很容易被当作"假想敌"，只有从肉体和精神上永久消灭他们，才能避免对手"东山再起"。正因为如此，种族灭绝前夕，极端色彩浓厚的《觉醒报》（Kangura）一位胡图族编辑，代表部分胡图人冷酷无情地"宣判"："图西种族将要灭绝。"[3]

第二节 卢旺达族群整合

正如前述，卢旺达独立后标榜着"族群名义"的政治冲突与暴力成为千千

---

[1] 〔美〕迈克尔·曼：《民主的阴暗面：解释种族清洗》，严春松译，中央编译出版社，2015，第591页。

[2] "多数人暴政"是法国政治学家阿历克西·德·托克维尔（Alexis de Tocqueville）提出的一个假设，其要意是指在民主制度的运行过程中，多数人借助民主制度工具性的一面，以集体的强大力量去压制少数人的、正当的利益，从而造成了民主与公平、自由的对立。参见程凯《多数人暴政的内在逻辑及成因分析》，《山东行政学院学报》2013年第5期。卢旺达所谓的民主无论在形式上还是内容上都是残缺的或畸形的，甚至是反民主的，它的"多数人统治"的主张与该国族群政治勾连产生了族群化的"多数人暴政"。

[3] Nigel Eltringham, *Accounting For Horror—Post-Genocide Debates in Rwanda*, London: Pluto Press, 2004, p. 21.

万万卢旺达人的噩梦，更酿成1994年骇人听闻的种族灭绝，充分释放了族群政治的恐怖力量。如今种族灭绝虽已渐行渐远，但对该事件仍需十二分警醒与反思，同时也应探讨，终止种族灭绝并取得政权的卢旺达新政府是否或如何从旧的族群政治中脱离出来；后种族灭绝时代族群政治又是如何演变的。这两个问题关乎这个国家的生存与命运，我们需要重点关注卢旺达政府"解答"过程中所呈现的政治逻辑与理论。

在推翻胡图政权、终结种族灭绝后，1994年7月19日，以卢爱阵为主导的新政府在首都基加利成立，卢旺达迈入全新的后种族灭绝时代。卢爱阵政府宣布了五年的过渡期，最初的政治局势"复杂得可怕"，虽号称为联合政府，但一党独大的卢爱阵还是一个"军事组织—社会运动—政党"的复合体，社会充满紧张情绪，必要的安全秩序尚未稳固。[1] 过渡期结束后，直到2003年通过新宪法，同年正式开启"民主化"，举行总统大选，卢爱阵领导人保罗·卡加梅（Paul Kagame）获胜，2008年还举行了议会选举，此后在2010年和2017年两次总统大选中，卡加梅都以高票当选。从程序和形式上看，卢旺达似乎已具有"多头政体"的一些特点，但内容上与成熟的西式民主相比尚有较大差距，属于典型的"中间政体"形态。

新政权的族群整合，不满足于族群关系的简单修补，而是以彻底打破旧有的思想观念与政治框架为目标，明确而坚定的"去族群化"，完全拒绝"族性"成为政治动员的影响因素，这种思路在理论上属于霸权政体。但卢爱阵接管卢旺达时，面对的是一个满目疮痍的社会，山河破碎，礼崩乐坏，族群的创伤记忆刻骨铭心。基于这一现实，卢爱阵政府认为，抛弃包括族群身份在内的殖民遗产是建设新卢旺达的不二选择，全面消除族性的内在逻辑不难理解。从实践上看，卢旺达的族群整合是一项庞大而复杂的系统性社会工程。在工程建设的过程中，卢爱阵政府展示了极其显著的主动性与能动性，在观念层面，重建价值观与历史观；在象征层面，废除族群身份，借用符号、仪式与记忆等形式在民众中培养"共情性"；在制度层面，成立民族团结与和解委员会（The National Unity and Reconciliation Commission）、制定新宪法、建立公民教育机制；在本土性层面上，充分挖掘传统文化的优势与价值。卢爱阵政府通过多层次与多维度的几乎全方位的努

---

[1] 〔法〕热拉尔·普吕尼耶：《卢旺达危机：大屠杀史》，赵俊译，中国社会科学出版社，2017，第348~352页。

力，建构超越族裔的"卢旺达人"身份认同，实现民族团结与和解，杜绝种族灭绝的悲剧再次上演。

一 观念维度：重建价值观与历史观

观念来自人们的内心世界和意识深处，指导着行动，是卢旺达族群整合首先在意的底层逻辑。卢爱阵政府认为，西方殖民者到来后，不仅破坏了卢旺达的历史进程，而且扭曲了卢旺达人民的观念形态，影响到他们对历史的认知，陷入相互敌视和仇恨的话语陷阱，并最终导致了种族灭绝。卢旺达政府决定从源头入手，通过创造性的重建价值观和历史观，扭转这一恶劣局势。

(一) 价值观重建

如果说1994年种族灭绝前，卢旺达胡图族政权宣扬的价值观反映了"族群分裂"与"族群仇恨"，那么卢爱阵政府重建价值观的核心就是"民族团结"与"民族和解"。卢爱阵政府成立后不久就确定了"民族团结与和解"的国是方针，2007年更是出台了《民族团结与和解政策》这一纲领性文件，将之系统化和理论化。该政策确定的总目标是"建立一个团结的卢旺达，所有公民享有平等的权利，并可自由参与国家的治理和发展"。在此基础上需要达成的具体目标有：第一，打击任何形式的分裂和歧视；第二，打击种族灭绝意识形态；第三，在各个层面提高国人的认识，争取和重视他们的团结；第四，提高人民分析问题和找到适当解决方案的能力；第五，宣扬和平与和解文化；第六，在本土文化中提炼和培育有助于凝聚社会力量和提升人民福祉的价值观。为实现这些目标，政府也制定了相应的策略：首先，所有国家机构的行动计划都应反映团结与和解意识；其次，定期分享信息并组织关于团结与和解的协商对话；再次，加强公民教育和社区对话，治疗心理创伤，消除贫穷；最后，研究团结与和解的进程（以《和解晴雨表》为蓝本），对此定时监测与评估。[①]

具体到观念上，卢爱阵政府所理解的团结，就是将人民聚集在一起，使之能够感受到，他们不分高低贵贱，拥有平等权利，共享国家的一切，但对于牵一发而动全身的破坏性力量，必须联合起来共同对抗。前殖民社会就是如此，卢旺达人是高度统一和团结的，团结的基础广泛而稳固：人民拥有共同的历史、文化、

[①] "The National Policy on Unity and Reconciliation," National Unity and Reconciliation Commission, 2007, p. 12.

语言、宗教和地域空间；在日常生活中，人们主要围绕氏族身份进行互动，同一氏族兼容并包，既容纳图西人，也包含胡图人与特瓦人，相处融洽；都乐于接受国王的领导和"国王子民"的身份；即便在战斗单位的编制中，也不分彼此。[①] 新时期的民族团结只不过是将历史的投影再度现实化，促使人民形成不可分割的整体，"同呼吸，共命运"。[②] 卢旺达的团结观意味着"多样性的融合"，相互适应和包容，达成广泛的社会共识，从而实现一体化。

对于"和解"，卢爱阵政府基于这样一种观点，即卢旺达人拥有一种与生俱来的社会和谐意识，虽然这种意识被殖民主义和独立后两任政权所破坏，但是可以得到恢复的。其实，在本土的卢旺达语中，就存在类似和解的词语"ubwiyunge"，有"断骨复位"(setting a broken bone)之意。也就是说，卢旺达传统的和解包含着将破裂的东西重新聚合的意思。如此，种族灭绝后的和解就是希望受害者和加害者彼此放下前嫌，一道重建社区。正如一位幸存者所解释的："和解，是那些犯错之人向他们所冒犯之人请求宽恕，从而使双方的社会关系恢复如初。"人们普遍认为，如果没有和解，"卢旺达人将一事无成"。[③] 在和解的过程中，人民相互信任、宽容、尊重、平等、依存、揭露真相、治愈彼此的历史创伤。[④] 这种和解深入灵魂，要求每一位公民彻底改变他们的思想，摆脱仇恨的过去，走向共存和解的未来。

总之，民族团结与和解的理念被打造为国家的核心价值观，反映了卢爱阵政府族群整合的策略，是为了避免出现"以牙还牙、以眼还眼"族群对抗的恶性循环，用更具道德感的方式修复因种族灭绝而"礼崩乐坏"的社会。这种价值观不仅是各级政府与机构的行事准则，也是教育灌输、新闻媒体宣示的核心内容，各种纪念仪式，甚至运动会、时装秀与音乐会都是价值观内涵展示和传递的舞台。

[①] "The Unity of Rwandans," Office of the President of Rwanda, 1999, pp. 4–7.
[②] Ezechiel Sentama, "Unity and Reconciliation Process in Rwanda: 20 Years after the 1994 Genocide Perpetrated Against Tutsi," National Unity and Reconciliation Commission, 2014, p. 38.
[③] Timothy Longman and Rutagengwa Théonèste, "Memory, Identity, and Community in Rwanda," in Eric Stover and Harvey M. Weinstein, eds., *My Neighbor, My Enemy: Justice and Community in the Aftermath of Mass Atrocity*, Cambridge: Cambridge University Press, pp. 172–173.
[④] Ezechiel Sentama, "Unity and Reconciliation Process in Rwanda: 20 Years after the 1994 Genocide Perpetrated Against Tutsi," National Unity and Reconciliation Commission, 2014, p. 44.

（二）历史观重建

1994年新政府成立后，立即暂停了小学阶段的历史教学（直到2004年才取消此项政令），并将中学阶段的历史课改为选修课（以教授世界历史为主）。[①] 这是因为，卢爱阵政府认为，种族灭绝前的历史观具有极强的"毒害性"，历史教科书塑造的知识体系只是为了宣传和煽动族裔与地区仇恨，为胡图政权的族群歧视和压迫辩护，对于1994年种族灭绝负有不可推卸的责任。在这种情况下，重建历史观的任务正式提上了日程。

1998年5月至1999年3月，卢旺达的政治精英们在总统官邸乌鲁格维罗村举行了一系列反思会议（每周举行），被称为"乌鲁格维罗进程"（Urugwiro Process）。在此框架内，除了政治、经济、民主、正义和安全等议题，"审视历史和揭示真相"在讨论中也占据了突出位置。最后形成的报告强调，只有保持正本清源的态度，才能正确解读卢旺达历史，抵制殖民时期以来宣扬的分裂主义意识形态，促进和加强民族团结。[②] 1998年6月，根据总统巴斯德·比齐蒙古（Pasteur Bizimungu）的指示，成立了一个由13人组成的委员会，由两位著名的历史学家担任主席，其中一个任务就是研究卢旺达自古以来"团结历史"的演变，并总结加强民族团结的方法。与此同时，其他部门和机构也进行了关于卢旺达历史的辩论。1998年10月，在由青年、体育、文化和职业培训部（MIJES-CAFOP）组织的和平文化会议上，与会者呼吁"建立一个正式论坛，科学揭示卢旺达历史的真相"。卢旺达国立大学的学者也呼吁卢旺达人正视历史，"重建我们的社会"。随后于1998年12月和1999年10月，该大学举行了两次全国性的历史研讨会，探讨如何编写和教授新卢旺达史，主要观点呈现在两卷本的《卢旺达历史学的挑战》之中。[③] 2000年，在全国团结与和解峰会上，卢旺达历史同样是众人关注的核心议题，与会者批判种族灭绝前被歪曲的"丑陋"历史，阐明重新书写历史的紧迫性，期待"尽快在所有学校教授历史"。总之，在政府的引导下，卢旺达历史学界展开了前所未有的大讨论，广大学者被鼓励"在国

[①] Gail Weldon, "A Comparative Study of the Construction of Memory and Identity in the Curriculum in Societies Emerging from Conflict: Rwanda and South Africa," Ph. D. Dissertation, University of Pretoria, 2009, p. 229.

[②] Pasteur Bizimungu, "Report on the Reflection Meetings Held in the Office of the President from May 1998 to March 1999," Office of the President of the Republic, 1999, p. 13.

[③] Denise Bentrovato, *Narrating and Teaching the Nation: The Politics of Education in Pre- and Post-Genocide Rwanda*, Gttingen: V&R Unipress, 2015, p. 119.

人和国际社会面前展示真实的卢旺达历史"。① 经过充分的酝酿与探讨，最终形成新的历史观，可以提炼为：对前殖民历史的浪漫化，对殖民历史和后殖民胡图政权的批判化。

在历史重建的过程中，国家一直掌握着主导权，卢旺达集大成、最具标志性的历史著作就是由政府组织编撰的。2006年，民族团结与和解委员会聘请一批学者，合作完成了历史巨著《卢旺达史：从起源到20世纪末》②。作者们认为该书完成了一项"艰巨的任务"，解决了长期以来"为意识形态目的而操纵或编造"历史的问题，"正确了解过去，以更好地面对现在和未来的挑战"。这本由卢旺达人独立书写，旨在"寻求真相和培养批判精神的历史作品"，是"国家重建的重要一步"。在内容上，该书完全遵照国家的新史观，描述卢旺达人在殖民前的团结与社会凝聚力，驳斥了这一时期"胡图族"和"图西族"是异质和敌对族群的观点。两个群体之所以自相残杀，根源首先在于殖民者，他们破坏了卢旺达人的社会结构，人为制造了胡图人与图西人的族群身份；其次在于前政权，不仅治理不善，而且传播种族灭绝意识，导致两个群体的关系进一步紧张，最后出现了种族灭绝。对于1994年后的历史，篇幅并不多，主要内容着眼于现任政府的努力和其在政治经济方面的成就，尤其是其恢复安全和秩序、促进民族团结与和解，以及与种族灭绝的"否定主义""修正主义"等思想的斗争。

除了官方项目外，非政府组织如"和平研究与对话研究所"（IRDP）等也做了大量工作，该机构委托一批历史学者出版了《卢旺达的历史和冲突》（2005）、《卢旺达针对图西族的种族灭绝》（2005）和《1946年至1962年的社会和政治变革》（2008）等著作。如今，这些出版物已被列为新设计的国家课程的主要参考书目。随着历史观重建趋于成熟，大批成果涌现，教学内容的体量不仅足够庞大，而且大都满足政治正确的要求，于是历史科目在各年级不仅恢复且更加被重视，在新一代卢旺达人中培育符合"和解"与"团结"价值原则的新史观。

---

① Timothy Longman, *Memory and Justice in Post-Genocide Rwanda*, Cambridge: Cambridge University Press, 2017, p. 46.
② 最初为法文版，2016年翻译成英文出版。Déo Byanafashe et al., eds., *History of Rwanda: From the Beginning to the End of the Twentieth Century*, National Unity and Reconciliation Commission, 2016, p. xxiii.

二 象征维度：符号、仪式与记忆

德国哲学家恩斯特·卡西尔（Ernst Cassirer）认为人类是一种"象征的动物"。① 从本体论角度来说，人类自身并非一种象征，只是他们善于"利用象征"，② 其构建的社会文化与政治很多都是通过各种象征符号来表达和传递的。象征具有强烈的渗透力和感染性，既能激发热血情感，也能产生规训戒惧，掌控象征符号，对于族群整合同样具有非凡的意义。

（一）身份标识："我们是卢旺达人"

根据卢爱阵政府秉持的历史观，殖民前的卢旺达是一个温馨和谐的社会，历史上的"胡图"、"图西"与"特瓦"并非族群标签，只是与财富和地位有关的类别。这三个群体之间相互通婚，身份亦可转换，根据掌握的财富（主要为牛）多寡，胡图人可以变成图西人，反之亦然。③ 西方殖民者强行为三种身份赋予了族裔、种族与政治属性，并将之制度化，自此卢旺达人长期受累于这种具有撕裂性的身份标识，最终导致了以族群为名义的大屠杀。

有鉴于此，在"乌鲁格维罗进程"中，促进民族团结和反对"（族裔）宗派主义"（secretarianism）成为最具重量级的讨论议题。其结果显而易见，卢爱阵政府决定彻底废除族群身份证制度，不再有胡图族、图西族与特瓦族，禁止讨论族裔问题，尤其在公共空间。其可行性的逻辑是朴素的：既然族群身份可以被人为制造，那么就可以被消除。而且政府认为，"团结与和解"的目标能否达成，取决于三种分裂性身份能否消除。④ 摧毁了陈旧腐朽的身份标识，其替代品应该具有广泛的包容性：主要社群的性质不再具有族群属性，而是建立在公民/民族身份，即卢旺达人（Rwandaness）身份之上，据此也呼应了历史上的"阿巴尼亚卢旺达"（Abanyarwanda，卢旺达全体居民）身份。卢旺达人身份的统一性和一致性成为新政府的绝对基础原则，"所有（和解与团结）战略的关键是重新定义和强化共同的公民/民族身份（卢旺达人），在这种情况下，每位卢

---

① [德]恩斯特·卡西尔：《人论》，甘阳译，上海译文出版社，1985，第34页。
② 史宗主编《20世纪西方宗教人类学文选》，金泽等译，上海三联书店，1995，第195页。
③ Filip Reyntjens, "(Re-) imagining a Reluctant Post-Genocide Society: The Rwandan Patriotic Front's Ideology and Practice," *Journal of Genocide Research*, Vol. 18, No. 1, 2016, p. 62.
④ Susanne Buckley-zistel, "Dividing and Uniting: The Use of Citizenship Discourses in Conflict and Reconciliation in Rwanda," *Global Society*, Vol. 20, No. 1, 2006.

旺达公民都认为他/她首先是卢旺达人，而不是其他任何身份"。① 用保罗·卡加梅总统的话来说，卢旺达人民必须抛弃族群身份，而应该将"公民身份放在第一位"。②

为了推动身份标识顺利转化，达成既定目标。2013 年 11 月，卢旺达政府启动了"我是卢旺达人"（Ndi Umunyarwanda）的重磅计划，尝试进一步重塑卢旺达人之间的身份认同和互动关系，建构出一个基于信任和团结的卢旺达共同体。"我是卢旺达人"计划的关键在于，培养人民基于"卢旺达人"身份的自尊心和自豪感，将国家和民族利益放在首位，而不再依恋具有分化属性的族裔和地区身份。2017 年，该计划通过各种方式（讨论、对话和灌输等）实施四年，民族团结与和解委员会进行了初步评估。

评估报告显示，97%的受访者了解该计划，92%的人支持该计划的宗旨和目标，70%的人说该计划帮助他们强化了其"卢旺达人"身份认同。正如一位受访者所言："这一计划，教导我们为何以及如何作为卢旺达人生活在一起，而不是从族裔角度看待自我与他者。"98.4%的受访者认为该计划是一个让卢旺达人面对他们的历史说出真相、忏悔、被谅解并治愈的平台，促进了卢旺达人之间的团结。有受访者表示，"我和其他国人一样拥有一个卢旺达人身份，我们是兄弟姐妹。该计划扎根于现实生活，是定义我们的卢旺达人身份的价值观和原则，是将我们团结在一起的精神力量"。③ 从调查结果来看，大多数卢旺达人似乎接受了"我是卢旺达人"计划的理念，彼此视为一个整体，建构一个包容一切、超越所有其他身份的公民身份就具有了可能性。

（二）国家符号与纪念场所

2001 年 12 月，卢爱阵政府设计了新的国旗、军队制服和国歌，用以取代种族灭绝前旧政权的国家象征，意味卢旺达人的新生。旧的国旗以比利时国旗为基础，由三条垂直带组成，红色、黄色、绿色各一条，黑体的"R"（卢旺达英文"Rwanda"首字母）置于正中，新政府认为黑色代表着某种形式的厄运，红色象征族群冲突中的鲜血，因此所传递的信息与当前目标背道而驰。相反，新国旗由三条横

---

① "Unity and Reconciliation Process in Rwanda," National Unity and Reconciliation Commission, 2016, p. 53.
② "The Unity of Rwandans," Office of the President of Rwanda, 1999, p. 63.
③ "Assessment of Ndi Umunyarwanda in the Reconciliation Process," National Unity and Reconciliation Commission and UNDP Rwanda, 2017, pp. 12–27.

条纹组成，底部为绿色，中间为黄色，顶部为浅蓝色，右侧为一个金色的太阳，分别象征着卢旺达的自然资源（绿色）、经济发展（黄色）、幸福与和平（蓝色）、团结（金色太阳及其光辉）。前军队制服上绘制了一把锄头、一把镰刀、一张弓和一支箭，会让人联想到种族灭绝时使用的大砍刀，取而代之的是比较中性的卢旺达植物和工艺品。旧国歌有描述三个族群的歌词，而且也赞美了那些在卢旺达历史上曾发动和组织种族灭绝的前领导人，因此取代品的歌词更加中性，倡导作为整体的"卢旺达人"概念。[1] 自1994年，卢旺达政府更名为"民族团结政府"（Government of National Unity），也体现了一种象征性的表达。

被称为"千丘之国"的卢旺达，众多山头上有无数种族灭绝纪念场所。位于首都郊区基索兹（Gisozi）的"基加利纪念中心"，是卢旺达最主要的纪念场所之一。纪念中心设有多个展厅，其中一个展厅分别用英语、法语和卢旺达语将卢旺达从前殖民到种族灭绝的历史记录在木板上，配有一些原始文件的照片和解释性评论，向参观者展示"真实"的历史。其他更多展厅用来呈现种族灭绝的残酷：一个展厅集中展示大量被杀害儿童的遗照；一个展厅将遇害者的照片悬挂在从地板到天花板的电线上，在空中飘荡；一个展厅用抽象的雕像描绘遇难者死亡时的挣扎和痛苦。纪念中心周围是一座花园，其中一堵墙，列出了所有已知在基加利遇害者的名字。花园的一侧是开放式的陵墓，能够辨认身份的遇害者遗骸被放在棺椁里，铺上紫布和白色花边，堆放在拥挤的地下房间，人们可以进入瞻仰。这些遗骸与那些辨别不了身份的遗骸，总共有超过25万具被埋葬于此，令人震撼。许多纪念场依托教堂而建，因为一些教堂曾是最臭名昭著的大屠杀场地。在恩塔拉马（Ntarama）的天主教堂，数千人于此遇难。最初，政府要求教堂保持原状，作为种族灭绝的罪证。因此，教堂内凌乱散落着尸体的骨架，或骨骼碎片。2000年，政府出资清理，建成正式的纪念馆。[2] 距基加利一个小时车程的尼亚玛塔（Nyamata）也有这样一个类似的纪念馆，多排头骨和多箱骨头摆放在教堂以及四周的拱顶内，提醒人们，此处发生过惨无人道之事。

在中央政府与地方政府的共同努力下，2010年时，卢旺达已建成8个国家级大型纪念馆和大约200个地方和地区纪念场所，纪念性的墓地或纪念碑几乎遍

---

[1] Susan M. Thomson, "Resisting Reconciliation: State Power and Everyday Life in Post-Genocide Rwanda," Ph. D. Dissertation, Dalhousie University, 2009, p. 175.

[2] Timothy Longman, *Memory and Justice in Post-Genocide Rwanda*, Cambridge: Cambridge University Press, 2017, p. 67.

布每个社区。① 沿着卢旺达的高速公路行驶，纪念场所一路相伴，从布塔雷（Butare）到吉塔拉马的短短路程上，就有位于鲁博纳（Rubona）的科学和技术研究所、位于松加（Songa）的农艺科学研究所、位于恩扬扎（Nyanza）的前王室首都、位于鲁汉戈（Ruhango）的集市以及卡博加伊（Kabgayi）的天主教建筑群等多处规模较大的纪念馆。大大小小的纪念场所星罗棋布，随处可见，让人在视觉和心灵上不断产生强烈冲击，无法忘怀。

（三）纪念仪式与集体记忆

每年4月，卢旺达都会举办全国性哀悼活动，其间下半旗，广播和电视台循环播放纪念歌曲，电影院上映体现种族灭绝历史的影片。各种纪念仪式，如挖掘遗体残骸、重新安葬遗体残骸、集体祈祷以及领导人发表讲话等活动在纪念场地轮番举行。无论在城市还是乡村，卢旺达人全民参与这些活动，默哀祷告、聆听演讲，给墓地献上配着紫色丝带的花束，在纪念馆入口或周围主干道上悬挂起紫色的横幅和旗帜。纪念横幅上用卢旺达语书写着"记住针对图西人的种族灭绝"（Kwibuka Jenocide Yakorewe Abatutsi）与"捍卫真相和我们的尊严"（Dushyigikire Ukuri, Twiheshe Agaciro）等标语，在其他的表述组合中，"Jenocide"（种族灭绝）与"Abatutsi"（针对图西人）是最常用的词语。②

按照惯例，"逢十"的纪念仪式一般更为隆重。2004年是种族灭绝10周年，卢旺达政府拨款700万美金用于活动预算，还从世界各地邀请代表参加为期一周丰富多彩的纪念活动。4月7日，在基加利纪念中心举行了规模庞大的受害者遗骸填埋仪式，之后的系列活动还包括：国际种族灭绝学术研讨会；各种常规性活动的启动仪式（如整修纪念场所）；群众组织默哀并举行和平游行等。2014年是种族灭绝20周年，纪念仪式同样盛大。卡加梅总统与联合国秘书长潘基文（Ban Ki-moon）一道出席在阿马霍罗（Amahoro，意为"和平"）国家体育馆举行的纪念仪式。在国内传递了3个月的火炬在此燃烧100天，对应种族灭绝的100天，强化种族灭绝的时间概念。

卢爱阵政府设立了多个与种族灭绝有关的国定假日，纪念亡者，庆祝来之不易的和平。"国家哀悼日"为4月7日，正是这一天胡图人启动了种族灭绝，每

---

① Anna-Maria Brandstetter, "Contested Pasts: The Politics of Remembrance in Post-Genocide Rwanda," *The Ortelius Lecture*, No. 6, Netherlands Institute for Advanced Study, 2010, p. 7.
② Simran Kaur Chahal, "Appropriating the Past: A Comparative Study of Official Memory Practices in Rwanda and Burundi," Master Dissertation, Simon Fraser University, 2012, pp. 28 – 29.

年这天的纪念最为隆重。① 7月4日为"解放日",标志着卢爱阵的部队"卢旺达爱国军"(RPA)攻占基加利,原政权垮台,种族灭绝结束。2月1日为"国家英雄日"。英雄群体来源广泛,包括军人、政治家和种族灭绝受害者等,代表性人物有:卢爱阵第一任主席弗雷德·鲁维盖马(Fred Rwigema)少将;一位无名士兵,代表推翻原胡图政权的斗争中所有牺牲的战斗人员;鲁达希瓦国王(Rudahigwa,卢旺达倒数第二位君主),倡导卢旺达的统一和独立;前总理胡图人阿加特·乌维林吉伊马娜,因反对种族灭绝计划而被杀害;尼扬格高中的学生,在胡图族种族灭绝者的威胁下不肯屈服,选择了团结而不是分裂,惨遭杀害。② 每个节日都被赋予了特殊的教育属性,人们铭记苦难、寄托哀思,赞美英雄主义和爱国主义,更重要的是,通过不断强化,节日所反映的精神逐渐融入人民的集体记忆。

法国学者欧内斯特·勒南(Ernest Renan)强调"共同受难"的记忆对团结人民所起的关键作用。勒南解释道,"民族的悲痛记忆比胜利更具价值,因为前者意味着责任,需要同心协力"。③ 没有比种族灭绝的创伤带给卢旺达人更痛苦的记忆了,通过各种方式揭开这一层伤疤,以血淋淋的事实警示后人:阻止种族灭绝的发生是最大的正义。从这个角度来看,种族灭绝后每一个纪念场所的修建、每一场纪念仪式的举办,以及每一个节日的设置,其背后都有卢爱阵政府运用象征力量的政治逻辑与政治考量。

三 制度维度:机构、法律与机制

族群整合作为一种自上而下的政治行为,高度依赖制度层面的保障。为此,卢旺达政府成立了专门性机构负责执行族群整合的具体事项,制定各项法律和政策提供整合的依据,创建有效机制引导民众参与并跟随整合体系的运转。

(一) 机构保障

1998年5月9日,卢旺达召开首次"领导人协商论坛",最重要的一项成果是决定设立"民族团结与和解委员会"(以下简称"和解委员会")。次年3月,

---

① 2003年,联合国将4月7日设定为"1994年卢旺达境内灭绝种族罪行国际反思日",2018年改为"1994年卢旺达境内针对图西人实施的灭绝种族罪国际反思日",https://zh.unesco.org/commemorations/tutsigenocide。

② Ezechiel Sentama, "Unity and Reconciliation Process in Rwanda: 20 Years after the 1994 Genocide Perpetrated Against Tutsi," National Unity and Reconciliation Commission, 2014, p. 127.

③ Ernest Renan, "What Is a Nation?" in Homi K. Bhabha, ed., *Nation and Narration*, London: Routledge, 1990, p. 19.

该委员会正式成立，设定的主要目标是：整合四分五裂的卢旺达社会，领导人民走向团结与和解，实现国家可持续发展与持久和平。其主要职责包括：第一，准备和协调促进民族团结与和解的全国性计划；第二，提供恢复并巩固卢旺达人团结、和解的方法与措施；第三，对涉及人民团结与和解之事务进行教育和动员；第四，宣扬和平、团结与和解的思想，组织辩论、开展研究，将相关成果出版发行；第五，搜集整理民族团结与和解的建议；第六，谴责和反对任何形式的旨在歧视、偏向或排外的行为、作品和言论；第七，提供年度报告，以及视民族团结与和解状况而定的其他临时性报告。[1]

自成立后的20余年里，和解委员会一直是助推国家前行的决定性力量之一，维持着一个庞大且层次分明的系统，涉及卢旺达社会的所有关键部分，深入社区基层，开展了大量相关工作，履行了其职责。2003年宪法、2007年团结与和解政策以及各种传统和社区解决方案的制定，和解委员会都起到了关键作用；和解委员会充分发挥新旧媒体的作用，举办协商会、沟通会和动员大会广泛宣传政府的主张；与卢旺达国家博物馆和高校等机构合作设计新的历史课程；创造性地设计公民教育机制；成立"处理种族灭绝幸存者问题委员会""确保问责制和善治委员会"等机构；鼓励和推动各地区加强文化交流和贸易；设立促进团结与和解的"调解员"（Abakangurambaga）职位，他们是"和平、团结与和解的志愿者"，在争端中出面调解，并依托社区解决问题；研究团结与和解相关问题，确保和解进程按照务实和科学的方式进行；制订"和解晴雨表计划"，监测团结与和解的实施情况，列出评估的具体指标；青年是委员会工作的核心，如举办团结与和解青年峰会等。[2] 正如其名，委员会的工作始终围绕"团结与和解"开展，放眼全国，尤其重视民众的参与性。

卢旺达政府认为，国家一直面临巨大的威胁和挑战：一些媒体长期传播种族灭绝的意识形态；部分教会成员始终没有放弃分裂主义的思想和行动；而活跃于刚果（金）东部的胡图族反政府武装"解放卢旺达民主力量"（The Democratic Forces for the Liberation of Rwanda）等，更是竭力鼓吹和宣扬种族灭绝的意识形态。因此，反对分裂、反对种族灭绝及其意识形态，是卢旺达族群整合的关键原则与核心目标之一。

---

[1] The Constitution of the Republic of Rwanda (2003), http://www.rwandahope.com/constitution.pdf.
[2] Ezechiel Sentama, "Unity and Reconciliation Process in Rwanda: 20 Years after the 1994 Genocide Perpetrated Against Tutsi," National Unity and Reconciliation Commission, 2014, p. 70.

为了更好地完成这一使命，2008年4月成立新的机构，即"国家反种族灭绝委员会"（The National Commission for the Fight Against Genocide），它是一个"全国性、独立性和永久性"的机构。委员会的愿景是，建立"一个没有种族灭绝和种族灭绝意识形态的世界"。因此，委员会致力于防止种族灭绝，打击种族灭绝和种族灭绝意识形态，消除境内外种族灭绝产生的影响。其职责主要包括：第一，建立一个永久性的种族灭绝思想交流框架，涉及种族灭绝的影响及预防和根除的对策；第二，建立国家种族灭绝研究和数据库中心；第三，在国内外为种族灭绝幸存者鼓与呼；第四，计划和协调所有旨在纪念1994年种族灭绝的活动；第五，联络国内与国际具有类似任务的机构，开展交流与对话。[①] 总之，这两个重要机构，特别是和解委员会发挥了极其显著的作用，为族群整合提供了行政和组织保障。

（二）法律保障

卢爱阵政府认为，法律是卢旺达族群整合最需倚重的制度性力量，并决心建立一个"以尊重基本人权、多元民主、公平分享权力、宽容和通过对话解决问题为基础的法治国家"。制定2003年宪法是实现这一目标的重大举措。为了取得"最大公约数"，该宪法具有全民参与性，2003年5月26日，超过93%的卢旺达人投票赞成通过新宪法。[②] 正如比齐蒙古总统所指出的，法律不仅仅是为了惩罚或让人们害怕犯罪，也为了改变导致暴力的"不良意识形态"，具有教化性。该宪法紧密围绕卢爱阵政府重构的价值观与历史观，相关基调在序言中已经呈现："我们是卢旺达人""我们拥有共同的语言、文化和历史，共享一个国家，命运与共""从历史中汲取传统文化的精髓，使之成为国家存在和繁荣的基础"。宪法的基本原则主要包括：权力的公平分享；多元化的民主制度；旨在提升人民福祉和实现社会正义的法治；促进民族团结与和解；打击种族灭绝意识形态及其所有表现形式；根除任何族裔—地区形式的分裂主义；保障社会经济发展；通过对话和社会共识寻求解决问题的方案。[③] 除了宪法，卢旺达还颁布了一系列针对种族灭绝的精细且严苛的专门性法律。

2003年9月，政府出台《打击种族灭绝罪、反人类罪和战争罪法》，确定了

---

① The Constitution of The Republic of Rwanda (2003), http://www.rwandahope.com/constitution.pdf.
② Ezechiel Sentama, "Unity and Reconciliation Process in Rwanda: 20 Years after the 1994 Genocide Perpetrated against Tutsi," National Unity and Reconciliation Commission, 2014, p.79.
③ The Constitution of The Republic of Rwanda (2003), http://www.rwandahope.com/constitution.pdf.

这些罪责的定义方式和刑罚标准。以种族灭绝罪为例，其定义参考了联合国《防止及惩治灭绝种族罪公约》，相关罪犯可判处死刑。否认、淡化或试图为种族灭绝辩护的行为也将受到处罚，"任何人通过言论、著作、图像和其他手段，公开否认种族灭绝、淡化种族灭绝，或试图为其辩护、隐藏和销毁证据，将判处10~20年的监禁"。[1] 这是对2003年宪法第13条的细化，该条规定"种族灭绝的修正主义、否定主义和漠视行为将受到法律的制裁"。

2008年7月，政府制定《惩治种族灭绝意识形态犯罪法》，其中将种族灭绝意识形态定义为：在和平时期或战争时期，种族灭绝或煽动他人基于族裔、出身、国籍、地区、肤色、体貌、性别、语言、宗教或政治观点实施种族灭绝的思想集合。对于被认定为种族灭绝意识形态罪者，可判处终身监禁；对于"煽动仇恨""威胁与恐吓"等行为可判处10~25年的监禁，如是累犯，刑罚加倍；对于传播种族灭绝意识形态者，将判处20~25年的监禁。[2] 这是对2003年宪法第9条的具体阐述，该条规定"打击种族灭绝意识形态及其所有表现形式是国家的核心职责之一"。

早在2001年，卢旺达政府就出台了《预防、禁止和惩治歧视与宗派主义犯罪法》，明确定义了"歧视和宗派主义（分裂主义）"罪。行为人针对族裔、地区、肤色等人的身份、特征所表达的言论或采取的行动，若侵犯卢旺达法律或国际公约所界定的人权，属于歧视罪。行为人利用言论、文字或行动引发冲突，导致暴乱并可能恶化人民之间的纷争，则属于分裂主义罪。犯有歧视或分裂主义罪者，将判处3个月至5年的监禁。[3] 这一条款在2003年宪法第33条中得到呼应，该条规定，"宣扬族群、地区、种族歧视，或有任何其他形式的分裂行为都将受到法律的制裁"。

综上所述，当前卢旺达已经形成了以2003年宪法[4]为中心的一整套完整法律体系。某种意义上，2003年宪法是卢旺达政府以最高层次法律形式发布的施政纲领，充分体现了其族群整合的核心理念，其他衍生的各项法律是执行这种理

---

[1] Repressing the Crime of Genocide, Crimes Against Humanity and War Crimes (Law No. 33, 2003), https://www.refworld.org/docid/46c4597c2.html.

[2] Relating to the Punishment of the Crime of Genocide Ideology (Law No. 18, 2008), https://www.refworld.org/docid/4acc9a4e2.html.

[3] Prevention, Suppression and Punishment of the Crime of Discrimination and Sectarianism (Law No. 47, 2001), https://www.refworld.org/docid/4ac5c4302.html.

[4] 宪法在2015年有所修订，但与族群整合相关的原则性内容几乎没有变化。

念的利器。

（三）机制保障

在卢旺达，人们认为"价值观不会天赋"（uburere buruta ubuvuke），而只能通过教育和实践来内化，[①] 从而构建了一套极具特色的公民教育机制，通过它将其思想观念与方针政策传递给卢旺达人民。实际上，1994年后，公民教育一直是卢旺达政府的重要议程。在2007年11月12日的内阁会议上，公民教育再度升温，成为国家施政的重要内容。在此背景下，伊特雷罗（Itorero）[②] 作为一种"传统的发明"被创造性地与公民教育联系起来，使之登上政治的核心舞台，11月16日，伊特雷罗项目正式启动，开创公民教育的新时代。

伊特雷罗最初是和解委员会临时设置的一个只有5位成员的超小型机构，后来变成地方政府部下设的一个独立机构，扩展到50余名全职员工。2013年，政府成立国家伊特雷罗委员会，全权负责相关事宜。委员会直属总统办公室，委员会委员由总统任命（经参议院批准）。同年，卢旺达政府特意颁布第"41号法令"，确定了委员会的组织架构、基本任务与主要功能，为伊特雷罗公民教育的全民推广提供强大的法律与组织保障。[③] 卢旺达每一个行政层级，省（intara）、区（uturere）、县（imirenge）、乡（utugari）以及最基层的社区或村庄（imidugudu）都设有伊特雷罗协调委员会，各自负责所在区域的伊特雷罗项目，并逐级向上负责，形成从中央到地方的强大联动机制。

伊特雷罗项目启动后的前几年（2007～2011），主要目标是培养培训师，到2012年，伊特雷罗已登记29万余名毕业学员，表现突出者进入培训师人才库，有机会担任伊特雷罗的讲师。从理论上讲，伊特雷罗公民教育针对全体卢旺达人，且大致上按照职业/身份群体统一培训，比如教师、学生、各级公务员、警察以及农业、卫生等行业与残疾人等团体的代表。[④] 按照卢旺达政府的设想与实

[①] Ezechiel Sentama, "Unity and Reconciliation Process in Rwanda: 20 Years after the 1994 Genocide Perpetrated Against Tutsi," National Unity and Reconciliation Commission, 2014, p. 111.

[②] 根据历史推断，11世纪，图西国王吉汉加·恩戈米亚纳（Gihanga Ngomijana）在位期间，首创"伊特雷罗"，招募14岁以上的青少年，传授军事知识，培养军队领导的后备力量。

[③] Sylvestre Nzahabwanayo et al., "Identification and Critique of the Citizenship Notion Informing the Itorero Training Scheme for High School Leavers in Post-Genocide Rwanda," South African Journal of Higher Education, Vol. 31, No. 2, 2017, p. 227.

[④] Molly Sundberg, Training for Model Citizenship: Ethnography of Civic Education and State-Making in Rwanda, New York: Palgrave Macmillan, 2016, p. 52.

际操作，18~35 岁且完成中学教育的这部分青年才是接受伊特雷罗公民教育的绝对中坚力量，因为卢旺达未来的政治格局在很大程度上取决于青年人被培养成何种公民。对这个群体，政府采取强制执行的策略，制定更具特色的方案，培训包括两个阶段：第一，被称为谷托兹瓦（Gutozwa）的学习阶段，为期三个月集训；第二，被称为乌鲁格雷罗（Urugerero）的实践阶段，以国民服役或志愿服务的形式，分配到各社区义务劳动七个月。①

第一阶段，学员们以道德、政治和文化学习以及体能训练、心理训练为主，开发出四个相对独立的培训模块：国家认知模块（重点），传授历史、文化、公民意识、国家主权与国际事务、国防与国家安全、公民对国家的责任与义务等相关知识；体质锻炼模块，开设行军、肉搏战、武器操控、障碍训练、独木舟、野营等课程；性格养成模块，以游戏与活动为教学手段，参与者获得正确的价值观、自信、领导力并进行自我评估；社区服务模块，学员以小组形式被派往周边社区，为下一阶段的义务劳动提供实习机会。

第二阶段，经过强化训练的学员们需要从理论走向现实，真正践行志愿服务的要求。社区服务的类型繁多，包括教育、卫生、基础设施建设、环境保护、安全与保障、治理与管理等诸多领域。七个月的服务期结束时，同一批次学员将再次集结，举行毕业仪式，总结和汇报整个活动的心得体会、经验教训；为毕业生颁发证书，优秀者还会获颁嘉许状。该过程受到主管的协调委员会的严格监督与评估。

卢旺达推行伊特雷罗公民教育，期待培养出"新卢旺达公民"或"模范公民"（model citizen），据此设定了具体的目标：传授蜕变成公民的知识和方法；培养基于国家现实的客观和真实的生活态度；将本土和传统价值观作为解决现实问题的方案；通过志愿行动培养无私贡献的精神、共同体意识、公民责任感；培育爱国、民族团结与和解的价值观，消除种族灭绝意识形态；让每位卢旺达人融入国家发展方案的洪流；建设一支训练有素的国家骨干队伍（尤其包括年轻人），培养其领导力、个人素质；通过技能开发、工作经验分享和职业指导提高青年的就业能力。② 通过这一项公民教育，可以提炼出卢爱阵政府向青年们所要

---

① Republic of Rwanda National Itorero Commission (Strategy), 2011, https://www.nic.gov.rw/fileadmin/user_upload/ITORERO_POLICY.pdf.
② Republic of Rwanda National Itorero Commission (Strategy), 2011, https://www.nic.gov.rw/fileadmin/user_upload/ITORERO_POLICY.pdf.

传递的价值观关键词：团结、爱国主义、无私、正直、责任、志愿服务。其中"团结"是伊特雷罗公民教育的关键，在一定意义上，伊特雷罗就是一项围绕"团结"的机制，建立在共同的身份、共同的训令、共享的知识、共同的目标以及共同的愿景之上。

四 本土性：以卡恰恰法庭与阿本兹地方冲突调解委员会为例

卢爱阵政府在进行族群整合重建国家时，并非一味借鉴西方或世界其他地区的经验，一方面可能基于对殖民主义的恶感，对外来因素始终怀有警惕之心；另一方面则尝试通过唤醒传统，提振人民作为"卢旺达人"的自信心和自豪感。由是卢爱阵政府特别强调内生的机制，深入历史肌理探求前人的智慧，"复兴"了众多传统制度，在族群整合的运作过程中发挥了至关重要的作用。这些机制种类繁多，涉及社会的方方面面：公民教育机制，主要有"因干多"（Ingando）与上文所述的"伊特雷罗"、社区义务劳动机制"乌姆干达"（Umuganda）、集体行动与互助机制"乌布德赫"（Ubudehe）、本土司法机制"卡恰恰法庭"（Gacaca）、社区级和平调解机制"阿本兹"（Abunzi）等20余种。[①] 不过其中最受国际社会关注，发挥作用最大的当属卡恰恰法庭。

（一）卡恰恰法庭

从司法层面解决种族灭绝遗留问题是新政权最迫切的任务之一，唯有如此才能消解种族灭绝的恶劣影响，促进民族团结，增强国家凝聚力。但卢爱阵政府面对的"烂摊子"超乎人们的想象。经过种族灭绝的肆虐，卢旺达司法系统已经遭到严重破坏，单就公诉人与法官而言，1994年11月统计分别仅存12人和244人；大屠杀前则有70人和758人，数量上损失大半。与此同时，12万多名与大屠杀相关的犯人充塞在只能容纳4万多人的监狱里等待审判，所带来的压力和风险不言而喻；此外由于大屠杀的广泛参与性，未纳入议事日程的潜在案件更是不计其数。[②] 正是在这样的背景下卢旺达传统卡恰恰法庭全面复兴，被推上历史舞台的中央。

---

① 中国驻卢旺达前大使舒展先生将这些机制称为"本土创制"（Homegrown Solutions），并认为它们为卢旺达的民族团结与和解起到了巨大作用。参见舒展《卢旺达复活优良传统以疗社会创伤》，《世界知识》2019年第15期。
② Hollie Nyseth Brehm et al. , "Genocide, Justice, and Rwanda's Gacaca Courts," *Journal of Contemporary Criminal Justice*, Vol. 30, No. 3, 2014.

1. 传统的"复兴"

在古代卢旺达基层社会，宗族或家族是当时主要的社会组织单位，族内都有公认的首领，他们多是德高望重的长者，也充当调解矛盾、处理纠纷的角色，这种裁决方式被称为卡恰恰，具有当代法庭的功能。关于卡恰恰的起源，研究者大都将之与卢旺达语的"草地"或"草坪"联系起来，不过更精确的说法应该是一种称为"尤木恰恰"（umugaca）的植物，非常柔软，处理纠纷时人们聚集在一起，围坐其上，当事人相互辩论，接受调解；旁听者接受教育，吸取教训，各得其所。[1]

传统卡恰恰法庭通常处理四类冲突：第一，土地所有权纠纷；第二，牲畜（主要是牛）所有权纠纷；第三，契约纠纷；第四，家户或家庭内部的争端。彼时，卡恰恰法庭既能有效解决冲突，也兼具促进家庭与社会和解以及重建人际纽带的功能。[2] 殖民时期殖民者引入西式法庭与"成文法"，渗透到从宫廷到地方的各个角落。国王失去了作为传统制度支柱的独特地位，而且国王及酋长们不断丧失执行司法权的权威与合法性。卡恰恰法庭在地方层面作为一种冲突解决的机制，依然拥有一定的功能，但新引入的西式法庭逐渐取代了它的地位，成为最活跃的司法机构。

卢旺达取得独立后，以胡图族为主导的新政府将前殖民传统与图西人贵族的统治联系在一起，因此对于过去的法律原则毫无兴趣。在第一部宪法中，甚至有限制传统司法的条款。通过这些限制，卢旺达政府希望完全将传统卡恰恰法庭整合进官方的司法系统中，从而创造统一的法律机制。总体而言，从殖民时期到独立后的卢旺达共和国，卡恰恰法庭式微的趋势显而易见。

1994 年的大屠杀导致了巨大的社会、政治和司法问题，所有能有助于解决这些问题的机构都已经崩溃。出于此原因，1995 年在基加利召开的一次国际研讨会上，卢旺达政府向所有的社会与学术机构呼吁探索该国种族灭绝后的和解战略与方案。这个呼吁得到联合国的响应，并支助一个卢旺达研究团队探讨启用传统卡恰恰法庭解决部分司法问题的可行性。不过在该团队的报告中，明确反对卡

---

[1] Bert Ingelaere, "The Gacaca Courts in Rwanda," in Luc Huyse and Mark Salter, eds., *Traditional Justice and Reconciliation after Violent Conflict: Learning from African Experiences*, International IDEA publications, 2008, p. 33.

[2] Arthur Molenaar, "Gacaca: Grassroots Justice after Genocide the Key to Reconciliation in Rwanda?" *African Studies Centre Research Report*, No. 77, 2005.

恰恰法庭判决反人道和大屠杀罪，更倾向于将之视为一种和解机制，处理情节较为轻微的犯罪，比如盗窃、抢劫财物等。

政府最初反对有关卡恰恰法庭的全部主张，因为相关人员认为让民众聚集在一起讨论大屠杀为时过早，且很危险。但政府的这种姿态在基层社会又有了明显的改观。根据联合国人权委员会的调查发现，大屠杀刚结束许多地方的民众就自发组织卡恰恰法庭处理社区内与大屠杀相关的一些事务，而且地方当局起到促进的作用。比如1995年11月基布耶省的行政长官在一封信中透露，有的地区的行政当局了解到民间卡恰恰法庭有冒头的迹象便主动帮助强化其功能。1996年3月内政部一位代表与一个正运行卡恰恰法庭的社区的群众举行了简短的见面会了解情况，说明政府对小范围内民间卡恰恰法庭的实践采取默许态度。[①]

在乌鲁格维罗反思会议中，人们一致同意推出一种新的司法制度，让人们积极参与其中、提高办案效率、惩治罪犯，恢复卢旺达人的和平与和谐。在这样的场合下，有关卡恰恰法庭的议题被重新讨论。支持者与反对者兼而有之，双方展开了大辩论，前者逐渐占据上风，加上没有其他令人信服的选择，卡恰恰法庭就成为大屠杀善后的可依赖路径。此后政府成立"国家卡恰恰委员会"，出台法律及相关章程，制定计划表和行动方案，为卡恰恰法庭的实践做好了充足的理论准备。

2. 实施与结果

卡恰恰法庭实施的过程并非轻率冒进，而是步骤严谨，节奏分明。2002年6月18日启动，隔日正式运行，先选定12个县进行试点。在运行的过程中这个法庭成为全民的焦点，包括高等法院在内的政府部门都极为关注。通过近距离的观察，人们意识到卡恰恰法庭拥有高效、广泛参与性等独特的价值和优势。正因为如此，6个月后，试点的县增加到118个。

卡恰恰法庭试点的第一项任务是搜集证据，这一过程持续了18个月，2003年底结束。经过一年时间的酝酿，2005年1月15日证据搜集工作在整个国家全面铺开，于2006年6月结束，意味着卡恰恰法庭已经从试点走向普及化。卡恰恰法庭的第二项工作是审讯与判决，2005年3月10日第一个案件依然在试点的卡恰恰法庭举行，直到第二年7月15日，审讯工作才在全国范围内展开，大多

---

① Bert Ingelaere, "The Gacaca Courts in Rwanda," in Luc Huyse and Mark Salter, eds., *Traditional Justice and Reconciliation after Violent Conflict: Learning from African Experiences*, Stockholm: International IDEA, 2008, p. 35.

数案件的审理集中在 2006～2009 年。①

卡恰恰法庭依据行政区划被分为四个层级：乡级、县级、地区级以及省级（首都基加利市等同省级），此外在县级层面还设置上诉法庭。大屠杀期间非策划或组织者，但涉嫌杀害他人或谋杀者的共犯，在地区级卡恰恰法庭审讯，最高可判处无期徒刑，省级卡恰恰法庭起到上诉法庭的作用；县级卡恰恰法庭审讯大屠杀期间伤害他人的案件，最高可判处 7 年有期徒刑；乡级卡恰恰法庭主要审理损害财产罪，有判罚赔偿的权力。在数以百万计的案件处理中，以乡级和县级卡恰恰法庭为主，2004 年全国共有 9013 个乡级法庭、1545 个县级法庭以及 1545 个上诉法庭。为了加快审讯的进度，2007 年后新增 3000 个卡恰恰法庭，一些县最高同时有 12 个法庭运转。②

卡恰恰法庭的庭审既没有律师，也没有公诉人，法官们负责调查罪行，安排审讯。一个案件从审理到结案通常需要 1～3 天的时间。审讯中法官们一起坐在长凳上，佩戴绿色、黄色和蓝色（卢旺达国旗颜色）的肩带，庄重而严肃。审讯多在森林空地、草地、体育场、清空的集市等地方进行。审讯对每一位社区成员公开，鼓励人们参与，了解大屠杀可怕的历史。实际上，根据 2004 年《组织法》，参加审讯是一种义务，若无故不参加会记录在案，甚至处以罚金。

2012 年卡恰恰法庭的审讯工作已接近尾声，该年 6 月 18 日结束使命而关闭。自 2002 年 6 月 18 日以来的 10 年时间，超过 100 万名涉及大屠杀的被告在各级卡恰恰法庭被起诉，审理的案子近 200 万件，各类庭审文件高达 6000 多万页。③ 从某种意义上来说，卡恰恰法庭已经创造了当代司法界的历史和传奇。

在其他很多方面新旧卡恰恰法庭具有相似性。首先，广泛的参与性。卡恰恰法庭具有高度开放性，社区成员都可以参加，被誉为"身边的法庭"。其次，选举法官的准则一脉相承。在卢旺达语中，卡恰恰法庭的法官被称为"因尼扬加木咖尤"（Inyangamugayo），意为"诚实的人"，诚实与正直正是选举法官最重要的原则。再次，卡恰恰法庭没有固定的组织场所，符合其一贯以来的"草根"

---

① Domithile Mukantaganzwa, "Interview with the Executive Secretary of Gacaca," http://gacaca.rw/o-pinion/interview-with-the-executive-secretary-of-gacaca-domithile-mukantaganzwa/.
② Bert Ingelaere, "The Gacaca Courts in Rwanda," in Luc Huyse and Mark Salter, eds., *Traditional Justice and Reconciliation after Violent Conflict: Learning from African Experiences*, Stockholm: International IDEA, 2008, p. 43.
③ Anne-Marie de Brouwera and Etienne Ruvebanab, "The Legacy of the Gacaca Courts in Rwanda: Survivors' Views," *International Criminal Law Review*, Vol. 13, No. 5, 2013.

气质。最后，卡恰恰法庭将"和解"视为核心价值。

当然，两者的差异同样值得关注。第一，新卡恰恰法庭已被纳入国家司法体系中，其运转依赖 2004 年《组织法》的指导；旧卡恰恰法庭以带有地方特色的习惯法为宗旨。第二，旧卡恰恰法庭没有固定的组织架构，而新卡恰恰法庭具有行政化的性质，每一个法庭都由"全体大会"、"法庭委员会"以及"协调委员会"构成，各自职责分明。第三，案件处理的类型有了明显变化，旧卡恰恰法庭大都处理民事案件，地区级的新卡恰恰法庭则能审判谋杀类的刑事案件。

从这个意义上来说，传统的复兴并非简单的复制与再造，在新的时代背景下，历史行动者充分发挥能动性，赋予其新的内涵与意义，并产生意想不到的效果。唯其如此，卡加梅总统才会在卡恰恰法庭关停仪式上不无自豪地指出："我们有能力在面对艰巨困难时找到自己的答案。"[1]

（二）阿本兹地方冲突调解委员会

讨论卢旺达族群整合的本土内生机制，在现存文献和政策分析中，以卡恰恰法庭为主。事实上还有一种被称为阿本兹的冲突治理方式，虽然没有卡恰恰法庭"耀眼"，但同样作为一种补充，在国家机器不易触及的基层社会发挥着巨大作用。2006 年，卢旺达政府颁布了《关于调解委员会的组织管辖权、权限和职能的组织法》（以下简称《调解委员会组织法》），其中明确了阿本兹的地方争端和犯罪解决机制的地位。从字面理解，阿本兹意为"调解人"，也源自传统社会，早在殖民时代之前就已存在。由于卡恰恰法庭有成功的先例，外界的评价颇为积极，阿本兹也顺理成章被纳入卢旺达政府的视野中，并将之升级为具有官方背景的基层冲突调解机制。

阿本兹事实上就是一个调解委员会（Mediation Committees），在《调解委员会组织法》中它被定义为"案件在提交初级法院前提供强制性调解的机构"。根据 2010 年修订后的《调解委员会组织法》第二款，存在两种阿本兹委员会。其一，调解委员会，主要权限在乡级；其二，调解申诉委员会，其权限放大到县级行政区，不满意调解的当事方可以在此申诉。调解委员会由 12 位志愿者（另有 3 位候补）组成，这些人必须是本乡居民。与卡恰恰法庭的法官因尼扬加木咖尤一样，阿本兹调解委员会委员也是乡里的"贤人"，具有正直可靠的品行，人们认可他们的调解技巧。司法部数据显示，卢旺达 2150 个乡共有 32400 名阿本兹

---

[1] http://gacaca.rw/opinion/speech-by-president-paul-kagame-at-the-closing-of-the-gacaca/.

委员会委员。这些委员由乡理事会（Cell Council）选举产生，任期两年。委员会由主任、副主任及秘书构成领导小组，主持日常工作。《调解委员会组织法》规定，阿本兹委员会委员在履职期间不得在政府部门担任职务。此外，卢旺达宪法规定，任何政府机构，包括阿本兹必须包含至少30%的女性。

在履职前，每位调解员都须向乡民宣誓，誓言包括"遵守宪法和其他法律""自觉履行作为卢旺达公民的职责，不带有任何歧视""尊重人民的自由和基本权利，维护人民的利益"，若违背誓言"将面对无情的法律"，整个过程充满仪式感和庄重感。每次调解并不会全员出动，一般由3位委员构成一个调解小组。第一轮调解时，当事双方各从12位委员中选取一位自己信任的委员，再由两位协商选定第三位调解员。

阿本兹的司法权从民事纠纷到刑事案件皆有涉及。民事案件既包括比较琐碎的家庭层面纠纷，也有商业性案件，但《调解委员会组织法》规定民事纠纷中土地等不动产的涉案值不超过300万卢旺达法郎，牛等动产的涉案值不超过100万卢旺达法郎。2010年《调解委员会组织法》第9款规定，阿本兹调解委员会也有一定程度的刑事案件受理权，包括土地边界争端、毁坏庄稼、偷窃、抢劫、敲诈、故意伤害，涉案值也不能高于300万卢旺达法郎。土地是大部分卢旺达人赖以存活的生产资料，土地争夺一直是引发冲突的重要因素。1994年种族灭绝后，大量图西族难民回国加剧了土地纠纷。关于种族灭绝罪犯的土地处置和赔偿问题，尽管有卡恰恰法庭的审判和裁定，但具体实施过程还是会引发争端。所以，阿本兹最重要的一个功能就是处理土地纠纷。2008年，美国国际开发署的一份报告强调，阿本兹在调解土地纠纷中起到突出作用。

启动阿本兹，意在鼓励调解员使用调解、说服手段代替惩戒性方法来解决冲突，因而有助于重建人际关系，增强共同体意识。2010年《调解委员会组织法》第四章第21款规定：调解人应首先尽量促成当事方和解，若无法说服，再依照习惯法和成文法（习惯法不能有违成文法）做出有约束力的裁决。阿本兹委员都是土生土长的本乡人，他们更容易了解和理解冲突的动因与来龙去脉，促进调解工作的开展。阿本兹的调解强调现场公开办公，意味着社区成员都可以自由参与；鼓励但不强迫社区成员参与，同时强制辩论方和目击者参与。阿本兹处理问题的过程与结果都指向调解和修复，而不是惩罚，由于强调非对抗性，有助于促进当事双方达成和解。资料显示，阿本兹相对于其他的调解机制，最受欢迎。一项问卷调查显示，81.6%的受访者对于阿本兹的调解表示满意，而正式法庭的满意率只有63.4%。

与卡恰恰法庭一样，阿本兹的调解工作减轻了正式法庭的压力，为其节省大量时间与精力。卢旺达司法部的资料显示，阿本兹建立后，70%的基层民事案件由它来审理，其中有73%的案件没有上诉，不仅说明人民对阿本兹有较高的满意度，也在一定程度上"解放"了正式法庭。即便当事方不满意调解而上诉至正式法庭，阿本兹的审理意见也具有重要参考价值。

相对于卡恰恰法庭法官，阿本兹调解员大体上属于一种志愿性的义务行为，既无工资也无津贴，前者尚可以得到交通费、话费与文具，甚至家中小孩的学费等补助；而后者的家庭每年仅获得价值5000法郎的健康保险，此外，每个委员会配备一辆自行车用于司法调查。在如此简易条件下，3万多名调解员却劳心劳力为卢旺达基层司法做出不平凡的贡献，值得赞誉。当然，阿本兹的缺陷也很明显，调解人可能在品德方面能得到保证，但限于整个国家的教育水平，他们的专业性，即法律知识，调解和分析证据的能力与技巧却参差不齐。政府认识到了该问题，启动了阿本兹能力建设计划，司法部与地方政府部门等政府机构采取各种形式加强培训，一些非政府组织和国外的高校参与其中，如美国佩珀代因大学提供了力所能及的帮助。但相对于庞大的调解员人口数量，这样的培训尚远远不够，提升调解员的业务素质将是一个长期而艰巨的任务。[①]

阿本兹填补了正式法院不足留下的空白，社区成员全身心地参与这一基层司法实践，调解过程、协商结果以及最终的裁决都由人民自己主导，能有效地维系传统人际关系，弥合社会分歧。尽管阿本兹已被纳入当代法律，接受司法部和地方政府部提供的行政监管，但其机制、过程和程序都具有浓郁的卢旺达传统色彩。此外，阿本兹强调恢复性司法概念，对于卢旺达种族灭绝带给人们的创伤有巨大的治愈作用。

1994年种族灭绝后，卢爱阵在一片废墟上接管国家：基础设施被摧毁；政府的行政能力瘫痪；司法系统完全崩溃；政府与市民社会（教会、非政府组织及媒体）的信用破产；人民流离失所陷入绝望。由于种族灭绝事件带来的毁灭性遭遇，这个国家和人民似乎面临随时可能爆发的致命危机，结束种族灭绝的卢爱阵更担负着一种前所未有的责任和使命，从而为其实施族群整合提供了最无可

---

① 主要参考了 Martha Mutisi, "Local Conflict Resolution in Rwanda: The Case of Abunzi Mediators," *African Journal on Conflict Resolution*, No. 2, 2012。

辩驳的道义性与合法性。通过族群整合，修复破碎的族际关系，建构超越族裔的民族与国家认同，确保国家政治稳定、经济社会发展，卢旺达走向了艰难的"逆袭"之路。

2020年，卢旺达发布《和解晴雨表》，对于这段20多年的历程进行了权威总结。《和解晴雨表》设定6个关键主题指标来评估族群整合的成效、民族和解与团结的程度：①了解过去、现在和展望未来（包括对事实的理解、历史以及如何分享历史、和解的自主性、展望未来）的认可度/满意度为94.6%；②身份和认同（包括民族认同、对民族认同的承诺、对共同身份的自豪感）的认可度/满意度为98.6%；③政治文化与治理（包括机构的角色、领导人的表现、公民赋权和参与治理）的认可度/满意度为90.6%；④安全与福祉（包括国家安全与和解、个人安全与和解、经济安全和财产权、基础设施的合理分配）的认可度/满意度为94.3%；⑤正义、公平和权利（包括了解真相、惩治种族灭绝和相关罪行、赔偿种族灭绝期间被掠夺或破坏的财产、道歉和宽恕）的认可度/满意度为93.1%；⑥社会凝聚力（包括卢旺达人之间的信任、卢旺达人之间的宽容和互动、卢旺达人的交往和团结）的认可度/满意度为97.1%，总体认可度与满意度达到94.7%。[①] 2020年《和解晴雨表》是卢旺达开展的一项全国性大调查的结果，通过概率抽样技术在全国各地12600个家庭中搜集定量数据，设定的主题紧密围绕种族灭绝后的国家重建，因而具有全面性和权威性。从统计数据来看，卢旺达族群整合较为成功，取得的成绩斐然，也引起国际社会的广泛关注。

卢旺达族群整合是一扇独特的窗口，从中可以窥探到，这个国家在经历种族灭绝级别的族际暴力后，寻求彻底改变和转型的理想与实践，因而存在相当的经验总结价值。首先，卢旺达族群整合是一项综合性立体工程，在观念、象征以及制度等层面设计了各种举措，彼此编织成庞大的网络。其次，卢旺达族群整合调动全民参与，相关理念密集渗透至社会生活的方方面面，国民接受全方位的思想洗礼和行动指引。再次，卢旺达族群整合强调国家的绝对主导权，各项政策的制定与执行具有强制性和不可置疑性。最后，卢旺达族群整合大致属于"差异消除"的路径。这种整合方式是以牺牲族裔多元性为代价的，幸运的是，在卢旺达从未偏离可控的政治框架，况且在杜绝再次发生种族灭绝的语境下，理论总归服从于现实的合理性。

---

① *Rwanda Reconciliation Barometer 2020*, National Unity and Reconciliation Commission, 2020, p. 145.

第六章
尼日利亚族群冲突与整合

尼日利亚是一个典型的多元社会，族群结构尤其复杂。但该国究竟存在多少族群，则是一个"迷"，有学者认为是250个，也有学者认为是374个，还有学者认为超过400个，至今尚无定论。[1] 在最南部的尼日尔三角洲，生活着数十个少数族群，人口规模较大的有伊乔人（Ijaw）和伊比比奥人（Ibibio）等，在前殖民时期大都处于非集权或半集权社会阶段。西南部的约鲁巴人和埃多人（Edo），不仅创造了举世瞩目的"伊费—贝宁"文化，而且在历史上曾形成数量众多的王国，特别是约鲁巴人的奥约帝国，实力极为强盛。东南部的伊博人，在前殖民时期呈非集权的松散村社状态。中部地带的乔斯高原和阿达马瓦高地，是尼日利亚少数族群的"摇篮"，聚居的少数族群数以百计，其中蒂夫人与努佩人（Nupe）的人口规模居前，蒂夫人是非集权社会的典型，努佩人拥有相当完整的政治组织，类似于约鲁巴人的政治体系。北部地区主要的族群是相互融合而成的豪萨－富拉尼人。豪萨人应为北部土著，在11世纪左右建立了一批城邦，形成独特的城邦政治，其豪萨语是西非地区最重要的商业语言。富拉尼人作为游牧群体，踪迹遍及包括尼日利亚北部在内的西非稀树草原。[2] 19世纪初期，富拉尼人乌斯曼·丹·福迪奥（Uthman dan Fodio）发动伊斯兰"圣战"，一举统一尼日利亚北部，建立了强大的索科托哈里发国，促成豪萨人与富拉尼人的融合。东北部曾经属于中苏丹最强大的加涅姆—博尔努帝国的疆域，如今聚居着大量少数族群，其中包括构成"博科圣地"主体的卡努里人。历史上，尼日利亚数百个群体部分或有所交往，但大多并无联系，更未形成统一的共同体。欧洲人以殖民的方式进入该区域，这里发生了全方位的大变革。

---

[1] Abdul Raufu Mustapha, "Ethnic Structure, Inequality and Governance of the Public Sector in Nigeria," United Nations Research Institute for Social Development (UNRISD) Programme Paper, No. 24, 2006.

[2] Obaro Ddme, *Groundwork of Nigerian History*, Ibadan: Heinemann Educational Books (Nigeria) Plc., 2004, pp. 15-21.

1861年，约鲁巴人的拉各斯王国成为英国在尼日利亚的首个殖民地，并任命了一位总督。此后英国继续向约鲁巴地区进军，迫使约鲁巴各王国听命于总督。1891年，英国在尼日尔三角洲部分地区和尼日尔河下游地区建立了殖民机构，称为"油河保护领"（Protectorate of the Oil Rivers）；1893年，"尼日尔沿岸保护领"（Niger Coast Protectorate）宣告建立。1897年，英国征服了强大的贝宁王国。而伊博人聚居的东南部地区在19世纪末也被吞并。[1] "尼日利亚"一词是在英国的殖民征服过程中诞生的。1897年1月，弗里德里克·卢加德（Frederick Lugard）总督的妻子也即《泰晤士报》编辑弗洛拉·肖（Flora Shaw），在给该报的信中创造了"Nigeria"一词用来界定毗邻尼日尔河的领土，后来被皇家尼日尔公司（Royal Niger Company）借用宣示主权。[2] 从此，"尼日利亚"开始以一种政治共同体的面貌出现在世人面前，比如"南尼日利亚保护领"（Southern Nigeria Protectorate）在1900年建立。

19世纪与20世纪之交，皇家尼日尔公司获得特许状向北渗透，1900年英政府将该公司控制的地区改称为"北尼日利亚保护领"（Northern Nigeria Protectorate），随后继续向北方扩张，1903年占领北部重镇卡诺，同年索科托哈里发国的首都也被攻陷。在东北部，英国与法国经过激烈争夺后，最终确定了法属和英属殖民地的边界。在中部地带，1900~1908年，英国军队与蒂夫人进行了一系列小规模战争，征服了此地。[3] 英国人步步为营，稳步推进，并摆脱了欧洲其他列强的竞争与围堵，花费了40年的时间将如今尼日利亚的全部领土悉数"收入囊中"。为行政管理与经济需要，英国人将这些殖民地进行了政治上的整合：1906年"拉各斯殖民地"与"南尼日利亚保护领"合并成为"南尼日利亚殖民地和保护领"；1914年南北殖民地完全合并，奠定了现代尼日利亚国家的基础。

毋庸置疑，"没有英国就不会有尼日利亚"。[4] 数百个群体被强行纳入英国人建立的这个殖民国家，在前所未有的政治框架中，进入全新的互动模式。尤其是独立后，它们在民族国家的场域内，以"族群"的形态构建"利益共同体"，并以族群冲突的方式回应"谁拥有国家"的命题。

---

[1] 〔美〕托因·法诺拉：《尼日利亚史》，沐涛译，东方出版中心，2010，第44~57页。
[2] Richard Bourne, *Nigeria: A New History of a Turbulent Century*, London: Zed Books, 2015, pp. 3-57.
[3] 〔美〕托因·法诺拉：《尼日利亚史》，沐涛译，东方出版中心，2010，第58~60页。
[4] Richard Bourne, *Nigeria: A New History of a Turbulent Century*, London: Zed Books, 2015, p. 5.

第一节　尼日利亚族群冲突

尼日利亚建国以来，国内局势可谓诡谲莫测、风云变幻，经历了7次成功的军事政变，多次未遂政变，大大小小的族群冲突更是难以胜数，给该国带来了灾难性的影响，国家一体化进程不断受到严峻的挑战。从根本上说，这一系列问题与该国"斩不断，理还乱"的复杂族群状况有着千丝万缕的关系。尽管如今尼日利亚已经从军政府顺利过渡到文官政府，但族群利益的瓜葛始终交织于社会、历史、文化、经济与政治之网中，族群冲突时有发生。为深入理解尼日利亚族群冲突的内在逻辑与外在表征，此处主要考察它们的生成模式与类型。

一　尼日利亚族群冲突的两种模式

尼日利亚为多主体族群结构，豪萨-富拉尼族、约鲁巴族和伊博族三个多数族群占据整个国家2/3的人口，其比例分别为29%、21%、18%，[①] 形成尼日利亚人称为"wazobia"[②] 的霸权模式。与之对应的是数量众多的少数族群，从地理分布上来说，主要聚居于东北部、中部地带以及南南部。少数族群在人口数量上处于劣势，在语言、文化上存在广泛差异，在国内政治生活中更处于边缘化地位。基于这种结构，尼日利亚的族群冲突大致呈两种基本模式：多数族群力图控制全国政局而引发的重重矛盾；少数族群对利益的诉求和抗争。

(一) 多数族群争夺国家权力的斗争

尼日利亚的独立，基本上是由约鲁巴人主导的行动派、伊博人主导的尼日利亚与喀麦隆国民会议（National Council of Nigeria and the Cameroons）[③] 以及豪萨-富拉尼人主导的北方人民大会（Northern People's Congress）引领的。三个政党代表三个地区、三大族群的利益，在殖民时期展开了政治博弈，在1959年独立前第一次真正意义上的普选中达到白热化。行动派在竞选口号中公然宣称：

[①] 美国中央情报局，https://www.cia.gov/library/publications/resources/the-world-factbook/geos/ni.html。

[②] 这个词的 wa 来自约鲁巴语, zo 来自豪萨语, 而 bia 来自伊博语, 参见 Abdul Raufu Mustapha, "Ethnic Minority Groups in Nigeria: Current Situation and Major Problems," Sub-Commission on Promotion and Protection of Human Rights Working Group on Minorities, Ninth Session, 2003。

[③] 1959年更名为尼日利亚全国公民大会（National Council of Nigerian Citizens）。

"你想被伊博人统治吗？若不想的话，就投票给行动派吧。"[1] 通过诸如此类的政治宣传，这些政党动员选民们根据族裔—地区身份进行投票。以北方人民大会为例，共获得199.2万张选票，其中198.9万张来自北区，占选票总数99.8%。最后结果是，北方人民大会赢得134个席位，行动派夺得73个席位，尼日利亚全国公民大会获得89席，其他独立候选人得到16席。[2] 北方人民大会与尼日利亚全国公民大会组成联合政府，行动派成为反对党。

但从某种意义上说，联邦政府控制在北方人民大会手中。该党的主要领导人，担任联邦总理的阿布巴卡尔·巴勒瓦（Abubakar Balewa）以及担任北区总理的艾哈迈德·贝洛（Ahmadu Bello）采取诸多措施将联邦资源向北区倾斜。首先，在公共服务部门中任人唯亲，大力提拔北区人（甚至很多北区人在学历、能力和经验上都远比不过南方人），军队招募采取配额制，50%份额来自北区，东西区分别占25%。殖民时期的军官原本主要来自南方，特别是伊博人，但独立后由于配额制，北区军官的名额提升到50%。其次，在资金使用上也出现明显的倾向性。在联邦政府预算中，几乎所有国防开支以及超过半数的卫生、教育和道路等基础设施都投资于北区。仅北区的尼日尔河大坝工程就耗资8800万英镑，超过当时联邦政府所有开支的10%。[3] 北方人民大会独断专横的做法引起南方人的强烈愤慨和不满，不得不说第一共和国的崩溃与这种状况有莫大关系。

1966年，族群政治激化到严重的暴力阶段，以伊博人为主的军人制造了独立后第一次军事政变，造成大批豪萨-富拉尼族和约鲁巴族的政府高官被残酷杀害（包括联邦总理巴勒瓦和北区总理贝洛）。但半年后，政变中上台的伊博人伊龙西（Ironsi）便被以豪萨-富拉尼人为首的军人击毙。伊博人支配的伊龙西军政权迅速覆灭，同样显示了豪萨-富拉尼人势力反扑力量的强大。伊龙西政权被推翻后，北区势力掌握了国家权力，并组织了大规模屠杀和排挤伊博人的活动。1967年，东区伊博人发动了分离联邦政府的比夫拉内战，给尼日利亚人民留下了深深的创伤，加重了族群间的不信任感。

自比夫拉内战结束后，三大族群再无如此程度的冲突，不过地方性的暴力时有发生，族群民兵组织极其繁盛：伊博人的伊博青年运动（Igbo Youth Move-

---

[1] John P. Mackintosh, "Nigeria since Independence," *The World Today*, Vol. 20, No. 8, 1964.
[2] 包刚升：《民主崩溃的政治学》，商务印书馆，2014，第265~267页。
[3] Toyin Falola and Matthew M. Heaton, *A History of Nigeria*, Cambridge: Cambridge University Press, 2008, p. 166.

ment)、伊博人拯救阵线（Igbo Salvation Front）、伊博人拯救理事会（Igbo Redemption Council）、伊博人青年联合理事会（Federated Council of Igbo Youths）以及实现比夫拉主权国运动（Movement for Actualisation of the Sovereign State of Biafra）等；约鲁巴人的埃格博·阿非尼菲热（Egbe Afenifere）、奥杜瓦人民代表大会（O'Odua Peoples' Congress）；豪萨－富拉尼人的图拉基委员会（Turaki Committee）、团结和发展基金会（Unityand Development Foundation）、北方长者论坛（Northern Elders Forum）、阿雷瓦人民代表大会（The Arewa Peoples Congress）以及伊斯巴卫队（The Hisbah Guards）等。[1] 这些族群组织大都由青年人组成，为追逐自身的目标而随时准备付诸武力，成为国内局势动荡的重要诱因。

三大族群在政治领域的全方位竞争主要体现在政治权力的争夺上，这种权力决定了"谁拥有国家"。而联邦总统/元首之位，作为国家权力的象征，是角逐的重中之重（其中多次通过武装政变夺权）。迄今为止，尼日利亚共经历了14位总统的统治，通过对其所属族群的考察，或能觅得一丝端倪（见表6-1）。

表6-1 尼日利亚历任总统

总统姓名	在任时间	所属族群	所属区域
本杰明·纳姆迪·阿齐克韦	1963.10.1～1966.1.16	伊博族	南部
约翰逊·阿吉伊－伊龙西	1966.1.16～1966.7.29	伊博族	南部
雅库布·戈翁	1966.8.1～1975.7.29	安加族	北部
穆尔塔拉·拉马萨·穆罕默德	1975.7.29～1976.2.13	豪萨－富拉尼族	北部
奥卢塞贡·奥巴桑乔	1976.2.13～1979.10.1 1999.5.29～2007.5.29	约鲁巴族	南部
谢胡·沙加里	1979.10.1～1983.12.31	豪萨－富拉尼族	北部
穆罕默杜·布哈里	1983.12.31～1985.8.27 2015.5.29～2023.5.29	豪萨－富拉尼族	北部
易卜拉欣·巴班吉达	1985.8.27～1993.8.26	豪萨－富拉尼族	北部
欧内斯特·肖内坎	1993.8.26～1993.11.17	约鲁巴族	南部
萨尼·阿巴查	1993.11.17～1998.6.8	卡努里族	北部
阿卜杜勒萨拉米·阿布巴卡尔	1998.6.8～1999.5.29	豪萨－富拉尼族	北部
奥马鲁·穆萨·亚拉杜瓦 （任内去世）	2007.5.29～2010.5.5	豪萨－富拉尼族	北部

---

[1] 李文刚：《尼日利亚地方民族组织的缘起与演化——兼评尼日利亚地方民族组织对民主化的影响》，《西亚非洲》2009年第9期。

续表

总统姓名	在任时间	所属族群	所属区域
古德勒克·乔纳森	2010.2.9~2010.5.6（在此期间为代总统）2010.5.6~2015.5.29	伊乔族	南部
博拉·蒂努布	2023.5.29~至今	约鲁巴族	南部

资料来源：https://www.osgf.gov.ng/about-us/history/past-presidents-and-heads-state。

依据表6-1，这14位总统/元首有8位来自北部，有6位来自南部，呈现"北强南弱"的格局；从族属上看，三大族群几乎垄断了国家最高领导人的职位，少数族群只有两位，而豪萨－富拉尼族是绝对霸主，共有6位在列，占了约一半，伊博族在比夫拉内战后遭到打压，而约鲁巴族也在1993年的总统大选中受到重创。[①] 1999年民主化后，三大族群争夺国家权力的趋势不变，从而导致持续的选举冲突。

（二）少数族群的诉求与抗争

被纳入殖民地的政治框架后，少数族群就生活在多数族群的阴影中，游离于国家权力中心之外。但他们也正是在边缘化的境遇中"觉醒"，为自身的权益而抗争。其利益诉求所引发的暴力和冲突问题，成为困扰尼日利亚政府的一大痼疾，深刻影响着民族国家建构的进程。

殖民时期，少数族群不甘落后纷纷建立政党，表达参与族群政治竞争的态度和立场，主要政党有：北区的中部地带联合大会（United Middle Belt Congress）、博尔努青年运动（Bornu Youth Movement）、北部元素进步联盟（Northern Elements Progressive Union）；东区的民族独立联合党（United National Independents Party）、尼日尔三角洲国民大会（Niger Delta Congress）；西区的中西部民主阵线（Midwest Democratic Front）、贝宁—三角洲人民党（Benin-Delta Peoples Party）、中西部建州运动（Mid-West State Movement）。[②] 它们在各自区域内都成为反对党，但无力挑战多数族群政党的权威。1952年，埃非克人（Efik）埃约·伊塔（Eyo Ita）被赶下东区总理的宝座，标志着少数族群在该地区唯一执行委员会的

---

① 20世纪80年代末，靠政变上台的巴班吉达在内外压力下被迫举行民主选举。在1993年6月12日的大选中，约鲁巴人阿比奥拉（Abiola）胜选。但在军人集团压力下，巴班吉达却以舞弊为由推翻了这次选举结果。不仅如此，阿比奥拉还被处以"叛国罪"。

② Eghosa E. Osaghae, *Crippled Giant: Nigeria since Independence*, Ibadan: John Archers (Publishers) Limited, 2011, p.8.

席位被剥夺。在联邦中央,情况并无不同,只有多数族群的政党才具有实质性的意义。① 不过,由于这些政党的存在,为三个大党提供了结盟的机会,如北方人民大会通过与中西部民主阵线结盟,势力渗入中西部;行动派通过与中部地带联合大会结盟,尼日利亚全国公民大会通过与北部元素进步联盟结盟,都将势力延伸到北部。② 尽管这种合作是不对等的,但至少有助于少数族群政党参与国家政治生活。

尼日利亚建国后,少数族群继续遭受结构性歧视,分配不公产生的利益争端是族群矛盾的主要根源。尼日利亚政府由多数族群所掌控,他们利用手中的权力设定有利于本族群的分配制度,捞取了大部分国家资源,加之政府腐败盛行,少数族群在其中获利甚微。尼日尔三角洲的奥格尼族(Ogoni),尽管他们生活的土地为国家提供了超过 300 亿美元的石油收入,但是这里的人们却缺水少电,缺少教育、健康和其他基础设施。如果根据人均产出来估算,奥格尼人应该是尼日利亚最富裕的群体,却陷入一贫如洗的境地。③ 此外,长期军事独裁统治的危害甚深,对于族群问题,军政权偏向非政治的解决方式,甚至寻求改革的温和族群运动也被视为对当局的挑战和威胁,采取暴力手段对其进行镇压。在这种情况下,少数族群一直寻求如何从多数族群的霸权中解放出来,为达成这一目标不惜动用武力。

1990 年,来自贝努埃州的蒂夫人吉迪恩·奥尔卡尔(Gideon Orkar)少校领导一群军官,企图以暴力手段推翻易卜拉欣·巴班吉达(Ibrahim Babangida)军政府,这是少数族群不满和积怨的总爆发。他们指责军政府实际上是在维护豪萨-富拉尼人的统治,从而代表中部地带和尼日尔三角洲"边缘化的、被压迫的、受奴役的人民"行动,"将自己、自己的孩子和自己尚未出生的后代,从该国某一集团的无休止的奴役和殖民化中解救出来"。④ 少数族群谋取利益的正当性无可争议,但造成的后果往往是两败俱伤。此外,在地方层面,少数族群之间基于土地、牧场等经济资源和行政单位等政治资源的诉求意识同样高涨,相互制造了

---

① 〔荷〕弗兰克·德·兹瓦特:《文化多元社会中的定向政策:协调、拒绝与替代》,凤兮译,《国际社会科学杂志》2006 年第 1 期。
② 〔美〕托因·法诺拉:《尼日利亚史》,沐涛译,东方出版中心,2010,第 95 页。
③ Edlyne E. Anugwom, "Ethnic Conflict and Democracy in Nigeria: The Marginalisation Question," *Journal of Social Development in Africa*, Vol. 15, 2000.
④ 〔尼日利亚〕埃格萨·奥萨加伊:《尼日利亚:国家与民族自治》,王铁志、沙伯力主编《国际视野中的民族区域自治》,民族出版社,2002,第 413 页。

大量冲突。

尼日利亚少数族群在国家序列中先天处于不利位置，如果不将之看作劣势类别加以保护对待，就可能出现治理上的困境。尼日利亚学者埃格萨·E. 奥萨加伊（Eghosa E. Osaghae）指出，尼日利亚失策的地方在于，从未停止对少数族群的歧视和边缘化，只是将少数族群问题看作一个逐渐逝去的政治问题。[①] 由于权力失衡，政府分配的资源和福利，成为多数族群的"私利"，不再具有"公共"性质，推动作为对立面的少数族群的身份被强化，界限被放大。殊不知这种族群认同的能量也是可观的，许多时候以破坏性的方式反作用于民族国家建构。

二 尼日利亚族群冲突的类型

在族群冲突方面，尼日利亚大体上是整个非洲的"缩影"，不仅独立后族群冲突成为国内政治的"主旋律"，而且各种类型的冲突似乎都曾在这个国家轮番上演——民族分离主义运动（种族灭绝）、资源冲突、选举冲突等，构成一幅立体、多层的冲突图景。

（一）民族分离主义运动

谈及尼日利亚民族分离主义运动，伊博人脱离联邦的比夫拉内战无疑是最为显著的"大事件"。表面观之，这场内战体现的逻辑简单，即伊博人与联邦政府的极端对立，是分裂与反分裂的斗争。但整个事件的背景与脉络以及所构成的族际关系错综复杂，大致反映了自殖民时代以来尼日利亚族群冲突的主要特征：多数族群争夺国家权力、少数族群对维护自身利益的诉求。因而，不能将比夫拉内战视为一个孤立的事件，而要将其置于更广阔的历史视野中加以考察。

分离主义和地区主义自殖民时期已经出现，第一次分离主义威胁出现在尼日利亚合并之初。对于当时北方的领袖艾哈迈德·贝洛来说，合并是一个"1914年的错误"，他在自传中写道："当时，卢加德爵士与他的合并政策在我们当中并不受欢迎。有人鼓动支持分离，我们应该建立自己的国家，我们应该走自己的路，停止与南方人建立任何联系。"虽然合并最终顺利实施，但北部还不时以"分离"为要挟施压，满足了其大部分政治野心。事实上，关于自决和分离权的争论一直是各族群的政治筹码。

---

① Eghosa E. Osaghae, "Managing Multiple Minority Problems in a Divided Society: The Nigerian Experience," *The Journal of Modern African Studies*, Vol. 36, No. 1, 1998.

1954年1~2月，殖民政府举行了宪法修订会，焦点是各地区是否有权脱离联邦。在这些讨论中，西区的行动派扮演了主角，其代表要求在宪法中承认地区分离权，他们认为任何来自外部强压下的团结都缺乏持久凝聚力，并预测尼日利亚的统一只是不切实际的梦想。行动派坚决支持以"人民的同意"为基础的联邦原则，宪法应该允许组成单位拥有离开联邦的权利。东区的尼日利亚与喀麦隆国民会议针锋相对，阻击了行动派的提案，最后修订的宪法中没有相关地区"自决"或"分离权"的条款。

东区总理纳姆迪·阿齐克韦事后就这个问题发表了重要声明，他高度认可和赞赏1869年美国首席大法官萨蒙·P. 蔡斯（Salmon P. Chase）关于美利坚合众国"不可分裂"的观点，并从四个方面为尼日利亚与喀麦隆国民会议当时的行动做了辩护：脱离联邦与联邦制格格不入；脱离联邦是违法行为；脱离联邦是走向无政府状态的一种前奏；脱离联邦将毁灭尼日利亚独立的议程。

独立后，1964年12月联邦选举和1965年10月西区选举的政治气氛非常紧张，以至于分离主义的威胁再次出现。然而，这次分离主义的苗头在东区冒出。1964年12月10日，已担任联邦总统的阿齐克韦对此发出警告，北区总理贝洛也做出回应，强调尼日利亚联邦宪法中"没有关于分裂或解体的条款"。1965年10月，西区"有争议、被操控的"选举让东区意识到，自己的党和支持者对联邦要害部门无力掌控，在南北对抗中处于下风，从而激发了伊博族分裂分子的情绪。联邦众议院议员、伊博人弗兰克·奥皮戈（Frank Opigo）呼吁东区立即脱离联邦，"不要有任何拖延"。

另一个分离主义威胁出现在少数族群集中的中部地带。20世纪50年代，中部地带的区域性政党中部地带联合大会成立后，与北方人民大会冲突不断，因为前者要求建立更多自治单位（州），但一直遭到后者的强烈反对。蒂夫人是中部地带的"多数族群"，对于豪萨-富拉尼人有着极深的仇怨，分别在1929年、1939年、1960年制造了暴力事件。1964年联邦选举时，蒂夫人再次通过暴力表达不满，一些极端分子乘机提出脱离联邦的方案。其中一位是中部地带联合大会的党员和北区议员艾萨克·沙阿胡（Isaac Sha'ahu），他于1965年说："因为北方人民大会不希望在蒂夫人中实现和平，我们在北区不受欢迎，唯一能做的就是从这里和整个联邦中脱离出去，成为一个主权国家。我们不会加入任何一方。我们有120万人，比冈比亚和毛里塔尼亚人口还多，我们有人力资源和其他一切。"

1966年2月，尼日尔三角洲出现了以以撒·阿达卡·波诺（Isaac Adaka Boro）等伊乔人为首的分离主义运动，被称为"十二日革命"。[1] 波诺是曾经呼吁分割东区建立河流州的主要倡导者（这种呼吁在20世纪40年代末已经开始）。伊龙西发动政变成立军政府后，他们担心伊博人掌握国家政权，建立河流州的愿望更遥遥无期。在这一背景下，伊乔人的"三角洲人民共和国"宣告成立，甚至还创建了一支军队，即"尼日尔三角洲志愿军"。1966年2月22日，尼日尔三角洲志愿军正式举起了分离大旗，但很快遭到了联邦军队的镇压，经过12天的激战后失败。然而与比夫拉内战相比，这些分离运动只不过是尚停留在文字游戏或小打小闹阶段的"开胃菜"罢了。[2]

1. 比夫拉内战

1966年1月15日，以伊龙西为首的一些年轻军官（6位伊博人和1位约鲁巴人）发动军事政变夺取了政权。这位新任国家元首同样操控族群政治，不仅提高了伊博军官在军队中的影响力，而且在提拔的21名政府高级官员中，有18名是伊博人。5月24日，伊龙西政府通过了最具争议的《统一法令》，废除联邦宪法，建立单一制的中央集权政府，加强伊博人对国家机器的控制。对北区的豪萨－富拉尼精英来说，这些措施将让他们"失去一切"，完全无法接受。因此，该法令颁布后的几天，针对北区伊博移民的骚乱爆发了。两个月之后，7月28日，伊龙西军政府就被推翻，史称"七月政变"。

政变者的更大目标是北区脱离联邦独立。在拉各斯的陆军总部，他们升起了一面象征北方共和国的旗帜。然而，士兵们被分成两派，大多数普通士兵是从中部地带少数族群中招募的，包括蒂夫人、巴查马人（Bachama）、贝罗姆人（Berom）等，多为基督徒或传统宗教信仰者，这些人对加入豪萨－富拉尼人统治的北方共和国毫无兴趣，因而推选来自安加族（Angas）的雅库布·戈翁中校就任国家元首。戈翁得到了联邦政府一些高级官员的支持，同时也得到英国政府的力挺，后者对尼日利亚分裂持强硬反对立场。

但分裂的阴影依然笼罩。1966年11月中期，在拉各斯召开的临时制宪会议

---

[1] Wilson Akpan, "Ethnic Diversity and Conflict in Nigeria: Lessons from the Niger Delta Crisis," *African Journal on Conflict Resolution*, Vol. 7, No. 2, 2007.

[2] 主要参考了Tekena N. Tamuno, "Separatist Agitations in Nigeria since 1914," *The Journal of Modern African Studies*, Vol. 8, No. 4, 1970; Johannes Harnischfeger, "Igbo Nationalism and Biafra," Afrikanistik Online, 2011, http://www.afrikanistik-online.de/archiv/2011/3042/。

上，来自东区、西区的代表提议，联邦组成单位应该被允许随时脱离联邦。北区代表最初也提出类似建议，不过后来撤回。只有中西区的代表坚决反对在宪法中加入脱离联邦的条款。中西区以少数族群为主，担心单边分离或强行分裂会导致流血冲突，因而维护尼日利亚作为一个统一的政治实体。庆幸的是，团结派战胜了分裂派；但不幸的是，东区率先发难，将分离付诸实践。

1967年5月30日，东区军事首脑奥朱古宣布正式脱离联邦，成立"比夫拉共和国"（Republic of Biafra），尼日利亚内战拉开序幕。最初，奥朱古等比夫拉领导推测西区也会脱离尼日利亚。西区领导人阿沃罗沃在七月政变后从监狱释放出来，他将驻扎在约鲁巴地区的北方军队指控为"占领军"，并要求将其驱逐。1967年5月1日，阿沃罗沃宣布，若东区独立，那么西区也将退出联邦。但四周后，当奥朱古宣布独立时，阿沃罗沃并没有跟进，相反他接受了戈翁的提议，成为联邦执行委员会副主席和财政部部长。当时阿沃罗沃似乎在冷静地权衡分离的利弊，伊博人的离开事实上有利于约鲁巴人接管空缺的政府职位。此外，约鲁巴人认为，他们面对的北方统治阶层不再是铁板一块，中部地带的少数族群也已具有一定的力量。从某种意义上看，约鲁巴人已经与北方人结盟。

内战的结果并没有太多的悬念，联邦军队取得最终胜利，但正如戈翁所说，"没有胜利者"。经历了三年的苦战，导致高达100万~300万人死亡，大部分是东区人（主要是伊博人，也包括东区部分少数族群），另有300万人或流离失所，或沦为难民。① 除了空前饥荒导致的死亡，还有大量人口被屠杀致死，以至于一些学者将比夫拉内战定义为"种族灭绝"。② 自比夫拉内战结束后，虽未再有大规模的民族分离运动，但近年来，一些分裂势力有所抬头。

2. 当前尼日利亚民族分离主义运动的动向

伊博族"比夫拉原住民"（Indigenous Peoples of Biafra）是目前"风头正盛"的分离组织（也被尼日利亚政府定义为恐怖组织）。该组织头目纳姆迪·卡努（Nnamdi Kanu）③ 数次发表"复辟"比夫拉共和国的讲话，并认为"伊博人所占据的土地（伊博兰）拥有足够的原油和其他矿藏来维持其作为一个国家的发展，

---

① Eghosa E. Osaghae, *Crippled Giant: Nigeria since Independence*, Ibadan: John Archers (Publishers) Limited, 2011, p.69.
② 参见 A. Dirk Moses and Lasse Heerten, *Postcolonial Conflict and the Question of Genocide: The Nigeria-Biafra War, 1967 – 1970*, London: Routledge, 2018。
③ 2021年被抓捕审判。

追求国家独立是为了全族群的自由和整体利益"。[1] 2019年8月18日，"比夫拉原住民"在德国攻击了尼日利亚前副参议长伊博族人艾克·埃克列马杜（Ike Ekeremadu）。该组织表示，由于这些伊博族精英尸位素餐，未能带领伊博人走向独立，因而应予以打击。10月25日，一群显然相信"比夫拉事业"的伊博族传统统治者还为卡努授予酋长职位，[2] 这说明"比夫拉原住民"的论调和行动在伊博族中存在一定市场。而盛产石油的尼日尔三角洲一些少数族群武装组织也因分配不公而常有分裂举动。如2019年5月，"尼日尔三角洲共和国战士网络"（The Network of Niger Delta Republic Fighters）的武装分子宣称，他们将通过武装斗争建立"尼日尔三角洲共和国"。[3]

部分约鲁巴人也鼓吹在其聚居的西南区建立"奥杜杜瓦共和国"。自诩"约鲁巴勇士"的激进分子头目阿德耶莫（Adeyemo）[4] 曾在社交媒体发布一段视频威胁称，如果有约鲁巴政客参与2023年大选，而不是领导该族独立，他将不惜一切代价将其杀害。阿德耶莫在视频中鼓动道："约鲁巴长老、传统统治者应该带领我们为建立独立的奥杜杜瓦共和国而斗争。"约鲁巴族领袖阿金托耶（Akintoye）教授在一段"病毒式"传播的视频中高度赞扬伊博霍的勇敢，"感谢上帝的赐予"，他反复强调"必须保护我们的土地和人民"。[5] 2021年3月27日，离散海外的约鲁巴人联盟"约鲁巴统一之声"更是组织了一场网络研讨会，上千人参与，其主题是"解体还是重组"，讨论约鲁巴人的前途、尼日利亚联邦制度的现状与未来走向，引起了广泛的关注和争论。根据对会议以及线下各方言论的总结，大致有三种不同倾向：分离、联邦重组以及维持现状。其中支持分离之人囊括约鲁巴人各阶层，有政客、知识精英，也有激进民众。脱离国家管控的情绪似乎越发渗入普通年轻人的意识中，给尼日利亚的族群整合蒙上一层阴影。

（二）资源冲突

根据族群冲突分类的标准，尼日利亚基于资源的冲突大致可以分成三个主要类型：围绕石油的族群冲突；围绕土地、牧场等资源的农牧民冲突以及土著与非

---

[1] Chimaobi Nwaiwu, "Igbo're the Reason Nigeria Survived Till Date-Nnamdi Kanu," *Vanguard*, 10 May, 2020.

[2] "Chieftaincy Title for IPOB Leader," *This Day*, 26 October, 2019.

[3] Emma Amaize and Akpokona Omafuaire, "Why Militants Put off Declaring Niger Delta Republic June 1," *Vanguard*, 6 June, 2019.

[4] 2021年在贝宁共和国被抓捕。

[5] Dayo Johnson et al., "Secession or Restructuring," *Vanguard*, 1 April, 2021.

土著的冲突。

1. 石油与尼日尔三角洲的族群冲突

资料显示，尼日利亚探明的石油储量接近400亿桶，居世界前列，其中95%埋藏在尼日尔三角洲（简称"三角洲"）的地底和海洋深处。更重要的是，这里的石油属于"轻甜"石油，流动性强且含硫量低，能够轻易地炼制出汽油和柴油，深受世界各地主顾的青睐。但遗憾的是，石油却成为尼日尔三角洲可怕的"资源诅咒"，尤其是20世纪后十年和21世纪头十年，冲突、暴力、混乱与动荡等负面词语几乎成为该地区最显著的标签。

20世纪70年代，尼日利亚的石油产业趋于繁荣，石油收入占国家总收入的比重也越来越大，从1965年的5%上升到1970年的26.6%，1971年为43.6%，到1980年达到80%。进入21世纪，石油产业景气度高时，油气收入一度为尼日利亚贡献了94%的外汇收入和62%的财政收入，2014年国际油价下跌，油气收入有所减少，但仍占外汇收入的近90%。[1] 石油对整个国家的经济贡献可谓厥功至伟，从法律和道义上来说石油产地的人民理当获得相应回报。但事与愿违，石油并没有给三角洲带来福音，一个原因是"产地原则"（Derivation Principle）分配方式的变革。[2] 1953年，殖民政府规定，资源收入100%返回原产地；1958年纠正该分配方案的缺陷，将比例下调至50%。[3] 这一时期尼日利亚的收入主要来自多数族群控制的农作物出口，产地原则符合他们的利益。从1960年独立到1967年内战前，收入分配比例为：50%为产地，20%为联邦政府，30%为专属分配基金。比夫拉内战结束时，联邦政府颁布《石油法令》，宣布将石油完全收归国有。相应的分配机制也做出重大调整，石油产地的收入回报大幅下滑，1970年降至45%，1975年降至20%，1979年降至5%，1993年降至3%。[4] 在1994~1995年的制宪会议上，联邦政府才有所让步，将分配比例提升到13%。[5] 总体上

---

[1] National Bureau of Statistics, https://www.nigerianstat.gov.ng.
[2] 尼日利亚对于农产品和矿产等商品的收入按一定比例回拨给出产地。
[3] Cyril I. Obi, "The Changing Forms of Identity Politics in Nigeria under Economic Adjustment: The Case of the Oil Minorities Movement of the Niger Delta," *Research Report*, No. 119, Nordiska Africa Institute, 2001.
[4] John Boye Ejobowah, "Who Owns the Oil? The Politics of Ethnicity in the Niger Delta of Nigeria," *Africa Today*, Vol. 47, No. 1, 2000.
[5] Augustine Ikelegbe, "Beyond the Threshold of Civil Struggle: Youth Militancy and The Militiaization of the Resource Conflicts in The Niger Delta Region of Nigeria," *African Study Monographs*, Vol. 27, No. 3, 2006.

看，数十年的石油开采，三角洲人民所获"石油红利"非常有限。

2008年时，三角洲仍是尼日利亚最不发达的地区之一，这里3100多万人口的社会经济状况极度糟糕，73%的人缺少安全的饮用水；70%的家庭电力不足；大多数社区教育设施奇缺，小学生的入学率低于40%。由于贫困，三角洲地区人口的预期寿命只有46.8岁；5岁以下儿童死亡率高达20%；儿童营养不良率在58%~75%，其中严重营养不良的占10%~12%，中度营养不良的占18%~23%，轻度营养不良的占30%~40%，在一些地方，最基本的医疗机构仅能覆盖2%的人口。[1] 这些情况显示，三角洲产出了大量的石油，却丝毫没有反映在人民的生活水准和人生际遇上，强烈而直观的反差是激发族群冲突最有效的"催化剂"。冲突趋势始于20世纪70年代，20世纪90年代逐步爆发，21世纪头十年达到高峰。主要冲突形式可分为三类：其一，少数族群与联邦政府和石油公司的冲突；其二，少数族群之间的冲突；其三，少数族群内部的冲突。

1990年10月，少数族群与联邦政府和石油公司首次爆发较大规模的冲突。在奥格尼族的一个聚居区，部分奥格尼青年与跨国企业壳牌石油公司的员工发生了冲突。尼日利亚政府站在跨国公司一方，派遣军队维护壳牌石油公司的利益，并洗劫了该社区，许多人被害，包括社区首领。在这一背景下，奥格尼人对联邦政府的怒火被迅速点燃，群情激昂。同月，奥格尼的民兵组织奥格尼人民生存运动（Movement for the Survival of the Ogoni People）成立，决心通过武力捍卫自身的权益。1993年1月4日，奥格尼人发动了大规模游行示威，数十万族众几乎"倾巢而出"。联邦军政府对其进行镇压，一方面挑拨其他族群与奥格尼人的关系，让之相互残杀；另一方面则伸出屠刀，将9位奥格尼社会活动家收押审讯，包括著名学者肯·萨罗-威瓦（Ken Saro-Wiwa），之后他们被处以绞刑，制造了血淋淋的惨案。[2] 至此，奥格尼人的抗争暂时被压制。

到了20世纪中后期，三角洲少数族群重新发动了对政府和石油公司的反抗，大规模冲突一直延续到2009年。这一阶段，冲突已经远远突破奥格尼人聚居区，席卷整个三角洲。在此过程中，少数族群民兵武装如雨后春笋般涌现，几乎每个族群都建立了自己的军事力量，如伊乔人的尼日尔三角洲人民志愿军（Niger Delta People's Volunteer Force）、尼日尔三角洲解放运动（Movement for the Eman-

---

[1] Niger Delta Regional Development Master Plan, Niger Delta Development Commission, 2007.
[2] Abdul Raufu Mustapha, "Ethnic Minority Groups in Nigeria: Current Situation and Major Problems," Sub-Commission on Promotion and Protection of Human Rights Working Group on Minorities, Ninth Session, 2003.

cipation of the Niger Delta)、乌尔霍博人的乌尔霍博青年运动（Urhobo Youth Movement）等，它们与政府军武装对抗、制造爆炸事件、破坏石油设施以及绑架石油公司员工，其活动充满暴力和死亡。

三角洲部分少数族群，历史上本就存在龃龉仇怨，石油商品化之后，往日的恩怨被不断放大和膨胀，从而产生大量流血事件。最为典型的例子是发生在尼日利亚第二大石油中心瓦里（Warri）的族群冲突。在这个城市，主要居住着伊乔人、伊策基里人和乌尔霍博人，在石油开采之前，三族围绕土地、水域资源展开了争夺与诉讼，不惜武力相向。此地成为国家重要的石油产地之后，三族对该市的控制权之争达到白热化，相互攻击与报复，造成大量人员伤亡，人民流离失所，学校、诊所和其他的公共设施被迫关闭。① 类似的冲突十分常见，族群之间存在几对难以化解的矛盾：伊乔—伊拉杰（Ilaje）、乌姆勒里（Umuleri）—阿古勒里（Aguleri）、奥格尼—安多尼（Andoni）、奥格尼—奥克里卡（Okrika）。由于利益分配不均，也造成族群内部的残杀，如伊乔人在奈姆博（Nemb）的村庄巴萨姆比利（Bassambiri）和奥格博洛马比利（Ogbolomabiri）之间的矛盾，等等。② 联合国开发计划署的报告指出，巴耶尔萨、三角洲与河流三州（产油的核心地带）2008年爆发了至少120~150次极度危险的冲突，③ 当时成为尼日利亚，乃至非洲最不稳定的地区之一。

2. 北部和中部的农牧民冲突

虽然尼日利亚主要以石油和天然气闻名，但农牧业容纳了该国约70%的劳动力。南部和中部的农民种植了大部分根茎类、稻类和蔬菜类作物，而北部的牧民则饲养了主要的牲畜。尼日利亚的牧民群体多为游牧或半游牧族群，包括富拉尼人、巴加拉人（Baggara）、舒瓦人（Shuwa）、卡努里人、加涅姆布人（Kanembu）、耶迪纳人（Yedina）等。④ 其中富拉尼人居绝对多数，占牧民人口的90%以上。

20世纪初，北部一些牧民开始往尼日利亚中部和南部迁徙，一来可以减少

---

① Alfred S. Fawundu, "Niger Delta Human Development Report," United Nations Development Programme, 2006.
② Akeem Ayofe Akinwale, "Circumscribing Conflicts in the Resources Endowed Niger Delta Communities of Nigeria," http://www.africanreview.org/events/paxafrica2008/aakinwale.pdf.
③ Michael J. Watts, "Blood Oil: The Anatomy of a Petro-Insurgency in the Niger Delta, Nigeria," Niger Delta Economies of Violence Working Paper, No. 22, 2008.
④ Roger Blench, "Conflict between Pastoralists and Cultivators in Nigeria," Review Paper Prepared for DFID, 2010.

寄生虫病的侵害，二来可以逃避英国殖民者在北区征收的牛税。自20世纪50年代以来，尼日利亚北部环境破坏严重，大面积沙化，这种现象以每年0.6公里的速度向南推进。环境恶化破坏了人类生计，迫使更多的牧民往南迁徙，寻找肥沃的牧场，在此过程中与农业人口（大多为少数族群）不可避免地发生关系，并以暴力相向的方式呈现。

尼日利亚农牧民之间的冲突，以中部地带为中心，向南蔓延，并急剧升级。2012~2017年的五年时间里，尼日利亚至少发生了370起涉及农牧民之间矛盾的冲突，而此前15年总共才有20起。[①] 2016年尼日利亚全国范围内农牧冲突造成约2500人被杀害，2018年1~6月爆发冲突事件超过100起，至少1300人死亡，大约是"博科圣地"同期导致平民死亡人数的6倍。激增的暴力活动集中在中北部的高原州、贝努埃州和纳萨拉瓦州，以及毗邻的东北部阿达马瓦州和塔拉巴州。冲突导致巨大的经济损失，根据2015年一项研究，由于贝努埃州、卡杜纳州、纳萨拉瓦州和高原州的农牧民冲突，联邦政府每年损失137亿美元的收入。该研究还显示，四个州政府平均损失47%的收入。2017年3月，贝努埃州州长宣称，2012~2014年，牧民的袭击给该州造成约6.34亿美元损失。[②]

富拉尼人是游牧族群的主体，该族民兵组织极具侵略性，成千上万的农民在其袭击中失去生命。仅2014年，就有超过1200人因此丧生，从而让富拉尼民兵组织在该年成为世界上第四大最致命的激进组织，仅排在"伊斯兰国"、塔利班与索马里"青年党"之后，甚至还超过"臭名昭著"的"博科圣地"。[③] 以贝努埃州为例，富拉尼人与当地农民发生的冲突在2013~2016年的每一年中都造成数百人死亡（见表6-2）。

表6-2 2013~2016年贝努埃州富拉尼牧民与农民的冲突

单位：人，%

	2013年	2014年	2015年	2016年
1~4月死亡人数	10	241	69	537

---

① Aluko Opeyemi Idowu, "Urban Violence Dimension in Nigeria: Farmers and Herders Onslaught," *Agathos*, Vol. 8, No. 1, 2017.

② International Crisis Group, "Herders Against Farmers: Nigeria's Expanding Deadly Conflict," *Africa Report*, No. 252, 2017.

③ "Global Terrorism Index (2015)," The Institute for Economics and Peace, 2015.

续表

	2013 年	2014 年	2015 年	2016 年
5~8月死亡人数	232	0	106	0
9~12月死亡人数	110	20	12	0
年死亡人数	352	261	187	537
占比	26.33	19.52	13.99	40.16

资料来源：Aluko Opeyemi Idowu, "Urban Violence Dimension in Nigeria: Farmers and Herders Onslaught," *Agathos*, Vol. 8, No. 1, 2017。

基于此，贝努埃州州长塞缪尔·奥尔托姆（Samuel Ortom）警告称，贝努埃州正处于富拉尼牧民的包围之中，安全受到严重威胁，前景堪忧。① 当前，富拉尼民兵的袭击活动似乎没有减少的迹象。2020年一份报告显示，富拉尼民兵在之前三年内对农民群体共发动了654起袭击，超过2539人被杀，393人受伤，253人被绑架，16人被强奸，7582座房屋被烧毁，24座教堂被毁。② 富拉尼民兵的暴力和血腥，引发了反富拉尼人的高涨情绪，各地农民族群也组织民兵进行反击。

以2020年为例，1月28日，牧民武装袭击高原州酒吧后，当地农民在报复性袭击中焚烧了富拉尼族的村庄；2月7日，牧民在三角洲州杀害了8位农民，引起当地乌尔霍博人的强烈愤慨，"乌尔霍博进步联盟"发表了措辞严厉的公告，扬言报复；③ 10月中旬，在卡齐纳州，11名富拉尼人被当地农民民兵组织杀害；10月下旬，在奥约州，两个富拉尼牧民组织称其成员不断被杀害，牲畜也遭到投毒。④ 对于尼日利亚的农牧民冲突，国际危机组织（International Crisis Group）认为，两个群体在土地和水资源方面的竞争，"由于气候变化、倾向于农民的政策、人口高速增长以及小武器和轻武器扩散等因素而日益加剧"。⑤

---

① "Governor Ortom Orders 30 Days Fasting and Prayer Against Herdsmen Attacks on Benue," *Premium Times*, 23 April, 2020.

② Adedayo Akinwale, "In Three Years, Fulani Militias Killed 2, 539 People in 654 Attacks, Report Claims," *This Day*, 3 August, 2020.

③ Festus Ahon, "Killing of Farmers by Herdsmen – 8 Corpses Exhumed in Delta for Investigation," *Vanguard*, 18 February, 2020.

④ "Herdsmen Seek Makinde's Intervention Over Alleged Killings of Members in Oyo," *Premium Times*, 26 October, 2020.

⑤ Jihadi Groups, "Criminals Aggravate Herder-Farmer Conflicts in North-West-Report," *All Africa*, 17 May, 2020.

农牧民冲突也催生了政治阴谋论的指控与反指控。2018年1月初，在贝努埃州发生牧民袭击事件后，蒂夫人传统领袖指出，这些袭击是"精心策划的，完全是对本地族群的大清洗和种族灭绝"。[1] 类似的指控在牧民族群中同样存在，在阿达马瓦州努马恩（Numan）地方政府管辖区，富拉尼牧民与巴查马族爆发了导致60人死亡的血腥冲突后，一个富拉尼青年组织宣称，这次冲突"是州政府的最新议程，要通过族群清洗的方式消灭我们"。[2] 从某种意义上说，农牧民冲突升级进一步加剧了尼日利亚在族裔—地区—宗教分歧上的极化。

3. 土著与非土著的冲突

在尼日利亚人的身份中，作为一种二元对立的土著与非土著身份具有极为重要的实质性意义（甚至比族群身份更实用），尽管法律中从来没有确切界定过。[3] 当然，这两种身份得到了尼日利亚社会各个阶层的广泛理解，事实上有助于削弱其模糊性。一般而言，土著指的是特定地区最早的定居群体，他们因而声称是该地区的合法"主人"；而非土著是指后来的移民。在实践中，土著与非土著的界限非常严格，非土著无论如何强烈地认同其所居住的地区，都不可能真正成为土著。殖民时期，英国人首先制造了土著与非土著的边界，在政策上区别对待，使两者产生矛盾。尼日利亚独立后，土著与非土著问题更凸显出来，因为在就业和土地所有权等领域，地区化政策全方位歧视来自其他地区的移民。联邦政府没有采取任何行动来反对这种歧视，当时的尼日利亚首席检察官将这种情况描述为"权宜之计的暂时让步"。[4] 事实证明，这种让步并不是暂时的，在其后的时间里各地对非土著的歧视越发严重。

长期以来，很多尼日利亚人认为，区分土著与非土著是必要的，它能够让少

---

[1] "Benue Killings: It's Ethnic Cleansing, Genocide against Tiv Nation, Says Tor Tiv," *The Guardian*, 13 January, 2018.

[2] "Numan Killings: Fulani Youths Spit Fire, Demand Justice," *Daily Sun*, 25 November, 2017.

[3] 尼日利亚1999年宪法出现了"indigenous"一词，但没有清楚界定它。宪法中第25款（1）规定：每一位在尼日利亚独立前出生之人，只要其父母或祖父母任何一方属于（belong to）尼日利亚土著（indigenous），此人就是尼日利亚的公民。解释性条款第318款（1）着重解释：当"属于"（belong to）概念适用于州层级时，是指某人的父母或祖父母的任何一方属于州的土著，这里提到了州的土著概念。具体条款参见 http://www.nigeria-law.org/ConstitutionOfTheFederalRepublicOfNigeria.htm#InterpretationCitationAndCommencement。

[4] Daniel Bach, "Indigeneity, Ethnicity and Federalism," in Larry Diamond et al., eds., *Transition Without End: Nigerian Politics and Civil Society under Babangida*, Boulder Colorado: Lynne Rienner Publishers, 1997, p. 338.

数族群保护自己的文化传统、信仰、习俗以及土地等资源,抵御来自该国其他地区移民的压力。比如,与庞大且流动性强的豪萨人相比,中部地带大多数少数族群的人口数量微不足道,土著身份的界定对于这些人来说是一道安全保障。但与此同时,无法证明自己是土著居民的尼日利亚公民被剥夺了宪法赋予的权利和机会。各州公开取消非土著居民竞争该州公务员职位的权利,在公立大学招生和收费以及奖学金发放上也区别对待,在提供公共服务、政治参与上都有无法逾越的鸿沟。更重要的是,土著与非土著的裁定权掌握在地方政府手中,整个过程充满了偏见、腐败和职权滥用。

尼日利亚各州的地方政府向其辖区内的土著颁发"土著证书"(Indigene Certificates),拥有它是持证人土著身份的唯一证明。非土著由于没有这样的证书,在尼日利亚仿若"无根之浮萍",陷入一种吊诡的"无身份"尴尬境遇。尼日利亚独立初期,人们是三大地区的土著或非土著,界限相对宽泛。但后来随着改区为州,国土面积急剧碎片化,很多原本在地区内的土著被分割到各州后就成了非土著。创建新州后,一些人会发现自己一夜之间变成了非土著。更糟糕的情况可能在于,众多家庭在现所居的土地上生活了几代,根本无法准确记得祖先从哪里迁徙而来;或者这些人可能知道原籍所在,但无法说服原籍地官员相信他们就是这里的土著,为其颁发土著证书。

土著概念越来越被用来为歧视辩护,且与尼日利亚原本紧张的族群或宗教关系勾连起来。例如,在拉各斯有伊博非土著与约鲁巴土著的对立;[1] 在纳萨拉瓦州和塔拉巴州,蒂夫人被其他少数族群视为非土著而互相敌视;[2] 在卡杜纳州,穆斯林豪萨人在该州南部地区(主要人口为少数族群基督徒)被视为非土著,而基督徒群体在该州北部也受到相同对待。由于尼日利亚是一个人口高度流动的国家,类似的案例在全国具有普遍性,但若论土著与非土著的暴力程度,当属卡杜纳州、高原州等北中部和中部地带各州尤为突出。

与其他州一样,高原州对非土著也采取歧视政策,使之成为真正的"二等公民"。在日益增高的失业率和贫困率压力下,这种歧视变得越来越严苛。比如

---

[1] Olowojolu Olakunle et al., "Indigene-Settler Relationship in Nigeria: Case Study of the Igbo Community in Lagos," *Afro Asian Journal of Social Sciences*, Vol. VII, No. III, quarter III, 2016.
[2] Adebayo Adeogun, "Ethnic Conflicts and Nigeria's Democracy and Development, 1999 - 2004," in Hassan Saliu et al., eds., *Democracy and Development in Nigeria*, Volume 3, *Social Issues and External Relations*, Lagos: Concept Publications, 2006, p. 98.

就公务员的招募来说，即便在土著居民内部，也存在相互攀比和竞争。土著身份对于很多人来说已是一种"稀缺物品"，关系到自身的生存与发展。所以土著与非土著的界定，从来就存在激烈的争辩。在高原州，最具争议的是 19 世纪中期已经迁居此地的豪萨人和加拉瓦人（Jarawa）的土著身份问题。

豪萨人在高原州主要聚居于州府乔斯（Jos），加拉瓦人主要居住在耶尔瓦（Yelwa，距离乔斯 200 公里），两个群体都是受到歧视的非土著。[①] 对乔斯的豪萨人与耶尔瓦的加拉瓦人来说，非土著的身份更为不利，因为他们生活在高原州长达 150 多年，早已不存在任何可以回去的"家乡"，更不用说回到原籍宣称自己的土著身份，获得土著证。两个群体自然无法接受这种身份以及随之而来的歧视，便试图用更为激烈的手段来宣泄自己的不满，而土著群体对于非土著抢占自己的资源耿耿于怀。

自 2001 年以来，高原州一直被一系列血腥的土著与非土著冲突所困扰。据统计，这些冲突造成至少 2000～3000 人死亡，其中最具破坏性的就是乔斯的豪萨人、耶尔瓦的加拉瓦人与土著族群的冲突。2001 年 9 月，豪萨人与土著的冲突夺去 1000 多条生命，数千人流离失所。[②] 2004 年上半年，在耶尔瓦及周边地区发生的冲突导致 1000 多人丧生，数万人流离失所。2004 年 5 月，耶尔瓦附近的暴力事件达到顶峰，许多当地基督徒土著群体袭击了加拉瓦人，短短两天就有 700 人死亡。[③] 这种冲突使族群和宗教情绪提升，因为两地的土著大都为少数族群基督徒，而非土著都是穆斯林，豪萨人在整个国家更是属于多数族群。

土著身份与非土著身份，皆具有先赋性和传递性，一旦被贴上此标签，就由子孙后裔承袭，很难摆脱。如果在法律、制度和政策上没有发生根本性改变，关于土著与非土著身份的冲突就难以止息，毕竟两种身份所获取的资源天差地别。但目前为止，无论联邦政府，还是州政府或地方政府似乎都没有变革的意图和愿望，未来的局势不容乐观。

（三）选举冲突

尼日利亚独立后实行的议会民主尝试被 1966 年的军事政变打断；1979 年从

[①] Kemi Emina, "Belonging & Non Belonging: A Discuss on the Indigene/Settler Issue in Jos, Nigeria," *Research on Humanities and Social Sciences*, Vol. 5, No. 5, 2015.

[②] Human Rights Watch, "Jos: A City Torn Apart," *A Human Rights Watch Report*, Vol. 13, No. 9 (A), 2001.

[③] Human Rights Watch, "Revenge in the Name of Religion: The Cycle of Violence in Plateau and Kano States," *A Human Rights Watch Report*, Vol. 17, No. 8 (A), 2005.

军事政权过渡到总统民主制，但又被1983年的军事政变推翻；第三次民主实验始于20世纪80年代末，也在1993年总统选举结果宣布无效后"夭折"。但1999年实行民主化以来连续成功举行7次大选，创造了不小的奇迹。

选举虽已正常化，但选举质量如何，是上至国际组织、下达普通选民政治观察的重点。1999年大选极不规范，可能存在舞弊问题。① 2003年和2007年大选同样问题多多，候选人、选民和观察员似乎都极为不满。② 之后的2011年大选设立了一个具有独立性的国家选举委员会，联邦政府对委员会工作充分支持，拨款870亿奈拉（约合5.8亿美元）作为筹备资金。③ 此外，在其他的相关制度建设上亦有得当举措，整个选举过程相对公正，对尼日利亚民主化推进起到一定作用，甚至获得国际社会的赞誉。④ 2015年大选虽也遭遇了挫折，借故推迟选举的行为引发国内外一片哗然，不过总体上比较平稳和有序。2019年大选和2023年大选的总体情况也无大的差错。当然，姑且不论选举的民主与公正程度，暴力却常常是不会"缺席"的。

在族群政治的背景下，尼日利亚的选举本质上就是一场赢家通吃的"零和游戏"，也是决定许多人（包括政客与民众）命运的"生死攸关之事"（a do-or-die affair），往往成为暴力事件的催化剂。1964年和1965年，在联邦选举和西区选举期间均发生暴力冲突事件，甚至对1966年的军事政变起到一定作用。1983年，经过一场"规模空前"的欺骗性选举后，尼日利亚民族党（National Party of Nigeria）重新获得权力，该党在很多州都通过不正当手段赢得对手。在奥约州，"暴力活动的规模之大，联邦选举委员会为了顾全面子不得不安排一场所谓的'重新计票'"。⑤ 1993年，总统选举被取消，导致严重的暴力事件，迫使军方在8月将权力交给临时政府。1999年、2003年、2007年、2011年、2015年、2019年与2023年，在现行民主体制下的选举，均制造了程度不一的冲突与暴力。

---

① 〔美〕托因·法诺拉：《尼日利亚史》，沐涛译，东方出版中心，2010，第209页。
② Jibrin Ibrahim and Okechukwu Ibeanu, eds., *Direct Capture: The 2007 Nigerian Elections and Subversion of Popular Sovereignty*, Centre for Democracy and Development, 2009.
③ Lansana Gberie, "The 2011 Elections in Nigeria: A New Dawn," Institute for Security Studies, 2011.
④ 比如欧盟的观察团指出："虽然挑战依然存在，但2011年大选标志着尼日利亚朝着强化民主选举迈出重要一步。"参见"Final Report on the 2011 General Elections," European Union Election Observation Mission to Nigeria, 2011, p. 1。
⑤ 〔美〕托因·法诺拉：《尼日利亚史》，沐涛译，东方出版中心，2010，第167页。

第六章 尼日利亚族群冲突与整合

正如前述，2011年大选的程序饱受赞誉，但却无法掩盖其"前所未有的暴力"（unprecedented violence），[①] 给尼日利亚人民带来巨大的挫折与恐惧。该次大选候选人虽多，但主要由人民民主党（People's Democratic Party）候选人在任总统古德勒克·乔纳森（Goodluck Jonathan）和进步变革大会党（Congress for Progressive Change）候选人前军政府首脑穆罕默杜·布哈里（Muhammadu Buhari）角逐。前者是南部少数族群伊乔基督徒，后者是北部多数族群豪萨－富拉尼穆斯林，两人之间的博弈反映了尼日利亚根深蒂固的南北部、族群与宗教的对立。

北部穆斯林，尤其是豪萨－富拉尼人认为，1999年以来，南部的约鲁巴基督徒奥巴桑乔连任两届总统，按照约定俗成的"南北权力轮换"潜规则，[②] 北部人应该在2007年和2011年大选中得到总统之位，以取得对等与平衡。2007年，来自北部的豪萨－富拉尼人奥马鲁·亚拉杜瓦（Umaru Yar'Adua）当选总统，不幸的是他在2010年任期内便因病逝世，担任副总统的乔纳森顺理成章接任，直到2011年。根据潜规则，2011年大选，乔纳森应该将总统之位"归还"给北部穆斯林，但乔纳森不仅参选，而且取得连任，激起北部人的强烈不满和愤怒。因此，2011年大选后的暴力可以看作北部穆斯林对未能夺回总统宝座失望和沮丧情绪的总爆发。[③]

选举前的迹象表明，这次大选的暴力将"不同寻常"。在尼日利亚几个地区发生了7起相关爆炸案，以前的选举中没有出现过类似的暴力。竞选过程中，通过社交媒体发表煽动性言论司空见惯，布哈里的支持者公然鼓动北部穆斯林反对乔纳森，布哈里一些言论也起到催化作用。这位总统候选人曾经警告说，如果选举不自由和不公平，就可能会出现"埃及式"革命（Egypt-Style Revolt）。[④] 就在总统选举当天，布哈里声称乔纳森所在的执政党操纵了选举，选举委员会宣布乔

[①] M. Abdullahi, "Elections and Political Violence in Nigeria: Past Mistakes and Challenges Ahead," *International Journal of Advanced Legal Studies and Governance*, Vol. 4, No. 1, 2013.

[②] 1999年开启民主化进程后，在执政党人民民主党内部达成一项分享国家权力的"君子协定"，即总统在南北方之间轮替，皆可以连任两届；如果总统是南方人，那么副总统必须是北方人，或者相反。人民民主党的内部协议上升到众所公认的"潜规则"，虽没有任何法律效力，但已约定俗成。

[③] 根据这种情况曾有学者在2010年预测了2011年大选暴力。参见 Ebere Onwudiwe and Chloe Berwind-Dart, "Breaking the Cycle of Electoral Violence in Nigeria," USIP Special Report, 2010, p. 8。

[④] 当时正值北非地区风起云涌的"颜色革命"，埃及总统穆巴拉克在这次运动中被迫下台。

纳森获胜不久，冲突就开始了。①

在北部卡杜纳、阿达马瓦、卡诺和包奇等州，选举暴力肆虐，其中以卡杜纳州最为激烈。警局的数据显示，该州共有401人丧生。②而非政府组织的统计与之差异甚大，如"人权观察"给出的数字要更高：在卡杜纳市和扎里亚市有180人死亡，而在该州南部少数族群聚居区，有超过500人失去生命。暴力实施者主要为青年民兵组织，这类组织处在族裔—宗教对立的氛围中，是最容易被煽动的群体。穆斯林的袭击主要集中在11月21日，他们计划周详，将矛头对准基督徒，不仅杀害他们，还劫掠其财产；次日，基督徒展开报复行动，他们的袭击也十分猛烈，比如在宗克瓦（Zonkwa），镇上的一些豪萨-富拉尼人被杀害，大部分被迫逃离家园。③在冲突中，大量私人住宅、商店、教堂、清真寺、汽车和摩托车等都被付之一炬。

2015年的选举同样是乔纳森与布哈里的"双雄会"，最后布哈里获选，在一定程度上实现了南北权力轮替的预期。这次选举暴力处于较低水平，有限的冲突发生在南部一些州，如河流州、阿夸伊博姆州等属于败选方乔纳森"基本盘"的州，应该与这种预期的实现存在某种关联。④2019年大选，虽然闹出推迟选举以及有候选人不接受选举结果等风波，但总体上看，族群冲突导致的伤亡率不高。然而从整个大选透露的信息观之，族群因素作为一种"潜规则"依然发挥至关重要的作用。在70多位总统候选人中，真正的竞争在全体进步大会党候选人在任总统穆罕默杜·布哈里和最大的反对党人民民主党候选人前副总统阿提库·阿布巴卡尔（Atiku Abubakar）之间展开。

两位候选人都来自豪萨-富拉尼族，不过各自所在政党代表不同族裔—地区—宗教的利益，全体进步大会党扎根于北部伊斯兰地区，而人民民主党则以南部基督教地区为基础。从大选结果看，全体进步大会党主要获得北方的支持，人民民主党主要获得除拉各斯之外南部诸州的支持。但南部对人民民主党的投票率

---

① Dorina Bekoe, "Nigeria's 2011 Elections: Best Run, but Most Violent," PEACEBRIEF, United States Institute of Peace, No. 103, 2011.

② "White Paper on the Report of the Judicial Commission of Inquiry into the Post-Presidential Election Disturbances in Kaduna State," Kaduna State Government, 2011.

③ "Nigeria: The Miss World Riots: Continued Impunity for Killings in Kaduna," Human Rights Watch, 2003.

④ I. S. Ladan-Baki, "Electoral Violence and 2015 General Elections in Nigeria," Global Journal of Human-Social Science: Political Science, Vol. 16, No. 1, 2016.

并不高，因为阿布巴卡尔也是北方穆斯林，非南方人的首选；在北方选民看来，阿布巴卡尔虽然为北部豪萨－富拉尼人，但其所在的人民民主党更多的是"南方人的政党"。① 这种族群宗教的错位与交织或许是布哈里获得连任的重要条件。最近的 2023 年总统大选，又面临类似 2011 年南北轮替的重大抉择，不确定性增加，若无法完成轮替，暴力预期应要高于 2015 年和 2019 年大选。但幸运的是，来自南部的约鲁巴人博拉·蒂努布（Bola Tinubu）赢得大选，实现了南北轮替的预期。根据市民社会组织发布的数据，大选中由于暴力冲突导致的死亡人数在 13 人至 28 人之间，是自 1964/1965 年选举以来的最低水平。②

从尼日利亚历史发展的特点来看，诸多族群的社会与文化在不同文明力量的影响下，多次处于碰撞、涵化和断裂的态势，累积了族群关系的多层级变迁力量。殖民化之前，该地区未曾形成包含当前全域的政治共同体，随着殖民化的深入，现代国家的雏形才逐渐显现。尼日利亚独立后，几百个没有共同历史文化经历的族群，被纳入以殖民地为基础的民族国家，适应全新的互动模式。前殖民时期族群互动的历史积淀、殖民时期的恩怨以及现实的利益纠葛，各种因素结合在一起，使这个新兴国家的族群关系错综复杂，并造成了内部的紧张和冲突。因民族分离意识、资源竞争与政治权力争夺等，尼日利亚的族群冲突形形色色。类型多样的族群冲突，给人民带来巨大灾难，无数人失去生命，家庭破碎、流离失所，破坏了民族国家建构的进程。面对这种结构性困难，如何从制度安排和思想观念上调节族际关系、平衡利益分配以及建构民族意识与国家认同，成为尼日利亚历任联邦政府无法回避的族群整合的重大课题。

第二节 尼日利亚族群整合

较之卢旺达，尼日利亚的族群整合策略相对模糊，没有明确的指导纲领和系统思想，很难被纳入清晰的理论类别范畴，只能说是介于马蒂亚斯·巴泽道所说的"接受"与"拒绝"之间的中间状态，无论是民主化的文官政府时期，还是霸权政体的军政府时期尽皆如此。然而，族群多样性毕竟是尼日利亚不可辩驳的客观现实，在殖民政府时代，人们就已经深刻认识到这一状况，建立联邦制就要

---

① 李文刚：《2019 年总统选举与尼日利亚政党政治特点评析》，《当代世界》2019 年第 4 期。
② "Nigeria's 2023 Elections Least Violent," *Premium Times*, 5 April, 2023.

考量族群因素。

一 联邦制的演变与运行逻辑

英国殖民者在1914年将尼日利亚合并后,也曾试图推进集权化,将尼日利亚建成更为一体化的殖民地国家。直到1935年伯纳德·布尔迪隆(Bernard Bourdillon)担任尼日利亚总督,他反思了之前的殖民政策,认为尼日利亚不适用单一制,强行统一国家不同地区只会遭到来自社会各方面的反对,唯有允许地区政治过程的自由,才能在整个国家层面上保证不同地区以及中央的同步发展。① 1939年4月,布尔迪隆将南部诸省分成两组,即西部诸省和东部诸省;北部诸省则保持不变。② 这一行政架构大致奠定了北部豪萨-富拉尼人、西部约鲁巴人和东部伊博人三大族群的"三分尼日利亚"的局面。

1946年,总督亚瑟·理查兹(Arthur Richards)组织起草了《理查兹宪法》(Richards Constitution),进一步巩固了1939年的安排,三个行政单位作为相对独立的政治实体进行统治,每个单位均设有自己的议会。1950年的伊巴丹制宪会议产生了《麦克弗森宪法》(Macpherson Constitution),将三个主要行政单位改称"地区",加强了政治和财政自主权。这部宪法引入了有限联邦制或"准联邦制"概念,因为中央政府对各地区仍拥有控制权。③ 1954年,《李特尔顿宪法》(Lyttleton Constitution)出台,尼日利亚正式更名为"尼日利亚联邦",由三个地区构成。宪法规定,尼日利亚独立后每个地区在政治和经济事务上高度自治,拥有与其发展阶段和愿望相适应的独立政策和发展议程。每个地区有自己的宪法、中小学教育管理权、盾徽和旗帜,并在国外设有自主的"驻外代表"。④ 正是这种充满活力的独自发展形式,最终导致不同地区在不同时间获得自治。东区和西区于1957年8月实现自治,北区于1959年3月实现自治,而尼日利亚作为国家于1960年10月实现独立。

联邦制虽是殖民当局推行的,但得到了尼日利亚本土精英的大力支持,南部

---

① 程迈:《坎坷动荡转型路——尼日利亚的宪法改革与教训》,中国政法大学出版社,2013,第57~58页。
② 〔英〕艾伦·伯恩斯:《尼日利亚史》,上海师范大学《尼日利亚史》翻译组译,上海人民出版社,1974,第329~330页。
③ Dele Babalola, *The Political Economy of Federalism in Nigeria*, London: Palgrave Macmillan, 2019, pp. 41-42.
④ Sola Akinrinade, "Constitutionalism and the Resolution of Conflicts in Nigeria," *The Round Table*, Vol. 92, No. 368, 2003.

的民族主义领袖更是如此。因为他们深刻认识到,"尼日利亚不过是一个在英国掌控的铁砧上锻造出来的政治联盟"。伊博人阿齐克韦和约鲁巴人阿沃洛沃与殖民当局合作,倡导联邦理念。阿齐克韦在《尼日利亚政治蓝图》(1943)一书中,设想联邦制由8个基于族群归属的"保护国"组成。阿沃洛沃在《尼日利亚自由之路》(1947)一书中尝试论证,只有联邦制才适合尼日利亚。[①] 北区的领导人持同样的看法,艾哈迈德·贝洛认为:"唯有联邦制才能保证国家在各地的均衡发展。"1957年,北区另一位重量级领袖巴勒瓦在联邦众议院讲话时指出:"在目前的条件下,联邦制是尼日利亚能够保持统一的唯一可靠基础。"[②] 大体上,尼日利亚本土领导人都有建立联邦制的愿景,因为只有这种制度在体制和结构上有能力容纳与调和不同形式的多样性,并将之维系在一个共同体内。

地区联邦制建立后,资源和权力分配区域化,族性日益凸显出来。从形式上看,这一时期的联邦制以三大族群所在的地区为构成基础;从实质上看,联邦制代表着三大族群的利益。尽管广大少数族群被"淹没"于这一政治框架中,但基于三大族群的联邦制被称为"族群联邦制"是合乎情理的,其特点是,地区高度自治,联邦政府存在感很低。

由于主导族群占据明显的优势,引起了少数族群的焦虑,它们极为担忧在地区中被支配和边缘化,要求重新绘制联邦版图,让少数族群据有一席之地。在1954年的制宪会议上提出了少数族群建州的问题,但由于该提议没有及时纳入会议议程,讨论被搁置了。在1954年、1956年和1957年的选举中,行动派和尼日利亚与喀麦隆国民会议为了争夺选票,承诺支持少数族群的建州运动,1957年的伦敦会议对此也给予高度关注。在这种背景下,"威林克委员会"(Willink Commission)成立,殖民当局希望通过它来解决少数族群关切的问题。

(一)威林克委员会

委员会的主要任务主要有以下几方面。第一,了解少数族群恐惧的事实,并提出消除恐惧的方法。第二,为宪法中的保障措施提出建议。第三,在(但也只有在)委员会认为没有其他解决办法的情况下,作为最后手段,就建立一个或多个州提出详细建议:最适合的政府和行政结构;从经济和行政角度评估所要建

---

① Dele Babalola, "The Origins of Nigerian Federalism: The Rikerian Theory and Beyond," *Federal Governance*, Vol. 8, No. 3, 2013.
② Dele Babalola, *The Political Economy of Federalism in Nigeria*, London: Palgrave Macmillan, 2019, p. 44.

立州的可行性；该州建立将对其所在地区和联邦产生何种影响。第四，向殖民地事务大臣报告其调查结果并提供建议。

1957年11月23日，委员会成员抵达尼日利亚，迅速开展调查。在访问中，少数族群向委员会倾诉被排除在权力之外，表达了"建立一个新州的必要性，而不是要求任何形式的宪法保障"的意愿。委员会收到了关于在西区建立翁多州、约鲁巴中部州、中西部州、拉各斯州和殖民地州的备忘录；东区的建议是建立卡拉巴-奥戈贾-河流州（Calabar-Ogoja-Rivers）、奥戈贾州与十字河流州；在北区，少数族群的主要诉求是建立中部地带州，博尔努人寻求建立一个包括博尔努、包奇和阿达马瓦三个省的州。

然而，委员会以各种理由拒绝了所有的建州请求。反对设立翁多州和约鲁巴中部州，是因为设立这样的州会使约鲁巴人分裂；反对建立拉各斯州和殖民地州的理由是，该提案并不代表任何"明显的少数人利益"；反对建立奥戈贾州，是因为缺乏民众的支持；反对建立十字河流州、中西部州、中部地带州，是因为尽管这些建州申请得到了民众的广泛支持，但建州后可能会引发新的少数族群问题。诸如此类，委员会总能找到拒绝的理由。实际上，委员会担心的是，如果在独立时建立以族群为基础的州，将会以永久的政治形式体现族群的分离，那将是永久的遗憾。同时，委员会乐观地认为，当尼日利亚独立后，以国家的名义参与外交事务时，族性的吸引力就会减弱。[①]

最终的结果显示，委员会认识到各少数族群渴望建立自己的行政单位，但并不赞同这一做法。其理由带有假设性，委员会寄希望于未来的政治进程，即政治重心会从三大族群控制的地区向联邦政府转移，使得任何一个族群都不可能占据支配地位，这样就可以保护少数族群的安全。不过，该报告还是建议为少数族群制定保障措施：其一，警察部队由联邦政府来控制；其二，将"权利法案"列入宪法；其三，成立一个特别委员会来处理尼日尔三角洲地区少数族群特有的发展问题。[②] 总体上来说，威林克委员会的成立并没有十足的诚意，只想息事宁人，忽略了少数族群的根本利益，也没有意识到族群关系的紧张将使这个国家陷入重重困境，因而所取得的成果非常有限。

少数族群建立自治单位的愿望终究没有实现，独立后的最初几年，值得一提

---

① 参见 R. T. Akinyele, "States Creation in Nigeria: The Willink Report in Retrospect," *African Studies Review*, Vol. 39, No. 2, 1996。

② 〔美〕托因·法诺拉：《尼日利亚史》，沐涛译，东方出版中心，2010，第88页。

的插曲是西区被分割出一个"中西区"。论及个中缘由,既是西区少数族群抗争所致,也是北区联合东区与西区政治博弈的结果。1963年,为了瓦解西区约鲁巴人的政治力量,东区代表在拉各斯提起一项动议,要求在西区分离出"中西区",建立新的联邦行政单位。东区和北区立法机构推动此事的发展,该动议在众议院获得通过,由西区行政长官实施。之后在拟设立的中西区举行了一次公民投票,高达83%的人投票同意建立这一新区。1963年4月,中西区正式建立,成为尼日利亚第四个地区。[1] 中西区是少数族群埃多人主要聚居之地,它的建立在某种程度上满足了部分少数族群的诉求。当然,中西区的出现还是没有脱离旧的框架。直到1967年,情况才发生了根本性的变化。

(二)从地区到州:混合联邦制的形成

在比夫拉内战爆发前夕,东区分离的倾向越发明显,国家元首戈翁将军迅速采取行动,撤销了4个区的建制,代之将全国划分为12个州。北区一分为六,西区一分为二,中西区保留一个州,东区则被一分为三,即中央州、东南州和里弗斯州。伊博族人集中在中央州,其他两个州则以少数族群为主导,伊博人在东区的支配地位不复存在,为其分裂行动失败埋下伏笔。戈翁将军的安排打破了以三大族群为基础的联邦结构,部分迎合了少数族群自治的诉求,赢得了他们的支持,事实证明这是具有前瞻性的战略安排。另外,新州的建立切断了比夫拉共和国的石油供应线,对挫败伊博人的分裂行动也至关重要。在权力配置上,为了扭转地区尾大不掉之势,戈翁将新州的大部分权力收归中央,接管了高等教育、所得税管理等控制权,初等和中等教育也转入并轨,以允许联邦政府干预。这一举措意味着,尼日利亚从联邦单位高度自治逐步转向中央高度集权。

推翻戈翁政权上台的穆尔塔拉·穆罕默德(Murtala Muhammed)继续巩固联邦制,任命奥尤·伊利科菲(Ayo Irikefe)为建州委员会主席,讨论扩州事宜。1976年2月,穆罕默德又新建7个州,使州的总数达到了19个。就少数族群而言,影响更为深远的是,1976年召开的伊利科菲建州会议推翻了之前"关照少数族群"的原则,建州的倾向性和性质发生重大转变。会议特别指出,建州不应再以解决少数族群问题为目的,而主要是确保联邦的稳定和公正,促进各地区均衡发展,其后几次扩州行动都没有脱离这样的论调。[2] 几个少数族群占优势的

---

[1] 〔美〕托因·法诺拉:《尼日利亚史》,沐涛译,东方出版中心,2010,第98页。

[2] 〔尼日利亚〕埃格萨·奥萨加伊:《尼日利亚:国家与民族自治》,王铁志、沙伯力主编《国际视野中的民族区域自治》,民族出版社,2002,第415~416页。

地区要求成立新十字河州、哈克特港州和新卡杜拉州，但被1976年的执政者有意忽略了，而一些同质性很高的多数族群州却被裂分为2~3个州，继续巩固多数族群在资源分配中的优势。因为此时，尼日利亚的"州"所具有的实质性"自治"功能，只体现在负责分配联邦政府划拨的资金上，占据的州越多，享受的好处也就越多。

1979年，尼日利亚进入第二共和国，依然要应对蜂拥而至的建州诉求。众议院成立了一个委员会负责建州事宜，在40项诉求中通过了其中的21项。然而，在建州运动的强大压力下，40项诉求不仅没能缩减，反而又额外增加了8项。参议院建议审核这48项诉求，提交公投。参议院的这一举动遭到尼日利亚各方的强烈反对，如《新尼日利亚报》指出，参议院选择将所有建州请求全部交由公投决定，是放弃了自己的责任。面对严厉批评，参议院与众议院组成联合委员会，批准了29项建州诉求。但是，鉴于这一时期严重的经济危机，在已有19个州的基础上再增加29个州是不现实的。第二共和国建州计划看似轰轰烈烈，却戏剧性地结束，直到共和国被政变推翻也没能建立起一个新州。

1985年，巴班吉达将军通过不流血的政变上台，为了满足人民建立新州的渴望，巴班吉达成立了一个由7名成员组成的政治局，让其负责考察建立新州的可行性及其数量。政治局分为两派，一派只希望建立阿夸伊博姆州和卡齐纳州，而另一派则希望建立包括两者在内的6个州。前者占据上风，1987年9月建立阿夸伊博姆州和卡齐纳州。1991年，巴班吉达政府大跨步再次增设9个州，使尼日利亚州的总数达到30个。①

1993年，阿巴查将军成为军政府元首，但身处非常分裂的政治环境。为了缓解压力，1995年12月，阿巴查成立了建州和地方政府委员会。当时建州的诉求高达72项，阿巴查批准了其中的6项，分别位于西北区、东北区、中北区、东南区、西南区和南南区六个区域，作为一种安抚和平衡各方势力的手段。② 至此，全国共有36个州，联邦结构基本稳定下来，再没有发生大的变动。1914年以来，尼日利亚的行政单位变迁可见表6-3。

---

① Rotimi T. Suberu, "The Struggle for New States in Nigeria, 1976–1990," *African Affairs*, Vol. 90, No. 361, 1991.
② Rotimi T. Suberu, *Federalism and Ethnic Conflict in Nigeria*, United States Institute of Peace, 2001, p. 102.

表6-3 尼日利亚行政单位变迁

单位：个

时间	北部	南部	总量	法律依据
1914	1个保护国	1个保护国	2	—
1933~1939	1个省	2个省（西部与东部）	3	土著当局条例
1946	1个地区（北区）	2个地区（东区与西区）	3	1938年第43号法令、1943年第17号法令
	12个省	11个省	23	
	39个区	44个区	83	
1963	1个地区（北区）	3个地区（东区、西区、中西部区）	4	1963年第19号法令
	14个省	21个省	35	
	41个区	55个区	96	
1967	6个州	6个州	12	1967年第14号法令
	41个区	55个区	96	
1976	10个州	9个州	19	1976年第12号法令
	152个地方政府	148个地方政府	300	
1987~1990	11个州	10个州	21	1987年与1989年的法令
	240个地方政府	208个地方政府	448	
1991	17个州（包括联邦首都特区）	14个州	31	1991年第37号法令
	322个地方政府	273个地方政府	595	
1996	20个州（包括联邦首都特区）	17个州	36（不加联邦首都特区）	1996年第36号法令
	419个地方政府	355个地方政府	774	

资料来源：Williams A. Ahmed-Gamgum, "Nigeria at 100 Years: The Process and Challenges of Nation Building," *Public Policy and Administration Research*, Vol.4, No.8, 2014。

观察尼日利亚建州的历史可以发现，所有的州都出自军政府之手，很多时候其建州计划简单粗暴，只是为了稳固政权（如避免政变），或平息人民的抱怨（如一个群体声称受到压迫），或解决族群间的政治博弈，等等。因此，尽管各时期都成立了建州委员会，但基本上没有足够的实地研究来确定建州的可行性，更没有证据表明普通平民有机会参与对这项工作的讨论。各州之间的边界被匆忙划定，导致一些群体被迫分离，造成混乱。

但无论如何，从3个地区到36个州的行政建制，是尼日利亚联邦制的重大变革。尽管3个地区皆为异质性单位，但由于以三大族群为基础，且它们在各地区占据绝对主导地位，因而可称为族群联邦制；而在36个州中，三大族群被分割成诸多同质性较强的联邦单位，少数族群则合并成异质性较强的联邦单位。因此，若从联邦单位的族群分布上来看（见表6-4），尼日利亚的联邦制是一种介于族群联邦制与领土联邦制之间的混合联邦制。为了让这种新型联邦制有效运转，20世纪70年代中期以后，尼日利亚政府不断实施影响深远的政治改革。

表6-4 尼日利亚联邦单位的族群分布

单位：个

分区与州	主要族群	族群数量
西北区		54
索科托、凯比、赞法拉	豪萨－富拉尼	12
卡齐纳	豪萨－富拉尼	1
卡诺、吉加瓦	豪萨－富拉尼	9
卡杜纳	豪萨－富拉尼	32
东北区		205
博尔诺、约贝	卡努里	29
阿达马瓦、塔拉巴	豪萨－富拉尼	112
包奇、贡贝	豪萨－富拉尼	64
中北区		123
夸拉	约鲁巴、埃比拉、伊加拉	20
尼日尔	豪萨－富拉尼、瓜里	19
贝努埃	蒂夫、伊多马、伊加拉	12
高原、纳萨拉瓦	比努姆、安加斯、耶尔加姆	72
西南区		4
奥约、奥孙	约鲁巴	—
埃基蒂、翁多	约鲁巴	2
奥贡	约鲁巴	—
拉各斯	约鲁巴	2
东南区		1
阿南布拉、恩努古、埃邦伊	伊博	1
伊莫、阿比亚	伊博	—

续表

分区与州	主要族群	族群数量
南南区		59
埃多、三角洲	埃多、乌尔霍博、伊乔、伊博、伊策基里	13
河流、巴耶尔萨	伊乔、奥格尼、伊博	10
阿夸伊博姆	伊比比奥	7
十字河流	埃菲克	29

资料来源：Abdul Raufu Mustapha, "Ethnic Structure, Inequality and Governance of the Public Sector in Nigeria," Democracy, Governance and Human Rights Programme Paper, No. 24, United Nations Research Institute for Social Development (UNRISD), 2006。

（三）围绕联邦制的政治改革

在戈翁政权开创的新联邦制基础上，1975年通过政变上台的穆罕默德及其继任者奥巴桑乔两届军政府进一步推动政治改革，留下了沿袭至今的制度和体制设计，比如"联邦特征原则"（federal character principle）、从议会制转变为总统制、政党制度以及总统大选选票的相关规定等，在之后的历届政权中得到确认和强化。每一项都展现了尼日利亚人民的政治智慧以及建构民族国家的不懈努力，其中"联邦特征原则"更是维系联邦制运转的主要手段。

1. 联邦特征原则

1975年10月18日，在宪法起草委员会开幕式上，穆罕默德将军决定引入联邦特征原则。[1] 根据宪法起草委员会（1976），"联邦特征原则"指的是：促进民族团结，培养民族忠诚，使每个尼日利亚公民对国家有一种归属感（尽管存在族群起源的多样性，但人们希望利用和滋养这些多样性，使尼日利亚联邦共和国丰富多彩）。1979年宪法修改了1976年的定义，代之以"本宪法第14（3）和（4）条所表达的对国家的归属感"，即（3）联邦政府或其任何机构的构成及事务的处理应反映联邦特征原则，确保任何机构中不存在来自少数州或族裔群体的人占优势，同时要促进国家的统一、对民族的忠诚；（4）州政府、地方政府等各行政单位与机构的构成，应反映族群多样性，不损害其身份认同。[2] 这一原则要求中央、州和地方政府在处理事务时，承认其所辖范围内人民的多样性，但更

---

[1] A. Kayode, "Federalism and Federal Character Principle in Nigeria: A Dilution," *Review of Public Administration and Management*, Vol. 3, No. 7, 2015.

[2] M. L. Bello, "Federal Character as a Recipe for National Integration: The Nigerian Paradox," *International Journal of Politics and Good Governance*, Vol. 3, No. 3, 2012.

要提升人民的民族国家归属感与忠诚度。

联邦特征原则主要内容包括：促进国家一体化，禁止以出生地、性别、宗教、地位、族体、语言集团或纽带为理由的歧视；国家提供便利，鼓励人民、商品和服务在整个联邦内自由流动；保证每一位公民在联邦内享有完全居住权；鼓励不同地区居民相互通婚；促进和倡导打破族体、语言、宗教或其他身份障碍，成立新型社会组织；培育联邦内各族人民的归属感和参与感，对民族国家的忠诚超越对亚民族的忠诚。[1]根据联邦特征原则，政府试图在公共行政部门、公营事业部门等领域保证地区—族裔的充分代表性。这一原则被应用于联邦、州和地方政府中公职人员的任命，联邦大学的招生，武装部队的招募，高等院校与公共项目的选址，等等。1979年宪法第157（5）条规定，在任命联邦政府秘书、联邦公务员主管、驻外大使、高级专员或其他主要代表、联邦任何部委常务秘书时，总统应考虑联邦特征原则和促进民族团结的需要。第197（2）条规定，联邦武装部队的军官团和士兵构成都应反映联邦特征。[2]国际危机组织将尼日利亚的联邦特征原则称为"平衡族群的安排"，它是一种配额制度，旨在缩小地区—族裔差距，确保人们平等获得教育和在公共部门就业的机会，在联邦、州和地方政府等层级平等分享资源。[3]尼日利亚的宪法制定者则认为，联邦特征原则的"平衡术"有助于地区—族裔意识让位于国家—民族意识，从而维护国家的团结与稳定。

在具体的配额中，联邦和州有不同的分配比例。在联邦层面，每个州在部委、机构的人员占比为2.75%，首都占比1%。在州层面，任何州级机构、公共部门或组织总部的干部（包括初级工作人员），州土著不少于25%，分支机构或地方办事处的工作人员，州土著占比应不少于75%。在教育方面，配额制由四个部分组成，每个部分的权重不同，取决于教育系统的水平。它们分别是：学业成绩；教育欠发达的州；教育机构周边的州；管理者的裁决。学业成绩由申请人考试成绩决定，如西非考试委员会或联合大学入学考试；教育欠发达州和优待州的名额由联邦政府决定并下达给教育机构。如联邦大学的配额比例为：40%择优

---

[1] Eghosa E. Osaghae, "The Complexity of Nigeria's Federal Character and the Inadequacies of the Federal Character," *The Journal of Ethnic Studies*, Vol. 16, No. 3, 1988.

[2] Steve Mafos, "Federal Character Principle and Recruitment in Nigerian Civil Service (2007 – 2011): An Appraisal," 2015, https://www.academia.edu/11830545/FEDERAL_ CHARACTER_ PRINCIPLE_ AND_ RECRUITMENT_ IN_ NIGERIAN_ CIVIL_ SERVICE_2007_2011_ AN_ APPRAISAL.

[3] International Crisis Group, "Nigeria's Faltering Federal Experiment," *Africa Report*, No. 119, 2006, p. 11.

录取，30%分给优待州，20%分给教育欠发达的州，10%自由裁量。①

在财政上，联邦政府控制着国家最重要的收入来源，包括矿物（即石油和天然气）、进口和公司税与收入等。这些收入进入"联邦账户"，按48.50%、26.72%、20.60%、4.18%的比例分享给联邦政府、各州、地方政府和联邦政府控制的特别基金。联邦政府还征收增值税，保留15%的收益（用于支付行政管理费用），而将50%和35%的收益分配给各州和地方政府。宪法规定，联邦账户中至少13%的自然资源收入要分给资源产出地。联邦账户的拨款，根据以下原则和相应的权重在各州和地方政府之间进行法定分配：平均（尼日利亚各州或地方政府的份额相等），40%；人口规模，30%；社会发展需求，10%；土地面积和地形，10%；内部创收努力，10%。总的来说，各州和地方政府预算的80%依赖联邦的收入转移。如2008年，各州政府预算的78.83%、8.30%和12.87%分别来自联邦账户、增值税和内部产生的收入。②

自1979年以后，历届宪法都保留了联邦特征原则作为其条款的一部分。由于联邦特征原则只是一种政策，需要执行的机构。阿巴查政府时期决定成立联邦特征委员会，具体负责实施这一政策。1996年第34号法案出台，正式授权建立联邦特征委员会，根据法案第4条第1款和第2款，其主要职能有以下几方面。第一，为联邦和各州行政部门及公共服务部门、军队、警察部队及各种安全机构、联邦和州政府拥有的法人机构与半官方机构的职位分配制定公平的方案。第二，促进、监督各级政府按比例分配所有政治、经济与媒体职位。第三，对于不遵守联邦特征原则或拒绝委员会所提供方案的行为采取法律措施，包括起诉任何部委和机构的负责人或工作人员。第四，针对社会经济服务、福利设施和基础设施制定公平的分配方案。第五，解决联邦体系中的失衡问题，减少公共和私人部门中相对剥夺与边缘化问题。第六，相关机构未有效执行其职能，委员会将进行干预。第七，确保所有部委与机构都有明确的任命标准。第八，完成总统临时分配的其他任务。③ 由此可见，联邦政府赋予联邦特征委员会极大的权限，说明对

---

① Abdul Raufu Mustapha, "Ethnic Structure, Inequality and Governance of the Public Sector in Nigeria," Democracy, Governance and Human Rights Programme Paper, No. 24, United Nations Research Institute for Social Development (UNRISD), 2006.
② John Loughlin et al., eds., *Routledge Handbook of Regionalism and Federalism*, London and New York: Routledge, 2013, p. 420.
③ Federal Character Commission (Establishment, etc.) Decree 1996 (No. 34 of 1996), https://lawsofnigeria.placng.org/laws/F7.pdf.

贯彻联邦特征原则高度重视。值得注意的是，联邦特征原则的实施主体为州，而非族群单位，这就是兹瓦特所述的"替代"原则。当然，在36个州中有超过一半为族群同质化的州，反映了尼日利亚混合联邦制的特征，也反映了该国既承认多样性的现实，但又不想凸显多样性的微妙心态。而有关总统制和政党制的改革则完全是对多样性控制的一种尝试。

2. 总统制与政党制的相关规定

经历了无休止的倾轧、内耗，以及惨烈的比夫拉内战，尼日利亚政治领袖们认为，1960~1966年实践的英国式威斯敏斯特议会制不足以确保国家的统一和稳定，由直选产生并拥有强大权力的美国式总统制可能是更好的宪法安排。

（1）总统制度与总统大选

1975年，国家元首穆罕默德在宪法起草委员会的一次讲话中指出，尼日利亚的最佳政府形式是总统制，其中，总统和副总统由选举产生，拥有明确规定的权力，并对人民负责。[1] 1979年"还政于民"后，穆罕默德的讲话精神得到落实，总统制取代议会制成为尼日利亚的基本政治制度。实际上，这不是一项简单的政治制度改革，而是联邦分权形式的重大转向。以地区为基础的联邦制时代，地区高度自治，中央政府控制的权力相当有限。实施总统制后，联邦政府的权力基础得到彻底改变，几乎有权干预所有重要的公共事务。

以1999年宪法为例，在联邦专属的立法清单中为联邦政府分配了68项具体和附带的权力（相比之下，1963年宪法的联邦清单中只有45项），包括武器、航空、银行、货币、海关、国防、毒品、对外事务、劳工和工业关系、矿山和矿物、警察和监狱、公共债务、公共假期、铁路、贸易和商业，以及除伊斯兰和习惯法规定之外的婚姻。此外，宪法还赋予联邦政府一项广泛的职权，有权干涉包括民主、反腐败改革、社会正义、安全和福利、经济发展、环境安全等方方面面的事项。1999年宪法规定联邦与州的并行立法清单为12项，包括公共收入分配、税收、选举法、电力、工业、商业和农业发展、科学和技术研究以及中等和高等教育等等。然而，各州的并行权力受到联邦政府的普遍钳制。例如，在税收方面，各州的并行权力仅限于国民议会可能授予州政府的部分权力，征收或管理印花税和个人所得税等。同样，州政府在电力方面的权力仅限于"向国家电网

---

[1] Abdul Raufu Mustapha, "Ethnic Structure, Inequality and Governance of the Public Sector in Nigeria," Democracy, Governance and Human Rights Programme Paper, No. 24, United Nations Research Institute for Social Development (UNRISD), 2006.

系统未覆盖的地区发电、输电和配电"。州政府对选举法的并行权力仅限于"制定有关地方政府委员会选举的法律,且不得与议会制定的法律相抵触"。[1] 在某种意义上,联邦政府的高度集权化,事实上集中到了总统府。

总统的核心地位导致其集大权于一身,因此对总统的选举充分考虑了国内多样性的现实,制定了明确的应对规则。根据总统候选人人数不同制定相应的选举规则,主要存在三种情况。第一种情况,仅有一名总统候选人,当选须满足两项条件:获得赞同的票数超过反对的票数;在全国所有州及联邦首都区获得至少 2/3 的州且每州25%以上的选票。第二种情况,仅有两名总统候选人,当选须满足两项条件:获得过半选票;在全国所有州及联邦首都区获得至少 2/3 的州且每州25%以上的选票。第三种情况,有两名以上总统候选人,当选须满足两项条件:在候选人中得票率最高;在全国所有州及联邦首都区获得至少 2/3 的州且每州25%以上的选票。[2] 自第二共和国大选开始,这一条款成为定例。为了在规则内赢得大选,要求候选人必须跨越狭隘的族裔—地区—宗教边界,吸引更广泛的关注和投票。

(2) 政党制度改革

尼日利亚的独立是在行动派、尼日利亚与喀麦隆国民会议以及北方人民大会的推动和领导下实现的。独立后的第一共和国同样由三大族群政党掌控。鉴于这种情况,20世纪70年代,穆罕默德军政府在"还政于民"计划中进行了政党制度改革,"遏制和控制族性作为国家分裂的潜在力量",[3] 禁止族群政党成为改革的首要目标。1975年,穆罕默德指示宪法起草委员会寻求建立"真正的全国性政党"的方法。1978年,联邦政府颁布了第32号选举(修正)法令,要求政党证明"它已经建立了分支机构,其管理人员至少来自 2/3 的州"。1979年总统大选前,共有19个团体申请注册为政党,联邦选举委员会负责审查,结果只有5个团体获批。1979宪法制定了四项旨在形成全国性政党的条款:第202(b)条规定,"协会的成员资格向尼日利亚的每个公民开放,无论其原籍、出生情况、性别、宗教或族裔身份";第202(e)条要求,"协会的名称、标志或标识不包

---

[1] John Loughlin et al., eds., *Routledge Handbook of Regionalism and Federalism*, London and New York: Routledge, 2013, pp. 418 – 419.

[2] The Constitution of the Federal Republic of Nigeria (1979), https://constitutionnet.org/sites/default/files/nig_const_79.pdf.

[3] Matthijs Bogaards, "Ethnic Party Bans and Institutional Engineering in Nigeria," *Democratization*, Vol. 17, No. 4, 2010.

含任何族群或宗教含义，或让人觉得协会的活动只限于部分地区"；第203/1（b）条要求"确保执行委员会或政党的其他管理机构的成员反映国家联邦特征原则"；第203/2（b）条规定，"成员来自不同的州，州的数量占联邦所有州的2/3"。最终目的是"鼓励和促进形成跨越族群、语言、宗教等障碍的组织"。[①] 1979年总统大选前，共有19个团体申请注册为政党，联邦选举委员会负责审查，结果只有5个政治团体获准登记。为了响应国家对于政党的规定，其中4个政党出奇一致的冠以"尼日利亚"这一限定词，表明其具有"全国代表性"：尼日利亚民族党（National Party of Nigeria）、尼日利亚统一党（Unity Party of Nigeria）、尼日利亚人民党（Nigerian People's Party）、大尼日利亚人民党（Great Nigerian People's Party）。

1989年，巴班吉达政权在"还政于民"的压力下开放党禁。联邦选举委员会编写了一份96页的报告，详细说明了政党登记的量化标准。分值按照加权公式计算：党员人数（占25%）和地域分布（占25%）；党的行政组织的数量（占15%）和地域分布（占15%）；党的纲领陈述（占20%）。由于申请登记的组织过多，委员会选派3000人参与了分数统计和排名工作。根据该公式，排名第一位的候选政党仅得分43.90（满分100）。选举委员会建议批准排名前六的政党注册，但排名第六的政党只得到了17.70分。军政府否定了这一建议，理由是"所有团体表现都很差，它们夸大了成员人数和组织力量"，而且排名最高的团体获得的分数也没有超过50分。最后，军政府自行创建两个政党，即民族共和大会（National Republican Convention）与社会民主党（Social Democratic Party）。[②] 1989年的注册程序和全国选举委员会的"科学审查"，肯定是尼日利亚，也应该是非洲，为遏制族群政党以形成全国性政党最彻底的尝试。1999年后，第四共和国历届政府皆严格执行禁止族群政党的宪法规定。

二 渗透式整合策略

民族国家建构是非洲每一个国家的基本任务，尼日利亚也不例外。较之埃塞俄比亚、布隆迪等国，尼日利亚政府在族群议题上总体上是去政治化的，尽量避

[①] The Constitution of the Federal Republic of Nigeria (1979), https://constitutionnet.org/sites/default/files/nig_const_79.pdf.

[②] Matthijs Bogaards, "Ethnic Party Bans and Institutional Engineering in Nigeria," *Democratization*, Vol. 17, No. 4, 2010.

免将之制度化与法律化，因此联邦制以区域（州）来替代族群作为联邦单位。替代的类别含糊其词，只谈群体间的差异，而不明确指出有关的群体为何；再分配按照地理和人口情况以及发展水平等标准来区分。"这样一来，替代类别就许可形形色色的人根据经济、人口或发展情况等等要求受到照顾。"[1] 这是具有尼日利亚特色的族群整合方式。不过在更"接地气"的渗透式整合上，尼日利亚与非洲其他国家大同小异，其中主要有迁都、建立机制性的公民教育等方式。

（一）迁都

尼日利亚原来的首都为拉各斯，其是西方人在几内亚湾活动与拓殖过程中发展起来的。"拉各斯"一词在15世纪由葡萄牙人首创，后来该地成为黑奴贸易的重要据点。1862年，拉各斯被英国宣布为殖民地，也是英国人殖民尼日利亚的开端。1914年尼日利亚的殖民地与保护国被合并为一个殖民国家后，拉各斯成为其首都。这样的历史背景让一些民族主义领袖颇难以接受。1967年5月，随着各州的建立，拉各斯既是联邦首都，又是拉各斯州的首府，其继续作为首都的地位越发受到质疑，寻找新首都的任务正式提上日程。

1975年8月9日，联邦军政府成立了一个由阿古达（Aguda）法官担任主席的迁都小组，负责研究并向政府建议是否应该继续保留拉各斯作为联邦首都；如果该城市不再适合，则推荐一个新的地点。由于迁都的决定具有深远的社会、经济、政治、财政和心理影响，该小组对所涉及的各方面问题进行了事无巨细的分析和探讨。小组访问了当时所有19个州的首府，听取个人、机构和州政府的口头意见，审阅其书面备忘录。早些时候，小组还访问了非洲、亚洲和拉丁美洲许多国家，重点关注那些实行联邦制或颁布过接近联邦宪法国家的做法。他们特别研究了那些已经迁都的国家的经验，如坦桑尼亚、马拉维和巴西等。最终，该小组严肃考虑了两点因素。

第一，首都在全国范围内社会文化上的可接受度。拉各斯地理位置偏于西南边缘，历史文化传统与经济联系都属于西区，总体上具有浓厚的地方性和区域性色彩。事实上，拉各斯主要是一个约鲁巴人的城市，大多数就业人口通常从约鲁巴人中招募。据统计，1963年，在拉各斯州140多万人的总人口中，约鲁巴人占绝对优势，达到76.18%，其他族群只占23.82%。另外，独立后的10余年间，

---

[1] 〔荷〕弗兰克·德·兹瓦特：《文化多元社会中的定向政策：协调、拒绝与替代》，风兮译，《国际社会科学杂志》2006年第1期。

有超过64万人移民到拉各斯大都会，其中近50万人是来自西部各地的约鲁巴人；10余万人来自东部各州，主要是伊博人；只有区区6000人来自北部各州，主要是豪萨－富拉尼人。因此，假设来自全国的各族移民人数是衡量他们参与首都乃至全国社会经济活动的指标，那么很明显，约鲁巴人几乎完全主导了拉各斯的社会经济生活。1968年，拉各斯成为全国政治和经济中心多年后，约鲁巴人仍占该城市人口的75%。似乎这里更像一个区域中心，而非国家首都。其他族群"淹没"在约鲁巴人的"汪洋大海"中，很难有归属感，且强化了地区主义凌驾于国家主义的观感。

从行政管理的角度来看，位于西南部角落的首都也似乎不利于国家治理，特别是在交通状况不佳和通信系统效率极低的情况下。从而造成中央政府政治控制不力和行政组织效率低下，联邦首都政令下达不畅（较远的州更是如此），经济上的辐射力也非常受限。

第二，政治团结与国家一体化。实际上，追求政治团结也是联邦军政府决定搬迁首都的主要动因。人们往往认为，在其他条件相近的情况下，首都位置越靠近中心，政府与民众的距离就更近，就越容易通过距离最小化来完成治理任务。在这方面，有学者曾指出，如果首都的作用之一是保障团结与统一，那么国家的中心位置可能被认为是最好的，更有利于"首都作为约束机构"的功能。很多国家践行这一理念，选择更靠近国家中心的位置作为首都，希望通过迁都来增强国家凝聚力。土耳其选择安卡拉、马拉维将首都从松巴迁至利隆圭，以及坦桑尼亚将首都从达累斯萨拉姆迁至多多马，都受到了"首都中心论"的影响。此外，西班牙、加拿大的首都也随着国家边界的西移而改变了位置。

在对其掌握的所有资料进行了详尽分析后，小组成员开始考虑不同地点。但以他们设想的标准为指导，现有的中心城市，如伊巴丹、卡拉巴尔、贝宁、索科托、迈杜古里、约拉和拉各斯被自动淘汰，因为它们不符合国家中心这一最重要的指标。其实，在尼日利亚寻找中心点并不困难，因为该国的地理形状大体是方形的，圆形指数为1.13，仅次于圆形指数为1.05的乌拉圭。通过近乎几何学意义上的考虑，最后的选择定位在阿布贾周围的格瓦格瓦（Gwagwa）平原上，它在空间上与三个多数族群几乎是等距的，也不至于远离或孤立其他少数族群，使国家具有更强的紧凑性。

新首都的位置确定后，因其种种优越条件，军政府高度赞同这一决定。1976年2月3日，国家元首穆罕默德在全国广播讲话中指出，阿布贾位于国家中心地理位置，拥有良好的气候、广阔的土地，满足城市建设需求。他同时还强调，该地区不在任何一个主要族群的控制范围之内，由此相信，在这样一块"处女地"上创建新首都，"将成为所有尼日利亚人统一和团结的象征"。[1] 经过十多年的建设，1991 年 12 月，阿布贾正式成为尼日利亚首都，在履行首都政治经济功能的同时，还承载着建构民族认同、保障国家作为一个稳固共同体的美好愿望。

(二) 国家青年服务团与团结学校

经历了惨烈残酷的比夫拉内战后，戈翁军政府意识到，虽然阻止了国家分裂，但要维持和平稳定的局势，需要人民"坚定而自发的民族团结"。但尼日利亚是一个拥有数百族群的多元国家，缺乏共同的祖先信仰和共同的民族神话，无法提供聚合国家的"原生"认同。军政府认为，唯有从青少年入手，培育"新公民"，强化其国家意识与民族认同，才能实现"自发的民族团结"的目标。国家青年服务团计划与团结学校就是在这样的背景下设计和建立的。

1. 国家青年服务团

国家青年服务团（National Youth Service Corp，简称"服务团"）计划专门针对"青年"，体现了尼日利亚对未来的投资，因为青年"是国家动员和民族进步的主导力量，在民族国家建构的重要任务中发挥关键作用"。的确，服务团计划就是受到了青年人自发组织的启发和影响而提出的。比夫拉内战尚未结束时，一些青年团体请愿要求开展一项全国性青年运动计划，协助政府向战争受害者提供救济，颇令人鼓舞。在内战的尾声，全国高校校长委员会呼吁在本科生完成第一年学业后为国家服务一年，以"灌输服务和爱国主义精神，促进民族团结"，[2] 奠定了该计划的思想基础。

(1) 服务团的思想基础

戈翁政府汇集了各种信息与建议，经过与国际专家和许多政府机构（如劳动部、经济规划和发展部、全国高校校长委员会等）的磋商，并征求了学者和学生的意见，最终确定开展国家青年服务团计划。[3] 1972 年 10 月 1 日，戈翁将

---

[1] 上述内容参见了 J. C. Nwafor, "The Relocation of Nigeria's Federal Capital: A Device for Greater Territorial Integration and National Unity," *Geo Journal*, Vol. 4, No. 4, 1980。

[2] Ebenezer Obadare, "Statism, Youth and the Civic Imagination: A Critical Study of the National Youth Service Corps (NYSC) Programme in Nigeria," *CSD Report* (5-18), 2005.

[3] Otwin Marenin, "Implementing Deployment Policies in the National Youth Service Corps of Nigeria Goals and Constraints," *Comparative Political Studies*, Vol. 22, No. 4, 1990.

军在尼日利亚独立12周年之际向全国发表广播讲话，传达了准备启动一项青年志愿服务的计划。同年12月，戈翁将军在扎里亚艾哈迈德·贝洛大学毕业典礼演讲中，宣布正式成立国家青年服务团。次年2月，戈翁将军在拉各斯大学演讲时呼吁有关团体就此计划提供建议；内阁办公室要求尼日利亚的高校负责人发表意见，并决定在伊巴丹举办一个关于服务团的研讨会，以讨论和分析实施拟议计划的最佳方案。① 1973年5月22日，联邦政府颁布了第24号"国家青年服务团"法令，"适当鼓励和推动尼日利亚青年之间建立共同联系，促进民族团结"。1973年6月4日，戈翁在服务团指挥部成立仪式上发表演讲称："如果尼日利亚要在国内各条战线上取得快速进展，要在非洲大陆乃至国际社会上留下自己的印记，青年们必须被动员起来，并准备在任何时候不求回报地自愿为国家提供最好的服务。"② 从这些陈述可以看出，这里的"服务"并不是关于服务本身，而是通过服务能做到什么：实现"民族团结"的宏大目标。

鉴于这一目标，服务团以"奉献与谦逊"为团训，其内涵丰富：首先，无论何时何地，始终以一个尼日利亚人的身份思考、发言与行动；其次，以祖国为荣，欣赏并珍惜国家的文化、传统、艺术和语言；最后，为国家服务要诚实和忠实，必要时为祖国做出最大的牺牲。服务团计划也形成了清晰的核心策略。尽可能将青年分配到原籍州以外的州服务，因为根据1973年的一项调查发现，62%的学员之前从未访问过他们的部署州，这一比例"在西北和东南各州的学员中分别高达83.2%和91.3%"；分配在一起服务的每个小组尽可能具有全国代表性；青年接触全国不同地区人民的生活方式，消除偏见和误解，培养共性。正如一位州政府官员认为，"仅仅是接触就是一个很大的贡献，因为它有助于抵制日益增长的地方主义趋势"。③ 学员们远离自身的社会文化环境，进入"他者"世界，与当地人民"打成一片"，相互学习，建立有效的沟通和交往机制。

根据1973年法令，有资格和义务参与该计划的人包括：尼日利亚本土大学毕业生（从1972/1973学年开始）；在尼日利亚境外毕业的大学生（从1975/

---

① Otwin Marenin, "National Service and National Consciousness in Nigeria," *The Journal of Modern African Studies*, Vol. 17, No. 4, 1979.
② Ebenezer Obadare, "Statism, Youth and the Civic Imagination: A Critical Study of the National Youth Service Corps (NYSC) Programme in Nigeria," CSD Report (5 – 18), 2005.
③ Otwin Marenin, "Implementing Deployment Policies in the National Youth Service Corps of Nigeria Goals and Constraints," *Comparative Political Studies*, Vol. 22, No. 4, 1990.

1976学年开始）；获得国家高级文凭（HND）与国家教育证书（NCE）等资格证书的青年。最初，30岁及以下的人必须服役，而30岁以上的人自愿参与，1977年取消关于30岁的年龄限定。在实践中，每位青年加入服务团要经历四个阶段：动员；适应；执行主要任务和为社区发展服务；结束活动和结业游行。

（2）服务团的实践

第一阶段为动员阶段，潜在参与者在大学的最后一年向所在机构登记，他们的名字被传递到拉各斯总部，根据实际情况分配所要服务的州。之后会有一封征召信寄给每位学生，告知他们启程日期和报到地点。

第二阶段是为期三周的集中适应，"旨在让学员正确理解该计划的目标，并确保将其内化为理想"。主要内容为关于公民和领导力的培训，包括一系列关于尼日利亚的历史、政治和行政、经济和意识形态的讲座。讲座强调民族团结和国家建构，"尽管我们有多样性，但我们有共同的遗产、有新兴国家的意识形态、有领导人和人民互通的愿景以及有国家在黑人世界中的特殊性"。讲座还会探讨青年应发挥的作用：促进民族团结和国家一体化；加快经济和社会发展的步伐；改善国家的生态环境；推动非洲和黑人世界精神和心灵的去殖民化。学员们宣读的誓词说明了这项活动的崇高目标，"实现我们建设一个团结、和平、繁荣、无仇恨、平等的社会与伟大国家的愿望"。对大多数团员来说，这是一种知识和思想的洗礼。此外，适应期间还需参与高强度的操练，锻炼意志、强健体魄，主要有攀岩、爬绳、探险、独自生存、游泳、划船和急救等活动。

第三阶段，成员们需要为国家服务10个月，分为主要任务与次要任务。在主要任务中，团员们按照所学专业被部署到各行各业工作，包括医院、农场、水利工程、道路建设、测绘、社会和经济服务、学校、食品储存和虫害消除、康复中心、体育发展、政府部门和国营公司、地方议会的发展项目和私营经济部门等。而次要任务，团员们原本集中在一个为期六周的时间段内完成，但如今可全年分散参与，大多开展社区与农村发展项目。服务过程中，"利用青年的技能、创造力和创新能力，使服务团成为促进国家发展的有效机制"，同时对于团员们也大有助益：在卫生、工程、农业、教育和社会服务等领域为团员提供在职培训与实习；为团员提供一个平台，让其尝试各种想法并将其转化为现实成果；培养学员的创业精神，鼓励自主创业。

第四阶段，在规定的时间内按质按量完成国家服务任务后，每个州都会召开结业大会，为团员们颁发结业证书，并举行游行活动庆祝。① 对于团员们来说，结业证书非常重要，他们就业找工作时需持有该证书。因此，参与服务团是青年大学生们正式迈入社会最后的"必修课"。

　　服务团计划是逐步推进的。1973 年第一批团员大致为 2400 人，30 岁以上者、身体不适者、武装部队人员和警察以及已经工作的非全日制学生可以豁免。部分专业的学生，如医学、法学、药学和工程学等专业的学生可以延迟 1~3 年，其他学生也可以根据校长的建议推迟。1974~1975 年度的人数为 3000 人，1975~1976 年度为 3400 人，1976~1977 年度为 1 万人，1977~1978 年度为 1.2 万人，1978~1979 年度达到 1.5 万人。在第一个十年时增加到每年 4.6 万人，到第二个十年时，每年有超过 5 万人参与。在第三个十年，每年有超过 8.5 万人参与。2008 年后，每年参与人数跃升至 20 万人以上，之后到 2015 年一直维持在每年 20 多万人的较高水准（具体情况见表 6-5）。至 2019 年，根据服务团总干事透露，自 1973 年成立以来，共有 460 多万青年人参与了服务团。②

表 6-5　2005~2015 年服务团团员人数及国家的拨款资金

年份	团员数量（万人）	拨款资金（亿奈拉）
2005	13	157.6
2006	14.3	173.4
2007	12.5	151.6
2008	21.1	255.9
2009	20.6	249.8
2010	22.6	274.2
2011	25.5	309.3
2012	23	555.6
2013	23	557.6
2014	23.4	566.3
2015	22.5	543.6
总计	221.5	3794.9

资料来源："Re-Postioning the NYSC Scheme for Contemporary Relevance," *Youth Hub Africa*, 2018。

---

① Ebenezer Obadare, "Statism, Youth and the Civic Imagination: A Critical Study of the National Youth Service Corps (NYSC) Programme in Nigeria," CSD Report (5-18), 2005.
② Romanus Ugwu, "Over 4.644m Nigerians Have Participated in NYSC," *The Sun*, 15 August, 2019.

服务团实施后，得到一定程度的认可，特别是官方的评价更为积极："该计划取得了巨大成功，消除了所有最初的反对意见。"1975/1976年度的服务团手册称，参与计划的青年在态度上产生了巨大变化：83%的参与者更加欣赏其他族群的文化和生活方式；68%的人更了解他们被派往的州的问题；58%的人同意尼日利亚人具有同质性的一面；73.4%的受访者认为其爱国热情有了明显提高。[①] 20世纪80年代中期一份报告总结认为，学员能够在原籍州以外的其他州与各族人民接触与互动，大大改善了族际关系，促进了民族团结与融合。为了强化这种观感，政府还常常通过媒体大力宣扬服务团的具体案例。如2003年，一份全国性报纸刊登了一位女团员的感人故事。在题为"罕见的爱国主义品质"的报道中，这位女团员是镰刀型细胞贫血症患者，不顾自己特殊的健康状况、家庭的反对，甚至无惧"博科圣地"的安全威胁，来到遥远的博尔诺州服务。[②] 女孩的爱国主义热情具有感染力和渗透性，其事迹被树立为典型，精确诠释了服务团的宗旨，即培养"受过教育、心系国家的尼日利亚公民"。

2. 团结学校

尼日利亚拥有众多公立和私立中学，而联邦团结学校（Unity School）是一种特殊类型的学校，最早出现于20世纪60年代。尼日利亚独立后不久，联邦巴勒瓦政府意识到，政府和议会中大部分问题是由于人民的不信任和误解造成的。1964年西区选举后爆发的政治危机进一步强化了这一认识。于是政府决定建设一批容纳多样性的寄宿中学，其目的是将全国各地的青少年聚集在一起，不考虑其族裔—地区—宗教—政治—经济背景，在同一个屋檐下学习、生活和玩耍，在5~6年时间里，让其结下了牢固的友谊，且让他们认识到："约鲁巴人并不肮脏，伊博人不是商业骗子，南方少数族群不是懒鬼和酒鬼，北方人不是傻瓜。"[③]

最初，这样的学校在三个地区各建有一所。1970年，戈翁将军认为团结学校对于国家一体化起到了积极作用，从而在访问索科托团结学校时宣布在全国各地复制这一办学模式。1973年，增设了6所团结学校，之后不断增加。如今，尼日利亚共有102所团结学校。由于联邦政府的重视，每所团结学校都有较充足

[①] Otwin Marenin, "National Service and National Consciousness in Nigeria," *The Journal of Modern African Studies*, Vol. 17, No. 4, 1979.

[②] "A Rare Trait of Patriotism," New Age, 5/6 October, 2003.

[③] "Unity Schools: A Great Tool for Nation-Building," BOBBYUDOH, 17 April, 2012, https://bobbyudoh.com/unity-schools-a-great-tool-for-nation-building/.

的资金和设备，学生们不必缴纳学费，往返学校的旅费也由政府支付。

团结学校的校训简短而明确——"为了团结"（For Unity），来源于拉丁语"pro unitate"（为了团结）。① 团结学校的目的是培养学生民族团结与和谐意识，塑造他们的尼日利亚国族身份与认同，因此其课程规划强调传递民族团结和爱国主义精神。一位团结学校的女校长谈到，教师们在学校指导各族学生的学习，纠正其不良习性，在课程安排上对学生的引导最为重要。以下是关于部落主义问题的一节讨论课。

老师：部落主义是我们社会的一个问题，因为人们不容忍不同部落。在这个班上，你容忍其他部落吗？

学生们：是的，老师。

老师：你们有没有说过不利于其他部落的话？

一个学生举手，老师问他的族群身份。

学生：我是伊博族，我说过一些关于约鲁巴人不好的话。

老师问他是否会继续这样做，学生说不会。

老师说，在尼日利亚，大家都是一个整体，部落主义是有害的。老师继续引导。

老师：是否要继续宣扬"部落主义"？

学生：不。

学生以及教师在长时间的生活中建立了友谊，甚至有勇气在校外与族群歧视现象做斗争："如果我在外面，有人想对伊博人、豪萨人或约鲁巴人发表无知或无礼的评论，我就会非常生气，并为他们辩护。"② 很显然，团结学校不仅包容不同族裔和宗教身份的学生，而且希望他们在亲密接触中建构超越族群的公民身份与认同，表现出对国家、政府以及作为"尼日利亚人"（国族）的认同。在团结学校这一场域中，学校创造有利条件，帮助学生重塑社会关系，而不是将社会边界的重新协定完全交给学生的非计划性互动，更加有效。

---

① Ayodele Okunfolami, "Where Is the Unity in Unity Schools?" *The Sun*, 28 March, 2017.
② Marlana Elizabeth Salmon-Letelier, "Between Conflict and Peace: Intergroup Relations at the Federal Unity Colleges in Nigeria," Submitted in Partial Fulfillment of the Requirements for the Degree of Doctor of Education in Teachers College, Columbia University, 2019, p. 137.

三 主权会议及其他

1990年2月至1993年1月,非洲法语国家以"政治变革"的名义,举行了7次全国性的"国民会议"(Conferences Nationales)。在贝宁,1990年2月19~28日召开大会,包括族裔、宗教、职业和政治等大部分利益集团的代表参与,就影响国家的关键问题达成共识,如当时贝宁所面临的最迫切的自由民主议题,最终取得不错效果。[①] 这样的会议后来被称为"国家主权会议"(Sovereign National Conference)。主权(sovereignty),是指最高的政治和法律权威,具有不可剥夺和绝对的特征,不受制于任何既定权力。从这个意义上来说,国家主权会议代表着最高权威,超越政府当局的政治框架。主权会议的代表不由政府提名,而是由民间社会各种利益集团(如族裔群体、宗教群体、劳工组织、职业协会等)议定。会议的最终决议高于现有法律和行政命令,甚至可以决定现任政府的权力和任期。在某种程度上,普通的全国会议大都是亲建制的,倾向于维持现状,而主权会议具有"革命性",是反现状的。[②]

受到这股风潮的影响,从阿巴查时代起,尼日利亚南部族群,尤其是约鲁巴人不断要求召开主权会议。其核心诉求就是讨论联邦重组问题,从本质上讲,是要恢复旧有的地区制,使联邦单位掌握相应的自治权。因为联邦政府过于集权,几乎完全控制了国家的权力与资源。1998年6月,阿巴查去世后,新的军事政权拒绝执行1995年宪法草案,"将其全部扔进了历史的垃圾堆里"。一时间民主运动激情高昂,在此背景下,1998年12月召开了国民会议(Conference of nationalities)。该会议是由民间团体组织的一次独立的全国性会议,旨在解决不公正、联邦结构和向民主化过渡的问题。代表们以民族主义者和公民社会团体领袖身份组织了这次会议。然而,这些代表主要出自南方族群,会议更像是一场宪法建设研讨会,没有产生多大的影响。

直到2005年,奥巴桑乔政府对于遍及朝野的呼声做出正式回应,决定举办"国家政治改革会议"(National Political Reform Conference),进行全国性对话,但远达不到"主权会议"的层级。在会议召开之前,奥巴桑乔总统下令成立穆

[①] Kathryn Nwajiaku, "The National Conferences in Benin and Togo Revisited," *The Journal of Modern African Studies*, Vol. 32, No. 3, 1994.

[②] Kunle Ajayi, "From the Demand for Sovereign National Conference to National Dialogue: The Dilemma of the Nigerian State," *Studies of Tribes and Tribals*, Vol. 4, No. 2, 2006.

罕默德·马卡菲委员会（Mohammed Makarfi Committee），组织编写一份背景文件。穆罕默德·马卡菲委员会综合分析了所要讨论领域的范围与边界，并细分成18个议题。奥巴桑乔将之精简为8个议题：宪政改革、政党改革、选举改革和司法/法律改革、市民社会改革、警察/监狱改革和治理结构改革等。对敏感领域做出限制，包括尼日利亚的一体性、联邦制与联邦政府体系、总统制、联邦特征原则、政治参与、国家政策的基本目标和指导原则以及分权等，会议可以在其建议中更新和完善这些内容，但不应以任何理由来破坏国家和主权的完整或削弱民族凝聚力。[1]

该会议大约有400名代表，由总统任命的成员不超过50人，每个州要选出6人，剩余代表则来自联邦各地的不同团体，尽可能地涵盖各州的族群。从形式和过程上看，这次会议举办得似乎"轰轰烈烈"，但未能解决困扰已久的联邦制改革、资源分配和族裔—地区主义挑战等诸多棘手问题。主要原因在于：首先，会议限制重重，许多实质性的问题无法充分展开讨论；其次，政府对压力集团的诉求反应过度，将会议从全国性对话变成部门性辩论；再次，族群间不可调和的分歧，打着西南区（约鲁巴）、东南区（伊博）、北区（豪萨－富拉尼）、中部地带（少数族群）和南南区（少数族群）旗号的议题被提交到会议上，但都只是为了维护各自的利益，没有代表愿意提出与跨越地区/族裔群体相关的国家议程；最后，一些族裔群体，如尼日尔三角洲少数族群代表，认为大会不能充分满足其社会经济愿望，因而采取不妥协的态度，使会议陷入僵局。[2] 总体而言，会议没有取得预期成果。

一些市民社会组织和少数族群组织对于敷衍的改革会议极为不满，从而建立了一个广泛联合的"支持全国会议组织"（Pro-National Conference Organization）。2006年4月，该组织召开会议，其代表从100多个参与组织中选出，包括9个政党、民间社会组织和族群团体。与会者要求将尼日利亚划分为18个地区，其中12个为单一族群单位，6个为多族群单位，这些地区存在的基础是语言和文化上的亲缘性/空间上的接近性，而族裔群体是建立地方政府的基础。与会者还呼吁将三级政府改为四级政府，即联邦、地区、州和地方政府。如此，地区取代州成

---

[1] Ayodeji Bayo Ogunrotifa, "Methodological and Structural Problems for Sovereign National Conference in Nigeria," *Studies in Social Sciences and Humanities*, Vol. 1, No. 1, 2014.

[2] A. J. Falode, "Nation-Building Initiatives of the Olusegun Obasanjo Administration in the Fourth Republic, 1999 – 2007," *University of Mauritius Research Journal*, Vol. 19, 2013.

为联邦的构成单位，拥有自己的宪法，享有高度自治权。代表们认为，联邦政府掌控了太多的权力，需要削弱，除了外交关系、国防、货币发行等方面，政府的大部分责任，包括运输、就业、农业、商业、住房、保健、教育、工业和商业都应转移到各地区。①

支持全国会议组织希望会议的决议能够进入全国性的公民投票流程，通过后由政府执行。因此，会议报告被提交给尼日利亚国民议会和联邦政府。但根本的问题是，联邦政府根本就忽视了会议的建议，如果没有政府的认可和参与，如何进行全国公投？会议似乎更像是一项徒劳的工作。尽管如此，该组织还是乐此不疲，一直鼓吹召开主权会议。如2011年，组织发言人敦促总统古德勒克·乔纳森启动民族和解运动，召开由所有族群参与的主权会议，摆脱国家的困局。② 然而，2005年后，这种自下而上的民间呼声无论如何强烈，联邦政府再没有响应召开类似的会议。

其他各种方式的整合，比较典型的还包括去族群化的人口普查以及举办大型体育赛事等。2021年10月，国家人口委员会透露，该国人口普查不考虑设立族群与宗教的选项。而此前，在社交媒体上流传一个消息称国家人口委员会的问卷中设立了两个类别。国家人口委员会发言人驳斥了这一谣言，并在声明中指出，人口普查不会将宗教和族群因素考虑在列。很显然，这是政府刻意为之，"因为这两个问题在尼日利亚具有情绪化的性质"。③ 宗教与族群身份，在任何国家都是重要指标，对于人口统计学非常关键，只是由于这两个因素在尼日利亚国家话语中具有争议性与不稳定性，最明智的做法就是回避。

尼日利亚的"全运会"始于1973年，当初举办的目标和愿望有二：一方面发掘可以培养的体育人才，代表国家参加国际比赛；另一方面将之设想为一种"团结的工具"，促进各族跨文化交流与团结。④ 如今，赛事已经举办了20届，无论它是否还秉持着初心，作为全国性的体育盛会，客观上必然会提振民族精神，推动民族团结。

---

① Ayodeji Bayo Ogunrotifa, "Methodological and Structural Problems for Sovereign National Conference in Nigeria," *Studies in Social Sciences and Humanities*, Vol. 1, No. 1, 2014.
② "PRONACO Reiterates Call for Sovereign National Conference," The Institute for War & Peace Reporting, 2011.
③ Kingsley Nwezeh, "Census Will Not Consider Religion, Ethnicity," *This Day*, 10 June, 2021.
④ "Politics of the National Sports Festival," *This Day*, 12 April, 2021.

毫无疑问，尼日利亚政府对于国内族群多样性、族际关系的复杂性有充分认识，也是积极应对的，只是其理论和实践都具有碎片化的特点，未形成系统的话语体系与运行机制。落实到具体的策略上，尽量避免族群议题的政治化与制度化，用州替代地区的联邦制以及针对总统大选与政党的相关规定就基于这样的理念。同时，在思想和观念上培育人民的国族意识与认同，渗透式整合的诸多举措，如迁都、设立青年服务团和团结学校等就出于这样的目的。总体而言，尼日利亚的族群整合比较符合马戎教授关于族群"去政治化"的观点，即强调公民的"个体权利"，有意忽略族裔的"群体权利"。从效果上看，虽说尼日利亚依然维系着统一国家的地位，但鉴于当下丛生的族群乱象，似乎很难说已取得满意效果。当然，族群整合总归是一项长期的社会工程与政治工程，对高度断裂和分化的尼日利亚来说尤其任重道远。

结　语

> 族群认同正在帝国的废墟上抽芽滋衍，在各种新文化与新政治的墙缝中探头，使理想主义者与理性主义者忧心不已，因为他们始终相信，这条道路之外，一定还有更好的途径让人类的故事继续发展下去。[1]
>
> ——哈罗德·伊罗生

非洲现代民族国家的建立烙印了强烈的殖民主义属性，几乎原封不动地接管了殖民者塑造的政治与经济体系，包括承认那些带给非洲人巨大困惑的"人造边界"。于是，大量族群在分割或合并的形态下被强行"揉入"新兴民族国家，需要适应前所未有的社会互动与政治互动。遗憾的是，这些群体对于民族国家的认同意识淡漠，争取独立过程中短暂形成的"民族主义"也终究难以为继，由此产生的族群政治关系陷入持续的倾轧与动荡，族群之间的竞争和冲突几乎无法避免。而这种竞争与冲突，伴生于族群的建构。

一　作为一种建构性单位的族群

在前殖民时期，非洲多元社会结构有其运行的内在逻辑，大部分群体的边界具有模糊性和相互渗透性的特点。但经过殖民者的操控，特别是殖民统治中经历更加广泛和复杂的政治、经济和文化变迁，非洲人群结构形态发生了重大变化。为顺应这种史无前例的改变，人们的身份认同模式在内外动力下重塑。西方人与非洲本土知识精英，通过将口述历史转换为书写文本、将旧传统掺杂新元素，每个族群"共享"的历史、文化、语言与习俗，乃至集体记忆和群体意识被系统性地梳理、想象和创造出来，推动了族群的建构。与此同时，殖民者引入"现代化"的全新动力，非洲人原本依赖的家庭、亲属利益和情感网络延伸到更广大的族群共同体中。即便是"想象的共同体"，族群也必须建立在人们真正的社会

---

[1] 〔美〕哈罗德·伊罗生：《群氓之夜：群体认同与政治变迁》，邓伯宸译，广西师范大学出版社，2008，第40页。

文化的实感和体验之上。

(一) 殖民者与本土精英的能动性

基督教传教士是西方进入非洲的"急先锋",为了"弘扬教义",他们比任何其他西方人都需要拉近与民众的距离,因而深入非洲社会的细部,首先通过熟知和掌控地方语言以克服交流障碍。然而,非洲的语言何其多样与复杂,传教士只能将一些群体的方言升格为区域人口的"标准"语言,为其提炼语法、创造文字和编制字典,便于翻译《圣经》和《教义问答手册》等宗教经典。甚至在某些地区,不同传教团的竞争,导致同一语言区内形成多种"标准"语言,比如在刚果语区,就有来自瑞典和英国的新教传教团与来自比利时的天主教传教团,各自建立了不同的传教点,它们竞相宣称传教点所在的方言为刚果语的"标准"语言。[1] 标准语言以及文字的出现,为非洲现代族群建构的文化"想象"提供了技术条件。此外,语言本就是族群建构的重要象征形式。

人类学与殖民主义的关系也许并不像后殖民时期批评的那样,人类学是殖民主义的"侍女"(handmaidens)。[2] 但人类学家扮演的角色值得注意,他们通过田野调查研究非洲社会,撰写了大量民族志。英国功能主义人类学尤其具有影响力,该派学者通常以部落单位为主要观察对象,强调从整体的视角研究部落,[3] 在一定程度上符合英国殖民者的统治立场。人类学家的作品不仅成为殖民当局了解非洲的"窗口",也是非洲族群书写的"典范",呈现了族群文化、宗教、艺术、口述历史和习俗等方方面面的知识,接受西式教育的本土知识精英深受影响,[4] 这些知识作为族群"想象"的素材和内容,对于族群建构具有实质性意义。

---

[1] M. Crawford Young, "Revisiting Nationalism and Ethnicity in Africa," James S. Coleman Memorial Lecture Series, 2004.

[2] Benoit de L'Estoile et al., eds., *Empires, Nations, and Natives Anthropology and State-Making*, London: Duke University Press, 2005, p. 162.

[3] 如 E. E. Evans-Pritchard, *The Nuer: A Description of the Modes of Livelihood and Political Institutions of a Nilotic People*, Oxford: Clarendon Press, 1940 (〔英〕埃文思-普里查德:《努尔人:对尼罗河畔一个人群的生活方式和政治制度的描述》,褚建芳等译,华夏出版社,2002);C. G. Seligman and Brenda Z. Seligman, *Pagan Tribes of the Nilotic Sudan*, London: George Routledge & Sons, 1932。

[4] 肯尼亚首任总统乔莫·肯雅塔,同时也是一位优秀的人类学家,曾在伦敦经济学院师从马林诺夫斯基 (Malinowski) 学习人类学,学业有成后为所在族群基库尤人撰写了《面向肯尼亚山》民族志。详参 Jomo Kenyatta, *Facing Mount Kenya*, London: Secker and Warburg, 1938 (〔肯尼亚〕乔莫·肯雅塔:《面向肯尼亚山》,陈芳蓉译,浙江工商大学出版社,2018)。

而殖民当局，全然不顾及殖民边界对非洲传统社会结构的"肢解"，在任意分割而来的殖民疆域内，利用传教士与人类学家的文献资料，以及地图测绘、人口普查等"现代科学"手段对非洲人群进行"识别"与归类，据此形成"井然有序"的殖民行政单位，满足管理和控制的要求。殖民当局任命酋长参与行政管理，控制从国家到基层的族群"恩庇侍从"（Patron-Client）网络，协助殖民者建立有效统治；一小群富裕的农民、牧民和商人也纷纷参与恩庇侍从政治，利用财富谋求合适的职位。[1] 日益壮大的知识精英阶层，在殖民国家中同样据有一席之地，且发挥的作用最为特殊和关键。首先，知识分子以传教士拟定的"标准语言"为模板作为统合的工具，将操相似语言的群体凝聚和团结起来；其次，他们利用民间广泛流传的创世神话以及人类学家的书写文本再度加工，为那些"共享"祖先和文化的人们建立群体认同和共同命运的情感纽带；最后，精英们主动将其在殖民地政治生活中的竞争关系族裔化，以获得"族众"的支持。

巴干达王国的阿波罗·卡格瓦爵士（Sir Apolo Kagwa），是殖民早期该王国著名的新教徒，他归纳整理了巴干达的口述历史，将之编撰成册，后来成为创作巴干达王国编年史的主要文献资料。甚至几十年后，还有学者在乌干达很多乡村社会中发现了卡格瓦关于巴干达王国的记载片段。在尼日利亚，19世纪末的约鲁巴知识分子塞缪尔·约翰逊和塞缪尔·克劳瑟（Samuel Crowther）的历史书写，对于约鲁巴人历史、文化和语言的"规范化"起到至关重要的推动作用。在卢旺达，天主教牧师、著名的本土历史学家亚力克西斯·卡加梅（Alexis Kagame）将图西人的习惯法编成法典，成为该群体身份建构的主要资源。[2] 从某种意义上说，这些知识精英通常是新族群的代言人，他们深谙本土文化的精髓，因而更"接地气"，易于引导族众建构同一性的身份认同。

在殖民过程中，一些自古缺乏黏性甚至不存在的群体被凝聚起来。尼日利亚的伊博人和肯尼亚的基库尤人，原本的人群结构非常松散，从未形成过统一的政治单位，但在殖民统治的刺激下，被不断强化群体身份和认同意识，后来成为各自国家的多数族群之一；刚果（金）的班加拉人（Bangala）只是欧洲商人和探

---

[1] Bruce J. Berman, "Ethnicity and Democracy in Africa," Japan International Cooperation Agency Working Paper, No. 22, 2010.
[2] M. Crawford Young, "Revisiting Nationalism and Ethnicity in Africa," James S. Coleman Memorial Lecture Series, 2004.

险家对上刚果地区河流居民一种并无实质意义的统称，但后来这些人不仅接纳了该称呼，并因此形成了族群意识和认同。[①] 总之，在殖民者与本土精英共同参与的"传统发明"中，新族群的"原生性"特征越发明显，他们共享的文化、语言和习俗，可回溯及远古，可展望至未来。族群间的边界日趋严苛和明确，不仅有利于殖民当局维持社会稳定和政治控制，也有助于人们建立在已知范围内的"真实"文化体验上的族群想象。更重要的是，族群在建构过程中越来越成为一种"利益共同体"。

(二) 族群作为"利益共同体"

殖民当局不仅掌握着政治与经济资源的生产与分配，而且还控制了社会发展的基本方向和路径。所以殖民者对于非洲的另一"贡献"是将非洲纳入全球政治和经济体系，强力将其推向现代化的轨道。与民族主义一样，现代化也是一种席卷性力量，非洲大陆被整体性地牵扯其中，产生无比巨大的影响。族群建构尤其契合现代化的特性：首先，现代化的辐射范围与族群分布都受制于空间因素；其次，现代行政和族群地域常常重合；最后，对于那些参与现代化竞争的人来说，组织和动员族群最为简单且有效。一般而言，现代化首先起步于某个"中心"或"节点"，然而扩散至边远地区，体现了现代化层级的空间性：中心区的现代化程度最高，近郊次之，内陆腹地最落后。按照殖民当局的规划，以族群为单位聚居于严格界定的行政空间内，那些离中心区域越近的族群，现代化程度就越高，反之亦然。

在肯尼亚的现代化进程中，依托首都内罗毕（现代化的中心区）聚居的基库尤人，无论在经济发展程度、城市化程度还是受教育程度上，都超过国内其他各族良多。同样的，尼日利亚约鲁巴人也具有现代化的优势，且不说北部的豪萨-富拉尼人，就是同处南部的伊博人也远远不及。因为西方人很早就在约鲁巴兰的拉各斯和阿贝奥库塔（Abeokuta）建立传教点，而拉各斯更是殖民地的首都和现代化的中心。乌干达的干达人之所以在现代化过程中"如鱼得水"，也得益于他们紧邻行政首都，近水楼台之下所受现代化的影响远比其他族群多得多。

现代化的空间扩散性导致族群间（经济和政治）地位上的差异，占据优势

---

① David Welsh, "Ethnicity in Sub-Saharan Africa," *International Affairs* (Royal Institute of International Affairs 1944 -), Vol. 72, No. 3, 1996.

的族群成员积极捍卫自身的领先地位,保住特权。人们被纳入现代性的语境后,对于现代化是充满期许的,即便是身处劣势的族群成员,也寄希望于得到条件更好的"同族兄弟"的帮扶,维系族群的忠诚有利于在现代化的大潮中"抱团取暖"。在现代化的各项领域,职业竞争十分激烈,而这种竞争在很多时候是依据族群边界进行的,人们往往将个人的升迁与自己所属群体的地位和势力联系起来,其他族群带来的是威胁感。在殖民地国家,政治运行的逻辑已逐渐向宗主国靠拢,现代性的福利分配以地方行政单位为基础,由于该单位通常与族群边界重合,因此不断有族群要求设立"自己"的行政区和地方政府。拥有了本族的行政单位,就能分享更多的现代性福利、打击处于竞争或敌对的族群。

此外,殖民国家不仅是财富和权力的来源地,同时也代表着专横和镇压的力量。在与国家互动时,族群的机遇和危机并存,机遇的一面在于获取其现代性资源;但殖民国家武断专制与横征暴敛的做派,对于任何个体甚至家族来说,都是一种无法直接面对的威胁,唯有依赖规模更庞大的族群。当族群成员必须以群体形式竞争殖民国家的阶层、地位和权力以及抗衡殖民当局时,族性不仅从隐性变为显性,而且得以强化。[①]

所以,非洲既有殖民者强迫群体归并整合的案例,但也有很多非洲人愿意接受新的身份,维护自身或群体的利益。对于那些"挤破脑袋"争取充当族群与政府中介的人来说更是如此,若成为族群领袖就有可能进入政府机构,参与奖赏分红"发财致富",他们对于创造部落"迷思"有着压倒性的兴趣(overriding interest)。相似的,许多族群成员也乐于接受这种身份。因为归属一个族群他们可以享有分配国家利益的权利,而族群建构的人际网络超越了家庭和亲属圈层,至少在心理层面为人们提供安全感,似乎族群人口规模越大越能得到保障。总之通过在现代化语境下的互动,殖民当局忙于将非洲人整合成有序的行政单位,而非洲人则忙于"想象"和"创造"可以归属的族群。[②] 族群越来越建构成为一种休戚相关的"利益共同体"。

从理论上说,非洲现代族群的形成符合建构论的逻辑,它的确是在"互动

[①] 族群建构与现代化的关系参考了 Robert H. Bates, "Ethnic Competition and Modernization in Contemporary Africa," *Comparative Political Studies*, Vol 6, No. 4, 1974。本书第三章提到罗伯特·贝茨强调非洲"政治经济"的现实导致族群冲突,而此文,作者基于现代化理论分析非洲族群之间差异化的建构与发展,至今仍有很强的说服力。

[②] Alex Thomson, *An Introduction to African Politics*, London: Routledge, 2010, pp. 64 – 65.

过程中产生边界,并据此激发我群意识(族性)建构而成的群体",也即卡罗拉·伦茨的"我群"过程。需要特别强调的是,外部力量在这种互动中起到了开创性作用。近代以来,最强大的外部影响因素包括殖民主义和民族国家的架构。在殖民背景下,殖民主义重构了非洲群体互动的模式,导致族群政治的产生;而在独立后的民族国家框架内,族群之间、族群与国家之间展开了更为激烈的政治互动,具体表现在族群冲突与整合上。

二 族群冲突与整合:族群政治的具象化

殖民前中期,非洲多元社会处于解构与重生、新族群意识和认同逐渐"觉醒"的历史阶段,当时的矛盾焦点主要集中在非洲人民与殖民者之间,表现为"泛非主义"以及一些自发的抵抗运动上,内部的族群博弈尚未出现在政治领域的主战场。随着二战结束,非洲殖民体系迎来了第三波民族主义浪潮的猛烈冲击。在非洲本土民族主义者的领导下,最初要求殖民当局进一步扩大政治上的参与,让更多非洲人分享殖民地国家的权力。之后,非洲民族主义者不再满足这种"施舍",斗争持续升级,以实现自治和独立为目标。这是一场主要定位于各殖民地的运动,殖民地疆域内的族群需要团结、统一思想和行动,才能完成民族解放、国家独立的历史使命。但与此同时,族性作为一种离心力量也大行其道,各国内部的族群政治化,或政治的族群化现象越发突出,族群间的竞争不断激化,直至发展成族群间的暴力冲突。

(一) 族群冲突

殖民后期,在快速发展的都市中心,人们基于社会生活的经验意识到,他们必须依赖集体的力量才能赢得现代性利益的竞争。在这种情况下,族群的规模至关重要,尽可能将更多"同质性"群体聚合为族成为一种共识。西方传教士、人类学家和殖民当局,以及本土精英已提供了基础性工作。都市移民基于"共同的"文化和历史想象,抱团相互扶持,以减轻城镇生活的压力,处理就业和人际关系,应对各种突发事件。此时期,族群的动员和组织已趋成熟。于是,大量族群协会和团体涌现,担负起壮大族群实体与声望的重任。[①] 接受西式教育的知识精英是族群组织的创建者和最早的成员。在肯尼亚,从教会学校毕业的部分

---

① M. Crawford Young, "Revisiting Nationalism and Ethnicity in Africa," James S. Coleman Memorial Lecture Series, 2004.

基库尤人成立了族群专属学校，招收族众以培养族群意识和认同；卢希亚人和圭尔人（Gwere）的识字者分别成立卡维隆多纳税人福利社（Kavirondo Taxpayers Welfare Association）与圭尔青年协会（Young Bagwere Association），宣扬本族群的历史和文化。在尼日利亚，族群组织是由新崛起的阶层，如律师、医生、商人、公务员创建的，约鲁巴人成立了埃格本·奥莫·奥杜杜瓦组织、伊博人建立了阿菲科波·伊博（Afikpo Ibo）与伊博国家联盟（Ibo State Union）等组织。[1]族群组织或协会成立后，积极参与殖民地国家的政治生活，在族际竞争的语境下进一步推动了族群身份和认同的建构。

随着殖民势力逐步退出非洲，各族群竞相追逐填补权力真空。族群组织演变成政党的基础，在这一过程中，族性获得新的政治意义。尼日利亚约鲁巴人、豪萨-富拉尼人和伊博人，分别依托行动派、北方人民大会党、尼日利亚与喀麦隆国民会议进行政治博弈；卡巴卡·耶卡（Kabaka Yekka）是乌干达干达人建立的政党；英卡塔（Inkatha）是南非祖鲁人建立的政党；加纳出现以阿散蒂人为基础的马提·米霍运动（Mati Miho Movement）；等等。[2] 竞争选举和国家机器的本土化让族群组织越发重要，成为获得政治支持以及占据更高层次国家机构的工具。而且在一些国家，以族群为基础的政党有挑战民族主义运动的迹象。[3] 尽管如此，许多族群政党在反殖民解放运动中还是起到中流砥柱的引领作用，这是由于民族主义运动掩盖了国内多族群的分歧与裂痕，内部冲突服从于一致对外的宏大目标。

然而，非洲国家刚批量独立，其中部分国家就突破族群紧张关系的阈值，持续爆发激烈的冲突。[4] 从20世纪60年代开始至20世纪90年代初期，族群冲突的数值不断攀升，所有典型的冲突类型，民族分离主义运动、种族灭绝，尤其是资源冲突和选举冲突等成为普遍性现象，绝大部分国家未能幸免。20世纪90年代中期之后，整体的冲突趋势有所缓和，但如今仍是很多非洲国家的"阿喀琉斯之踵"。

---

[1] Robert H. Bates, "Ethnic Competition and Modernization in Contemporary Africa," *Comparative Political Studies*, Vol. 6, Issue 4, 1974.

[2] Kwesi Kwaa Prah, "African Wars and Ethnic Conflicts—Rebuilding Failed States," Background Paper for UNDP, 2004, p. 14.

[3] Bruce J. Berman, "Ethnicity and Democracy in Africa," Japan International Cooperation Agency Working Paper, No. 22, 2010.

[4] Okwudiba Nnoli, ed., *Ethnic Conflicts in Africa*, CODESRIA, 1998, p. 21.

非洲大部分正在建构的民族国家不够成熟,"谁拥有国家"的争夺进程远未结束。只要族群之间在关联和血统上有足够的区隔性,且人们不断沿着这种区隔性诉诸族群情感,希望借助它的力量解决自身的生存困难,当各自愿望相互交错、相互竞争、相互抵制,猜疑、恐惧、敌意甚至残酷的冲突就在所难免。① 虽然非洲民族分离主义运动成功与否要取决于非盟的决心,但"分离主义的话语、抱负与行动是非洲政治的永久特征",② 一旦爆发,它们所导致的族群冲突就会带来较大的波及性。在国际社会高度关注下,大规模种族灭绝的可能性较之以前有所降低,但绝不能忽视这种危机,如2019年联合国就观察到布隆迪的现状暗藏隐忧。③ 民主选举在非洲政治生活中具有决定性意义,围绕它产生的族群冲突,定然不会轻易消解。由于生态变迁(如气候变化)、资源诅咒和资源匮乏与分配不公,非洲未来还要承受极大的资源型族群冲突风险。

(二)族群整合

非洲人接受民族国家的国体地位,说明他们有强烈意愿将多元族群锻造整合成一体化的共同体。只是人们最初低估了族群政治的力量,乐观预测国家独立后很快就会"脱胎换骨",跻身于世界民族国家之林。非洲第一代民族主义领袖试图强行切断殖民前和殖民时期建构与重构的社会纽带,高呼"消灭部落"的口号,希望这些"落后"的身份认同快速消融于历史。于是他们选择建立高度封闭、固化的霸权政体,采取一党制、无党制,甚至个人独裁的方式进行统治。20世纪90年代之前,霸权政体盛行,高压政治下有可能短期内保持国内族群政治的平衡,一旦遇到族群反抗,则打着"民族团结、国家统一"的旗号进行残酷镇压,这种做法是恶化而不是缓解族际紧张和冲突。更甚的是,有的国家事实上掌控在某个或某些族群下,如苏丹北部的阿拉伯人、埃塞俄比亚的阿姆哈拉人、吉布提的索马里人、尼日尔的桑海-扎尔马人(Songhai-Zarma)、安哥拉的姆本杜人、卢旺达的胡图人等,长期以来或某个时期内他们垄断了国家的政治权力,

---

① 〔美〕哈罗德·伊罗生:《群氓之族:群体认同与政治变迁》,邓伯宸译,广西师范大学出版社,2008,第267页。
② Mareike Schomerus et al., "Africa's Secessionism: A Breakdance of Aspiration, Grievance, Performance, and Disenchantment," in Lotje de Vries et al., eds., *Secessionism in African Politics: Aspiration, Grievance, Performance, Disenchantment*, London: Palgrave Macmillan, 2019, p. 3.
③ Lisa Schlein, "Burundi: UN Commission Warns of Likelihood of Genocide," *Voice of America*, 5 September, 2019.

其他群体无法染指,形成"一族独大"(Ethnocracy)① 的局面。前述索马里西亚德政权,由于"MOD 联盟"垄断权力,引发北区(以伊萨克氏族为主)人民的强烈不满,最终走上了分离的道路。安哥拉独立后,姆本杜人(人口居安哥拉第二位)主导的"安哥拉人民解放运动"掌控国家,第一大族奥文本杜人被边缘化,其反抗是导致该国长达 27 年内战的重要原因。而在卢旺达,国家独立后胡图人掌权,采取歧视和打压图西人的政策,最终酿成种族灭绝事件。

精英分权政体有可能是统治者主动或被动施展的妥协策略,在一定程度上修正了霸权政体过于僵化和垄断的政治架构,有利于公众有限的政治参与。精英分权也被称为"大同盟"(Grand Coalition),这一政体的主要特征表现在族群精英之间的权力交换,所有主要族群(或按照族群边界组建的政党)都有代表入阁(不一定按照比例分配位置)。在实践上,大同盟原则通常是开明政治领导人的"杰作",不会写入宪法,因此是权力分享的"潜规则"。② 肯尼亚、赞比亚、科特迪瓦以及喀麦隆等国家都长期通过精英分权的方式来维系国内族群的政治平衡与稳定。但族群精英权往往只是一种权变策略,其有效性主要取决于精英的博弈与领导人的政治智慧,缺乏制度的规范性和长期存续性。

正如乌干达总统穆塞韦尼于 1986 年掌权后竭力回避多党制那样,很多非洲领袖都认为民主制度在非洲行不通,因为族群/部落利益不允许推行民主制度。③ 虽然这种说辞不过是为了平息反对声音,合理化以及巩固其统治的手段,但确实阻碍了多头政体在非洲的发展。20 世纪 90 年代后,这一状况发生了翻天覆地的变化,在西方的压力下,大部分非洲国家都经历了快速、激进的民主化改革,目前多头政体似乎已成为一种政治"标配"。然而,非洲国家现实的民主政治总体上是与其社会经济发展水平相适应的,"混合政体"或将成为一种"常态化"的政体类型。④ 这种强制外植,杂糅民主与威权的不成熟的"多头政体",不仅不

---

① James Anderson, "Ethnocracy: Exploring and Extending the Concept," *Cosmopolitan Civil Societies: An Interdisciplinary Journal*, Vol. 8, No. 3, 2016. "一族独大"中的"一族"只能是约数,也可以是多个族群结盟控制国家。
② Omotunde E. G. Johnson, "Addressing Ethnicity in Sub-Saharan Africa: Institutions and Agency," *Constitutional Political Economy*, Vol. 16, 2005.
③ S. N. Sangmpam, *Ethnicities and Tribes in Sub-Saharan Africa: Opening Old Wounds*, London: Palgrave Macmillan, 2017, pp. 1 – 2.
④ 张宏明:《非洲政治民主化历程和实践反思——兼论非洲民主政治实践与西方民主化理论的反差》,《西亚非洲》2020 年第 6 期。

是解决族群冲突的"灵丹妙药",没有取得立竿见影的族群整合效果,相反在一定时期内还带来了强烈的"副作用"。从这个意义上说,非洲国家巩固民主、提升民主质量依然任重道远。

在民族国家的架构下,形成集体认同(民族建构)、维持社会稳定(国家建设)是非洲人民一以贯之的目标。因此,族群问题始终是不可回避的政治现实,族群整合也是必然的政治选择。在整合的路径上,大部分非洲国家趋向于尽量避免甚至拒绝族裔因素作为政治动员的工具,民主化前的"一党制"、民主化后的"禁止族群政党"是最普遍的手段;只有极少数国家奉行多元文化主义,接受族群问题的政治化,如布隆迪的"比例代表制"和埃塞俄比亚的"族群联邦制"。在思想意识和价值观念的培育上,非洲国家的步调几乎是一致的,将所有需要传达的整合思想与民族意识渗透于人民的生活场景实施"教化"。同时,也不能忽略历史的延续性或忽视基层人民的能动性与创造性,传统和地方色彩的族群整合能够焕发新的生机。当然,无论遵循何种路径,采取何种举措,族群整合都应以保障个体和群体的权利为根本。从这一根本性的角度视之,非洲国家的族群整合还有巨大的改善空间。

总体而言,族群问题一直困扰着非洲多族群国家,因为在"一族独大"的政治结构中,族裔化的"饕餮政治"(the politics of the belly)[①]盛行,族群"庇护网络"无处不在,盘根错节的关系从国家权力中心延伸到边远乡村,人们以族群的身份争夺更大份额的国家"蛋糕",事实上削弱了民族认同与国家认同。[②]所以尽管非洲民族主义修辞华丽、口号响亮,如果没有实质性改变支配和治理模式,族群之间的疏离与冲突还是会无情摧毁民族主义的宏大愿景。如今来看,非洲现代史的序章宣告结束:第一代民族主义的民族建构、社会发展和民主自由的美好愿望已基本幻灭;建立在反帝、反殖的民族主义合法性基础上的政权也大致消失殆尽。去殖民化过程中形成的国家资源和权力分配格局,导致了激烈的族群竞争和暴力冲突;这种分配格局在20世纪90年代"民主化"后似乎并未发生根本性变化,族群冲突的局势依然严峻,族群整合、民族国家建构还将是长期伴随的关键课题。

---

① 饕餮政治主要反映非洲基于族群的腐败、裙带关系等政治现象。参见 Jean-Francois Bayart, *The State in Africa: The Politics of the Belly*, London: Longman, 1993。
② Bruce J. Berman, "Ethnicity and Democracy in Africa," Japan International Cooperation Agency Working Paper, No. 22, 2010.

最后，再度着眼于"非洲"这一概念，由于其内涵极为宽泛，内部事务大都充满复杂性、多变性以及情境性，若要对这一地区多族群国家的族群冲突与整合形成有一定规律性和普适性的理论范式，需要宏大的研究框架与格局、多学科的交叉、大量国别案例分析。本书只是初步的探索，期望这种尝试能给未来研究提供一定价值的素材和思考。

参考文献

一 中文文献

（一）著作

艾周昌、沐涛、汝信：《走进黑非洲》，上海文艺出版社，2001。

艾周昌、舒运国：《非洲黑人文明》，福建教育出版社，2008。

包刚升：《民主崩溃的政治学》，商务印书馆，2014。

程迈：《坎坷动荡转型路——尼日利亚的宪法改革与教训》，中国政法大学出版社，2013。

费孝通：《民族与社会》，人民出版社，1981。

高永久等编著《民族政治学概论》，南开大学出版社，2008。

关凯：《族群政治》，中央民族大学出版社，2007。

李安山：《非洲民族主义研究》，中国国际广播出版社，2004。

刘辉：《民族国家建构视角下的苏丹内战研究》，中国社会科学出版社，2011。

陆庭恩、刘静：《非洲民族主义政党和政党制度》，华东师范大学出版社，1997。

马戎：《民族社会学——社会学的族群关系研究》，北京大学出版社，2004。

纳日碧力戈：《现代背景下的族群建构》，云南教育出版社，2000。

彭树智：《东方民族主义思潮》，西北大学出版社，1992。

覃光广等主编《文化学辞典》，中央民族大学出版社，1998。

唐大盾编《泛非主义与非洲统一组织文选（1900—1990）》，华东师范大学出版社，1995。

唐贤兴：《近现代国际关系史》，复旦大学出版社，2010。

王铁志、沙伯力主编《国际视野中的民族区域自治》，民族出版社，2002。

吴秉真、高晋元主编《非洲民族独立简史》，世界知识出版社，1993。

徐薇：《博茨瓦纳族群生活与社会变迁》，浙江人民出版社，2014。

徐薇：《南非种族与族群关系变迁研究》，社会科学文献出版社，2020。

严庆：《冲突与整合——民族政治关系模式研究》，社会科学文献出版社，2011。

于春洋：《比较视野中的多民族国家族际整合》，复旦大学出版社，2022。

张宏明：《多维视野中的非洲政治发展》，社会科学文献出版社，1999。

张湘东：《埃塞俄比亚联邦制：1950－2010》，中国经济出版社，2012。

周平：《民族政治学》，高等教育出版社，2003。

周平：《多民族国家族际政治的整合》，中央编译出版社，2012。

周星：《民族政治学》，中国社会科学出版社，1993。

周叶中：《代议制度比较研究》，武汉大学出版社，2005。

朱伦：《民族共治——民族政治学的新命题》，中国社会科学出版社，2012。

（二）论文

艾俊树、黄德凯：《非洲本土视域下的民族国家建构——模式、特征和路径》，《国际关系研究》2019年第1期。

艾平：《肯尼亚多党风潮剖析》，《西亚非洲》1992年第3期。

包刚升：《第三波民主化国家的政体转型与治理绩效（1974—2013）》，《开放时代》2017年第1期。

包刚升：《21世纪的族群政治：议题、理论与制度》，《世界民族》2017年第5期。

包茂宏：《论非洲的族际冲突》，《世界历史》1999年第1期。

曹兴：《从民族冲突类型看巴以冲突的根源》，《西亚非洲》2008年第1期。

曹兴：《五次民族主义浪潮的发展规律及其影响》，《广西民族研究》2016年第4期。

曾爱平：《肯尼亚政党政治演变及特点》，《当代世界》2018年第4期。

曾爱平：《南苏丹冲突的内部根源》，《亚非纵横》2014年第4期。

车效梅：《非洲部族冲突问题探析》，《山西师范大学学报》2002年第2期。

陈纪：《"民族政治"涵义的探讨》，《西北民族大学学报》2012年第6期。

陈明明：《泡沫政治：战后早期非洲国家多党民主制思考》，《西亚非洲》1997年第3期。

程凯：《多数人暴政的内在逻辑及成因分析》，《山东行政学院学报》2013年第5期。

丁邦英：《"茅茅"运动》，《西亚非洲》1988年第5期。

丁瑶：《"族性"一词在中国的运用》，《民族论坛》2013年第9期。

杜小林：《尼日利亚政党政治的发展》，《西亚非洲》2008年第6期。

范可：《中西文语境的"族群"与"民族"》，《广西民族学院学报》2003 年第 4 期。

高晋元：《吉库尤族的社会政治演变》，《西亚非洲》1981 年第 4 期。

高晋元：《"茅茅"运动的兴起和失败》，《西亚非洲》1984 年第 4 期。

高晋元：《论战后非洲的民族独立战争》，《西亚非洲》1986 年第 5 期。

高晋元：《对肯尼亚一党政治的管见》，《西亚非洲》1991 年第 5 期。

高晋元：《联邦制在非洲：经验教训与前景》，《西亚非洲》1997 年第 5 期。

高晋元：《肯尼亚多党政治能走多远》，《西亚非洲》2000 年第 1 期。

高晋元：《肯尼亚多党制和三次大选初析》，《西亚非洲》2004 年第 2 期。

高晋元：《2008 年初肯尼亚政治危机反思》，《西亚非洲》2008 年第 12 期。

高秋福：《肯尼亚大选何以引发社会动乱》，《亚非纵横》2008 年第 2 期。

葛公尚：《非洲跨境民族之管见》，《西亚非洲》1985 年第 5 期。

葛公尚：《初析坦桑尼亚的民族过程一体化》，《民族研究》1991 年第 2 期。

葛公尚：《非洲的民族主义与部族主义探析》，《西亚非洲》1994 年第 5 期。

葛公尚：《卢旺达—布隆迪部族冲突透视》，《世界民族》1995 年第 1 期。

葛公尚：《对当代黑非洲国家民族政策的几点思考》，《世界民族》1998 年第 3 期。

顾章义：《第二次世界大战与非洲的觉醒》，《历史研究》1963 年第 5 期。

顾章义：《非洲国家边界问题初探》，《西亚非洲》1984 年第 3 期。

顾章义：《论二战与非洲民族独立运动的崛起》，《史学集刊》1990 年第 4 期。

顾章义：《"部族"还是"民族"？——评人们共同体的"部族"说》，《世界民族》1997 年第 2 期。

关凯：《社会竞争与族群建构：反思西方资源竞争理论》，《民族研究》2012 年第 5 期。

郝时远：《20 世纪三次民族主义浪潮评析》，《世界民族》1996 年第 3 期。

郝时远：《民族分裂主义与恐怖主义》，《民族研究》2002 年第 1 期。

郝时远：《Ethnos（民族）和 Ethnic group（族群）的早期含义与应用》，《民族研究》2002 年第 4 期。

郝时远：《台湾的"族群"与"族群政治"》，《中国社会科学》2004 年第 2 期。

侯发兵：《卢旺达的民族身份解构：反思与启示》，《西亚非洲》2017 年第 1 期。

胡克红：《非洲国家政党权力结构研究》，《西亚非洲》1989 年第 3 期。

胡洋、耿溪谣:《刚果（金）族群冲突与族群政治的由来、特点和影响》,《云南民族大学学报》2017年第6期。

胡洋、〔尼日利亚〕拉希德·奥拉吉德:《行为体视角下非洲跨界族群的安全问题初探》,《世界民族》2021年第4期。

胡有萼:《二次大战后蓬勃发展的非洲民族独立运动》,《西亚非洲》1980年第3期。

吉瓦登:《非洲"民主化"时代的多党选举》,《国外理论动态》2000年第12期。

简军波:《非洲的国际秩序观》,《复旦国际关系评论》2014年第1期。

姜恒昆、刘鸿武:《种族认同，还是资源争夺——苏丹达尔富尔地区冲突根源探析》,《西亚非洲》2005年第5期。

姜恒昆:《达尔富尔问题的历史溯源——再论达尔富尔冲突的原因、阶段及性质》,《西亚非洲》2008年第9期。

蒋俊:《论尼日利亚的族群问题与国家建构》,《西南民族大学学报》2010年第5期。

蒋俊:《尼日利亚国家建构进程中的少数族群问题》,《浙江社会科学》2011年第6期。

蒋俊:《尼日利亚建国以来的族群政策述评》,《世界民族》2013年第3期。

蒋俊:《"去族群化":大屠杀后卢旺达身份政治的重建》,《世界民族》2019年第1期。

蒋俊:《族群政治与卢旺达大屠杀:基于历史维度的考察》,《史学集刊》2020年第6期。

蒋俊:《非洲族群冲突的类型分析》,《世界民族》2021年第3期。

焦兵:《族群冲突理论:一种批判性考察》,《青海社会科学》2013年第3期。

金天明、王庆仁:《"民族"一词在我国的出现及其使用问题》,《社会科学辑刊》1981年第4期。

金天明:《部族——民族共同体发展的第三个历史类型》,《中央民族学院学报》1983年第2期。

李安山:《论西非民族知识分子的特点及其在民族独立运动中的作用》,《世界历史》1986年第3期。

李安山:《西非民族主义思想的产生极其表现形式——西非民族主义思想论纲之

一）,《西亚非洲》1995年第3期。

李安山:《论中国非洲学研究中的"部族"问题》,《西亚非洲》1998年第4期。

李安山:《试析非洲地方民族主义的演变》,《世界经济与政治》2001年第5期。

李安山:《非洲国家民族建构的理论与实践研究——兼论乌贾马运动对坦桑尼亚民族建构的作用》,《西亚非洲》2002年第4期。

李安山:《非洲民主化与国家民族建构的悖论》,《世界民族》2003年第5期。

李安山:《论民族、国家与国际政治的互动——对卢旺达大屠杀的反思》,《世界经济与政治》2005年第12期。

李保平:《传统文化对黑非洲政治发展的制约》,《西亚非洲》1994年第6期。

李丹:《尼日利亚民族分化式语言教育探析》,《民族教育研究》2017年第3期。

李宏图:《民族与民族主义概论》,《欧洲》1994年第1期。

李起陵:《尼日利亚民族国家形成初探》,《西亚非洲》1994年第3期。

李永刚:《当代发展中国家的民族主义》,《社会科学》1999年第12期。

李文刚:《浅析尼日利亚少数民族问题——以尼日尔河三角洲地区为中心》,《西亚非洲》2007年第7期。

李文刚:《尼日利亚宗教问题对国家民族建构的不利影响》,《西亚非洲》2007年第11期。

李文刚:《试析尼日利亚国家民族建构中的语言问题》,《西亚非洲》2008年第6期。

李文刚:《尼日利亚地方民族组织的缘起与演化——兼评尼日利亚地方民族组织对民主化的影响》,《西亚非洲》2009年第9期。

李文刚:《"联邦特征"原则与尼日利亚民族国家构建》,《西亚非洲》2012年第1期。

李文刚:《2019年总统选举与尼日利亚政党政治特点评析》,《当代世界》2019年第4期。

刘海方:《十周年后再析卢旺达"种族"大屠杀》,《西亚非洲》2004年第3期。

刘海方、刘海东:《"含米特论"与非洲的种族与文明》,《内蒙古民族大学学报》2006年第3期。

刘辉:《民族主义视角下的苏丹南北内战》,《世界民族》2005年第6期。

刘辉:《苏丹民族国家构建初探》,《世界民族》2010年第3期。

刘辉:《达尔富尔危机:苏丹内战的继续》,《世界民族》2011年第2期。

刘辉：《南苏丹共和国部族冲突探析》，《世界民族》2015 年第 3 期。
陆庭恩：《肯尼亚"茅茅"起义的原因》，《史学月刊》1981 年第 2 期。
陆庭恩：《非洲国家一党制原因剖析》，《西亚非洲》1988 年第 5 期。
陆庭恩：《二次大战前的非洲民族主义政党和组织》，《西亚非洲》1992 年第 3 期。
陆庭恩：《非洲国家政党制度多样性浅析》，《西亚非洲》1995 年第 1 期。
罗圣荣：《埃塞俄比亚奥罗莫人问题的由来与现状》，《世界民族》2015 年第 1 期。
麻国庆：《明确的民族与暧昧的族群——以中国大陆民族学、人类学的研究实践为例》，《清华大学学报》2017 年第 3 期。
马德普：《人民同意与人民主权——西方近代以来两种民主理论传统的区别、困境与误读》，《政治学研究》2017 年第 5 期。
马戎：《理解民族关系的新思路——少数族群问题的"去政治化"》，《北京大学学报》2004 年第 6 期。
马瑞映：《在历史与现实之间：非洲与拉美民族主义比较》，《西亚非洲》2000 年第 2 期。
马腾嶽：《ethnicity（族属）：概念界说、理论脉络与中文译名》，《民族研究》2013 年第 4 期。
马雪峰：《大屠杀、含米特理论、族群身份以及其他——由"卢旺达饭店"（Hotel Rwanda）所想到的》，《西北民族研究》2006 年第 1 期。
马燕坤、杨伟敏：《二元维度中的达尔富尔问题》，《世界民族》2012 年第 1 期。
纳日碧力戈：《人类学谱系中的"民族"与"族群"》，《文化遗产研究》2014 年 4 辑。
宁骚：《试论当代非洲的部族问题》，《世界历史》1983 年第 4 期。
潘蛟：《"族群"及其相关概念在西方的流变》，《广西民族学院学报》2003 年第 5 期。
潘蛟：《"族群"与民族概念的互补还是颠覆》，《云南民族大学学报》2009 年第 1 期。
潘蛟、徐杰舜：《"民族""宗支""族群"及其他——中央民族大学潘蛟教授访谈录》，《云南民族大学学报》2015 年第 2 期。
彭英明：《部落及其产生浅探——兼评"前氏族部落"》，《中南民族学院学报》

1988 年第 5 期。

祁玲玲：《权力分享的治理困境：基于贝宁与肯尼亚的对比分析》，《学海》2020 年第 6 期。

秦晓鹰：《尼日利亚现代民族主义的兴起和特点》，《世界历史》1981 年第 2 期。

庆学先：《军人执政与民族国家构建——尼日利亚民族国家构建研究》，《学海》2011 年第 4 期。

阮西湖：《关于术语"部族"》，《世界民族》1998 年第 4 期。

阮西湖：《Ethnicity：民族抑或族群？》，《华侨华人历史研究》2008 年第 2 期。

上官嵩：《战后殖民地和附属国的民族解放运动（四）非洲国家的民族解放运动》，《世界知识》1955 年第 5 期。

施琳、牛忠光：《埃塞俄比亚民族关系与民族治理研究》，《西亚非洲》2013 年第 4 期。

施琳：《应对民族多样性的"非洲思路"——"多维度"视域下的埃塞俄比亚民族治理模式》，《黑龙江民族丛刊》2016 年第 3 期。

施琳：《何以为邻？——"跨境民族"之关键概念辨析与研究范式深化》，《西亚非洲》2019 年第 3 期。

史静、周海金：《尼日利亚乔斯地区宗教与族群冲突探析》，《国际论坛》2014 年第 4 期。

释启鹏：《多重因果视野下的非洲选举冲突》，《亚非研究》2017 年第 2 期。

舒展：《卢旺达民族和解探究与思考》，《西亚非洲》2015 年第 4 期。

舒展：《卢旺达复活优良传统以疗社会创伤》，《世界知识》2019 年第 15 期。

蜀岗：《关于非洲民族民主革命进程的探讨》，《西亚非洲》1981 年第 3 期。

孙晓萌：《围绕尼日利亚国语问题的政治博弈》，《国际论坛》2009 年第 5 期。

孙振玉：《论民族政治》，《实事求是》2016 年第 5 期。

汤平山：《非洲国家实行多党制和一党制的经验及其改革初探》，《西亚非洲》1989 年第 3 期。

唐大盾：《非洲民族主义的历史由来和发展》，《西亚非洲》1998 年第 5 期。

唐大盾：《西托莱的"非洲民族主义"著作与思想》，《西亚非洲》2007 年第 7 期。

唐大盾：《从基库尤民族主义到泛非民族主义——肯雅塔早期政治思想述评》，《西亚非洲》2006 年第 5 期。

唐世平、王凯：《族群冲突研究：历程、现状与趋势》，《欧洲研究》2018年第1期。

唐同明：《苏丹的南方问题》，《贵州师范大学学报》1992年第4期。

童之伟：《单一制、联邦制的理论评价和实践选择》，《法学研究》1996年第4期。

涂龙德：《达尔富尔危机之透视》，《阿拉伯世界》2005年第4期。

王存华：《两次世界大战间撒哈拉以南非洲的民族解放运动及其特点》，《史学月刊》1981年第2期。

王建娥：《多民族国家包容差异的国体设计——联邦制和区域自治的功能、局限与修正》，《中央社会主义学院学报》2018年第1期。

王剑峰：《比较政治视野中的族群冲突管理——国外主要族群政策比较分析》，《学术界》2013年第12期。

王凯、唐世平：《安全困境与族群冲突——基于"机制+因素"的分析框架》，《国际政治科学》2013年第3期。

王磊：《尼日利亚尼日尔河三角洲解放运动源起与演变》，《国际研究参考》2016年第4期。

王联：《关于民族和民族主义的理论》，《世界民族》1999年第1期。

王猛：《苏丹民族国家建构失败的原因解析》，《西亚非洲》2012年第1期。

王猛：《苏丹南北分立原因探析》，《西北大学学报》2014年第1期。

王锁劳：《达尔富尔"灭绝种族论"剖析》，《亚非纵横》2008年第6期。

王涛、王璐晞：《卡萨芒斯分离主义运动的发展、影响及启示》，《世界民族》2017年第2期。

王涛：《尼日利亚"油气寄生型"反政府武装探析》，《西亚非洲》2017年第3期。

王彤：《论苏丹南方问题的成因》，《世界历史》1993年第6期。

王伟：《西方式民主不是治理族群冲突的良方——新兴民主国家族群冲突不断滋生的机理分析》，《民族研究》2018年第1期。

王学军：《20世纪90年代以来非洲政党政治发展与政党现代化——兼论政党因素对非洲国家治理的影响》，《西亚非洲》2021年第3期。

王莺莺：《卢旺达悲剧的回顾与反思》，《国际问题研究》1994年第4期。

魏翊：《国家建构策略与政党政治动员——当代非洲政党制度化的政治起源》，

《世界经济与政治》2021年第3期。

吴纪远、黄振乾：《非对称政经结构与族群冲突——对四个非洲前殖民地国家的考察》，《世界经济与政治》2021年第4期。

吴晓黎：《印度的"部落"：作为学术概念和治理范畴》，《世界民族》2014年第5期。

肖滨：《从联邦化的双向进路与两面运作看西方联邦制》，《中山大学学报》2005年第4期。

萧复荣：《卢旺达和布隆迪的部族冲突初析——兼涉黑非洲国家的部族问题》，《西亚非洲》1994年第5期。

熊易寒、唐世平：《石油的族群地理分布与族群冲突升级》，《世界经济与政治》2015年第10期。

徐济明：《冷战结束以后非洲地区性冲突的前景》，《西亚非洲》1991年第3期。

徐济明：《卢旺达内战的由来与前景》，《西亚非洲》1994年第5期。

徐晓旭：《古代希腊人的族群话语》，《古代文明》2017年第2期。

雅菲：《发展中的非洲民族独立运动》，《国际问题研究》1960年第1期。

闫健：《政治—军队—族群的危险联结：南苏丹内战原因分析》，《国外理论动态》2017年第3期。

闫健：《本土社会与外来国家：非洲国家构建的社会逻辑》，《马克思主义与现实》2017年第4期。

闫健：《非洲的分离主义运动何以能成功？——对厄立特里亚和南苏丹的比较分析》，《世界政治研究》2020年第3期。

严庆：《解读"整合"与"民族整合"》，《民族研究》2006年第4期。

严庆、周涵：《学科化、对象化范式下的中国民族政治研究管窥——国内民族政治研究述评》，《黑龙江民族丛刊》2013年第5期。

严庆、王秀芝：《民族和解的意涵、类型及道义》，《民族论坛》2014年第5期。

杨堃：《略论有关民族的几个问题》，《云南社会科学》1982年第3期。

杨堃：《论民族概念和民族分类的几个问题》，《中国社会科学》1984年第1期。

杨勉：《南苏丹独立的背景与前景》，《学术探索》2011年第10期。

杨社平、郭亮、龚永辉：《民族与族群及其相关概念的分形解释》，《中南民族大学学报》2015年第3期。

杨兴华：《战后非洲民族独立运动简论》，《江西大学学报》1982年第3期。

杨须爱：《马克思主义经典作家"民族"概念及其语境考辨——兼论"民族"概念的汉译及中国化》，《民族研究》2017年第5期。

叶麒麟：《族群政治、民族政治与国家整合——泰国南部动乱问题的解析》，《武汉大学学报》2013年第4期。

于红：《南苏丹荆棘丛生的独立之路》，《中国民族》2012年第5期。

余建华：《南苏丹问题的来龙去脉》，《阿拉伯世界研究》1990年第1期。

余建华：《南苏丹问题的缘由》，《世界历史》1994年第2期。

余文胜：《苏丹南方公投前景及其影响》，《现代国际关系》2010年第12期。

余文胜：《公投后苏丹南部的主要任务及政策走向》，《现代国际关系》2011年第2期。

渊洱：《肯尼亚多党大选撷谈》，《西亚非洲》1993年第3期。

詹世明：《非洲"冲突钻石"的产生及影响》，《西亚非洲》2002年第5期。

张宝增：《南部非洲的跨界民族与移民问题》，《西亚非洲》1999年第3期。

张春、蔺陆洲：《输家政治：非洲选举与族群冲突研究》，《国际安全研究》2016年第1期。

张国清、王子谦：《21世纪分离主义：原因、趋势和教训》，《浙江社会科学》2017年第2期。

张宏明：《非洲民族主义先驱阿弗里卡纳斯霍顿》，《西亚非洲》2008年第5期。

张宏明：《从政党制度变迁看非洲国家的政治发展》，《人民论坛》2019年第S1期。

张宏明：《非洲政治民主化历程和实践反思——兼论非洲民主政治实践与西方民主化理论的反差》，《西亚非洲》2020年第6期。

张佳梅、亢升：《政府主导型的尼日利亚民族一体化进程》，《西亚非洲》2002年第2期。

张力、常士訚：《国家建构与民族建构：多族群国家政治整合两要务》，《东南学术》2015年第6期。

张甍：《浅谈非洲民族问题——兼涉民族学某些理论问题》，《西亚非洲》1985年第4期。

张甍：《略谈非洲民族主义的特殊性》，《西亚非洲》1985年第5期。

张荣建：《尼日利亚语言政策的多因分析》，《重庆师范大学学报》2017年第1期。

张绍欣：《政体、国体与国家类型学发轫》，《学术界》2016年第10期。

张湘东：《埃塞俄比亚境内的索马里族问题》，《西亚非洲》2008年第1期。

张湘东：《浅析埃塞俄比亚联邦制宪法对民族分离权的规定》，《非洲研究》2011年第1期。

张晓华：《尼日利亚民族主义运动的兴起》，《世界历史》1984年第3期。

张永蓬：《地方民族主义与肯尼亚多党大选——以1992年和1997年肯尼亚多党大选为例》，《世界民族》2002年第6期。

张永蓬、曹雪梅：《肯尼亚政党的地方民族主义背景》，《西亚非洲》2008年第12期。

张长东、刘瑾：《非洲的国家建构历史与"失败国家"》，《比较政治学研究》2021年第1辑。

张忠民：《泛非主义、非洲民族主义、部族主义关系浅析》，《徐州师范学院学报》1996年第4期。

张忠民：《关于非洲现代民族解放运动道路的问题》，《徐州师范学院学报》1984年第3期。

赵俊：《族群边界、权力介入与制度化——卢旺达族群关系的历史变迁及其政治逻辑》，《西亚非洲》2019年第3期。

赵磊：《非洲族群冲突的最新进展及冲突管理》，《当代世界与社会主义》2011年第3期。

钟伟云：《尼日利亚政党制度的新试验》，《世界经济与政治》1993年第5期。

钟伟云：《埃塞俄比亚的民族问题及民族政策》，《西亚非洲》1998年第3期。

周光俊：《何种分离？谁之命运？——一项关于分离运动概念的梳理》，《世界经济与政治》2017年第10期。

周光俊：《南苏丹分离运动的逻辑分析：1972～2011》，《阿拉伯世界研究》2020年第1期。

周泓：《坦桑尼亚民族过程及其民族政策》，《民族论坛》1997年第4期。

周平：《对民族国家的再认识》，《政治学研究》2009年第4期。

周平、贺琳凯：《论多民族国家的族群整合》，《思想战线》2010年第4期。

周星：《试论民族政治学》，《天府新论》1988年第5期。

朱和双、李金莲：《尼日利亚独立以后的民族问题与民族政策》，《商丘师范学院学报》2005年第4期。

朱军、高永久：《"分"与"合"：多民族国家民族整合的逻辑》，《黑龙江民族丛刊》2009 年第 5 期。
朱晓黎：《苏丹战后和平重建政治机会论分析》，《阿拉伯世界研究》2012 年第 6 期。
朱育莲：《非洲民族解放运动新形势》，《世界知识》1959 年第 8 期。
庄晨燕：《民族冲突后的和解与重建——以卢旺达 1994 年大屠杀后的国族建构实践为例》，《中央民族大学学报》2014 年第 3 期。
庄晨燕：《民族冲突的建构与激化——以卢旺达 1994 年种族屠杀为例》，《西北民族研究》2017 年第 2 期。
左宏愿：《选举民主与族群冲突：断裂型多族群国家的民主化困局》，《民族研究》2015 年第 2 期。

（三）译著

〔加纳〕A. A. 博亨主编《非洲通史：殖民统治下的非洲（1880—1935 年）》（第 7 卷），樊健等译，中国对外翻译出版公司，2013。

〔肯尼亚〕A. A. 马兹鲁伊、〔肯尼亚〕C. 旺济：《非洲通史：一九三五年以后的非洲》（第 8 卷），屠尔康等译，中国对外翻译出版公司，2013。

〔美〕阿伦·利普哈特：《多元社会中的民主：一项比较研究》，刘伟译，上海人民出版社，2013。

〔英〕爱德华·莫迪默、〔英〕罗伯特·法恩：《人民·民族·国家——族性与民族主义的含义》，刘泓、黄海慧译，中央民族大学出版社，2009。

〔美〕爱德华·萨义德：《东方学》，王宇根译，生活·读书·新知三联书店，1999。

〔英〕艾伦·伯恩斯：《尼日利亚史》，上海师范大学《尼日利亚史》翻译组译，上海人民出版社，1974。

〔英〕埃里·凯杜里：《民族主义》，张明明译，中央编译出版社，2002。

〔英〕埃里克·霍布斯鲍姆：《民族与民族主义》，李金梅译，上海世纪出版集团，2000。

〔美〕埃里克·吉尔伯特、〔美〕乔纳森·T. 雷诺兹：《非洲史》，黄磷译，海南出版社、三环出版社，2007。

〔英〕埃文思－普里查德：《努尔人：对尼罗河畔一个人群的生活方式和政治制度的描述》，褚建芳等译，华夏出版社，2002。

〔英〕埃文斯－普里查德：《阿赞德人的巫术、神谕和魔法》，覃俐俐译，商务印书馆，2006。

〔英〕安东尼·D. 史密斯：《民族主义：理论，意识形态，历史》，叶江译，上海人民出版社，2006。

〔瑞士〕安德烈亚斯·威默：《国家建构：聚合与崩溃》，叶江译，格致出版社、上海人民出版社，2019。

〔英〕巴兹尔·戴维逊：《现代非洲史：对一个新社会的探索》，舒展等译，中国社会科学出版社，1989。

〔美〕本尼迪克特·安德森：《想象的共同体：民族主义的起源与散布》，吴叡人译，上海人民出版社，2005。

〔美〕蔡爱眉：《起火的世界：输出自由市场民主酿成种族仇恨与全球动荡》，刘怀昭译，中国政法大学出版社，2014。

〔英〕戴维·米勒、〔英〕韦农·波格丹诺编《布莱克维尔政治学百科全书》，中国问题研究所等译，中国政法大学出版社，1992。

〔德〕恩斯特·卡西尔：《人论》，甘阳译，上海译文出版社，1985。

〔挪〕弗雷德里克·巴斯主编《族群与边界——文化差异下的社会组织》，李丽琴译，商务印书馆，2014。

〔美〕G. 沙布尔·吉玛、〔美〕丹尼斯·A. 荣迪内利：《分权化治理：新概念与新实践》，唐贤兴等译，格致出版社，2013。

〔美〕哈罗德·伊罗生：《群氓之族：群体认同与政治变迁》，邓伯宸译，广西师范大学出版社，2008。

〔英〕霍布斯鲍姆、兰格：《传统的发明》，顾杭等译，译林出版社，2004。

〔英〕I. M. 刘易斯：《索马里史》，赵俊译，东方出版中心，2012。

〔布基纳法索〕J. 基－泽博主编《非洲通史：编史方法及非洲史前史》（第 1 卷），计建民等译，中国对外翻译出版公司，2013。

〔法〕吉尔·德拉诺瓦：《民族与民族主义》，洪晖等译，生活·读书·新知三联书店，2005。

〔英〕杰克·斯奈德：《从投票到暴力：民主化和民族主义传统》，吴强译，中央编译出版社，2017。

〔美〕金泽：《千丘之国：卢旺达浴火重生及其织梦人》，延飞等译，世界知识出版社，2014。

〔美〕凯文·希林顿：《非洲史》，赵俊译，东方出版中心，2012。

〔美〕克利福德·格尔兹：《文化的解释》，纳日碧力戈等译，上海人民出版社，1999。

〔法〕勒内·勒马尔尚：《卢旺达和布隆迪》，钟槐译，商务印书馆，1974。

〔英〕理查德·雷德：《现代非洲史》，王毅等译，上海人民出版社，2014。

〔美〕路易斯·亨利·摩尔根：《古代社会》，杨东莼等译，中央编译出版社，2007。

〔美〕罗伯特·E. 戈定主编《牛津比较政治学手册》（上），唐士其等译，人民出版社，2016。

〔美〕罗伯特·达尔：《多头政体——参与和反对》，谭君久等译，商务印书馆，2003。

〔英〕M. 福蒂斯、〔英〕E. E. 埃文思-普里查德：《非洲的政治制度》，刘真译，商务印书馆，2016。

〔德〕马克斯·韦伯：《经济与社会》，阎克文译，上海人民出版社，2010。

〔美〕迈克尔·曼：《民主的阴暗面：解释种族清洗》，严春松译，中央编译出版社，2015。

〔美〕丽莎·A. 琳赛：《海上囚徒：奴隶贸易四百年》，杨志译，中国人民大学出版社，2014。

〔英〕帕林德：《非洲传统宗教》，张治强译，商务印书馆，1992。

〔英〕齐格蒙·鲍曼：《现代性与大屠杀》，杨渝东等译，译林出版社，2002。

〔法〕让-米歇尔·瓦格雷：《刚果共和国（布）：历史、政治、社会》，史陵山译，商务印书馆，1973。

〔法〕热拉尔·普吕尼耶：《卢旺达危机：大屠杀史》，赵俊译，中国社会科学出版社，2017。

〔美〕萨义德·A. 阿德朱莫比：《埃塞俄比亚史》，董小川译，商务印书馆，2009。

〔英〕赛亚·柏林：《反潮流：观念史论文集》，冯克利译，译林出版社，2002。

史宗主编《20世纪西方宗教人类学文选》，金泽等译，上海三联书店，1995。

〔苏〕斯大林：《马克思主义与语言学问题》，人民出版社，1957。

〔美〕斯宾塞·韦尔斯：《出非洲记——人类祖先的迁徙史诗》，杜红译，东方出版社，2004。

〔英〕斯蒂夫·芬顿：《族性》，劳焕强译，中央民族大学出版社，2009。

〔美〕托因·法诺拉：《尼日利亚史》，沐涛译，东方出版中心，2010。

〔英〕休·希顿·沃森：《民族与国家——对民族起源与民族主义政治的探讨》，吴洪英等译，中央民族大学出版社，2009。

（四）译文

〔荷〕弗兰克·德·兹瓦特：《文化多元社会中的定向政策：协调、拒绝与替代》，凤兮译，《国际社会科学杂志》2006年第1期。

〔美〕郝瑞：《论一些人类学专门术语的历史和翻译》，杨志明译，《世界民族》2001年第4期。

〔加〕夸西·鲁维杜：《文化多样性的反思》，谢志斌译，《国外社会科学》2006年第6期。

〔日〕绫部恒雄：《Ethnicity的主观和客观要素》，洪时荣译，《民族译丛》1988年第5期。

〔美〕J. 纳什：《八十年代拉美人类学研究》，涂光楠译，《民族译丛》1983年第1期。

〔荷〕尼科·基尔斯特拉：《关于族群性的三种概念》，高原译，《世界民族》1996年第4期。

〔美〕帕蒂·乔·沃森等：《分类与类型学》，陈淳译，《南方文物》2012年第4期。

〔美〕萨姆·麦克法兰：《拉斐尔·莱姆金：种族灭绝如何成为一种罪行》，化国宇、黄飞翔译，《人权》2017年第2期。

〔加〕威尔·金里卡：《多民族国家中的认同政治》，刘曙辉译，《马克思主义与现实》2010年第2期。

〔美〕威廉·彼得森：《民族性的概念》（上），林宗锦译，《民族译丛》1988年第5期。

〔美〕维克托·勒·维内：《国家建设与非正式政治》，郭建业译，《国际社会科学杂志》（中文版）2008年第3期。

二 英文文献

（一）著作

A. Dirk Moses and Lasse Heerten, eds., *Postcolonial Conflict and the Question of Genocide: The Nigeria-Biafra War, 1967–1970*, London: Routledge, 2018.

Abdisalam M. Issa-Salwe, *The Collapse of the Somali State: The Impact of the Colonial*

Legacy, London: HAAN Publishing, 1996.

Abiodun Alao, *Natural Resources and Conflict in Africa: The Tragedy of Endowment*, Rochester: University of Rochester Press, 2007.

Ademola Adediji, *The Politicization of Ethnicity as Source of Conflict: The Nigerian Situation*, Wiesbaden: Springer Fachmedien Wiesbaden, 2016.

Agyemang Attah-Poku, *African Ethnicity: History, Conflict Management, Resolution and Prevention*, New York: University Press of America, 1998.

Alan Barnard and Jonathan Spencer, eds., *Encyclopedia of Social and Cultural Anthropology*, London: Routledge, 2002.

Alex Thomson, *An Introduction to African Politics*, London: Routledge, 2010.

Alison Des Forges, *Leave None to Tell the Story: Genocide in Rwanda*, Human Rights Watch, 1999.

Aloysius M. Lugira, *African Traditional Religion*, New York: Chelsea House books, 2009.

Alvin Rabushka and Kenneth A. Shepsle, *Politics in Plural Societies: A Theory of Democratic Instability*, Columbus: Charles E. Merrill Publishing Company, 1972.

Anthony D. Smith, *National Identity*, London: Penguin Books, 1991.

Anthony Oberschall, *Conflict and Peace Building in Divided Societies Responses to Ethnic Violence*, London: Routledge, 2007.

Axel Harneit-Sievers, *Constructions of Belonging: Igbo Communities and the Nigerian State in the Twentieth Century*, Rochester: University of Rochester Press, 2006.

Betty Rabar and Martin Karimi, eds., *Indigenous Democracy: Traditional Conflict Resolution Mechanisms —Pokot, Turkana, Samburu and Marakwet*, Intermediate Technology Development Group-Eastern Africa (ITDG-EA), 2004.

Carlton J. H. Hayes, *Essays on Nationalism*, New York: Macmillan Company, 1926.

Daniel Byman, *Keeping Peace: Lasting Solutions to Ethnic Conflicts*, Baltimore: Johns Hopkins University Press, 2002.

David Callahan, *The Enduring Challenge: Self Determination and Ethnic Conflict in the Twenty-First Century*, Carnegie Corporation, 2002.

Daniel N. Posner, *Institutions and Ethnic Politics in Africa*, Cambridge: Cambridge University Press, 2005.

Déo Byanafashe and Paul Rutayisire, eds., *History of Rwanda: From the Beginning to the End of the Twentieth Century*, National Unity and Reconciliation Commission, 2016.

Dele Babalola, *The Political Economy of Federalism in Nigeria*, London: Palgrave Macmillan, 2019.

Dominika Koter, *Beyond Ethnic Politics in Africa*, Cambridge: Cambridge University Press, 2016.

Donald George Morrison et al., eds., *Black Africa: A Comparative Handbook*, London: Macmillan Reference Books, 1989.

Donald L. Horowitz, *Ethnic Groups in Conflict*, California: University of California Press, 1985.

Donald L. Horowitz, *The Deadly Ethnic Riot*, California: University of California Press, 2001.

Donald Rothchild, *Managing Ethnic Conflict in Africa: Pressures and Incentives for Cooperation*, Washington: Brookings Institution Press, 1997.

Donald Rothchild and Victor A. Olorunsola, eds., *State Versus Ethnic Claims: African Policy Dilemmas*, Boulder: Westview Press, 1983.

Dorina A. Bekoe, ed., *Voting in Fear: Electoral Violence in Sub-Saharan Africa*, Washington: United Institute of Peace Press, 2012.

Eghosa E. Osaghae, *Crippled Giant: Nigeria since Independence*, Ibadan: John Archers (Publishers) Limited, 2011.

Einar Braathen et al., eds., *Ethnicity Kills? The Politics of War, Peace and Ethnicity in Sub-Saharan Africa*, New York: Macmillan Press, 2000.

Elisabeth Porter et al., eds., *Researching Conflict in Africa: Insights and Experiences*, United Nations University, 2005.

Ellen K. Eggers, *Historical Dictionary of Burundi*, Oxford: The Scarecrow Press, Inc., 2006.

Ellis Cashmore, ed., *Encyclopedia of Race and Ethnic Studies*, London: Routledge, 2004.

Emmanuel O. Ojo, *Mechanisms of National Integration in a Multi-Ethnic Federal State: The Nigerian Experience*, Ibadan: John Archers, 2009.

Eric Stover and Harvey Weinstein, eds., *My Neighbor, My Enemy: Justice and Community in the Aftermath of Mass Atrocity*, Cambridge: Cambridge University Press, 2004.

Gèrard Prunier, *The Rwanda Crisis: History of a Genocide*, Columbia: Columbia University Press, 1997.

HomiK. Bhabha, ed., *Nation and Narration*, London: Routledge, 1990.

Frederick Cooper, *Africa since 1940: The Past of the Present*, Cambridge: Cambridge University Press, 2002.

G. Tucker Childs, *An Introduction to African Languages*, Amsterdam: John Benjamins Publishing Company, 2003.

Gabriel Abraham Almond and James Smoot Coleman, *The Politics of the Developing Areas*, Princeton: Princeton University Press, 1960.

Godwin R. Murunga and Shadrack Wanjala Nasong'o, eds., *Kenya: The Struggle for Democracy*, London: Zed Books, 2007.

Gunnar M. Sørbø and Abdel Ghaffar M. Ahmed, eds., *Sudan Divided Continuing Conflict in a Contested State*, London: Palgrave Macmillan, 2013.

Hassan Saliu et al., eds., *Democracy and Development in Nigeria*, Volume 3, *Social Issues and External Relations*, Lagos: Concept Publications, 2006.

Homer, *Homer's Iliad*, Translated into English hexameters by James Inglis Cochrane, Edinburgh: Printed for Private Circulation, 1867.

I. William Zartman, ed., *Traditional Cures for Modern Conflicts African Conflict "Medicine"*, Boulder Colorado: Lynne Rienner Publishers, 2000.

Ian Bannon and Paul Collier, eds., *Natural Resources and Violent Conflict Options and Actions*, The World Bank, 2003.

Ioan M. Lewis, *Understanding Somalia and Somaliland: Culture, History*, Society, Columbia: Columbia University Press, 2008.

J. J. Carney, *Rwanda before the Genocide: Catholic Politics and Ethnic Discourse in the Late Colonial Era*, Oxford: Oxford University Press, 2014.

Jan Vansina, *Antecedents to Modern Rwanda: The Nyiginya Kindom*, Madison: The University of Wisconsin Press, 2004.

Jason Sorens, *Secessionism: Identity, Interest, and Strategy*, Montreal: McGill-Queen's University Press, 2012.

Jean-Francois Bayart, *The State in Africa: The Politics of the Belly*, London: Longman, 1993.

Jean-Paul Kimonyo, *Rwanda's Popular Genocide: A Perfect Storm Boulder*, Boulder Colorado: Lynne Rienner Publishers, 2016.

Jochen Hipple, ed., *Nation-Building: A Key Concept for Peaceful Conflict Transformation*? London: Pluto Press, 2004.

John A. Shoup, *Ethnic Groups of Africa and the Middle East: An Encyclopedia*, ABC-CLIO, LLC, 2011.

John Iliffe, *A Modern History of Tanganyika*, Cambridge: Cambridge University Press, 1979.

John Iliffe, *Africans: The History of a Continent*, Cambridge: Cambridge University Press, 2007.

John Loughlin et al., eds., *Routledge Handbook of Regionalism and Federalism*, London and New York: Routledge, 2013.

John McGarry and Brendan O'Leary, eds., *The Politics of Ethnic Regulation*, New York: Routlege, 1993.

John Parker and Richard Rathbone, *African History: A Very Short Introduction*, Oxford: Oxford University Press 2007.

Joseph Rothschild, *Ethnopolitics: A Conceptual Framework*, Columbia: Columbia University Press, 1981.

Karl Cordell and Stefan Wolff, eds., *Routledge Handbook of Ethnic Conflict*, London and New York: Routledge, 2011.

Larry Diamond et al., eds., *Transition without End: Nigerian Politics and Civil Society under Babangida*, Boulder Colorado: Lynne Rienner Publishers, 1997.

Larry Diamond and Richard Gunther, eds., *Political Parties and Democracies*, Baltimore: Johns Hopkins University Press, 2001.

Linda Melvern, *A People Betrayed: The Role of the West in Rwanda's Genocide*, London: Zed Books, 2009.

Lotje de Vries et al., eds., *Secessionism in African Politics: Aspiration, Grievance, Performance, Disenchantment*, London: Palgrave Macmillan, 2019.

Lowell W. Barrington, ed., *After Independence: Making and Protecting the Nation in Postcolonial and Postcommunist States*, Michigan: The University of Michigan Press, 2006.

Luc Huyse and Mark Salter, eds., *Traditional Justice and Reconciliation after Violent Conflict: Learning from African Experiences*, International IDEA Publications, 2008.

Mahmood Mamdani, *When Victims Become Killers Colonialism, Nativism, and the Genocide in Rwanda*, Princeton: Princeton University Press, 2002.

Mansour Khalid, ed., *The Call for Democracy in Sudan*, London: Kegan Paul International, 1992.

Marcus Banks, *Ethnicity: Anthropological Constructions*, London and New York: Routledge, 1996.

Mark Bradbury, *Becoming Somaliland*, Oxford: James Currey, 2008.

Max Weber, *Economy and Society* (Vol. 1), California: University of California Press, 1978.

Michael Gould, *The Biafran War: The Struggle for Modern Nigeria*, New York: I. B. Tauris, 2012.

Milton J. Esman, *An Introduction to Ethnic Conflict*, Cambridge: Polity Press, 2004.

Montserrat Guibernau and John Rex, eds., *The Ethnicity Reader: Nationalism, Multiculturalism and Migration*, Cambridge: Polity Press, 1997.

Molly Sundberg, *Training for Model Citizenship: Ethnography of Civic Education and State-Making in Rwanda*, New York: Palgrave Macmillan, 2016.

Monique Mekenkamp et al., eds., *Searching for Peace in Africa: An Overview of Conflict Prevention and Management Activities*, European Platform for Conflict Prevention and Transformation, 1999.

Monty G. Marshall, *Conflict Trends in Africa, 1946 – 2004: A Macro-Comparative Perspective*, London: Panos Pictures, 2006.

Myron Weiner, *Sons of the Soil: Migration and Ethnic Conflict in India*, Princeton: Princeton University Press, 2015.

Nathan Glazer and Daniel P. Moynihan, eds., *Ethnicity: Theory and Experience*, Harvard: Harvard University Press, 1975.

Nigel Eltringham, *Accounting for Horror—Post-Genocide Debates in Rwanda*, London: Pluto Press, 2004.

Obaro Ddme, *Groundwork of Nigerian History*, Ibadan: Heinemann Educational Books (Nigeria) Plc., 2004.

Okwudiba Nnoli, *Ethnic Politics in Nigeria*, Enugu: Fourth Dimension Publishers, 1978.

Okwudiba Nnoli, ed., *Ethnic Conflicts in Africa*, Codesria, 1998.

Paris Yeros, ed., *Ethnicity and Nationalism in Africa: Constructivist Reflections and Contemporary Politics*, London: Palgrave Macmillan, 1999.

Patricia Taft and Nate Haken, *Violence in Nigeria Patterns and Trends*, Switzerland: Springer International Publishing, 2015.

Phil Clark, *The Gacaca Courts, Post-Genocide Justice and Reconciliation in Rwanda: Justice Without Lawyers*, Cambridge: Cambridge University Press, 2010.

Redie Bereketeab, ed., *Self-Determination and Secession in Africa: The Post-colonial State*, New York: Routledge, 2015.

Richard Bourne, *Nigeria: A New History of a Turbulent Century*, London: Zed Books, 2015.

Richard Jenkins, *Rethinking Ethnicity*, California: SAGE Publications, 2008.

Robert H. Winthrop, *Dictionary of Concepts in Cultural Anthropology*, Westport: Greenwood Press, 1991.

Robert O. Collins and James M. Burns, *A History of Sub-Saharan Africa*, Cambridge: Cambridge University Press, 2014.

Ronald Cohen and John Middleton, eds., *From Tribe to Nation in Africa: Studies in Incorporation Processes*, Francisco: Chandler Publishing Co., 1970.

Roland Oliver and Anthony Atmore, *Africa since 1800*, Cambridge: Cambridge University Press, 1972.

Rotimi T. Suberu, *Federalism and Ethnic Conflict in Nigeria*, United States Institute of Peace, 2001.

S. N. Sangmpam, *Ethnicities and Tribes in Sub-Saharan Africa Opening Old Wounds*, London: Palgrave Macmillan, 2017.

Samuel Totten et al., eds., *Century of Genocide: Critical Essays and Eyewitness Accounts, New York: Routledge, 2004.

Scott Straus, *The Order of Genocide: Race, Power, and War in Rwanda*, New York: Cornell University Press, 2006.

Sebastian Elischer, *Political Parties in Africa Ethnicity and Party Formation*, Cambridge: Cambridge University Press, 2013.

Siniša Malešević, *The Sociology of Ethnicity*, California: SAGE Publications, 2004.

Stephanie M. Burchard, *Electoral Violence in Sub-Saharan Africa: Causes and Consequences*, Boulder: First Forum Press, 2015.

Stuart J, Kaufman, *Modern Hatreds: The Symbolic Politics of Ethnic War*, New York: Cornell University Press, 2001.

Thomas A. Imobighe, ed. , *Civil Society and Ethnic Conflict Management in Nigeria*, Ibadan: Spectrum Books, 2003.

Timothy J. Stapleton, *A History of Genocide in Africa*, Praeger, 2017.

Timothy Longman, *Memory and Justice in Post-Genocide Rwanda*, Cambridge: Cambridge University Press, 2017.

Tom Nairn, *The Break-up of Britain: Crisis and Neo-nationalism*, London: New Left Book, 1977.

Toyin Falola and Matthew M. Heaton, *A History of Nigeria*, Cambridge: Cambridge University Press, 2008.

Ugbana Okpu, *Ethnic Minority Problems in Nigerian Politics, 1960–1965*, Stockholm: Almqvist and Wiksell for Acta Universitatis Upsaliensis, 1977.

Ulrich Schneckener and Stefan Wolff, eds. , *Managing and Settling Ethnic Conflicts Perspectives on Successes and Failures in Europe, Africa and Asia*, London: Palgrave Macmillan, 2004.

Vincent B. Khapoya, *The African Experience*, London and New York: Routledge, 2012.

Wanjala S. Nasong'o, *The Roots of Ethnic Conflict in Africa from Grievance to Violence*, London: Palgrave Macmillan, 2015.

Werner Sollors, ed. , *The Invention of Ethnicity*, Oxford: Oxford University Press, 1989.

Yonatan Tesfaye Fessha, *Ethnic Diversity and Federalism Constitution Making in South Africa and Ethiopia*, England: Ashgate Publishing Limited, 2010.

（二）期刊文章

A. J. Falode, "Nation-Building Initiatives of the Olusegun Obasanjo Administration in the Fourth Republic, 1999 – 2007," *University of Mauritius Research Journal*, Vol. 19, 2013.

A. Kayode, "Federalism and Federal Character Principle in Nigeria: A Dilution," *Review of Public Administration and Management*, Vol. 3, No. 7, 2015.

Abdul Raufu Mustapha, "Ethnic Minority Groups in Nigeria: Current Situation and Major Problems," Sub-Commission on Promotion and Protection of Human Rights Working Group on Minorities, Ninth Session, 2003.

Abdul Raufu Mustapha, "Ethnic Structure, Inequality and Governance of the Public Sector in Nigeria," United Nations Research Institute for Social Development (UNRISD) Programme Paper, No. 24, 2006.

Abdul Karim Issifu, "Local Peace Committees in Africa: The Unseen Role in Conflict Resolution and Peacebuilding," *The Journal of Pan African Studies*, Vol. 9, No. 1, 2016.

Abdulahi A. Osman, "Cultural Diversity and the Somali Conflict: Myth or Reality?" *African Journal on Conflict Resolution*, Vol. 7, No. 2, 2007.

Abdulaziz Y. Lodhi, "The Language Situation in Africa Today," *Nordic Journal of African Studies*, Vol. 2, No. 1, 1993.

Abdullahi Boru Halakhe, "R2P in Practice: Ethnic Violence, Elections and Atrocity Prevention in Kenya," Occasional Paper Series, No. 4, *Global Centre for the Responsibility to Protect*, 2013.

Abu Bakarr Bah, "Seeking Democracy in Côte d'Ivoire: Overcoming Exclusionary Citizenship," Global Centre for Pluralism, 2017.

Adagba Okpaga et al., "Activities of Boko Haram and Insecurity Questionin Nigeria," *Arabian Journal of Business and Management Review* (OMAN Chapter), Vol. 1, No. 9, 2012.

Aderemi Suleiman Ajala, "Cultural Nationalism, Democratization, and Conflict in Yoruba Perspectives: Focus on O'odua Peoples' Congress (OPC) in Nigerian Politics," *The Journal Studies of Tribes and Tribals*, Vol. 4, No. 2, 2006.

Alberto Alesina et al., "Artificial States," *Journal of the European Economic Association, Vol. 9, No. 2, 2011.

Alemante G. Selassie, "Ethnic Federalism: Its Promise and Pitfalls for Africa," College of William & Mary Law School Faculty Publications Paper, No. 88, 2003.

Alem Habtu, "Ethnic Federalism in Ethiopia: Background, Present Conditions and Future Prospects," International Conference on African Development Archives, No. 57, 2003.

Alfred S. Fawundu, "Niger Delta Human Development Report," United Nations Development Programme, 2006.

Alison Des Forges, "The Ideology of Genocide," *Issue: A Journal of Opinion*, Vol. 23, No. 2, 1995.

Aluko Opeyemi Idowu, "Urban Violence Dimension in Nigeria: Farmers and Herders Onslaught," *Agathos*, Vol. 8, No. 1, 2017.

Andreas Wimmer, "Who Owns the State? Understanding Ethnic Conflict in Post-Colonial Societies," *Nations and Nationalism*, Vol. 3, No. 4, 1997.

Anika Becher and Matthias Basedau, "Promoting, Peace and Democracy through Party Regulation? Ethnic Party Bans in Africa," German Institute of Global and Area Studies Working Paper, No. 66, 2008.

Anika Moroff and Matthias Basedau, "An Effective Measure of Institutional Engineering? Ethnic Party Bans in Africa," *Democratization*, Vol. 17, No. 4, 2010.

Anna-Maria Brandstetter, "Contested Pasts: The Politics of Remembrance in Post-Genocide Rwanda," The Ortelius Lecture, No. 6, Netherlands Institute for Advanced Study, 2010.

Anne-Marie de Brouwera and Etienne Ruvebanab, "The Legacy of the Gacaca Courts in Rwanda: Survivors' Views," *International Criminal Law Review*, Vol. 13, No. 5, 2013.

Arthur Molenaar, "Gacaca: Grassroots Justice after Genocide the Key to Reconciliation in Rwanda?" *African Studies Centre Research Report*, No. 77, 2005.

Augustine Ikelegbe, "Beyond the Threshold of Civil Struggle: Youth Militancy and the Militiaization of the Resource Conflicts in the Niger Delta Region of Nigeria," *African Study Monographs*, Vol. 27, No. 3, 2006.

Ayodeji Bayo Ogunrotifa, "Methodological and Structural Problems for Sovereign National Conference in Nigeria," *Studies in Social Sciences and Humanities*, Vol. 1, No. 1, 2014.

Azinna Nwafor, "FRELIMO and Socialism in Mozambique," *Contemporary Marxism*, No. 7, 1983.

Barbara Harff and Ted Robert Gurr, "Toward Empirical Theory of Genocides and Politicides: Identification and Measurement of Cases since 1945," *International Studies Quarterly*, Vol. 32, No. 3, 1988.

Beth Lewis Samuelson and Sarah Warshauer Freedman, "Language Policy, Multilingual Education, and Power in Rwanda," *Language Policy*, Vol. 9, 2010.

Bjørn Møller, "Pan-Africanism and Federalism," *Perspectives on Federalism*, Vol. 2, No. 3, 2010.

Brock Lyle, "Blood for Oil: Secession, Self-Determination, and Superpower Silence in Cabinda," *Washington University Global Studies Law Review*, Vol. 4, No. 3, 2005.

Bruce J. Berman, "Ethnicity and Democracy in Africa," Japan International Cooperation Agency Working Paper, No. 22, 2010.

Bruce J. berman, "Ethnicity, Patronage and the African State: The Politics of Uncivil Nationalism," *African Affairs*, Vol. 97, No. 388, 1998.

Carola Lentz, "'Tribalism' and Ethnicity in Africa: A Review of Four Decades of Anglophone Research," *Cahiers Des Sciences Humaines*, Vol. 31, No. 2, 1995.

Catharine Newbury and David Newbury, "A Catholic Mass in Kigali: Contested Views of the Genocide and Ethnicity in Rwanda," *Canadian Journal of African Studies*, Vol. 33, No. 2/3, 1999.

Catherine Boone, "Sons of the Soil Conflict in Africa: Institutional Determinants of Ethnic Conflict Over Land," *World Development*, Vol. 96, 2017.

Christof Hartmann, "Managing Ethnicity in African Politics," Printed from the Oxford Research Encyclopedia, 2019.

Christopher A. Waterman, "Our Tradition Is a Very Modern Tradition: Popular Music and the Construction of Pan-Yoruba Identity," *Ethnomusicology*, Vol. 34, No. 3, 1990.

Claire Elder et al., "Elections and Violent Conflict in Kenya: Making Prevention

Stick," *Peaceworks*, No. 101, United States Institute of Peace, 2014.

Cyril I. Obi, "The Vhanging Forms of Identity Politics in Nigeria under Economic Adjustment: The Case of the Oil Minorities Movement of the Niger Delta," Research Report, No. 119, Nordiska Africa Institute, 2001.

David Oladimeji Alao, "Interrogating the Involvement of Native Gods in Contemporary African Conflict Management," *Global Journal of Politics and Law Research*, Vol. 3, No. 3, 2015.

David Welsh, "Ethnicity in Sub-Saharan Africa," *International Affairs* (Royal Institute of International Affairs 1944 –), Vol. 72, No. 3, 1996.

Davis Mwamfupe, "Persistence of Farmer-Herder Conflicts in Tanzania," *International Journal of Scientific and Research Publications*, Vol. 5, No. 2, 2015.

Dele Babalola, "The Origins of Nigerian Federalism: The Rikerian Theory and Beyond," *Federal Governance*, Vol. 8, No. 3, 2013.

Dorina Bekoe, "Nigeria's 2011 Elections: Best Run, but Most Violent," PEACEBRIEF, United States Institute of Peace, No. 103, 2011.

Ebenezer Obadare, "Statism, Youth and the Civic Imagination: A Critical Study of the National Youth Service Corps (NYSC) Programme in Nigeria," CSD Report (5 – 18), 2005.

Ebere Onwudiwe and Chloe Berwind-Dart, "Breaking the Cycle of Electoral Violence in Nigeria," USIP Special Report, 2010.

Edge Kanyongolo, "Kenya: Post-election Political Violence," Global Campaign for Free Expression, 1998.

Edith R. Sanders, "The Hamitic Hypothesis: Its Origin and Functions in Time Perspective," *The Journal of African History*, Vol. 10, No. 4, 1969.

Edlyne E. Anugwom, "Ethnic Conflict and Democracy in Nigeria: The Marginalisation Question," *Journal of Social Development in Africa*, Vol. 15, 2000.

Edward Miguel, "Tribe or Nation? Nation Building and Public Goods in Kenya Versus Tanzania," *World Politics*, Vol. 56, No. 3, 2004.

Eghosa E. Osaghae, "A Re-examination of the Conception of Ethnicity in Africa as an Ideology of Inter-elite Competition," *African Study Monographs*, Vol. 12, No. 1, 1991.

Eghosa E. Osaghae, "Federalism and the Management of Diversity in Africa," *Identity, Culture and Politics*, Vol. 5, No. 1 & 2, 2004.

Eghosa E. Osaghae, "Managing Multiple Minority Problems in a Divided Society: The Nigerian Experience," *The Journal of Modern African Studies*, Vol. 36, No. 1, 1998.

Eghosa E. Osaghae, "The Complexity of Nigeria's Federal Character and the Inadequacies of the Federal Character," *The Journal of Ethnic Studies*, Vol. 16, No. 3, 1988.

Elias Papaioannou, "National Institutions and Subnational Development in Africa," *The Quarterly Journal of Economics*, Vol. 129, No. 1, 2014.

Elisabeth King, "From Data Problems to Data Points: Challenges and Opportunities of Research in Postgenocide Rwanda," *African Studies Review*, Vol. 52, No. 3, 2009.

Elizabeth Cashdan, "Ethnic Diversity and Its Environmental Determinants: Effects of Climate, Pathogens, and Habitat Diversity," *American Anthropologist*, Vol. 103, No. 4, 2001.

Elliott Green, "Explaining African Ethnic Diversity," *International Political Science Review*, Vol. 34, No. 3, 2013.

Elliott Green, "Nation-Building and Conflict in Modern Africa," *World Development*, Vol. 45, 2013.

Ernst B. Haas, "What Is Nationalism and Why Should We Study It?" *International Organization*, Vol. 40, No. 3, 1986.

Evan S. Lieberman and Prerna Singh, "Conceptualizing and Measuring Ethnic Politics: AnInstitutional Complement to Demographic, Behavioral, and Cognitive Approaches," *Studies in Comparative International Development*, Vol. 47, No. 3, 2012.

Ezechiel Sentama, "Unity and Reconciliation Process in Rwanda: 20 Years after the 1994 Genocide Perpetrated Against Tutsi," National Unity and Reconciliation Commission, 2014.

"Final Report on the 2011 General Elections," European Union Election Observation Mission to Nigeria, 2011.

Francis Akindes, "Cote d'Ivoire: Socio-political Crises, 'Ivoirite' and the Course of History," *African Sociological Review*, Vol. 7, No. 2, 2003.

Fred Otienoed, "New Constitution, Same Old Challenges: Reflections on Kenya'S 2013 General Elections," Society for International Development (SID), 2015.

Wm. Cyrus Reed, "Exile, Reform, and the Rise of the Rwandan Patriotic Front," *The Journal of Modern African Studies*, Vol. 34, No. 3, 1996.

Guido Zernatto, "Nation: The History of a Word," *The Review of Politics*, Vol. 6, No. 3, 1944.

Hakim Adi, "Pan-Africanism and West African Nationalism in Britain," *African Studies Review*, Vol. 43, No. 1, 2000.

Helen Hintjens, "Post-Genocide Identity Politics in Rwanda," *Ethnicities*, Vol. 8, No. 1, 2008.

Helen M. Hintjens, "Explaining the 1994 genocide in Rwanda," *The Journal of Modern African Studies*, Vol. 37, No. 2, 1999.

Henry E. Hale, "Explaining Ethnicity," *Comparative Political Studies*, Vol. 37, No. 4, 2004.

Holger Bernt Hansen, "Ethnicity and Military Rule in Uganda," The Scandinavian Institute of African Studies Research Report, No. 43, 1977.

Hollie Nyseth Brehm et al., "Genocide, Justice, and Rwanda's Gacaca Courts," *Journal of Contemporary Criminal Justice*, Vol. 30, No. 3, 2014.

Human Rights Watch, "Jos: A City Torn Apart," *A Human Rights Watch Report*, Vol. 13, No. 9 (A), 2001.

Human Rights Watch, "Revenge in the Name of Religion: The Cycle of Violence in Plateau and Kano States," *A Human Rights Watch Report*, Vol. 17, No. 8 (A), 2005.

I. S. Ladan-Baki, "Electoral Violence and 2015 General Elections in Nigeria," *Global Journal of Human-Social Science: Political Science*, Vol. 16, No. 1, 2016.

Ingelaere Bert, "Do We Understand Life after Genocide? Centre and Periphery in the Knowledge Construction in/on Rwanda," Institute of Development Policy and Management (University of Antwerp) Working Paper, No. 2, 2009.

International Crisis Group, "Cameroon's Anglophone Crisis at the Crossroads," *Africa Report*, No. 250, 2017.

International Crisis Group, "Herders against Farmers: Nigeria's Expanding Deadly

Conflict," *Africa Report*, No. 252, 2017.

International Crisis Group, "Nigeria's Faltering Federal Experiment," *Africa Report*, No. 119, 2006.

International Crisis Group, "Oil or Nothing: Dealing with South Sudan's Bleeding Finances," *Africa Report*, No. 305, 2021.

J. C. Nwafor, "The Relocation of Nigeria's Federal Capital: A Device for Greater Territorial Integration and National Unity," *Geo Journal*, Vol. 4, No. 4, 1980.

Jacques Semelin, "From Massacre to the Genocidal Process," *International Social Sciences Journal*, No. 54, No. 174, 2002.

Jakkie Cilliers and Julia Schünemann, "The Future of Intrastate Conflict in Africa More Violence or Greater Peace?" Institute for Security Studies Paper, 2013.

James D. Fearon and David D. Laitin, "Sons of the Soil, Migrants, and Civil War," *World Development*, Vol. 39, No. 1, 2011.

James D. Fearon, "Ethnic and Cultural Diversity by Country," *Journal of Economic Growth*, Vol. 8, No. 2, 2003.

James Jay Carney, "Beyond Tribalism: The Hutu-Tutsi Questionand Catholic Rhetoric in Colonial Rwanda," *Journal of Religion in Africa*, Vol. 42, No. 2, 2012.

Jennifer Melvin, "Correcting History: Mandatory Education in Rwanda," *Journal of Human Rights in the Commonwealth*, No. 2, 2013.

Jesper Bjarnesen and Mimmi Söderberg Kovacs, "Violence in African Elections," *Policy Note*, No. 7, Nordiska Afrikainstitutet, 2018.

John P. Mackintosh, "Nigeria since Independence," *The World Today*, Vol. 20, No. 8, 1964.

John R. Wood, "Secession: A Comparative Analytical Framework," *Canadian Journal of Political Science*, Vol. 14, No. 1, 1981.

Josiah Osamba, "Peace Building and Transformation from Below: Indigenous Approaches to Conflict Resolution and Reconciliation among the Pastoral Societies in the Borderlands of Eastern Africa," *African Journal on Conflict Resolution*, Vol. 2, No. 1, 2001.

Julie MacArthur, "When Did the Luyia (or Any Other Group) Become a Tribe?" *Canadian Journal of African Studies/La Revue Canadienne Des Etudes Africaines*,

Vol. 47, No. 3, 2013.

Karim Hussein et al., "Increasing Violent Conflict between Herders and Farmers in Africa: Claims and Evidence," *Development Policy Review*, Vol. 17, 1999.

Kathryn Nwajiaku, "The National Conferences in Benin and Togo Revisited," *The Journal of Modern African Studies*, Vol. 32, No. 3, 1994.

Kemi Emina, "Belonging & Non Belonging: A Discuss on the Indigene/Settler Issue in Jos, Nigeria," *Research on Humanities and Social Sciences*, Vol. 5, No. 5, 2015.

Korwa G. Adar and Isaac M. Munyae, "Human Rights Abuse in Kenya under Daniel Arap Moi, 1978 – 2000," *African Studies Quarterly*, Vol. 5, No. 1, 2001.

Kunle Ajayi, "From the Demand for Sovereign National Conference to National Dialogue: The Dilemma of the Nigerian State," *Studies of Tribes and Tribals*, Vol. 4, No. 2, 2006.

Kwaku Osei-Hwedie and Morena J. Rankopo, "Indigenous Conflict Resolution in Africa: The Case of Ghana and Botswana," Institute for Peace Science, Hiroshima University (IPSHU) English Research Report Series, No. 29, 2012.

Kwesi Kwaa Prah, "African Wars and Ethnic Conflicts—Rebuilding Failed States," Background Paper for UNDP, 2004.

Lansana Gberie, "The 2011 Elections in Nigeria: A New Dawn," Situation Report, Institute for Security Studies, 2011.

Larry Diamond, "Issues in the Constitutional Design of a Third Nigerian Republic," *African Affairs*, Vol. 86, 1987.

Lee E. Dutter, "Northern Ireland and Theories of Ethnic Politics," *Journal of Conflict Resolution*, Vol. 24, No. 4, 1980.

Louise W. Moe, "Somaliland Report," The University of Queensland Research Project: Addressing Legitimacy Issues in Fragile Post-Conflict Situations to Advance Conflict Transformation and Peace-Building, 2013.

Muktar Abdullahi, "Elections and Political Violence in Nigeria: Past Mistakes and Challenges Ahead," *International Journal of Advanced Legal Studies and Governance*, Vol. 4, No. 1, 2013.

M. Catharine Newbury, "Colonialism, Ethnicity, and Rural Political Protest: Rwanda and Zanzibar in Comparative Perspective," *Comparative Politics*, Vol. 15, No. 3, 1983.

M. Crawford Young, "Revisiting Nationalism and Ethnicity in Africa," James S. Coleman Memorial Lecture Series, 2004.

M. L. Bello, "Federal Character as A Recipe for National Integration: The Nigerian Paradox," *International Journal of Politics and Good Governance*, Vol. 3, No. 3, 2012.

Martha Mutisi, "Local Conflict Resolution in Rwanda: The Case of Abunzi Mediators," *African Journal on Conflict Resolution*, No. 2, 2012.

Matthew I. Mitchell, "Insights from the Cocoa Regions in Côte d'Ivoire and Ghana: Rethinking the Migration-Conflict Nexus," *African Studies Review*, Vol. 54, No. 2, 2011.

Matthias Basedau and Anika Moroff, "Parties in Chains: Do Ethnic Party Bans in Africa Promote Peace?" *Party Politics*, Vol. 17, No. 2, 2011.

Matthias Basedau et al., "Ethnic Party Bans in Africa: A Research Agenda," *German Law Journal*, Vol. 8, No. 6, 2007.

Matthias Basedau, "Managing Ethnic Conflict: The Menu of Institutional Engineering," German Institute of Global and Area Studies (GIGA) Working Papers, No. 171, 2011.

Matthijs Bogaards, "Ethnic Party Bans and Institutional Engineering in Nigeria," *Democratization*, Vol. 17, No. 4, 2010.

Maurice Godelier, "The Concept of Tribe: Crisis of a Concept or Crisis of the Empirical Foundations of Anthropology?" *Diogenes*, Vol. 21, No. 81, 1973.

Mikael Eriksson et al., "Armed Conflict: 1989 – 2002," *Peace Research*, Vol. 40, 2003.

Michael Hechter, "The Political Economy of Ethnic Change," *American Journal of Sociology*, Vol. 79, No. 5, 1974.

Michael J. Watts, "Blood Oil: The Anatomy of a Petro-Insurgency in the Niger Delta, Nigeria," Niger Delta Economies of Violence Working Paper, No. 22, 2008.

Michael Walls, "The Emergence of a Somali State: Building Peace from Civil War in Somaliland," *African Affairs*, Vol. 108, No. 432, 2009.

Morten Bøås, "'New' Nationalism and Autochthony—Tales of Origin as Political Cleavage," *Africa Spectrum*, vol. 44, No. 1, 2009.

Muema Wambua, "The Ethnification of Electoral Conflicts in Kenya: Options for Positive Peace," *African Journal on Conflict Resolution*, Vol. 17, No. 2, 2017.

Mwangi S. Kimenyi, "Harmonizing Ethnic Claims in Africa: A Proposal for Ethnic-based Federalism," *Cato Journal*, Vol. 18, No. 1, 1998.

Norbert Kersting, "New Nationalism and Xenophobia in Africa—A New Inclination?" *Africa Spectrum*, Vol. 44, No. 1, 2009.

Oli Brown and Michael Keating, "Addressing Natural Resource Conflicts: Working Towards More Effective Resolution of National and Sub-National Resource Disputes," The Royal Institute of International Affairs (Chatham House), 2015.

Olowojolu Olakunle et al., "Indigene-Settler Relationship in Nigeria: Case Study of the Igbo Community in Lagos," *Afro Asian Journal of Social Sciences*, Vol. VII, No. III, Quarter III, 2016.

Omotunde E. G. Johnson, "Addressing Ethnicity in Sub-Saharan Africa: Institutions and Agency," *Constitutional Political Economy*, Vol. 16, 2005.

Osita A. Agbu, "Ethnicity and Democra TIsation in Africa: Challenges for Politics and Development," Discussion Paper, No. 62, Nordiska Afrikainstitutet, 2011.

Otwin Marenin, "Implementing Deployment Policies in the National Youth Service Corps of Nigeria Goals and Constraints," *Comparative Political Studies*, Vol. 22, No. 4, 1990.

Otwin Marenin, "National Service and National Consciousness in Nigeria," *The Journal of Modern African Studies*, Vol. 17, No. 4, 1979.

Pade Badru, "Ethnic Conflict and State Formation in Post-Colonial Africa: A Comparative Study of Ethnic Genocide in the Congo, Liberia, Nigeria, and Rwanda-Burundi," *Journal of Third World Studies*, Vol. 27, No. 2, 2010.

Päivil Lujala et al., "A Diamond Curse? Civil War and a Lootable Resource," *The Journal of Conflict Resolution*, Vol. 49, No. 4, 2005.

Peter P. Ekeh, "Social Anthropology and Two Contrasting Uses of Tribalism in Africa," *Comparative Studies in Society and History*, Vol. 32, No. 4, 1990.

Peter Uvin, "Prejudice, Crisis, and Genocide in Rwanda," *African Studies Review*,

Vol. 40, No. 2, 1997.

Philip D. Curtin, "Nationalism in Africa, 1945 – 1965," *The Review of Politics*, Vol. 28, No. 2, 1966.

R. T. Akinyele, "States Creation in Nigeria: The Willink Report in Retrospect," *African Studies Review*, Vol. 39, No. 2, 1996.

Robert H. Bates, "Ethnic Competition and Modernization in Contemporary Africa," *Comparative Political Studies*, Vol 6, No. 4, 1974.

Robert I. Rotberg, "African Nationalism: Concept or Confusion?" *The Journal of Modern African Studies*, Vol. 4, No. 1, 1966.

Roger Blench, "Conflict between Pastoralists and Cultivators in Nigeria," *Review Paper Prepared for DFID*, Nigeria, 2010.

Rok Ajulu, "Kenya: One Step Forward, Three Steps Back: The Succession Dilemma," *Review of African Political Economy*, Vol. 28, No. 88, 2001.

Romain Forscher, "The Burundi Massacres: Tribalism in Black Africa," *International Journal of Politics*, Vol. 4, No. 4, 1974 – 1975.

Ronald Cohen, "Ethnicity: Problem and Focus in Anthropology," *Annual Review of Anthropology*, Vol. 7, 1978.

Rotimi T. Suberu, "The Struggle for New States in Nigeria, 1976 – 1990," *African Affairs*, Vol. 90, No. 361, 1991.

Ruth Marshall-Fratani, "The War of 'Who Is Who': Autochthony, Nationalism, and Citizenship in the Ivoirian Crisis," *African Studies Review*, Vol. 49, No. 2, 2006.

Saadia Touval, "The Organization of African Unity and African Borders," *International Organization*, Vol. 21, No. 1, 1967.

Shaheen Mozaffar and James R. Scarritt, "Why Territorial Autonomy Is Not a Viable Option for Managing Ethnic Conflict in African Plural Societies," *Nationalism and Ethnic Politics*, Vol. 5, No. 3 – 4, 1999.

Sheriff Ghali Ibrahim et al., "Resource Based Conflicts and Political Instability in Africa: Major Trends, Challenges and Prospects," *International Journal of Humanities Social Sciences and Education*, Vol. 1, No. 9, 2014.

Sigrun Marie Moss, "Beyond Conflict and Spoilt Identities: How Rwandan Leaders Justify a Single Recategorization Model for Post-Conflict Reconciliation," *Journal of Social and Political Psychology*, Vol. 2, No. 1, 2014.

Sola Akinrinade, "Constitutionalism and the Resolution of Conflicts in Nigeria," *The Round Table*, Vol. 92, No. 368, 2003.

Stef Vandeginste, "Political Representation of Minorities as Collateral Damage or Gain: The Batwa in Burundi and Rwanda," *Africa Spectrum*, Vol. 49, No. 1, 2014.

Stephen M. Saideman, "Explaining the International Relations of Secessionist Conflicts: Vulnerability Versus Ethnic Ties," *International Organization*, Vol. 51, No. 4, 1997.

Stuart Kaufman, "Symbolic Politics or Rational Choice? Testing Theories of Extreme Ethnic Violence," *International Security*, Vol. 30, No. 4, 2006.

Susanne Buckley-Zistel, "Nation, Narration, Unification? The Politics of History Teaching after the Rwandan Genocide," *Journal of Genocide Research*, Vol. 11, No. 1, 2009.

Svend E. Holsoe and Joseph J. Lauer, "Who Are the Kran/Guere and the Gio/Yacouba? Ethnic Identification along the Liberia-Ivory Coast Border," *African Studies Review*, Vol. 19, No. 1, 1976.

Sylvestre Nzahabwanayo, et al., "Identification and Critique of the Citizenship Notion Informing the Itorero Training Scheme for High School Leavers in Post-Genocide Rwanda," *South African Journal of Higher Education*, Vol. 31, No. 2, 2017.

Tekena N. Tamuno, "Separatist Agitations in Nigeria since 1914," *The Journal of Modern African Studies*, Vol. 8, No. 4, 1970.

Terence McNamee, "The First Crack in Africa's Map? Secession and Self-Determination after South Sudan," The Brenthurst Foundation Discussion Paper, No. 1, 2012.

Tharcisse Gatwa, "Victims or Guilty? Can the Rwandan Churches Repent and Bear the Burden of the Nation for the 1994 Tragedy?" *International Review of Mission*, Vol. 88, No. 351, 1999.

Thomas Bassett, "The Political Ecology of Peasant-Herder Conflicts in the Northern Ivory Coast," *Annals of the Association of American Geographers*, Vol. 78, No. 3, 1988.

Tor Sellstrom et al., "The International Response to Conflict and Genocide: Lessons from the Rwanda Experience (Historical Perspective: Some Explanatory Factors)," The Nordic Africa Institute of Uppsala, 1996.

V. Adefemi Isumonah, "The Making of the Ogoni Ethnic Group," *Journal of the International African Institute*, Vol. 74, No. 3, 2004.

Veronica Nmoma, "Son of the Soil Reclaiming the Land in Zimbabwe," *Journal of Asian and African Studies*, Vol. 43, No. 4, 2008.

Victor Azarya, "Ethnicity and Conflict Management in Post-colonial Africa," *Nationalism and Ethnic Politics*, Vol. 9, No. 3, 2003.

Victor T. Le Vine, "Conceptualizing 'Ethnicity' and 'Ethnic Conflict': A Controversy Revisited," *Studies in Comparative International Development*, Vol. 32, No. 2, 1997.

Villia Jefremovas, "Society Contested Identities: Power and the Fictions of Ethnicity, Ethnography and History in Rwanda," *Anthropologica*, Vol. 39, No. 1/2, 1997.

Volker Boege, "Traditional Approaches to Conflict Transformation — Potentials and Limits," Berghof Research Center for Constructive Conflict Management, 2006.

Walker Connor, "An Nation Is an Nation, Is a State, Is an Ethnic Group is a ... ," *Ethnic and Racial Studies*, Vol. 1, No. 4, 1978.

Wallerstein Immanuel, "Ethnicity and National Integration in West Africa," *Cahiers d'étudesafricaines*, Vol. 1, No. 3, 1960.

Warren Weinstein, "Burundi: Alternatives to Violence," *African Issues*, Vol. 5, No. 2, 1975.

Williams A. Ahmed-Gamgum, "Nigeria at 100 Years: The Process and Challenges of Nation Building," *Public Policy and Administration Research*, Vol. 4, No. 8, 2014.

Wilson Akpan, "Ethnic Diversity and Conflict in Nigeria: Lessons from the Niger Delta Crisis," *African Journal on Conflict Resolution*, Vol. 7, Iusse 2, 2007.

Wm. Cyrus Reed, "Exile, Reform, and the Rise of the Rwandan Patriotic Front," *The Journal of Modern African Studies*, Vol. 34, No. 3, 1996.

Wonbin Cho, "Ethnic Fractionalization, Electoral Institutions, and Africans' Political Attitudes," Afrobarometer Working Paper, No. 66, 2007.

"Ethiopia Regionalization Study," World Bank, No. 18898 – ET, 2000.

(三) 报刊文章

"A Rare Trait of Patriotism," *New Age*, 5/6 October, 2003.

"Benishagul Gumuz State Council Approves Renaming of Berta Nation to Benishangul," *Addis Standard*, 29 March, 2022.

"BenueKillings: It's Ethnic Cleansing, Genocide against Tiv Nation, Says Tor Tiv," *The Guardian*, 13 January, 2018.

"Chieftaincy Title for IPOB Leader," *This Day*, 26 October, 2019.

"Governor Ortom Orders 30 Days Fasting and Prayer against Herdsmen Attacks On Benue," *Premium Times*, 23 April, 2020.

"Herdsmen Seek Makinde's Intervention Over Alleged Killings of 'Members in Oyo'," *Premium Times*, 26 October, 2020.

"In the News-Dozens Dead in Latest Burkina Faso Attack," *The New Humanitarian*, 10 March, 2020.

"Ndayishimiye Promises to Unite Country, Urges Burundians to Shun Ethnicity," *The East African*, 20 June, 2020.

"Numan Killings: Fulani Youths Spit Fire, Demand Justice," *The Sun*, 25 November, 2017.

"Politics of the National Sports Festival," *This Day*, 12 April, 2021.

"Re-Postioning the NYSC Scheme for Contemporary Relevance," *Youth Hub Africa*, 2018.

Adedayo Akinwale, "In Three Years, Fulani Militias Killed 2,539 People in 654 Attacks, Report Claims," *This Day*, 3 August, 2020.

Ayodele Okunfolami, "Where Is the Unity in Unity Schools?" *The Sun*, 28 March, 2017.

Briana Duggan et al., "24 Killed in Post-Election Violence in Kenya, Rights Group Says," *CNN*, 13 August, 2017.

Chimaobi Nwaiwu, "Igbo're the Reason Nigeria Survived Till Date-Nnamdi Kanu," *Vanguard*, 10 May, 2020.

Emma Amaize and Akpokona Omafuaire, "Why Militants Put off Declaring Niger Delta Republic June 1," *Vanguard*, 6 June, 2019.

Festus Ahon, "Killing of Farmers by Herdsmen-8 Corpses Exhumed in Delta for Investigation," *Vanguard*, 18 February, 2020.

Filip Reyntjens, "Rwanda: From Ethnic Amnesia to Ethnocracy-80 Percent of Rwanda's Top Officials Are Tutsi," *African Arguments*, 24 November, 2021.

Herbert Ekwe-Ekwe, "What Exactly Does 'Sub-Sahara Africa' Mean?" *Pambazuka News*, 18 January, 2012.

Jihadi Groups, "Criminals Aggravate Herder-Farmer Conflicts in North-West-Report," *All Africa*, 17 May, 2020.

Joseph Hanlon, "1100 Deaths in Cabo Delgado Civil War," *Mozambique News Reports and Clippings*, 7 May, 2020.

Kingsley Nwezeh, "Census Will Not Consider Religion, Ethnicity," *This Day*, 10 June, 2021.

Lisa Schlein, "Burundi: UN Commission Warns of Likelihood of Genocide," *Voice of America*, 5 September, 2019.

Nicholas Bariyo, "South Sudan's Debt Rises as Oil Ebbs," *Wall Street Journal*, 5 August, 2014.

Romanus Ugwu, "Over 4.644m Nigerians Have Participated in NYSC," *The Sun*, 15 August, 2019.

Philip Kleinfeld, "Who's Behind the Violence in Mozambique's Cabo Delgado?" *The New Humanitarian*, 12 February, 2020.

（四）学位论文

Dominik Balthasar, "State-Making in Somalia and Somaliland Understanding War, Nationalism and State Trajectories as Processesof Institutional and Socio-Cognitive Standardization," Ph. D. Dissertation, London School of Economics, 2012.

James Jay Carney, "From Democratization to Ethnic Revolution: Catholic Politics in Rwanda, 1950 – 1962," Ph. D. Dissertation, Catholic University of America, 2011.

Michael Walls, "State Formation in Somaliland: Bringing Deliberation to Institutionalism," Ph. D. Dissertation, University College London, 2011.

Marlana Elizabeth Salmon-Letelier, "Between Conflict and Peace: Intergroup Relations at the Federal Unity Colleges in Nigeria," Ph. D. Dissertation, Columbia University, 2019.

Susan M. Thomson, "Resisting Reconciliation: State Power and Everyday Life in Post-Genocide Rwanda," Ph. D. Dissertation, Dalhousie University, 2009.

三 其他

安全理事会第2206（2015）号决议所设南苏丹问题专家小组的中期报告（S/2016/963）。

安全理事会第2206（2015）号决议所设南苏丹问题专家小组的最后报告（S/2016/70）。

《防止及惩治灭绝种族罪公约》（中文版），联合国大会，1948年12月9日，第260A（III）号。

法国《人权宣言》（1789）。

联合国教科文组织：《保护和促进文化表现形式多样性公约》，巴黎，2005年10月20日，第33届会议通过。

《秘书长的报告：非洲境内冲突起因和促进持久和平与可持续发展》（中文版），联合国大会安全理事会第52届会议，1998。

南苏丹问题专家小组根据第2428（2018）号决议提交的最后报告（S/2019/301）。

《世界概况》，美国中央情报局，https://www.cia.gov/the-world-factbook/countries/。

中国外交部网站，https://www.fmprc.gov.cn/web/gjhdq_676201/gj_676203/fz_677316/。

《准许殖民地国家及民族独立之宣言》，《联合国大会第一五一四号决议》，1960年12月14日。

"Geographical Distribution of Adherents of African Traditional Religion in the Continent of Africa," http://afrikaworld.net/afrel/Statistics.htm.

"Global Terrorism Index (2015)," The Institute for Economics and Peace, 2015.

Guilherme Simões Reis, "The Political-Ideological Path of Frelimo in Mozambique, from 1962 to 2012," The XXIInd World Congress of Political Science, 8–12 July, 2012.

Harm J. de Blij, "Geographic Factors in Ethnic Conflict in Africa, in the Challenge of Ethnic Conflict to National and International Order in the 1990s: Geographic Perspectives," A Conference Report, this publication is prepared for the use of US

Government officials, 1995.

"List of Conflicts in Africa," https://en.wikipedia.org/wiki/List_of_conflicts_in_Africa。

"Natural Resources and Conflict: A Guide for Mediation Practitioners," United Nations Department of Political Affairs and United Nations Environment Programme, 2015.

Niger Delta Development Commission, "Niger Delta Regional Development Master Plan," 2007.

"Nigeria: The Miss World Riots: Continued Impunity for Killings in 'Kaduna'," Human Rights Watch, 2003.

"PRONACO Reiterates Call For Sovereign National Conference," The Institute for War & Peace Reporting, 2011.

"Report on the Evaluation of National Unity and Reconciliation," Republic of Rwanda, 2002.

The Constitution of The Federal Democratic Republic of Ethiopia (1995).

The Constitution of The Federal Republic of Nigeria (1979).

The Constitution of The Republic of Burundi (2018).

The Constitution of The Republic of Liberia (1986).

The Constitution of The Republic of Madagascar (1992).

The Constitution of The Republic of Rwanda (2003).

The Constitution of The Republic of Sierra Leone (1991).

Transitioanl Period Charter of Ethiopia (1991).

Trusteeship Council, Report on Ruanda-Urundi, Trusteeship Council Official Record's: Twenty First Session, 1958.

"White Paper on the Report of the Judicial Commission of Inquiry into the Post-Presidential Election Disturbances in Kaduna State," Kaduna State Government, 2011.

后　记

15年前，于我而言，"非洲"只是电视、网络和书中出现的模糊而陌生的影像。这里发生的种种大情小事，无论如何壮烈、如何感动，也许只是我作为一个旁观者茶余饭后粗描淡写的谈资罢了。从未想过非洲会与自己将来的生活联系起来。然而生活的真正意义在于多线演变、在于不可预知，你永远不知道它下一站的出口和风景。出于一些客观原因，我无意间推开了一扇奇妙的门，门外正通往万里之外绚丽多彩的非洲。所有的故事由此展开。

从学术上来说，这是一种极为有趣的安排，一方面要求某种程度的"回归"；另一方面则要求一定程度的"激进"。回归意味着将自己所学的知识还原到供给该知识最初成长养分的非洲大地；激进则意味着在全新的领域内开拓进取。就个人而言，这是一个前所未有的巨大挑战，思想上的跳跃程度与到非洲的距离成正比。这段历程充满艰辛，我需要逐渐完成视野和身份的转换：从祖国西南边陲到遥远的异域"边疆"；从"旁观者"到"入戏者"。最重要的是抛弃旁观者的随性与偏见，注入入戏者的尊重与凝思。

而非洲，掩藏在各种复杂的面向之下，见与不见，就在那里，且喜且悲、且痛且乐。我必须了解、接受她的喜与悲、痛与乐；我必须迈入一座宏大的知识之城，在对与错、是与非的迷宫中斟酌、抉择；我必须直面她的过去、现在与未来；我必须穿越时空，置身现场，感触她身体的温度、脉搏的节律。然而，浅薄的我如何真正面对这块大陆任何经典都难以穿透的历史厚度和文明深度？这种深切的"无知感"和"渺小感"将伴随我始终。感叹生命的历程将我置于新的"时间之历险"！

幸运的是，这段"历险"并不孤独，既有学界前辈耳提面命，也有同侪携手相伴，在我"迷途"之时，总能得到他们的无私帮助，不断为我指引前进的方向，感激、感动、感恩。要特别感谢中国社会科学院朱伦研究员的关心和鼓励，铭记于心。本书的面世，离不开社会科学文献出版社编辑宋浩敏、顾萌等不厌其烦的辛勤劳动，深表谢意。当然还要感谢为我默默付出的家人亲友，浸润的温暖激励我生出一路向前的勇气和决心。

本书是我承担的国家社科基金一般项目"非洲多民族国家族际政治的冲突与整合研究"最终成果，是我进入非洲研究领域的首部著作，也是对我这些年工作的阶段性检视和总结，不足之处敬请方家、读者批评指正。

最后，所有美好的祝福献给非洲。美人之美，美美与共，天下大同！

蒋　俊

2023 年 11 月 1 日

图书在版编目(CIP)数据

非洲族群政治研究 / 蒋俊著. -- 北京：社会科学文献出版社，2024.1（2025.9重印）
ISBN 978 - 7 - 5228 - 2866 - 4

Ⅰ.①非… Ⅱ.①蒋… Ⅲ.①政治 - 研究 - 非洲 Ⅳ.①D74

中国国家版本馆CIP数据核字(2023)第234781号

非洲族群政治研究

著　　者 / 蒋　俊

出 版 人 / 冀祥德
责任编辑 / 宋浩敏
文稿编辑 / 顾　萌
责任印制 / 岳　阳

出　　版 / 社会科学文献出版社·区域国别学分社（010）59367078
　　　　　 地址：北京市北三环中路甲29号院华龙大厦　邮编：100029
　　　　　 网址：www.ssap.com.cn

发　　行 / 社会科学文献出版社（010）59367028
印　　装 / 北京盛通印刷股份有限公司

规　　格 / 开　本：787mm × 1092mm　1/16
　　　　　 印　张：23.25　　字　数：414千字
版　　次 / 2024年1月第1版　2025年9月第2次印刷
书　　号 / ISBN 978 - 7 - 5228 - 2866 - 4
定　　价 / 118.00元

读者服务电话：4008918866

版权所有 翻印必究